SINOLOGICA COLONIENSIA

Herausgegeben von
Martin Gimm

Band 35

2018
Harrassowitz Verlag · Wiesbaden

Martin Gimm

Der geheime Schamanismus der *Qing*-Kaiser

und der Schamanentempel *Tangzi* in *Beijing*

神密的清宮薩滿教與堂子

嵇穆著

2018
Harrassowitz Verlag · Wiesbaden

Umschlagabbildung:
Beispiel einer kostbar ausgestatteten ‚Abstinenzplakette', die zu religiösen Gedenkzeiten von Angehörigen des Kaiserhauses und der manjurischen Obrigkeit zur Ermahnung am Gürtel getragen wurde. Größe ca. 5 x 6,5 cm.
Manjurisch *bolgomi targa*, Rückseite chinesisch: *zhai jie* 齋戒: „Faste und vermeide!"

Bibliografische Information der Deutschen Nationalbibliothek
Die Deutsche Nationalbibliothek verzeichnet diese Publikation in der Deutschen Nationalbibliografie; detaillierte bibliografische Daten sind im Internet über http://dnb.d-nb.de abrufbar.

Bibliographic information published by the Deutsche Nationalbibliothek
The Deutsche Nationalbibliothek lists this publication in the Deutsche Nationalbibliografie; detailed bibliographic data are available in the internet at http://dnb.d-nb.de.

Informationen zum Verlagsprogramm finden Sie unter
http://www.harrassowitz-verlag.de

Gedruckt auf alterungsbeständigem Papier.
Druck und Verarbeitung: Hubert &. Co., Göttingen
Printed in Germany
ISSN 0170-3706
ISBN 978-3-447-10962-8

Dem Andenken an
Iben Raphael Meyer (1933-2006)
gewidmet.

INHALT

1. Einleitung: Der Beginn der *Qing*-Dynastie 11
   1.1 Historische Präliminarien 11
   1.2 Rezeption des chinesischen Modells 25
   1.3. Die Frage des Himmelskultes 33
2. Zum Schamanismus in China 40
   2.1 Allgemeines 40
   2.2 Kosmologie und Praxis 46
   2.3 Person und Funktion des Schamanen 54
   2.4 Ausstattung, Paraphernalien 65
   2.5 Musikinstrumente 67
3. Der kaiserliche Schamanismus und der *Tangzi* 72
   3.1 Allgemeines 72
      3.1.2 Der *Tangzi* und sein Name 73
   3.2 Geheimhaltung 77
   3.3 Das kaiserliche Ritenkompendium 86
   3.4 Institutionalisierung 97
      3.4.1 *Tangzi* 98
      3.4.2 *Kunning gong* 99
      3.4.3 Pferdegeist-Tempel 102
   3.5 Die *Tangzi*-Kultstätten vor der Eroberung des chinesischen Kernlandes 103
      (1.) *Fe ala* 105
      (2.) *Hetu ala* 106
      (3.) *Jaifan* 109
      (4.) *Sarhô* 109
      (5.) *Liaoyang* 110
      (6.) *Dergi hecen* 111
      (7.) *Mukden* 111
   3.6 Die *Tangzi*-Kultstätten in der Hauptstadt *Beijing* und danach 116
      (8.) *Beijing* I 116
      (9.) *Beijing* II 119
      (10.) *Changchun* 120
4. Die Institution des *Tangzi* in *Beijing* 122
   4.2 Anlage 122
      4.2.1 Hauptareal 124
      4.2.2 Eingangsareal 131

4.3 Kulthandlungen 132
4.3.2 Jährlich einmal stattfindende Kulte 133
4.3.3 Halbjährliche Kulte 136
4.3.4 Monatliche Kulte 137
4.3.5 Unregelmäßig veranstaltete Kulte 137
4.3.6 Opferhandlungen 140
4.4 Im *Tangzi* zu verehrende Geister 142
4.4.3 Geister des *Tangzi* 146
4.4.4 Zu den Geistern der Palasthalle *Kunning gong* 156
4.5 Grundlegende Texte 156
4.5.1 Traktate 157
4.5.2 Gebets-und Ritualtexte 160
4.5.3 Gesänge und Tänze 163
4.6 Verwaltung und Personal des kaiserlichen Schamanismus 165
4.6.1 Verwaltung 165
4.6.2 Kultpersonal 165
4.7 Ausstattung und Musikinstrumente des kaiserlichen Schamanismus 168
5. Epilog 172

Quellen- und Literaturverzeichnis 173

Abbildungen 219

Index: Termini, historische Personen, Sachbereiche 253

Die Kaiser der frühen *Qing*-Dynastie

Abkürzungen
D: Regierungsdevise; reg.: Regierungszeit; T: postumer Tempelname

NURHACI[1] / NUERHACHI 努尔哈赤(1559-1626), reg. 1583-1626, seit XII. 1606: *Kundulen han,* seit I. 1616: (*Sure*) *Genggiyen han,* T: TAIZU gao(wu) huangdi 太祖高(武)皇帝 / Taizu dergi (horonggo) hôwangdi, D: *Tianming* 天命 / *Abkai fulingga* (1616-1626).

HONG TAIJI / HUANG TAIJI 皇太極 / in europäischen Quellen auch ABAHAI[2] (1592-1643), reg. 1626-1643, T: TAIZONG wen huangdi 太宗文皇帝 / Taozung šu sure han, D: *Tiancong* 天聰 / *Abkai sure, Sure han* (1627-1636); *Chongde* 崇德 / *Wesihun erdemungge* (1636-1643).

FULIN / FULIN 福臨 (1638-1661), reg. 1644-1662, T: SHIZU zhang huangdi 世祖章皇帝 / Šizu eldembuhe hôwangdi, D: *Shunzhi* 順治 / *Ijishôn dasan* (1644-1662).

KANGXI / Tabuname: XUANYE 玄燁(1654-1722), reg. 1662-1723, T: SHENGZU ren huangdi 聖祖仁皇帝 / Šengzu gosin hôwangdi, D: *Kangxi* 康熙 / *Elhe taifin* (1662-1722).

YONGZHENG / Tabuname: YINZHEN 胤禛 (1678-1765), reg. 1723-1735, T: SHIZONG xian huangdi 世宗憲皇帝 / Šizung temgetulehe hôwangdi, D: *Yongzheng* 雍正 / *Hôwaliyasun tob* (1723-1735).

QIANLONG / Tabuname: HONGLI 弘曆 (1711-1799), reg. 1735-1796, T: GAOZONG chun huangdi 高宗純皇帝 / Gaozung yongkiyaha hôwangdi, D: *Qianlong* 乾隆 / *Abkai wehiyehe* (1735-1796).

---

[1] Wegen der prävalenten Bilinguität in der *Qing*-Verwaltung werden die einschlägigen Namen, Termini, Zitate usw., wenn eruierbar, im Folgenden zweisprachig chinesisch / manjurisch angegeben, wobei die Reihenfolge aus praktischen Gründen wechseln kann.

[2] Wohl aufgrund der mongolischen Ehrenbezeichnung *abaγai* (zeitweilig verwendet für *abuγai*): "A title of respect"; LESSING (1960), S. 3, 5.

1. Einleitung: Der Beginn der *Qing*-Dynastie

Die Mandschu zeichnen sich vor den anderen Stämmen der Tungusen durch schönen Körperbau aus, sind rauh und schmutzig, doch ehrlich und tapfer.

Brockhaus' Conversations Lexikon,
13. Auflage, Leipzig (1885),
11. Band, S. 404.

1.1 Historische Präliminarien

1.1.1 Die Manjuren[3] siedelten ihren hirtennomadischen Vorfahren gleich Jahrhunderte hindurch als Bauern (*boigon-i niyalma*), Jäger und Fischer (*buthai niyalma*) mit ihren Familienangehörigen und Haustieren oder als sich selbstversorgende Bannertruppen im Osten des Mongolengebietes – in einer Region, die in der frühen europäischen Asienhistoriographie unter dem Namen östliche oder große Ta(r)tarei[4] bekannt war. Von der Mitte Chinas her betrachtet, war das manjurische ‚Homeland', mit dem man Herkunft und Sicherheit assoziierte, eine der ‚marginal areas', eine Art Rückzugsland jenseits der Großen Mauer im Zuflußgebiet der beiden großen Flüsse *Amur / Heilongjiang* 黑龍江 und *Liaohe* 遼河. Sein Zentrum befand sich am Oberlauf des Flusses *Hunhe* 渾河, Provinz *Liaodong*, etwa südlich um die Stadt *Hetu ala*,

---

[3] Herkunft und Bedeutung des Namens *Manju / Manzhou* 滿洲 sind unklar; die bisherigen Erklärungsversuche übermittelt GIOVANNI STARY, *The Meaning of the Word ‚Manchu' A New Solution to an Old Problem,* in Central Asiatic Journal, 34, 1-2 (1990), S. 109-119. Möglicherweise besteht eine Verbindung mit dem manjurischen Wort *mangga,* jürchenisch *maŋ, man,* „stark, hart, fähig."

[4] Einschließlich Mongolei und Teilen Turkestans wurde dieses Gebiet auch „Chinesische Tartarey" o. ä. genannt, s. z.B. [JOHANN JOACHIM SCHWABE], *Allgemeine Historie der Reisen zu Wasser und zu Lande oder Sammlung aller Reisebeschreibungen, welche bis itzo* […], 7. Bd., Leipzig: Arkstee u. Merkus (1750), Landkarte zu Beginn; SEMLER, *Uebersetzung der Allgemeinen Welthistorie,* 24. Theil (1762), S. 273: „Historie der morgenländischen Tatarey". – Seit der Zeit der alttürkischen Inschriften werden die Mongolen oft als „Tataren", chines. *Dada* 韃靼, 達旦, 達達 etc., bezeichnet; Etymologie unklar (vielleicht von griech. *Tartaros,* Teil der Unterwelt).

die als alte Hauptstadt der Manjuren bekannt wurde.[5] Mit wachsender Militärmacht entwickelte sich der von ihnen und zwei weiteren mächtigen *Jürchen*-Abteilungen, *Haixi* 海西 und *Yeren* 野人, besiedelte *Ming*-Verwaltungsbezirk *Jianzhou* 建州 mit seinen Stämmen *Donggo, Jecen, Hunehe, Wanggiya, Šanggiyan alin* und *Suksuhu* allmählich zu einer Art Pufferzone zwischen Korea und dem *Ming*-Kaiserreich.[6] Nach langen Kämpfen und Rivalitätsstreitigkeiten zu Beginn des 17. Jahrhunderts mächtig erstarkt, entstand unter den Manjuren ein Streben nach Machterweiterung, und der als Stammeshäuptling, Herr (*ejen*) und Gründerkhan[7] verehrte NURHACI / NUERHAQI[8] 努爾哈齊(1559-1626) verstand es, die Schwäche Chinas auszunutzen, um die seit Generationen im Nordosten des chinesischen Reichsgebietes entstandene Militärherrschaft zu einem eigenständigen Staatsgebilde aufzubauen.

1.1.2 Der Khan NURHACI, 5. Sohn des TAKSI[9] / TAKESHI 塔克世 (1543-1583), regierte seit dem 1. Tag des I. Monats (17. Febr.) 1616 als *Genggiyen han*, „weiser Herrscher", unter dem Dynastienamen, *(Da) Jin*-大金 oder *Hou Jin* 後金 / *Amaga aisin gurun*, ‚Spätere goldene Dynastie' – dies in Rückbesinnung auf die Vorgängerdynastie der *Jürchen*, die unter der Bezeichnung *Jin* 金 / jürchenisch *Aixin*, „die Goldene", in den Jahren 1115-1233 Nordchina beherrschte.[10] Unter den *Jürchen*, die sich auch *Jušen*[11] / *Ruzhen* 女(= 汝)真 – oft

[5] Siehe Teil 3.5. (2.)

[6] SHIRATORI (1912), Bd. 2, 446-471; IMANISHI (1967) etc.

[7] Chinesisch *(ke)han* (可)汗 < alttürkisch *qaγan*, jürchenisch *xa(g)an*, mongolisch *qaγan, qan*, manjurisch *han*, ewenkisch *kaγankḁn* etc.; seit dem 6. Jahrhundert als Titel der Türken nachweisbar, Etymologie unklar.

[8] Offizielle chinesische Schreibung nach der überschriebenen Tabuform in TSL, j. 1, S. 1b, Bedeutung angeblich „Wildschweinfell", cf. mongolisch *noγtumal*, „Wildschwein"; *ci*, „Fell", cf. *nimaci*, „Ziegenfell"; sonst auch NUERHACHI 努爾哈赤; in den von der *Qing*-Justiz verbotenen Büchern der *Ming*-Getreuen auch verachtend 奴兒哈赤 geschrieben; in *Ming*-Quellen auch NU qiu 奴酋, „Häuptling Nu".

[9] Siehe Teil 3.1.2.

[10] JMZD, Bd. 1, S. 327-329. di COSMO, S. 365; H. FRANKE (1975), S. 137, 180, (1979); IMAI (1979); JANHUNEN, S. 99-108 u.ö.; JIN QICONG (1985), S. 8; VOROB'EV (1975), (1983), S. 125-148 etc.

[11] Das Ethnonym *Jušen* < jürchenisch *jui-i*, „Kind"; manjurisch *jui*, „Sohn, Kind", plural *juse*, „Kinder, Leute"; manjurisch / jürchenisch *jušen*, „Untergebene, Volk"; cf. ewenkisch, ewenisch, orokisch *jū*, „Wohnung, Haus", wurde von den Manjuren in der Frühzeit als

auch *Nüzhen*[12] gelesen – oder *Zhushen*[13]諸申 nannten, hatte ein vergleichbarer Sinisierungsprozeß wie später bei den Manjuren stattgefunden.[14] NURHACI, der i. J. 1613 sein Herrschaftsgebiet *mini Jušen gurun*, „mein Jürchen-Staat", nannte, führte seine Ahnenreihe auf den um 1412 vom *Ming*-Kaiser eingesetzten Distriktskhan MÖNGKE TEMÜR / MENGTEMU[15] 孟特穆, (1370-1433) zurück, einen Vorfahren 6. oder 7. Generation. In dem seit 1411 offiziell eingerichteten, als *Jianzhou zuo wei* 建州左衛, „Linke Militärregion *Jianzhou*", bezeichneten Außenbezirk im Westen des Flusses *Tumen* 圖們江 - nördlich der heutigen Grenze zu Korea – herrschte er über eine *Jürchen*-Bevölkerung, die sich als Nachkommen der genannten *Jin*-Dynastie verstand. MÖNGKE TEMÜR hatte mehrfach, so 1422, 1424, 1425, 1433 u.ö., Tributsendungen an den *Ming*-Hof geliefert und war in der Folge zum Vizemilitärkommissar, *dudu jianshi*[16]都督僉事, im Rang 2A erhoben worden. In ähnlicher Weise hatte sich sein Nachfahre NURHACI in den folgenden Jahrhunderten, 1590, 1592, 1593, 1597, 1598, 1601, 1608, 1611, mit Tributlieferungen an den Hof hervorgetan

---

Selbstbezeichnung gebraucht. Seit W. GRUBEs *Die Sprache und Schrift der Jučen* (1896), S. 19, Nr. 324, ist der Lautwert 朱先, etwa *Jušen*, belegt; nach dem *Da Jin guozhi* 大金國志 sogar *zhulizhen* 朱里真.

[12] Die heutige, ungenaue Lesung des Ethnonyms *Jürchen, Jürčen,* Plural *Jürčed,* nämlich *Nüzhen* 女真 (statt *Ruzhen* 女真 = 汝真), ist vermutlich daraus zu erklären, daß um 1300 beide Schriftzeichen – 女, nach dem *Kangxi zidian* 康熙字典: *nü*^{3}, *ru*^{3}, *nü*^{4}, und 汝(*ru*^{3}) – etwa die gleiche Aussprache, ɲɨə / nrɨə, hatten; s. E. G. PULLEYBLANK, *Lexicon of Reconstructed Pronunciation in Early Middle Chinese, Late Middle Chinese, and Early Mandarin,* Vancouver: UBC (1991), S. 229, 268. So umschreibt MARCO POLO (ca. 1254-1324) das Wort *Jürchen* mit *Ciocia;* siehe P. PELLIOT, *Notes,* Bd. 1, S. 366-390. – Nachdem sich die Manjuren die chinesische Sprache vollständig angeeignet hatten, neigten sie dazu, die vom chinesischen Volk gebrauchte, ‚normale' Lesung der Schriftzeichen zu übernehmen; so ist in den Altmanjurischen Akten, *saepe,* und stellenweise in früheren Dokumenten, auch die Form *Nioji, Nioi ji, Nioi j'i,* d. i. *Nüzhi* 女直, als Ethnonym belegt. Auch Pater M. MARTINI (1614-1661) übernahm diese zeitgenössische Lesung für die nordöstlich der Großen Mauer siedelnden Völker in seine auf das Jahr 1654 datierte Übersichtskarte: „Nivche Tartaria Oientalis".

[13] Um 1608; sonst auch *Zhushen* 珠申, *Sushen* 肅慎, *Zhulizhen* 朱理真 geschrieben; PELLIOT, *Notes,* Bd. 1, S. 377; H. FRANKE (1975), S. 122.

[14] Ausführlich bei TAO JING-SHEN (1976), bsd. S. 38-51, S. 95-110, S. 12-13; s.a. BOL (1987), S. 461-538, und die dort genannte Literatur. Zur Übernahme des chinesischen Systems in früheren Dynastien s. a. CHAN (1980), S. 13, 20.

[15] Teil 3.1.2.

[16] HUCKER, Nr. 7312.

und war als treuer Gefolgsmann vom *Ming*-Kaiser 1596 mit dem Ehrentitel *longhu jiangjun* 龍虎將軍, „Drachen-Tiger-General", ausgezeichnet worden. Dieser Titel erscheint in ADAM SCHALLS *Historica* von 1658 in der Form „Hu Lum Ciam" [*hulong jiang* 虎龍將], „hoc est Tigridis ac Draconis virium dux".[17]

Vor der Zeit seiner großen Militärerfolge hatte er sich, z. B. in einem Antwortschreiben vom 5. I. (2. Febr.) 1596, hinter dem Amtstitel eines Häuptlings des linken Flügels der *Jianzhou-Jürchen*, den er im IX. Monat 1589 vom *Ming*-Kaiser erhalten hatte, als *Ruzhe(n) guo jianzhou wei guanshu yiren zhi zhu Tong Nuerhachi* 女直[18](*recte*:真)國建州衛管東夷人之佟奴兒哈赤, „NURHACI [vom Stamme] *Tong*, Herrscher über die Fremden, Verwalter der *Jianzhou*-Militärregion des *Jürchen*-Staates"[19], bezeichnet. Damals führte er noch den Klannamen TONG 佟 [d. i. TONGJIA 佟佳 / TUNGGIYA ?], später aber, wie alle Angehörigen des Manju-Kaiserhauses, den ‚Familiennamen' *Aixin jueluo*[20]愛新覺羅 / *Aisin gioro*[21].

Als weittragendes kulturelles Ereignis war unter NURHACIs Herrschaft schon im Jahre 1599 durch ERDENI / E'ERDENI 額爾德尼(gest. 1623) und GAGAI 噶蓋(gest. 1599) nach dem Vorbild der seit dem 13. Jahrhundert gültigen mongolischen Sprache die manjurische Buchstabenschrift (ohne diakritische Hilfszeichen) eingeführt worden, die unter den Nachfolgern i. J. 1632

[17] Bei MANNSEGG, S. 214, fehlerhaft wiedergegeben.

[18] Wegen der Tabuisierung des persönlichen Namens, ZONGZHEN 宗真, des *Liao*-Herrschers XINGZONG 興宗 (reg 1031-1055) vertritt hier das Zeichen *zhi* 直 das graphisch ähnliche *zhen* 真.

[19] FUCHS (1934), S. 116; STARY (1996), S. 99.

[20] *jue* ist die heute übliche Aussprache (entspr. manj. *giowei*), richtig wäre dagegen *jiao* (manj. *gio*); also: *Aixin jiaoluo.*

[21] Die Herkunft dieses Namens ist noch weitgehend ungeklärt. Möglicherweise ist *Aisin,* „Gold", aus der Tatsache abzuleiten, daß der führende Klan, *Wanggiya,* zu Beginn des 11. Jahrhunderts im Gebiet des Flusses *Ancuhu* angesiedelt war; *ancuhu* enthält das Jürchen-Wort *ancun,* „Gold", manjurisch *aisin,* nanaisch *aisi* etc., das später im Manjurischen einen Bedeutungswandel von „Gold" zu „weiblichen Ohrschmuck" erfuhr. – *Gioro,* auch *Giyoro,* ist möglicherweise ein Landschaftsname in der Provinz *Jilin,* der sich von *gio, „Reh"* , *pao* 狍, ableitet . E. HAENISCH, *Beiträge zur altmandschurischen Geschlechterkunde,* in: Ostasiatische Zeitschrift, 8 (1919-1920), S. 172, 181. – Nach später üblichem Gebrauch unterschied man bei den Angehörigen des *Aisin gioro*-Klans zwischen zwei Hauptzweigen: (1.) *zongshi* 宗室 / *uksun,* den Nachkommen des Khans NURHACI, und (2.) *jueluo* 覺羅 / *gioro,* den Nachkommen des TAKSI (1543-1583), des Vaters von NURHACI.

von den Gelehrten (*baksi*) DAHAI 達海(1595-1632) danach von KARA und KÔRCAN durch Zufügung von Punkten und Kreisen (*tongki, fuka)* vermutlich nach koreanischem Vorbild spezifiziert wurde.[22] Eine Anpassung an die chinesischen logographischen Schriftzeichen wie i. J. 1119 ihre *Jürchen*-Vorfahren unternahmen die Manjuren bei ihrer Schriftgestaltung nicht. Die manjurische Schrift spielte seitdem eine mit der chinesischen Schrift gleichgeordnete Rolle und blieb bis in die 1930-1940er Jahre noch in manchen angrenzenden Nordregionen in Gebrauch.

Um 1612 sollen NURHACIs Militäreinheiten bereits aus 60.000 Mann bestanden haben. Um 1619 bezeichnete er sich auch als *Jianzhou kehan* 建州可汗, „Khan des Bezirks *Jianzhou*". Später, nach erfolgreichen Kämpfen gegen das *Ming*-Heer, hob er wiederum seine Affinität zur Vorgängerdynastie *Jin* hervor und rühmte sich des Titels *Hou Jinguo han* 後金國汗 / *Amaga aisin gurun-i han,* „Khan des Staates Spätere *Jin*". Erst postum empfing NURHACI 1636 im Rahmen einer Geschichtsrevision von seinem Sohn und Nachfolger den Kaisertitel, *di* 帝 / *hôwangdi, han,* sowie nach dem an den chinesischen Usus angepaßten dynastischen System den Tempelnamen (*Qing)* TAIZU 太祖 / *Taizu dergi hôwangdi.*

1.1.3 Ein durchgreifender Umschwung der Machtverhältnisse geschah während der Regierungszeit von NURHACIs Sohn, der unter noch ungeklärten Umständen Nachfolger seines Vaters wurde. HONG TAIJI[23] (1592-1643), auch *Enduringge han,* mongolisch *Boγda qaγan,* „heiliger Khan", genannt, war der achte Sohn und vierte Prinz, *si beile* 四貝勒 / *duici beile.* Er verstand es, in seiner Regierungszeit von 1626 bis 1643 die Konsolidierung und Expansion des manjurischen Staatswesens voranzutreiben und trug Erfolge in kriegerischen Aktionen der Jahre 1627, 1634/6 gegen Korea der *Yi* 李-Dynastie,

---

[22] HUMMEL, S. 213-214, 225-226; J. R. P. KING, *The Korean Elements,* in: Central Asiatic Journal, 31 (1987), S. 252-285; LIGETI (1952); TATJANA A. PANG, *Schriftliche mandschurische Quellen zur Geschichte und Kultur des Qing-Reiches des 17. und 18. Jahrhunderts* (Abhandlg. f. d. Kunde d. Morgenlandes, 100), Wiesbaden: Harrassowitz (2015), S. 123 etc.

[23] HUMMEL, *Abahai,* S. 1-3; GIMM (2000-2001), S. 77-79, und die dort in Anm. 44 genannten Beiträge. – Der Name HONG TAIJI 洪 (oder 弘)台吉, HUANG TAIJI 皇太極, manjur. HÔWANG TAIJI, auch HONTAIJI, mongolisch QUNGTAYIJI, in koreanischen Quellen HUKHWAN *beile* 黑還貝勒, beruht nach TZSL, j. 1, S. 3a, 5a, auf einem Juvenilnamen, der – obschon ehemals nicht als Kronprinz vorgesehen – auf die chinesische Bezeichnung „Kronprinz", *huang taizi* 皇太子, zurückgehen soll. *Taiji* ist in diesem Zusammenhang als Ehrenbezeichnung aufzufassen.

gegen die Grenzregionen Chinas und die Hauptgegner, die *Chahar (Čaqar)*-Mongolen, davon. Letztere endeten mit dem Tod des LIγDAN (1592-1634), der nach CHINGGIS KHAN-Vorbild die Machtstellung eines Großkhans aller Mongolen angestrebt hatte.

Bei seinen Kämpfen gegen die Mongolen hatte HONG TAIJI im Jahre 1635 ein antikes chinesisches Siegel in seinen Besitz gebracht, das angeblich die chinesischen Kaiser seit der *Qin*-Dynastie 秦 (221-207 vor Chr.) bis zu CHINGGIS KHAN (ČINGGIS QAΓAN) (1167?-1227) als Zeugnis ihrer Legitimation bei sich führten.[24] Dieses Ereignis soll sein Sendungsbewußtsein derart gestärkt haben, daß die untergebenen Fürsten am 5. IV. (9. Mai) 1636 eine Petition an ihn richteten, sich zum Kaiser zu erheben, und so geschah es, daß er sich am 11. IV. (15. Mai) 1636 zum Kaiser, *di* 帝 / *hôwangdi,* der neu benannten *Daicing* / *da(i) Qing* 大清-Dynastie[25] proklamierte, einer Dynastie, die sich in früheren Jahren „Spätere *Jin*", *Hou Jin* 後金 / *Amaga aisin*, genannt hatte. Gleichzeitig wurde als neue Regierungsdevise *Chongde* 崇德 / *Wesihun erdemungge*, „Mit hohem Charisma", eingeführt.[26] Ein Jahr zuvor, 1635, war als neue Selbstbezeichnung *Manzhou* 滿洲 / *Manju* – statt bisher *Ruzhen* 女真 / *Jürchen, Jušen* – gewählt worden. HONG TAIJI soll der erste manjurische Herrscher gewesen sein, der der chinesischen Sprache völlig mächtig war.

1.1.4 Als HONG TAIJI am 9. VIII. (21. Sept.) 1643 in *Mukden* plötzlich verstarb, wählte man FULIN[27]福臨 / FULIN (1638-1661), ein noch nicht sechsjähriges

[24] JMZD, Bd. 9, S. 4427, unter dem Datum 26. VIII. (6. Okt.) 1635; GIMM (2000-2001), S. 77, und die dort in Anm. 44 genannte Literatur.

[25] Bislang ist unklar, ob die Wahl des neuen Dynastienamens 1.) nach seiner wörtlichen Bedeutung – *daicing*, „Krieg[er]" < mongol. *daicin*, „kriegerisch", manjur. *dain*, „Truppen, Krieg", *dailambi*, „Krieg führen", etc. –, 2.) seinem Symbolwert – nach der chinesischen Fünf-Elementenlehre, *wuxing* 五行 ‚löscht' das Element ‚Wasser' im Schriftzeichen *qing* 清 das ‚Feuer' im Namen *Ming* 明, d.i. ‚Sonne' und ‚Mond', der überwundenen *Ming*-Dynastie –, in Anlehnung an den Namen der Vorgängerdynastie *Jin* 金 ⇄ *Qing* 清 oder 3.) nach einer weiteren Symbolik geschah; TZSL, j. 28, S. 17b; CHAN HOK-LAM, (1991), S. 257, 295 etc. Zum Sachverhalt siehe auch GIMM (2000-2001), S. 79. – Nach P. PHILIPPE COUPLET (1623-1693), *Tabula chronologica Monarchiae Sinicae*, Paris: Privil. Regis (1686), S. 36, Ausg. (1701), S. 178, war die „(Tai) cim" die Dynastie Nr. XXII; MARTINI (1654), S. 132: „Taicing"; ROUGEMONT (1673), S. 8: „Tai-çm"; MENTZEL (1696), S. 132: „Tai Cin [...] das ist / eine große Reinigkeit."

[26] Entgegen sonst üblicher Regelung galt die neue Regierungsbezeichnung schon ab Jahresmitte, ab 11. IV. (15. Mai) 1636; GIMM (2000-2001), S. 79.

[27] HAUER, S. 545 u.ö.; HUMMEL, S. 215-219, 255-259, 397-399; MARTINI (1654), S. 103 u.ö.

Kind[28], zu seinem Nachfolger. FULIN, „vom Glück begünstigt", war der 9. Sohn des HONG TAIJI und Enkel des NURHACI. Nach ausgiebiger Erwägung durch die Fürstenversammlung vom 14. VIII. (26. Sept.) 1643, die zunächst drei andere Söhne in Betracht gezogen hatte, wurde er auf Vorschlag des Fürsten und Bannergenerals DORGON / DUOERGUN[29] 多爾袞(„Dachs", 1612-1650) als Nachfolger gewählt – bei den Manjuren galt nicht die Primogenitur. Er bestieg am 26. VIII. (8. Okt.) 1643 in *Mukden* den Thron und regierte unter der Regentschaft der Fürsten DORGON und JIRGALANG / JIERHALANG[30] 濟爾哈朗(1599-1655). In der Geschichte wurde er unter dem postumen Tempelnamen (*miaohao* 廟號) SHIZU 世祖 bekannt. Mit dem folgenden Jahr 1644, dem Jahr der Eroberung *Beijings,* begann die neue Regierungsdevise *Shunzhi*[31] 順治 / *Ijishôn dasan*, „Fügsames Regiment" (1644-1661) – eine Bezeichnung, die späterhin auch als Alternativname für den Kaiser FULIN verwendet wurde. Bei den Jesuitenpatres ist er auch unter dem Namen TCHANGDI[32] bekannt.

Die Herrschaft FULINs markiert den Beginn eines neuen Zeitalters, in dem die Manjuren die Gelegenheit ergriffen, das „große Unternehmen", *hongye* 弘業 / *amba muten*, zu wagen und ‚den Tiger zu reiten'.

> „Der kleine südtungusische Stamm brach in Nordchina ein, entthronte den letzten Kaiser der morschen Ming-Dynastie und konnte

[28] Minderjährige Söhne als Thronfolger auszuwählen, war bei den Manjuren nicht unüblich; es sei hier an KANGXI erinnert, der bei der Thronbesteigung 8 Jahre alt oder PUYI, der 3 Jahre alt war. Nachdem in der ersten Zeit Regenten das Reich verwaltet hatten, übernahm der junge Kaiser meist im Jahr seiner Verheiratung, d.i. seiner Volljährigkeit, das Regierungsgeschäft, *qinzheng* 親政. Als DORGON bei einen Jagdunfall (Sturz vom Pferd) am 9. XII. (31. Dez.) 1650 verstorben war, übernahm FULIN am 12. I. (1. Febr.) 1651 als Dreizehnjähriger die Regierung und heiratete am 25. VIII. (13. Okt.) 1651 die erste Kaiserin.

[29] DORGON war der 14. Sohn des Khans NURHACI, erster Fürst von *Rui, Rui qinwang* 睿親王; HUMMEL, S. 215-219; E. HAUER, *Prinz Dorgon,* in: Ostasiatische Zeitschrift, N. F. 2 (13), 1925, S. 9-56.

[30] JIRGALANG war der 6. Sohn von NURHACIs Bruder ŠURHACI (1564-1611); HUMMEL, S. 397-398.

[31] Bei MARTINI (1654), S. 103, 184: *Xunchi,* latinisiert *Xunchius;* KIRCHER (1667), S. 105: *Xunchi;* GRESLON (1671), S. 1: *Chvnchi;* ROUGEMONT (1673), S. 3: *Xun-chi* etc.

[32] D. i. die Kurzform des postumen Namens (*shi* 諡) TITIAN… ZHANG HUANGDI 體天…章皇帝; die vollständige Form besteht aus 19 Schriftzeichen.

> innerhalb von 40 Jahren seine Herrschaft im ganze Reiche fest begründen."[33]

Das manjurische Heer mit seinen damals ca. 120.000 Kriegern[34] und 60.000 Söldnern anderer Völker erhob sich am 9. IV. (14. Mai) des Jahres 1644 unter dem Regenten DORGON, den man damals *Han-i ama wang,* „Fürstvater des Kaisers", oder *ama wang*[35] nannte, von der Hauptstadt *Mukden* aus mit der Absicht, „China zu erobern", *lüeding zhongyuan* 略定中原. Anlaß bot eine Aktion auf Anregung des *Ming*-Befehlshabers WU SANGUI[36] 吳三桂 (1612-1678), der die Manjutruppen als Entsatzheer gegen die Rebellenherrschaft des LI ZICHENG[37] 李自成 (1606-1645) angefordert hatte.[38] Offenbar hielt man die Kampfunterstützung durch den Jahrhunderte hindurch tributären Volksstamm der Manjuren für weniger gefährlich als die Gewaltherrschaft durch einen rebellierenden Heerführer. Doch WU SANGUI war sich nicht sicher, ob er damit „Tiger in das Reich gelassen hatte, um Hunde zu vertreiben."

> „Usangueius, thirsting nothing but revenge, admitted all conditions, little thinking (as the *Chinese* say) that he brought in *Tygers to drive out Dogs.*"[39]

Aus Verzweiflung über die sich zuspitzende Situation hatte der seit 1627 regierende letzte Kaiser der *Ming*-Dynastie, ZHU YOUJIAN 朱由檢 (1611-1644), wie vor ihm viele seiner Hofdamen, bereits am 19. III. (25. April) 1644

---

[33] FUCHS (1953), S. 1.

[34] WAKEMAN, Bd. 1, S. 301 flg. Nach anderen Angaben soll die Militärmacht aus insgesamt ca. 250.000 Kämpfern bestanden haben.

[35] Die Jesuitenpatres übernahmen diese volkstümliche Bezeichnung; so MARTINI (1654), engl. Ausg., S. 181 u.ö.: „Amavangus", „Amavan" etc.

[36] HUMMEL, S. 877-880; HAUER, *General Wu San-kuei,* in: Asia major, 4 (1927), S. 563-611.

[37] HAUER, *Die vierte der Fünf großen Heimsuchungen Chinas,* in: Oastasiatische Zeitschrift, 11 (1923), S. 185-194, 261-281; ders., *Li Tze-cheng und Chang Hsien-chung, ein Beitrag zum Ende der Mingdynastie,* in: Asia Major, 2 (1925), S. 436-498; HUMMEL, S. 491-493.

[38] LI hatte sich 1643 in der Provinz *Shaanxi* zum König, *wang* 王, ernannt, eine neue Dynastie, *Da Shun* 大順, ausgerufen und *Beijing* angegriffen. Näheres über die Eroberung von *Beijing* siehe WAKEMAN, Bd. 1, S. 225-318; HAUER (1926), S. 580 flg.

[39] MARTINI (1654), engl. Ausgabe, S. 95.

Suizid[40] begangen. Vorher hatte er der Sage nach an seinen Widersacher mit Blut geschrieben: *wu hai wo min. wu yong wo chen* 勿害我民. 勿恿我臣, „Schade nicht meinem Volk, verschleiße nicht meine Beamten!"[41]

Die manjurischen Truppen stießen voran[42], durchschritten die Große Mauer und okkupierten seit dem 2. V. (6. Juni) 1644 *Beijing* 北京, *Jingshi* 京師 / *ging hecen, gemun hecen* – damals die größte Stadt der Welt, die sie weitgehend kampflos einnahmen. Als Fazit stellte DORGON am Ende seines Ediktes vom 4. V. (8. Juni) 1644 fest:

> „Die Beamten und das Volk waren hocherfreut und alle priesen die Menschlichkeit und das Pflichtbewußtsein unserer erhabenen [manjurischen] Dynastie, deren Ruhm sich auf zehntausend Generationen verbreiten wird."[43]

Nach DORGONs Worten vom 11. V. (15. Juni) 1644 galt es nun, die Hauptstadt zu „pazifizieren", *suian ducheng* 綏安都城[44].

Vier Monate später, am 20. VIII. (20. Sept.) 1644 verließ der im Jahr zuvor als neuer Herrscher ausgewählte Enkel des Staatsgründers NURHACI, der sechsjährige FULIN, die alte Hauptstadt *Mukden* und traf einen Monat später, am 18. IX. (18. Okt.) 1644, in *Beijing* ein, wo er durch das *Zhengyang*-Tor 正陽門 / *Tob šun-i duka,* in die ‚Verbotene Stadt' geleitet wurde und dort bis zu seinem 15. Lebensjahr mit der Kaiserinmutter zunächst im Palast *Qianqing gong* 乾清宮 / *Kiyan cing gung* Wohnung nahm.[45] Zwei Wochen danach, am 1.

---

[40] JAN NEUHOF (1618-1672), Hofmeister der holländischen Gesandtschaft 1655-1657 an den chinesischen Kaiserhof veröffentlichte dazu folgendes Gedicht:

> „Ein Keyser hängt am Baum / sein Reich ist eingenommen: O Keyser / König / Fürst wo kann es dir zu kommen! Ein Keyser hängt am Baum: so läufft es ab zu letzt / Wenn man sein' Hoffnung auff den falschen Hoffmann setzt."

JOAN NIEUHOF, *Die Gesantschaft der Ost-Indischen Geselschaft in den Vereinigten Niederländern* [...], Amsterdam: J. Mörs (1669), S. 393.

[41] SCHALL, *Historica*: „ue hai ngo min, ue jum ngo chin", MANNSEGG, S. 145. – Statt 恿 wäre vielleicht auch 庸 möglich.

[42] Für die Entfernung *Mukden-Beijing*, ca. 1600 *li* 里, ca. 920 km, benötigte man damals ca. 30 Tage.

[43] *Huang Qing Kaiguo fanglüe*, HAUER (1926), S. 587.

[44] SZSL, j. 5, vom 11. V.; *Huang Qing Kaiguo fanglüe,* HAUER (1926), S. 584-587.

[45] SZSL, j. 8, S. 14a; WAKEMAN, S. 857.

X. (30. Okt.), bestieg er – dieses Ereignis am *Taihe*-Tor 太和門/ *Amba hŏwali-yambure duka* an den Himmel und die Erde verkündend – als erster Kaiser der neuen Dynastie in China den „kostbaren Thron", *sheng baozuo* 升寶座 – einer Dynastie, die bereits am 11. IV. (15. Mai) 1636, noch *extra muros / guanwai* 關外, unter dem Namen *Daicing / dai Qing* 大清 feierlich proklamiert worden war.[46] Dieses Datum gilt als Beginn der *Qing*-Herrschaft in China. Das eigentliche Inthronisationsritual fand am 10. X. (8. Nov.) 1644 im Palast statt.[47] Die Aufnahme des Ahnengräberkultes für die *Ming*-Kaiser am 20. XI. (18. Dez.) markierte das Ende der alten Dynastie.

1.1.5 Die Hauptstadt *Beijing / Beiging, Beging hecen* spiegelt in ihrer Anlage als sakrale Stadt und *Imago mundi* ein historisch gewachsenes, komplexes System[48] kosmologisch-geomantischer Orientierung wider, das hier nur anzudeuten ist.

Unter den Manjuren gliedert sich der Ort in zwei Teile, in einen nördlichen, inneren, *Neicheng* 內城 / *Dorgi hecen*, und einen südlichen, äußeren, *Waicheng* 外城 / *Tulergi hecen*, die seit den Tagen der Jesuitenmissionare[49] ‚Tatarenstadt' und ‚Chinesenstadt' genannt wurden. In erstgenanntem Teil waren zum Schutz der Okkupanten die Truppen der Acht Banner, *baqi* 八旗 / *jakôn gōsa* – nämlich im NO die beiden gelben, im SO die beiden weißen, im SW die beiden blauen und im NW die beiden roten – stationiert. Auch befanden sich dort manche Behörden und Amtsstellen, Paläste der Prinzen und der hohen Würdenträger.

---

[46] SZSL, j. 8, S. 15b, j. 9, S. 1b-6b.

[47] MARTINI (1654), S. 80; WAKEMAN, S. 857-858.

[48] GOTHEIN, MARIE LUISE, *Die Stadtanlage von Peking, ihre historisch-philosophische Entwicklung,* in: Wiener Jahrbuch für Kunstgeschichte, 7, Wien (1930), S. 7-33; HEIDENREICH, ROBERT, *Beobachtungen zum Stadtplan von Peking,* in: Nachrichten der Gesellsch. für Natur- und Völkerkunde Ostasiens, 81 (1957), S. 32-37; HUI GUANGZONG 惠廣宗, *Zhongguo tushi – jiekai zijin cheng chu jianbu ju zhi aomi* 中國圖式 揭開紫禁城初建佈局之奧祕 *Discovering the Secret Geomancy Behind the Layout of the Forbidden City,* Taipei: Nantian (2001); P'ENG TSO-CHIH, *Chinesischer Städtebau unter besonderer Berücksichtigung der Stadt Peking,* in: Nachrichten (s. o.), 89-90 (1961), S. 5-89; WHEATLEY, PAUL, *The Pivot of the Four Quarters,* Edinburgh: University Press (1975), S. 411-451, etc.

[49] Siehe z. B. in einem Brief von JEAN DE FONTANEY (1643-1710) vom 15. Febr. 1703, in STÖCKLEIN, JOSEPH S. J. (Hg.) u.a., *Der neue Welt-Bott oder Allerhand So Lehr= als Geist=reiche Brief / Schrifften und Reis=Beschreibungen, Welche meistens von denen Missionariis societatis Jesu aus Beyden Indien / und andern über Meer gelegenen Ländern seit Anno 1642 biß auf gegenwärtiges Jahr in Europa angelangt seynd,* Bd. 1, No. 97, Augspurg u. Grätz (1728), S. 10.

Die im Zentrum der ‚Tatarenstadt' gelegene ‚Kaiserstadt', *Huangcheng* 皇城 / *Dorgi hoton,* mit ihren verschiedenen kaiserlichen Ämtern barg wiederum in ihrem Kern die ‚Palaststadt', *Gongcheng* 宮城 die sogenannte ‚Verbotene Stadt', d.i. das kaiserliche Territorium mit seinen ca. 900 Palästen, *Gugong* 故宮 / *Julgei gung,* eigentlich „angestammtes Palais" genannt. Dieses Zentrum der Macht wird auf Chinesisch meist mit *Zijin cheng* 紫禁城, „purpurne sekretierte Stadt", mit Namensanspielung an das Sternbild *Ziwei* 紫薇, Polarstern als Zentrum der Himmelswelt, und die purpur-violette Farbe der Umfassungsmauer – bezeichnet. Die Manjuren hingegen benannten sie der Monumentalität der Gebäude wegen *Dabkôri dorgi hoton,* „doppel[stöckige] interne Stadt", entsprechend mongolisch *dabqurliγ dotuγadu qota.* Dieses Areal der kaiserlichen Palastbauten wird durch eine Zentralachse in Nordsüdrichtung durchquert, in deren Mitte die Erhabenheit der kaiserlichen Thronhallen beeindrucken. Diese wurde als eine Art *Axis mundi, wangzhe de zhouxian* 王者的軸線, als Zentrum Chinas und der zivilisierten Welt, empfunden.

Im Unterschied zu den Verhältnissen auf dem Lande – der Jesuitenpater MICHEL BENOIST (1715-1774), der die Gegend in der Sänfte bereist hatte, spricht von der „ganzen Gegend, durch die man reist ist schlecht genug" – erstrahlt die Palastanlage in voller Schönheit:

> „Die einzige Ausnahme hiervon ist der Pallast des Kaysers zu Peking, und seine Lustschlösser, denn da ist alles groß und würklich schön, sowohl in der Anlage als in der Ausführung, und auf mich machte es einen um so größern Eindruck, da ich nirgends etwas gesehen, das dem ähnlich gewesen wäre."[50]

Wenn auch militärische Rückschläge bei meist lokal begrenzten Ausschreitungen, bei Unternehmungen gegen Parteigänger der *Ming*-Herrschaft usw. zu beklagen waren, blieben die Aktionen der Manjuren gegenüber den ihnen Untergebenen relativ bedacht. Auch schienen zurückliegende Ereignisse hier nachzuwirken; denn eine Generation früher hatten die Stammesgeneräle dem Erobererherrscher NURHACI, der sich 1616 selbst – nach CHINGGIS KHAN-Vorbild[51] – als vom „Himmel eingesetzter, strahlender

---

[50] [MICHEL BENOI(S)T], *Denkwürdigkeiten von Sina. Aus der sittlichen und natürlichen Geschichte dieses Reichs.* Aus dem Französischen, Leipzig: Weygand (1783), S. 94 (nach den *Lettres édifiantes et curieuses*).

[51] FARQUHAR (1968), S. 201.

Khan, der alle Staaten zu fördern vermag"[52] verstand, geloben müssen, „das Volk zu schonen" und niemanden unnötigerweise zu töten.[53]

Nach der relativ leichten Eroberung der Stadt Beijing, erwiesen sich die Kämpfe und Militäraktionen in den Provinzen der folgenden Jahre als wesentlich schwieriger und verlustreicher. Abgesehen von den Südregionen und Taiwan gelang es den Herrschern der neuen *Qing*-Dynastie bis etwa 1660, die Oberhoheit über das chinesische Kernland zu gewinnen. Der Gürtel der „Inneren Protektorate", von der Äußeren Mongolei (1696) und *Xinjiang* (1757-1759) bis *Tibet* (1727), jedoch wurde erst unter den Kaisern YONGZHENG und QIANLONG der *Qing*-Herrschaft einverleibt.

1.1.6 Kennzeichnend für die Eroberungszeit ist in solchem Kontext die durchaus positive Schilderung der „(östlichen) Tartaren" [d. i. der Manjuren], der ausgezeichneten Disziplin[54] ihrer Armee und des fast nahtlosen Übergangs von der *Ming*- zur *Qing*-Dynstie unter dem jungen Kaiser FULIN / SHUNZHI und seines Hofstaates durch einen Augenzeugen der Eroberung *Beijings*, nämlich durch Pater ADAM SCHALL v. BELL S. J. (1592-1666) aus Köln, der auch nach dem Umbruch das ihm in *Ming*-Zeiten verliehene Amt eines Direktors des kaiserlichen Astronomischen Amtes, *Qintian jian* 欽天監 / *Kin tiyan giyan yamun*[55], weiterführten konnte.

> „Daß sich die Dinge so reibungslos entwickeln würden, hatte wohl keiner gedacht."[56]

Ob seiner naturwissenschaftlichen Kenntnisse hatte SCHALL besondere Vergünstigungen von dem jugendlichen Kaiser SHUNZHI / FULIN und später auch von dessen Sohn KANGXI (1654-1722) erfahren. So hatte er im Jahre 1650 von Erstgenanntem Geschenke in Silberbarren zur Errichtung der

[52] *abka geren gurun be ujikini seme sindaha genggiyen han*; MWLD, Bd. 1, S. 67; LINKE, S. 39, Anm. 7; ähnlich zwei Jahrzehnte danach, 1636: *geren gurun be ujire genggiyen han / lieguo zhan'en ming huangdi* 列國沾恩明皇帝; FUCHS (1934), S. 116. CHINGGIS KHAN hatte sich im 13. Jahrhundert ähnlich als vom Himmel legitimiert bezeichnet; FARQUHAR, S. 201.

[53] WAKEMAN, in: SPENCE und WILLS (1979), S. 73 flg.

[54] WAKEMAN, Bd. 1, S. 465.

[55] Später übersetzt *Abka be ginggulere yamun*.

[56] VÄTH, S. 146.

damals *Xitang* 西堂, seit 1723 *Nantang*[57] 南堂 genannten ‚Südkirche' erhalten, deren Grundstück ebenfalls auf einer kaiserlichen Schenkung von 1650 beruht. In den Jahren 1651-1657 kam er mit Kaiser FULIN in engeren Kontakt, und dieser suchte SCHALL, von ihm vertraulich *mafa*[58], „Großvater", genannt, angeblich 24-mal zu persönlichen Gesprächen auf – ein Geschehen, das unter anderen Herrschern undenkbar gewesen wäre. Aufgrund seiner hochgeschätzten Fertigkeiten und naturkundlichen Kenntnisse[59] verlieh ihm FULIN 1653 den Ehrentitel *tongxuan jiaoshi* 通玄教師, „Lehrmeister, der die Geheimnisse durchforscht". Die Kirche erhielt 1655 den entsprechenden Ehrennamen *tongxuan jiajing* 通玄佳境 und wurde mit einer kaiserlichen, zwei Meter hohen, zweisprachigen steinernen Stele, *Yuzhi tianzhu tang beiji* 御製天主堂碑記, geehrt, die auf den 1. II. (15. März) 1657 datiert ist und sich noch heute daselbst befindet.[60] Leider verstarb der Kaiser bereits am 7. I. (5. Febr.) 1661 drei Wochen vor seinem 23. Geburtstag an Pocken, *dou* 痘 oder *tianhua* 天花, manjur. *mama.*[61] Er hatte offenbar eine schwache Gesundheit.[62] – SCHALL resümierte die vergangene Eroberungsepoche:

> „So zeigten sich die Mandschu, die von den Chinesen als ‚unvernünftige Tiere' verachtet wurden, viel edelmütiger und von höherer Achtung für den kaiserlichen Namen erfüllt als die Chinesen."[63]

Ähnliches vermerkte SCHALLs Zeitgenosse Pater MARTIN MARTINI (1614-1661):

---

[57] Der erste Kirchenbau erfolgte 1610, eine Erneuerung durch SCHALL im Jahre 1657. Nach mehreren Bränden 1860 neu aufgebaut; der heutige Bau stammt aus dem Jahre 1904.

[58] *„sic honoris causa semper me nominat"*, SCHALL, *Historica,* 1654. Bei MANNSEGG, S. 255, in „Massa" verschrieben.

[59] Eine frühe Beschreibung der Kirche und Wohnung SCHALLs mit Einrichtung findet sich im *Dijing jingwu lüe*, j. 4, S. 3622-3623. Unter den nicht-religiösen Gegenständen fielen dem Verfasser auf: ein Teleskop, *yuanjing* 遠鏡, eine Schlaguhr, *houzhong* 候鐘, eine Art Cembalo oder Spinett, *tianqin* 天琴.

[60] SCHALL, *Historica narratio* von 1672, besonders Cap. X, S. 84 flg.; deutsche Übersetzung von MANNSEGG, Kap. 10, ab S. 181.

[61] ROUGEMONT (1673), S. 117: *„Obiit hic ex variolis"*.

[62] *SZSL*, j. 144, S. 2b; JOHNSTON, S. 190.

[63] SCHALL, *Historica narratio,* S. 205b; hier nach VÄTH, S. 140.

> „Zungteu [*Zhongde* 崇德], der Tartarn König [gemeint ist Kaiser SHUNZHI / FULIN], ziehet mit seiner lieblichen Freundtlichkeit vil Sineser an sich“[64].

Auch andere Zeitzeugen sind erwähnenswert.[65]

Im Grunde bewerteten die Jesuitenmissionare die Beseitigung der dem Christentum gegenüber intoleranten *Ming*-Dynastie durch die ihnen freundlich gesinnten manjurischen Fremden als eine göttliche Fügung, wozu Pater MARTINI 1654 notierte:

> „GOtt strafft die Sineser / wegen Verfolgung der christlichen Religion; in welcher den Patribus das Kayserthumb verbotten / vnd vil vngemachs zugefügt worden.“ [66]

Die neue *Qing*-Dynastie mit ihrem Zentrum in *Beijing*, der 7. oder 8. Hauptstadt der Manjuren, wuchs nicht ohne Grund zu einer der erfolgreichsten und langwährendsten Xenokratien in der Geschichte Chinas heran, die mit größter Regionalausdehnung und mächtigem Bevölkerungswachstum in ihrer Herrschaftszeit von 268 Jahren die der Mongolen, der letzten Fremddynastie, etwa um das Dreifache übertraf. Nach den Worten von WALTER FUCHS (1902-1979) hatte sich

---

[64] P. MARTIN MARTINI, hier nach der seltenen deutschen Ausgabe *Historische Beschreibung deß Tartarischen Kriegs in Sina* (1654), S. 55. Weiteres siehe bei LYNN A. STRUVE, S. 49-54, 269. – Auch andere zeitgenössische europäische Darstellungen des dynastischen Umschwungs sind von einer – wenn auch nicht ganz selbstlosen – wohlwollenden Haltung den Manjuren gegenüber gekennzeichnet; hierzu s. KLEY (1973), bsd. S. 563-571; cf. auch CHAN (1984), S. 82, nach einem Dokument des Jahres 1651; J. G. REID, *Peking's first Manchu Emperor,* in: Pacific Historical Review, 5 (1936), S. 131-146.

[65] ALBERT CHAN S.J., *A European Document on the Fall of the Ming-Dynasty (1644-1649),* in: Monumenta Serica, 35 (1981/83), S. 75-109.

[66] MARTIN MARTINI S.J., *De bello Tartarico historia* (1654); *Historische Beschreibung deß Tartarischen Kriegs in Sina* (1654), S. 21; engl. Ausgabe *Bellum Tartaricum or the Conquest of The Great and most renowned Empire of China...*, London: Crook (1654), S. 21: "God punished China for their persecution of Christians."– Diese Schrift, die P. MARTINI angeblich während seiner Schiffsreise 1653 nach Europa verfaßt hatte, erschien in 7 Auflagen und 9 Übersetzungen und war von einem beträchtlichen Einfluß auf die europäischen Chinakenntnisse der Zeit. Auf dieser Grundlage hatte z. B. der holländische Nationaldichter JOOST VAN DEN VONDEL (1587-1679) das Drama *Zungchin of ondergang der Sineessche heerschappije*, Amsterdam 1667, verfaßt, das die Geschehnisse um den Untergang der *Ming*-Dynastie aufarbeitet.

> „aus der Verschmelzung der ungestümen Kraft eines rauhen, jugendfrischen Jäger- und Reitervolkes mit der überfeinerten, dekadenten chinesischen Kultur […] diese zu neuer Blüte [erhoben], anfangs zumal bereichert um herbe Männlichkeit und zugleich gemäßigt durch kluge Anpassung an die innere Überlegenheit der Unterworfenen."[67]

JOHN BARROW (1764-1848), der sich als Privatsekretär des englischen Gesandten MACARTNEY in den Jahren 1793-1794 in China aufhielt, hob den Erfolg der Manjuren hervor als

> „ein Meisterstreich von Staatsklugheit, den man von einem für nur halb gesittet gehaltenen Völkerstamme nur wenig erwartet hätte."[68]

1.2 Rezeption des chinesischen Modells

1.2.1 Nachdem die fremden Eroberer viele Jahre hindurch das chinesische Staats- und Regierungswesen, *zhengdao* 政道 / *dasan-i doro*, aus unmittelbarer Nähe beobachtet, kennengelernt und auch teilweise übernommen[69] hatten, schickten sie sich an, mit der Einnahme der Metropole und der Okkupierung der von ihnen kaum veränderten Palastanlage als neue Verwaltungszentrale, das über Jahrhunderte bewährte chinesische System machiavellistischer, autokratischer Monarchie nahezu unbeschädigt zu übernehmen. Maßgeblich waren hier die militärisch hervorragend trainierten und organisierten Einheiten der „Acht Banner", *baqi* 八旗 / *jakôn gôsa*, und ihrer Hilfstruppen. Die anhaltende Schwäche der *Ming*-Dynastie, die von manchen auf die unzureichende Widerstandskraft des chinesischen Volkes, das ein Missionar 1741 als „phlegmatisch"[70] bezeichnete, zurückgeführt wird

---

[67] FUCHS, S. 1.

[68] BARROW, übers. v. HÜTTNER (1805), S. 59. – Lebendige Eindrücke von den unterschiedlichen Ereignissen in der Umbruchszeit von der *Ming*- zur *Qing*-Dynastie vermittelt das Werk von LYNN A. STRUVE (1993).

[69] So hatte z. B. 1636 der Khan HONG TAIJI das chinesische, von Eunuchen verwaltete System der kaiserlichen Frauengemächer oder Palastkabinette, *gongwei ju* 宮闈局, unverändert übernommen und sich in einem solchen Zeremoniell am 10. VII. (10. Aug.) 1636 mit einer Kaiserin sowie 4 Konkubinen verbunden; JMZD, Bd. 10, S. 4949 flg.; HUCKER, Nr. 3495.

[70] „Sie ihres Theils haben selber nicht Noth, indem sie ein lauteres phlegmatisches Volk seynd, wie es die Farb ihres Angesichts selbst zeiget." G. X. LAIMBECKHOVEN (1707-1787),

– schon G. W. LEIBNIZ[71] (1646-1716) sprach von *bella aversantur*, „sie verabscheuen Kriege"– , bildete das Fundament, auf dem die Erfolge der neuen Xenokratie gründeten. Ein Zeitgenosse, Pater LOUIS LE COMTE[72] S. J. (1655-1728), meinte die Ursache zu kennen:

> „Man leget ihnen ohne aufhören Bücher und Schrifften vor / und giebt ihnen niemals ein Schwerdt in die Hände [...]. Die Sinesische Politick verhindert durch diese Zucht viel innerliche Unruhe; allein sie setzet damit zugleich das Volck in Gefahr auswärtiger Kriege / welche noch gefährlicher seyn."

Die Aktionen der Manjuren waren im Grunde Teil einer gemäßigten, wohlbedachten Anpassung, einer *Ars aduptationis* der Eroberer an das Jahrtausende hindurch bewährte Chinesentum. Man hatte den Eindruck, sie hätten sich den Ausspruch des LIU BINGZHONG 劉秉忠 (1216-1274), des chinesischen Beraters des mongolischen Großkhans QUBILAI (geb. 1215), zu Herzen genommen:

> „Man kann die Welt auf dem Pferderücken erobern, jedoch vom Pferderücken regieren kann man sie nicht."
> *yi mashang qu tianxia. bu keyi mashang zhi* 以馬上取天下. 不可以馬上治.[73]

Dabei vernachlässigte man jedoch trotz aller Neuerungen niemals die eigene Tradition. Nicht nur als stabilisierendes Element innerhalb der Gemeinschaft der nordasiatischen Nachbarvölker, die man nach altem chinesischen Usus zu den „Nordbarbaren" der vier Himmelsrichtungen, *di* 狄, zählte, sondern auch hinsichtlich der zu erwartenden Herrschaft der eigenen Minderheit über eine Überzahl von chinesischen und anderen ‚Untertanen' legte man Wert darauf,

> „die alten Sitten und Gebräuche hochzuachten",
> *jiusu xiangcheng* 舊俗相承 / *fe kooli ginggulembi*,

Zweyter Brief, in: JOSEPH STÖCKLEIN u.a. (Hsg.), [*Der Neüe Welt-Bott*], *Allerhand So Lehr- als Geist-reiche Brief / Schrifften und Reis-Beschreibungen* [...], Bd. 5, Wien (1755), Nr. 673, S. 37.

[71] LEIBNIZ, *Novissima Sinica* (1697), Vorrede *Benevolo lectori*, S. 3.

[72] LE COMTE, Bd. 2, S. 90-91.

[73] *Yuan shi* 元史, j. 157, Ausgabe Shanghai: Kaiming (1934), S. 6496d; *Xin yuanshi* 新元史, j. 157, S. 6920c; JACQUES GERNET, *Die chinesische Welt*, Frankfurt: Insel (1979), S. 312.

und als Herrschaftsmittel aufrechtzuerhalten. Ermahnungen in diesem Sinne sind bereits 1636 unter HONG TAIJI nachzuweisen.[74]

1.2.2 Zu den bewahrenswerten Errungenschaften der „alten manjurischen Lehre“, *jiu manzhou dao* 舊滿洲道 / *manjusai fe doro,* gehörte die Pflege der schamanistischen Tradition septentrionaler Prägung, *saman jiao* 薩滿教 / *saman tacihiyan;* denn

> „nach staatlicher Sitte schätzte man die Verehrung der Geister am höchsten.“[75]

Daneben – gleichsam als Vorsichtsmaßnahme gegen eine in friedlicher Umgebung drohende Verweichlichung und Demartialisierung[76] – legte man Wert auf die militärische Körperertüchtigung, insbesondere auf das Reiten, *qi* 騎 / *yalumbi,* Ringen, *shuaijiao* 摔跤 / *lasihimbi,* und das Bogenschießen zu Pferde, *qishe* 騎射 / *niyamniyambi* < mongol. *namna-*. Es waren von den Kaisern geförderte Disziplinen[77], in denen man sich bei jährlichen Trainings- und Jagdunternehmen zu bewähren hatte. Daneben achtete man auf die Beibehaltung der überlieferten Sozialstrukturen und der althergebrachten Sitten und Gebräuche, *manzhou lisu* 滿洲禮俗 / *manju kooli,* so der Institution und Stammesverfassung der Acht Banner, der Familiengebräuche[78], der

---

[74] TZSL, j. 32, S. 9; s.a. in einem Edikt des Kaisers QIANLONG des Jahres 1750, *Qingshi gao,* j. 85, Bd. 10, S. 2558.

[75] *guosu cui chong ji* 國俗最重祭; *Shengjing tongzhi* (1715), j. 19, S. 8a.

[76] „Ein […] Faktor des Niedergangs [der Manjuren im 18. /19. Jh.] waren die langen Jahre des Friedens sogleich nach Gründung der Dynastie. Truppen, die nicht ständig im Krieg stehen, verlieren an Kampfwert, die Moral läßt nach […] Das Interesse der Bannerleute an Krieg und Kampf nahm ab, kriegerische Übungen wie Ringkämpfe oder Bogenschießen wurden vernachlässigt […] Müßiggang griff um sich, ‚*the good life*‘: ‚Essen, Trinken, Spielen und Vergnügungen‘“; KLOUBERT (2016), S. 32.

[77] Angeblich verfaßte Kaiser KANGXI eine zweisprachige Abhandlung über das Zielschießen, *Gabtara jorin gisurin* / *She di shuo* 射的說. Ein zweisprachiger Druck des Verfassers NARA CANGGIYÔN / NALAN CANGJUN 那蘭常鈞 erschien im Jahre 1770 unter dem Titel *Gabtan-i jorin* / *She di* 射的.

[78] Einen Überblick über Sitten und Gebräuche der Manjuren der Frühzeit, wie Fischfang und Jagd, Kulte, Totenverehrung, Hochzeit, Haartracht, Kleidung, bietet ZHENG TIANTING (1999), S. 32-54. Auch haben sich hierzu zahlreiche Dokumentationen erhalten; es sei auf das Sammelwerk *Manzhou sili* hingewiesen, das in den Teilen 2 das Hochzeitsritual und in den Teilen 3-4 das Totenritual abhandelt.

Glaubensvorstellungen, der tatarischen Sitzhaltung auf dem Boden, der gewohnten Kleidung, *qipao* 旗袍 / *sijigiyan*, und Haartracht mit dem manjueigenen Zopf, *bian* 辮 / *soncoho* usw. In vorderster Reihe stand dabei die Bewahrung der manjurischen Nationalsprache[79], die man damals – wie später zu Republikzeiten das Chinesische – *guoyu* 國語 / *gurun-i gisun*, „Reichssprache", nannte, und zwar als höfisches und verwaltungstechnisches Idiom und eingeschränkt als *lingua franca* (eher als Geheimsprache) des Reiches.[80] All dieses faßte man unter dem Stichwort *guoyu qishe* 國語騎射 / *manjurambi niyamniyambi* zusammen, was man als „die Nationalsprache usw. sowie die körperliche Bestform bewahren" interpretieren kann.

Das Training der martialischen Fähigkeiten war stets Bestandteil regelmäßiger Körperertüchtigung. Schon im Jahre 1636 hatte der Khan HONG TAIJI als „Allerhöchste Belehrung" ermahnt, „sich nach alter Weise im Bogenschießen zu Pferde zu üben." Dort heißt es:

> „Da aber zu fürchten steht, daß später die Kinder und Kindeskinder die alte Lebensweise vergessen und das Bogenschießen zu Pferde aufgeben werden, um chinesische Sitten nachzuahmen, haben Wir [...] immerfort diese Besorgnisse. [... Nur] weil sie [unsere Truppen] geübt waren im Bogenschießen zu Pferde, haben sie in jeder Feldschlacht gesiegt und bei jedem Sturme die Stadt erobert."[81]

Erinnert sei hier auch an eine Äußerung Kaiser KANGXIs ein Jahrhundert später in seinem Testament vom 13. XI. (20. Dez.) 1722:

> „Als ich bey vollen Kräfften und besten Jahren gewesen, konnte ich einen Bogen, der hundert fünffzig Pfund schwer ware, spannen, und von demselben Pfeil, der über acht Schuhe lang gewesen, loßschiessen. Mein Freud ware Kriegs-Heer wider den Feind anführen, mich viel-

---

[79] Einen guten Überblick bietet CROSSLEY und RAWSKI (1993).

[80] Wegen ihrer strukturellen Ähnlichkeit mit den europäischen Sprachen kursierte in der Mitte des 19. Jahrhunderts der Vorschlag, das Manjurische statt des als schwierig und unpräzise geltenden Chinesischen zur Diplomatensprache zu erheben,

> "to substitute the clear, plain, simple, easy, and congenial Manchu, in the place of the difficult, obscure, and unmanageable Chinese, for the intercourse of Europeans with this government".

S. *Considerations on the language of communication between the Chinese and European governments*, in: Chinese Repository, XIII, 6 (June 1844), S. 281-300, S. 300.

[81] *Huang Qing Kaiguo fanglüe*, nach HAUER (1926), S. 419-420. Hierzu s. a. WANG ZHONGHAN (1982); ELLIOTT (1999).

fältiger Tods-Gefahr anvertrauen, und beschwerliche Feldzüg vornehmen."[82]
nian li shengshi neng wan shiwu li gong fa shisan ba jian yong bing lin rong zhi shi 年力盛時能彎十五力弓發十三把箭用兵臨戎之事... / manjur. Version: ... [Lücke] *tofohon hôsun-i beri jafame juwan ilan sefere-i kacilan be gabtambihe. cooha baitalara dailame yabure baita de gemu heo seme mutembi.*

1.2.3 Unter dem Gründerkhan NURHACI, der als mutiger, aber taktisch umsichtiger Herrscher die verfeindeten Stämme geeint und gewagt hatte, sich gegen die geschwächte *Ming*-Dynastie zu wenden, war bereits ein Akkulturationsprozeß an das Chinesentum, *manhan ronghe* 滿漢融和, eingeleitet worden, bei dem die zu überwindenden Chinesen jedoch letztlich als Gewinner hervorgingen. Durch die Jahrhunderte währenden Kontakte waren die Manjuren schon damals mit der chinesischen Kultur eng vertraut. Treffend hatte dies schon JOHANN GOTTFRIED HERDER (1744-1803) in Grundzügen erkannt:

> „Seit Jahrtausenden behauptet Sina noch seine alte Verfassung und ohngeachtet das kriegerische Volk von Tatarischen Horden mehrmals überschwemmt worden: so haben die Besiegten dennoch immer die Sieger bezähmt und sie in die Fesseln der alten Verfassung geschmiedet; welche Regierungsform Europens könnte sich dessen rühmen?"[83]

Einer der bestimmenden Leitsätze Kaiser KANGXIs, «qui gouverne aujourdhuy ce grand Empire avec tant de la sagesse»[84], den er auch auf seinen Siegeln gern verwendete, lautete *jigu youwen* 稽古右文, etwa „Das [chinesische] Altertum studieren und die literarische Tradition hochschätzen". CHAN HOK-LAM führte dazu aus:

---

[82] Deutsche Übersetzung in: JOSEPH STÖCKLEIN u.a. (Hsg.), *[Der Neüe Welt-Bott], Allerhand So Lehr- als Geist-reiche Brief / Schrifften und Reis-Beschreibungen* [...], Bd. 3, Augsburg und Grätz: Philip, Martin (1732), Nr. 429, S. 3. Weitere deutsche Übersetzung: P. J.-B.-JOSEPH de GRAMMONT (1736-ca. 1812), in: Minerva, ein Journal historischen und politischen Inhalts, 2. Band (1800), S. 359. WANG ZHONGHAN (1987), S. 48-49. Zur manjur. Übersetzung s. GIMM (1993), S. 103, Anm. 291.

[83] J. G. HERDER, *Ideen zur Philosophie der Geschichte der Menschheit;* Herder's Sämtliche Werke, hgg. v. P. SUPHAN, Bd. 13, Berlin (1887), S. 411.

[84] CHARLES LE GOBIEN (1653-1706), (1698), S. 22.

> „Auf Grund ihrer Herkunft als fremde Eroberer mögen sie zwar das chinesische Modell modifiziert haben oder von ihm abgewichen sein, so etwa durch Verschärfung der autoritären und despotischen Züge, aber sie trugen doch auf mannigfaltige Weise zu der Fortdauer der traditionellen Monarchie und des bürokratischen Regierungssystems bei."[85]

Die Eroberer verstanden sich keinesfalls als Zerstörer des Chinesentums, dem sie angesichts der Jahrtausende währenden chinesischen Kultur ohnehin unterlegen waren. Hierzu hatte Kaiser KANGXI, den LEIBNIZ 1697 *princeps pene sine exemplo egregius* nannte, am 7. VI. (15. Juli) 1687 geäußert:

> „Das Wissen der Chinesen übertrifft das der Manjuren um das Hundertfache",
> *hanren xuewen sheng manzhou bobei* 漢人學文勝滿州百倍.[86]

Bei einem Anteil von weniger als 1 % an der in der Mitte des 17. Jahrhunderts auf 277 Millionen angegebenen Gesamtbevölkerung[87] strebten die Usurpatoren eine manju-chinesische Synarchie unter dem Motto *manhan yijia*[88] 滿漢一家, „Manjuren und Chinesen sind eine Familie", an und bekundeten eine versöhnliche Haltung dem Volk gegenüber. Man sprach von *huai rou* 懷柔, „die Milde im Herzen tragen". Sie setzten dabei stärker auf Konsolidierung und Restauration, *fugu* 復古, des bewährten, kosmologisch verwurzelten Ordnungssystems – des Optimums des damals Denk-

---

[85] CHAN HOK-LAM (1980), S. 13. Hierzu FEUERWERKER (1976), S. 31: "And it is also the case that they were 'barbarian' claimants to the Mandate of Heaven, the Ch'ing emperors self-consciously felt that they had less leeway than an ethnic Han dynasty would have had in establishing their bona fides as qualified Confucian rulers. To win the assent of the Chinese literati to their dominion, they had to show themselves as superorthodox protectors of the Neo-Confucian tradition." – Über den Gesamtprozeß der Akkulturation der Manjuren, vor allem nach biographischem Material, s. detailliert bei LINKE (1982) und in einer Reihe neuerer chinesischer Arbeiten.

[86] *Kangxi qiju zhu* 康熙起居注, Beijing (1984), Band 2, S. 1639.

[87] LAO GAN *xueshu lunwen ji* 勞榦學術論文集, Teil *jia* 甲, Taipei: Yiwen (1976), S. 1558; s.a. JÜRGEN OSTERHAMMEL, *China und die Weltgesellschaft,* München: Beck (1989), S. 34. L. GORELOVA erwähnt eine Gesamtzahl von 300.000 manjurischer Volksangehöriger bei einer damaligen Gesamtzahl von 300 Millionen; LILIYA M. GORELOVA, *Manchu Grammar,* Handbook of Oriental Studies, Central Asia vol. 7, Leiden: Brill (2002), S. 8.

[88] RHOADS, S. 45: *manhan guanmin juwei yijia* 滿漢官民俱為一家; *Qingchao wenxian tongkao*, j. 195.

baren – als auf irgendeine Art einschneidender Veränderung. Der chinesische Staat galt bis ins 19. Jahrhundert als der einzige zivilisierte Staat der Welt. Sie übernahmen das allumfassende konfuzianisch-universalistische Ideal[89] eines kosmologisch geprägten, absolutistisch regierten Gemeinwesens mit einem sakrosankten, omnikompetenden Monarchen, dem „Sohn des Himmels", *tianzi* 天子/ *abkai jui,* an der Spitze, der das Reich mittels „Bildung regiert", *wen zhi* 文治.

Zu den wichtigsten, oft auch daoistisch begründeten Wirkungsfunktionen des charismatischen ‚Herrschers durch Tugend', einer Art „deus otiosus", gehörte es – meist unausgesprochen – Harmonie, *he* 和 / *hôwaliyasun,* in Verhalten und Handlungen auszustrahlen. Harmonieverhalten, das die perfekte Einheit von *yin* und *yang* symbolisierte, mit Ausgeglichenheit und Selbstdisziplin zählten neben Loyalität, *zhong* 忠, Pietät, *xiao* 孝 etc. zu den wichtigen kaiserlichen Tugenden; in der Übersetzung von Kaiser KANGXIs erwähntem Testament vom 13. XI. 1722 ist von „Gemüths-Ruhe" die Rede.[90] In KONFUZIUS' Gesprächen heißt es:

> „Regieren ohne einzugreifen […] strahlte der [mythische Herrscher Shun], nach Süden gerichtet, aus und damit fertig"[91].

Vielen Vorstellungen, die den Parallelismus zwischen Makro- und Mikrokosmos sowie die Grundideen der chinesischen Herrscherkonzeption, *dixue* 帝學 / *han-i tacin,* betreffen, liegt die Idee der Bewahrung oder Wiederherstellung von Harmonie oder harmonischem, friedfertigen Verhalten zugrunde[92]. Kennzeichnend hierzu sind z. B. auch die Namen der drei zentralen Thronhallen der ‚Verbotenen Stadt', in denen sich dieser Grundbegriff des chinesischen Kaisertums manifestiert:

---

[89] DUAN LIN, *Konfuzianische Ethik und Legitimation der Herrschaft im alten China* (Soziologische Schriften, 64), Berlin: Duncker & Humblot (1997).

[90] Deutsche Übersetzung in: JOSEPH STÖCKLEIN u.a. (Hsg.), *[Der Neüe Welt-Bott], Allerhand So Lehr- als Geist-reiche Brief / Schrifften und Reis-Beschreibungen* […], Bd. 3, Augsburg und Grätz: Philip, Martin (1732), Nr. 429, S. 3.

[91] *Lunyu* 論語, 15,5: *wuwei er zhi* […] *gong ji zheng nanmian er yiyi.* 無為而治 […] 恭己正南面而已矣; LEGGE (1815-1897), *Chinese Classics,* Bd. 1, S. 295.

[92] Zur Harmoniesymbolik innerhalb der Palastanlagen s. FLORENCE AYSCOUGH, *Notes on the Symbolism of the Purple Forbidden City,* in: Journal of the North China Branch of the Royal Asiatic Society, N. S. 52 (1921), S. 64-68; neuerdings ERICA FOX BRINDLEY, *Music, Cosmology, and the Politics of Harmony in Early China,* New York: Suny (2012).

(1.) *Taihe dian* 太和殿 / *Amba hôwaliyambure deyen*, „Halle der großen Harmoniestiftung", mit dem kaiserlichen Thron, *baozuo* 寶座 inmitten;
(2.) *Zhonghe dian* 中和殿 / *Dulimbai hôwaliyambure deyen*, „Halle der zentralen Harmoniestiftung";
(3.) *Baohe dian* 保和殿 / *Enteheme hôwaliyambure deyen*, „Halle der ewigen Harmoniestiftung".
– Die vorgenannten Übersetzungen folgen dem ursprünglichen manjurischen Wortlaut, der jedoch auf den heutigen Fronttafeln der Palasthallen fehlt.[93]

Auch andere staatserhaltende Aktionen waren nach traditionellem Verständnis von einer solchen Grundhaltung bestimmt. Erinnert sei hier an die rituelle Musik, *yayue* 雅樂, mit ihrer sehr gedehnten Ausführungsart, deren vorrangige Aufgabe es seit alters war, ‚Harmonie', Friedfertigkeit, gleichsam auf magische Weise zu vermitteln und auszustrahlen, wie schon der Name eines Hauptteils der Staatsmusik andeutet, *Zhonghe shaoyue* 中和韶樂. Nicht umsonst gehörten die Musikmonographien innerhalb der staatlich konzipierten Geschichtswerke zu den Kapiteln in vorderster Reihe.[94]

Mit staunenswerter Anpassungsfähigkeit adoptierten die Manjuren – vorbereitet insbesondere seit der Herrschaft des Khans HONG TAIJI – fast übergangslos die chinesischen Standardwerte, Verhaltensweisen und Einrichtungen[95]. Sie übernahmen die allgemeine Verwaltung mit der Institution der Sechs Ministerien, *liu bu* 六部 / *ninggun jurgan*, das Militär- und Zensoratssystem mit dem Prüfungswesen usw. Im Verein damit paßten sie sich, so strikt wie keine der anderen Fremddynastien, an die Staatsideologie *Song*-neokon-

---

[93] Die Eingangstafeln, *bian'e* 匾額 / *iletulehen*, dieser drei Hallen tragen, veranlaßt durch die antimanjurische Haltung des YUAN SHIKAI 袁世凱 (1859-1916), der den Palast i. J. 1911 okkupierte, bis heute nur noch die chinesische Bezeichnung. – Im übrigen verfügen aus bisher nicht belegbarer Ursache die Bauwerke des inneren Palastteils auf ihren zweisprachigen Eingangstafeln statt einer Übersetzung ins Manjurische nur über eine Transkription der chinesischen Benennung, während die Gebäude des vorderen Palastteils durchgängig manjurische Übersetzungen tragen; hierzu s. KAI VOGELSANG, *Die Tor- und Palastnamen der Verbotenen Stadt: Manjurische Quellen der Geschichte?* (Vortrag, noch unveröffentlicht). Das einschlägige Handbuch, *Wuying dian jianke bian'e xianxing zeli* 武英殿刻匾額現行則例 u.ä., stand mir zur Nachprüfung leider nicht zur Verfügung. S. a. in Teil 3.5. (7.), *Mukden*.

[94] Ähnlich bemerkenswert ist die Tatsache, daß der Wörterbuchteil ‚Musik' innerhalb des nach Sachgruppen geordneten, aus 32 *juan* bestehenden fünfsprachigen ‚Wörterspiegels' bereits an 7. Stelle, erscheint; CORFF, Bd. 1 , S. 171-182.

[95] MWLD, Bd. 2, S. 1403; HAUER (1926), S. 258 flg.

fuzianischer Prägung an, förderten das einheimische Gelehrtentum und versicherten sich damit der Sympathie einer großen Zahl erfahrener Beamter, die das normgerechte Weiterfunktionieren staatlicher Obliegenheiten garantierten. Die fundamentalen Bildungstexte waren den Manjuren längst wohlbekannt; denn bereits der Gründerkhan NURHACI sowie sein Sohn hatten begonnen, wesentliche Teile der konfuzianischen kanonischen Schriften sowie der strategischen und auch der enzyklopädischen Literatur durch Übersetzungen zugänglich zu machen.[96]

Auf der Basis der eigenen ethnischen Überlieferung und der fast unversehrt übernommenen chinesischen Traditionen stabilisierte sich so das Reich und entwickelte sich zu einem neuen, bipolar ausgerichteten multi-ethnischen Staatswesen, das in allen seinen Bereichen, angefangen von der Sprache und den Obrigkeitsstrukturen bis zur Verwaltung und zum Militär- und Religionswesen, im Wesentlichen ‚zweigleisig'– manju-stammesgetreu und chinesisch-traditionsgetreu – verfuhr. So gedieh die *Qing*-Herrschaft zur

> "most successful dynasty of conquest in Chinese history, and the key of its success was the adoption by early Manchu rulers of a policy of systematic sinicization."[97]

1.3 Die Frage des Himmelskultes

1.3.1 Bei allen Anpassungsbemühungen der Manjuren entstand ein wohl zunächst peripher erscheinendes, nach konfuzianischer Vorstellung jedoch an den Wurzeln chinesischen imperialen Selbstverständnisses rührendes Problem aus der komplexen Situation kaiserlicher Himmelsverehrung, *jiao tian* 郊天 oder *nanjiao*[98]南郊 / *ten-i wecen* – ein Staatskult, der sich schon vor der *Zhou*-Dynastie (1. Jahrtausend v. Chr.) nachweisen läßt.[99] Der Staatskult

---

[96] DURRANT (1979), S. 654-657; HUMMEL, S. 213-214 ; T. PANG (2015), S. 58, 94 etc.

[97] HO PING-TI, S. 191.

[98] „Südliches Opfer" genannt, da sich – im Unterschied zu dem im Norden gelegenen Erdalter, *Ditan* 地壇, mit seinem *beijiao* 北郊 genannten Kult – der Himmelstempel im Süden, genauer Südosten, des Kaiserpalastes befand; de GROOT (1918), S. 142; EICHHORN (1973), S. 349-350.

[99] Einen Überblick über die historischen Epochen staatlichen Ritualwesens der Zeit 1000 v. Chr. bis ca. 1750 bietet das Werk von J. McDERMOTT (1999).

am Himmelstempel gehörte zur ersten Kategorie der zahlreichen rituellen Obliegenheiten eines chinesischen Kaisers, in dem dieser als „Sohn des Himmels" und Herr des Reiches und der Dynastie Rechenschaft über sein Mandat ablegte und den Himmel um weitere Legitimation bat. Nach dem kanonischen Buch *Zuozhuan* 左傳 zählte „der [Himmels]kult" zu den „großen Angelegenheiten des Staates".[100] JAN JAKOB MARIA de GROOT (1854-1921) nannte die am Himmelstempel darzubringende Verehrung das „allervornehmste Opfer der Staatsreligion".[101]

Die xenokratischen Eroberer sahen sich als die neuen Kaiser in der Hauptstadt Chinas an das System gebunden, das sie verpflichtete, zum Zweck ordnungsgemäßen Funktionierens des staatlichen Gemeinwesens die alteingesessenen, traditionsbeladenen Nationalkulte möglichst unterbrechungsfrei weiterzupflegen. Zum anderen mußten die Manjuren als südtungusische Völkerschaft Nordostasiens, den Vorstellungen ihrer Vorväter – den *Jürchen*, die sich seit 1636 aus bislang nicht sicher geklärtem Grund *Manzhou* 滿洲 / *Manju* nannten – entsprechend, für das Gedeihen des eigenen Stammes den eigenen autochthonen Lehren gehorchen. Über die Religion der *Jürchen*, ihren Geister- und Ahnenkult sowie ihrer Himmelsverehrung haben sich zahlreiche Dokumente und Quellen, auch Ritualtexte, erhalten, wobei sich die *Jin*-Dynastie angeblich an der vorausgegangenen proto-mongolischen Fremddynastie der *Liao*[102]遼 / *Khitan, Qidan* 契丹 (907-1125) orientierte.[103] Charakteristisch ist die Äußerung des *Jin*-Kaisers SHIZONG 世宗 (reg. 1161-1189) von 1171:

> „Unser Reich hält die Riten der Himmelsverehrung für die wichtigsten".[104]

In einem Edikt vom VIII. Monat des gleichen Jahres heißt es:

> „Im Reich ist nichts größer als das Opferwesen, und von den Opfern ist nichts größer als die an den Himmel."[105]

---

[100] Jahr *Chenggong* 成公 3 (573 v. Chr.): *guo zhi dashi zai si yu rong* 國之大事 在祀與戎; LEGGE, Bd. 5, S. 379, 382.

[101] de GROOT (1918), S. 155.

[102] Hierzu siehe WITTFOGEL-FENG, S. 214-218.

[103] *Jinshi*, j. 35, nach FU TONGQIN, S. 270: *Jin yin Liao su* 金因遼俗.

[104] *Jinshi*, j. 35, Neuausgabe, S. 826.

In ähnlicher Weise bezieht sich der Manju-Khan HONG TAIJI in einer Rede an die Fürsten vom 9. IV. 1636 später auf den Himmelskult des *Liao*-Reiches.[106]

Da in beiden Bereichen die Verehrung des Himmelsherrschers, *Shangdi* 上帝 / *Abkai han*, oder Himmelsgeistes, *Tianshen* 天神 / *Abkai enduri*,[107] an höchster Stelle stand, war eine Praktizierung des Himmelskultes, in beiden Religionsausprägungen obligat. Dennoch ist zwischen diesen ein mentaler, jedoch schwierig zu fixierender Unterschied zu spüren. Hauptunterscheidungsmerkmal scheint dabei die unlösbare Verbindung von Himmelsverehrung und Geisterkult im Schamanismus zu sein, die in ähnlicher Stärke im konfuzianischen Himmelskult wohl nicht nachzuweisen ist. Für die *Qing*-Zeit können wir von einer Art Dichotomie der Empyreumsverehrung sprechen, bei der indes der offizielle Himmelskult auch wegen der großen Zahl Beteiligter der nach außen hin stärker wahrnehmbare war.[108] Die Manjuren übernahmen das offizielle Prozedere unverändert von ihrer Vorgängerdynastie –

> "The State Religion of China under the Rule of the Manchus was substantially the same as under the Ming Dynasty"[109] –

und kombinierten dieses mit ihrer hauseigenen Überlieferung.

1.3.2 Die *Ming*-Kaiser hatten in den Jahren 1406 bis 1420 im Südosten der ‚Verbotenen Stadt' ein Ensemble heiliger Stätten für den Himmelskult anlegen lassen, die man zusammenfassend „Himmelstempel"[110], *Tiantan* 天壇 / *Abka-i mukdehun, Abkai tan,* nannte; denn es gehörte zu den Aufgaben des

---

[105] *Jinshi*, j. 28, S. 694.

[106] MWLD, VI, S. 990.

[107] SHIROKOGOROFF (1935), S. 123-124, 130; SCHMIDT, S. 526-533, 629-631. Unter *enduri* sind hier die ‚master spirits' zu verstehen, siehe Teil 2.2.2 und 4.4.3, *Abkai enduri.*

[108] DI COSMO, S. 369.

[109] WILLIAMS (1913), S. 11.

[110] Für den Himmelstempel in der Zeit des Kaiserreiches ist immer noch die heute seltene Monographie von GEORGE BOUILLARD (1862-1930) beachtenswert: *Le Temple du ciel* (1923); s. a. de GROOT (1918), S. 142-170; HARLEZ (1893), S. 57-64; J. F. MEYER, S. 80-99 u.ö. Aus der zahlreichen *Beijing*-Literatur sei hier verwiesen auf ARLINGTON und LEWISOHN, S. 105-113; A. F. WRIGHT, *The Cosmology of the Chinese City,* in: G. W. Skinner (Ed.), The City in Late Imperial China, Stanford (1977), S. 33-73.

Kaisers, für die adäquate kultgerechte Gestaltung der Metropole Sorge zu tragen; siehe

> *Zhouli* 周禮, Beginn, *wei wang jianguo. bianfang zhengwei. tiguo jingye* 惟王建國. 辨方正位. 體國經野,
> «Seul, le souverain constitue les royaumes; il détermine les quatre côtés et fixe les positions principales. Il trace le plan de la capitale et des campagnes. »[111]

Diese Tempelanlage war ursprünglich als eine für Himmel und Erde gemeinsam dienende Kultstätte geplant und *tiandi tan* 天地壇 genannt. Daher ist bis heute die nördliche Begrenzung seines Areals rund (= Symbol für den Himmel) und die südliche eckig (= Symbol für die Erde) gestaltet. Ein Jahrhundert später, 1530, wurde die Anlage jedoch in die heutige Form umgewandelt.

Für den Bau hatte man eine Region innerhalb des später ‚Chinesenstadt' oder ‚äußere Stadt', *waicheng* 外城 / *tulergi hecen,* genannten Teils von *Beijing* ausgewählt, und zwar südöstlich der royalen Nordsüd-Zentralachse der Hauptstadt, die eine gerade Linie zu den zentralen kaiserlichen Thronhallen bildet. Nach den allerorten gültigen geomantischen Gesetzen des *fengshui* 風水 / *šengsin,* deren Aufgabe es ist, die schädlichen Einflüsse auf das Habitat der Menschen zu minimieren und die nützlichen zu maximieren, symbolisierte die südöstliche Position das *yang* 陽, das Warme, Helle, die männliche Frühlings /Sommer-Richtung des *Yijing* 易經, und scheint in kosmologisch-magischer Hinsicht bei der Himmelsverehrung schon bei den Vorgängerdynastien und auch in den alten Hauptstädten der Manjuren eine wichtige Rolle gespielt zu haben. Bezüglich der Südostlage vermerkt de GROOT:

> „[Der Himmelstempel liegt] im südlichen Vorstadtgelände von Peking, ein wenig nach Osten hin, und zwar weil der Süden und der Osten besonders dem Jang [*yang* 陽], der schöpferischen Himmelskraft, der Wärme und dem Licht, entsprechen."[112]

Dazu bemerkt der schottische Missionar ALEXANDER WILLIAMSON (1829-1890):

> "To be on the south, and also on the east of the palace, is the summit of honour."[113]

---

[111] Übersetzung von BIOT, Bd. 1, S. 1-2.

[112] de GROOT (1918), S. 142.

[113] WILLIAMSON, S. 338; s. a. BERTHELOT, S. 454.

Die Bedeutung der Südost-Lage, die auch für die Position des *Tangzi* eine Rolle spielte, bedarf noch detaillierter Erklärung.[114]

Der Himmelsaltar befindet sich auf dem genauen Schnittpunkt zweier Geraden, die vom Nordwest- zum Südostende sowie vom *Youan*-Tor 右安門 im Süden zum *Guangqu*-Tor 廣區門 im Osten der ‚äußeren Stadt' verlaufen. Auf dem weitläufigen, repräsentativen Gelände entstanden etwa zwei Dutzend unterschiedlicher Kultbauten, wie Himmelsaltar, *Huanqiu (tai)*圜丘台 / *Muheliyen muhun*, Himmelshalle, *Huangqiong yu* 皇穹宇 / *Abkai han-i ordo,* der tausendfach abgebildete Rundtempel zum Erntedank, *Qinian dian* 祈年殿 usw. Bei der Monumentalität des Geländes war es nicht verwunderlich, daß die europäischen Missionare den Himmelstempel, im Unterschied zum Schamanentempel *Tangzi,* als „Templum Tien Tan" recht bald wahrnahmen und seine Natur erkannten. Kennzeichnend ist hier z. B. der Jesuitendruck *Brevis Relatio* von 1701 mit seiner lateinische Beschreibung, S. 36-37:

> „Sinici characteres sunt hi Hoam Tien xam Ti [皇天上帝], quos tres uoces Tartaricæ ita reddunt: Terghi abcai Han [*Dergi abkai han*]. Hoc est ad uerbum Altus et Supremus cæli Dominus."

1.3.3 Im Vergleich zum vorgenannten staatlichen Himmelskult trat der interne, dem inneren Zirkel des manjurischen Herrscher- und Familienklans vorbehaltene ‚kleine Himmelskult', *ji tian* 祭天 / *metembi,* viel weniger stark in Erscheinung. In abgeschlossener kaiserlicher Umgebung errichtet, wurde diesem – getreu der Devise *fazu jingtian*[115]法祖敬天,

> „die Ahnen zum Vorbild nehmen, den Himmel zu verehren"–

eine seit alters bei den nördlichen Minoritätengruppen[116] nachzuweisende, für den Erhalt der Herrschaft sogar gewichtigere Bedeutung beigemessen:

> „Der *Tangzi* wurde erbaut, um den Himmel zu verehren", *jian Tangzi yi si tian* 建堂子以祀天[117]; denn

---

[114] S.a. SHAN SHIYUAN (2015), S. 219.

[115] *Qingbai leichao,* Bd. 4, S. 1983.

[116] Siehe z. B. GUO SHUYUN und WANG (2001), S. 42-44.

[117] *Manzhou jishen jitian dianli,* j. 1, S. 5a; ibid. *musei Manju gurun daci abka fucihi enduri de hing seme gingguleme tuttu fukjin Mukden de uthai Tangse ilibufi, abka de wecehe;* ähnlich in *Qingchao tongdian,* j. 43, S. 2261.

„der Himmel ist das Allerhöchste, er umfaßt alle Dinge dieser Welt",
abka umesi den. tumen jaka be elbehengge.[118]

Ähnlich hatte Kaiser QIANLONG in einem Edikt vermerkt:

„Der Kult des *Tangzi* ist das von früheren Generationen unserer Dynastie allgemein angewendete Ritual. Der dort verehrte Geist ist der Himmelsgeist",
Tangzi zhi ji nai wochao xiandai xunyong tongli, suo jizhi shen ji tianshen ye 堂子之祭乃我朝先代循用通禮. 所祭之神即天神也.[119]

Die kleine Tempelanlage, die man *Tangzi* 堂子 / *Tangse* nannte, war die Kultstätte der manjucigenen Himmelsverehrung und des verborgenen kaiserlichen Schamanismus. Trotz seiner bescheidenen Ausmaße ordnete man diesem auf das eigene Heil bedachten

"mysterious shaman shrine of the Manchu dynasty"[120]

und seinem „speziellen Kult"[121], besondere Bedeutung für das Gedeihen des neu etablierten Staates zu, zumal bei diesem der Kaiser – vergleichbar mit seiner Funktion im großen Himmelstempel *Tiantan* – als „Alleinverehrender", *weiwu duzun* 唯吾獨尊, als eine Art *Pontifex maximus,*

"persönlich Opferhandlungen vornahm", *huangdi qingji* 皇帝親祭.[122]

Während für den vorgenannten ‚großen Himmelstempel' in *Beijing* ein seit Jahrhunderten gepflegtes Areal von ca. 2,7 km² mit einem Umfang von ca. 6,5 km, d. i. von etwa dreifacher Größe der ‚Verbotenen Stadt' mit ihren ca. 0,73 km², zur Verfügung stand, verbargen sich die Gebäude des ‚kleinen

---

[118] HARLEZ (1887), S. 13.

[119] zitiert von JIN LIANG, S. 230; ähnlich auch in anderen Äußerungen, so in einem Edikt von 1749, zitiert bei INOUE, S. 90.

[120] BREDON, S. 48; WU, SILAS, S. 214: "National Shrine."

[121] *tezhu zhi sidian* 特殊之祀典; CHENG JIANJUN, S. 70; J. F. MEYER, S. 95.

[121] *Qingshi gao,* j. 82, Bd. 10, S. 2484.

[122] *Da Qing tongli,* j. 3, S. 1a.

Himmelskultes' auf einer Fläche von nur ca. 23.000 Quadratmetern[123], d. i. auf einem Gebiet von weniger als 1 % der Größe des vorgenannten *Tiantan*-Geländes. Wie dieses lag es ebenfalls im Südosten, jedoch näher zum Palast hin. Erinnert sei auch daran, daß die Gebäude des *Tangzi* eine durchschnittliche Höhe von etwas über 3 m aufwiesen[124], während die großen Bauwerke des Himmelstempels eine mehr als zehnfache Höhe von ca. 39 m erreichten.

Kennzeichnend für die unterschiedlichen Dimensionen beider Institutionen ist die Anzahl der für die jährlichen Kulthandlungen angeforderten Opfertiere. Während die Gesamtzahl der im *Tangzi* benötigten Tiere[125] die Hundert wohl kaum erreichte, verwendete man nach einer Angabe in der *Ming*-Zeit im großen Himmelstempel jährlich 204 Pferde, 806 Schafe, 1.909 Ziegen, 979 Schweine, 24 Hirsche, 216 Hasen für die Opferhandlungen.

---

[123] Auf der in Abbildung 11 dargestellten Karte sind für die Außenmauern folgende Maße angegeben: in NS-Richtung 44 Ruten (*zhang* 丈) und 2 Fuß (*chi* 尺), in OW-Richtung 50 Ruten und 7 Fuß. Rechnet man 1 Rute = 3,2 m und 1 Fuß = 32 cm, so ergibt sich ein Maß von ca. 141 x 162 Meter, d. i. eine Fläche von ca. 22.842 m^2.

[124] Siehe Teil 4.2.1.

[125] Siehe in Teil 4.3.5.

> [Es] schließt sich [...] über der sinnlichen als der erscheinenden Welt [...] eine übersinnliche als die wahre Welt auf, über dem verschwindenden Disseits das bleibende Jenseits.
>
> GEORG WILHELM Fr. HEGEL (1770–1831), *Phänomenologie des Geistes*, Gesammelte Werke, Bd. 9, Hamburg (1980), S. 89.

2. Zum Schamanismus in China

2.1. Allgemeines

2.1.1 Der Schamanismus[126] als ideologischer Komplex und religiöses wie psychologisches Phänomen gehört zu den urtümlichen kulturellen Äußerungen

[126] Aus der umfangreichen Literatur zum Schamanismus seien als grundlegende Werke allgemeiner Art insbesondere die Veröffentlichungen des rumänischen Ethnologen MIRCEA ELIADE (1907-1986), wie *Le Chamanisme* (in zahlreichen Ausgaben) etc., und der skandinavischen Forscher UNO HARVA (1882-1949) und ÅKE HULTKRANTZ (1920-2006) hervorgehoben. Über den volksnahen Umkreis informiert P. MATHIAS HERMANNS (1899-1972) in seinem Werk *Schamanen*, Bd. 1, S. 446-530 (VII. Randvölker im Norden und Osten Chinas) u.a. Teile, und neuere Monographien von A.-L. SIIKALA, M. HOPPÁL, N. THOMAS etc. Psychopathologische Aspekte untersuchten R. DEHNHARDT, U. ENDERWITZ, W. PICARD u.a. Für den tungusischen Bereich ist immer noch das ethnographisch ausgerichtete Werk *Psychomental Complex* von SERGEJ M. SHIROKOGOROFF (1887-1939) von Bedeutung – ein sehr umfangreicher Foliant (1935), der wegen seines außergewöhnlichen Materialreichtums noch ausgiebiger Bearbeitung bedarf, zumal viele der dort angesprochenen Traditionen inzwischen erloschen sind. Auf manchen von SHIROKOGOROFFs Forschungen fußen Ausführungen des Ethnologen P. WILHELM SCHMIDT (1868-1954). Als ältere Belege zu den chinesischen Ausprägungen sind unter anderen hervorzuheben: J. J. M. AMIOT (1773); JA. BIČURIN (1840), S. 315-327; ders. (1848), Heft 4, S. 26-32; Ch. J. de HARLEZ (1887), (1893); W. RADLOFF (1884), Bd. 2, S. 1-67, und NEEDHAM, Bd. 2, S. 132-139, etc.. Für den schamanistischen Umkreis in *Beijing* sowie im ehemaligen Kaiserreich *Manzhouguo* der 30er und 40er Jahre des 20. Jh.s sind insbesondere die frühen chinesischen und japanischen Arbeiten aus dieser Zeit, wie MENG SEN (1868-1937), ISHIBASHI, MURATA, NAITÔ, ŌYAMA etc., von Bedeutung, da sie oft heute Vergessenes dokumentieren. Zahlreiche neuere Beiträge chinesischer Forscher, wie FU YUGUANG, LIU HOUSHENG sowie der italienischen Manjuristik, wie G. STARY, T. PANG u.a. belegen den Stand der Neuzeit. Zur schamanistischen Terminologie s. I. R. MEYER.

der Menschheit, der auf allen Kontinenten, wie Nord-Eurasien, Südost-Asien, Nord- und Süd-Amerika, Australien, Ozeanien usw., seit Urzeiten heimisch und teilweise noch bis in die Gegenwart lebendig ist.

> „So müssen wir uns den asiatischen Schamanismus als eine archaische Ekstasetechnik vorstellen, gegründet auf eine Urideologie – den Glauben an ein höchstes Himmelswesen."[127]

Als eines seiner Kerngebiete gilt das nördliche und nordöstliche Zentralasien – ein Bereich, aus dem sich auch die manjurische Tradition herleitet. Es handelt sich hier insbesondere um die rezent nur zum geringen Teil noch lebendigen schamanistischen Traditionen der tungusischen Stammesverwandten Nordostasiens[128], wie z. B. der nordtungusischen *Ewenken / Ewenke* 鄂温克, die man auch *Solonen / Suolun* 索倫 nannte, und *Orochonen*, auch *Oroqen*, *Oronco / Elunchun* 鄂伦春, sowie der südtungusischen *Hezhen*, auch *Heje*, *Nanai*, *Golden / Hezhe* 赫哲 und der *Ewenen*, auch *Lamuten / Aiwen* 埃文 genannt, und dazu der Nationalität der manjusprachigen *Xibe*, *Sibe / Xibo* 锡伯, in der zirkumpolaren Region Ostturkestan. – Bei den im *Ili*-Gebiet, *Kuldja* und *Tarbagatai*, im Westen der Provinz *Xinjiang*, ansässigen, *Xibe*, deren militärische Stammbevölkerung i. J. 1766 auf kaiserlichen Befehl aus der Gegend um *Mukden* aus Verteidigungsgründen in dieses von Feinden bedrohte Grenzgebiet umgesiedelt worden war, lassen sich relativ enge Parallelen zum Brauchtum der eigentlichen Manjuren feststellen.[129]

Obwohl der Glaube an Geister im chinesischen Volk als durchaus ‚normaler' Bestandteil des täglichen Lebens gilt, versuchten die Manjuren seit ihrer Okkupation des chinesischen Kernlandes sich in ihrer religiösen Orientierung bedeckt zu halten; denn sie argwöhnten möglicherweise, daß sie als die neue, ungebetene Obrigkeit als kulturell rückständig und abergläubisch eingeschätzt werden könnten. Merkmale der Naturreligionen der

---

[127] ELIADE (1994), S. 466.

[128] ELIADE (deutsch), Kap. VII, S. 208-248; SCHMIDT, S. 506-517, SUSŁOV, URAY-KÖHALMI, S. 12-13, und besonders RICHTSFELD bezüglich der Tungusen und Daghuren; dazu zahlreiche chinesischsprachige Beiträge der Neuzeit, darunter LIU XIAOMENG (1990); JIANG XIANGSHUN et al. (1991); YIN YUSHAN (1991), S. 112-159; ZHUANG JIFA (1984) und (1996); FU YUGUANG (2000); GUO SHUYUN (2001); GUO SHUYUN und WANG (2001), d. i. ein bebildertes Album schamanistischer Aktionen gegenwärtiger Minoritätengruppen, und viele andere; Filme volkstümlicher schamanistischer Aktionen aus den Jahren 1987 und 1988 erwähnt HOPPÁL (1992).

[129] Näheres s. bei NIKOLAJ NIKOLAEVIČ KROTKOV, Aufzeichnungen von 1908, übersetzt von G. STARY (1985); PANG (1992); STARY (1992[II]) etc.

nordasiatischen Grenz- oder Vasallenvölker waren im Volk durchaus bekannt, und man wußte von deren üblicherweise im Haus, Hof oder auf freiem Feld ausgeführten Praktiken sowie von den sozial hoch angesehenen Schamanen mit ihren Riten, Suggestiv-, Trance- und spirituellen Krankenheilungstechniken. Beteiligte Chinesen hatten die Ekstasepraktiken erlebt, die den Tierlauten ähnelnden Sprüche des Priesters gehört und von den Hilfsgeistern, dem kosmischen Baum, der Himmelsleiter und von der Fähigkeit zu fliegen etc. vernommen.

Unbesehen seiner langen und erfolgreichen Geschichte wurde dem Schamanismus der Nordostregionen mit seinem Glauben an Übernatürliches und seinem Pandämonismus chinesischerseits ein relativ niederer Standard zugebilligt. Er galt als eine ‚primitive', vorwiegend die einfachen Volksschichten berührende, etwa dem chinesischen Volksaberglauben gleichzuordnende Lehre, die nicht zum Kanon adäquater wissenschaftlicher Beschäftigung konfuzianischer Gelehrter oder kaiserlich ‚Gebildeter' gehörte, zumal es nach der Perspektive chinesischer hochentwickelter Kultur dem Schamanismus als fast ‚schriftloser' Glaubenslehre an den ‚theologischen Fundamenten' mangelte. Es fehlten die großen Lehrmeister, Religionsstifter oder Sektengründer – Namen, die man aus anderen Religionen kannte, sowie die voluminösen Sammlungen kanonischer und systembildender Texte. Auch hatte man nichts von berühmten Kloster- oder Tempelgebäuden oder Mönchs- und Glaubensregeln gehört.

Dennoch ließen sich in der chinesischen ‚Volksreligion' quer durch die historischen Epochen durchaus Ähnlichkeiten mit dem Schamanismus feststellen[130]. Erinnert sei an die antiken Beschwörungsrituale[131] der *wushi* 巫士 oder *fangshi* 方士, an den exorzistischen *Nuo*-Kult[132] 儺 der Dämonenaustreibung des Mittelalters, an die volkstümliche, früher Wuismus, < *wu* 巫[133],

[130] de GROOT (1892/1919), Bd. 6, S. 1187-1294, 1323-1341, dessen Ausführungen vorwiegend auf südchinesischen Quellen des 19. Jahrhunderts basieren; siehe auch THIEL; J. A. ELLIOTT; J. M. POTTER; J. PAPER etc.

[131] Siehe z. B. im *Chuci* 楚辭 aus dem 3. Jh. v. Chr.; ARTHUR WALEY, *The Nine Songs: A Study of Shamanism in Ancient China*, London: Allen, Unwin (1955).

[132] GIMM (1966), S. 156-168; CHEN YUEHONG (1991).

[133] Im Wörterbuch *Shuowen jiezi* 說文解字 aus der Zeit um 120 n. Chr. wird die Bedeutung des Schriftzeichens *wu* 巫 als *yi wu jiang shen* 以舞降神 erklärt, „mittels Tanz die Geister herabsteigen lassen", was *per definitionem* an das Wirken des Schamanen erinnert; *Kangxi zidian*, S. 0417a; NEEDHAM, Bd. 2, S. 132-139 etc. Das piktographische Schriftzeichen *wu* 巫

oder Animismus genannte Bewegung oder die verschiedenen Divinationspraktiken, *jitong* 乩童 etc., im Volk und in auslandschinesischen Kreisen. Es sind vergleichbare spirituelle Überlieferungslinien, zwar anderen Ursprungs aber ähnlicher Beschaffenheit, die nicht selten noch heute in Südchina, Taiwan usw. in volksreligiösen oder daoistischen Veranstaltungen mit Medien- und Trancevorführungen in Höllentempeln usw. ihre Anhängerschaft finden; denn

> „kraß ist der Aberglaube der Chinesen, kolossal ihre Geisterfurcht"[134].

Im Unterschied zum chinesischen Kernland konnte der Schamanismus in volksnaher Umgebung der Nordostprovinzen ehemals auf einem hohen Ansehen aufbauen, was sich in der bis heute zwar nur noch lokal existierenden Tradition verfolgen läßt. Hingewiesen sei hier z. B. auf die Untersuchungen des Anthropologen GUO SHUYUN bei einer Familie des *Sikteri*-Klans in *Jiutai* 九台, Provinz *Jilin*, zu der er bemerkt, diese sei

> "one of only a few Manchu families still maintaining traditional shaman rituals in modern China and it is a typical shaman family." [135]

So lassen sich im Nordosten Chinas auf dem Lande noch Inseln finden, in denen der Schamanismus in gegenwärtiger kommunistischer Umgebung nicht ganz aufgegeben ist, so daß sogar Parteikader mit marxistisch-maoistischer Vorbildung noch davon berührt sind.

> „Liang Xiangping zufolge glauben [...] 46% der Parteikader auf der Bezirksebene nicht an Marxismus-Leninismus, sondern an Gottheiten. [...] In der Provinz Fujian nehmen in manchen Gegenden über 90% der Bevölkerung an Aktivitäten des Volksglaubens teil."[136]

Im Jahre 1952 mußte das nur ca. 9.000 Personen umfassende, in den Provinzen Innere Mongolei und *Heilong jiang* lebende Volk der Orochonen (Oroqen) im Zuge einer Antisuperstitions-Kampagne der Kommunistischen

---

könnte tanzende Menschen (Schamanen) zwischen Himmel und Erde darstellen; ähnlich *ling* 靈 mit Verbindung „Regen" und Regenbittkult (?); EICHHORN, S. 56.

[134] FERDINAND HEIGL, *Die Religion und Kultur Chinas,* Berlin: H. Bermühler (1900), S. 129.

[135] GUO SHUYUN (2009), S. 29.

[136] MONIKA GAENSSBAUER, *Popular Belief in Contemporary China* (ed. Cathai), Bochum: Projekt (2015); hier nach *China heute,* Jg. 35, 4 (2016), S. 262.

Partei Chinas dem Aberglauben des Schamanismus abschwören. Daraufhin veranstalteten ihre Anführer MENG JINFU (1928-2000) und ZHAO LI, die beide im ‚Nebenberuf' mächtige Schamanen waren, ein spezielles, dreitägiges Ritual, in dem die Geister darum gebeten wurden, für alle Zeiten zu verschwinden und nicht mehr zu ihrem Volk zurückzukehren. Ähnliches geschah auch in anderen Gebieten.[137]

Zum Einfluß schamanistischer Vorstellungen und Praktiken auf die Volkskultur dieser Region sind insbesondere die Stoffe der Geschichtenerzähler hervorzuheben, die sich in den meist in Feldarbeit gesammelten, ihrer Natur nach nur selten schriftlich fixierten, meist oral tradierten manjurischen Volkstexten finden lassen. Hier ist insbesondere die inzwischen in etwa ein Dutzend unterschiedlichen Versionen überlieferte Erzählung von der *Nizan* / *Nishan*-尼山 oder *Nüdan*-女丹-Schamanin, *Nishan saman* 尼山薩滿 / *Nišan saman-i bithe,* hervorzuheben, die – von ALEKSANDR VASIL'EVIČ GREBENŠČIKOV (1880-1941) um 1910 in der Nordmanjurei entdeckt und von der ersten, russischen Ausgabe von MAJA PETROVNA VOLKOVA (1927-2006) des Jahres 1961 verbreitet – in den letzten Dezennien einen ganzen Wissenschaftszweig, die ‚Nishanologie', beschäftigt.[138]

2.1.2 Das manjurische Wort[139] *sama, saman* „Schamane, Schamanismus", scheint etymologisch eher mit tungusischen oder prototungusischen Wörtern als mit Vedisch *śram,* Pali *šamana,* Tocharisch A *ṣāmam* etc., „Mönch", Sanskrit *śramaṇá,* „Bettelmönch, Asket", oder türkisch *qam, xam* zusammenzuhängen; siehe jürchenisch *sahi, sabi;* ewenkisch *saman;* orokisch *sama(n)* und andere tungus. Sprachen; alttürkisch *san-;* mongolisch *sana;* manjurisch *saman, sama,*„Schamane", welches m. E. letztlich aus jürchen.-manjurisch

[137] R. NOLL u. SHI KUN, *Chuonnasuan (Meng Jin Fu), The Last Shaman of the Oroqon of Northeast China,* in: Journal of Korean Religions, 6 (2004), S. 135-162; dies., *The Last Shaman of the Oroqen People of Northeast China,* in: Shaman, an International Journal for Shamanistic Research, Szeged, Ungarn, 17, Heft 1-2 (2009), S. 117-140.

[138] Hierzu siehe ausführlich G. STARY, *A Bibliographical Review on the Occasion of the 40th ‚Birthday' of Nishanology,* in: Shaman, s.o.. 10, Heft 2 (2002), S. 181 flg.; RAWSKI, S. 234, 269; weiterhin SHIROKOGOROFF (1935), S. 344; FU YUGUANG (1990) und (2000), MENG HUIYING; WANG HONGGANG etc.

[139] Über die übliche schamanistische Terminologie der Zeit mit Übersetzungen informiert der Aufsatz von I. R. MEYER (1982).

sa(mbi), „wissen, erkennen", d. h. „[die Natur] verstehen", abzuleiten ist.[140] Das Wort erscheint an bisher ältester bekannter Stelle als Beiname einer bedeutenden Schamanin namens AKUTA in einem *Jürchen*-Text des 12. Jahrhunderts.[141] Diese Tatsache könnte, wie in einem Text aus dem Jahre 1194, auf eine bevorzugt matriarchale Praxis hinweisen, „Shaman, ein Jürchen-Wort, [bedeutet] Zauberpriesterin" [142], *saman zhe, ruzhen yu, wuyu ye.* 珊曼者.女真語. 巫嫗也; s. a. mongolisch *samaγan* > *samγan,* „alte Frau". – Eine volkstümliche manjurische Bezeichnung für Schamane lautet *elci,* von mongolisch *elči,* eigentlich „Gesandter, Apostel".

Im Chinesischen erscheint das Wort in vielfacher Gestalt[143]: *saman* 薩满, 薩瞞, 薩蠻, *sama* 薩嗎, 薩瑪, 撒麻, *sameng* 撒懞, *samo* 薩莫, 薩嫫, *suomo* 索摩, auch *shanman* 珊蠻, *zhama* 叉媽, *chama* 查嗎, früher auch *shaman* 沙門, *shimen* 釋門 etc. Als Übersetzung dieses Begriffes ist nachzuweisen: *zhushen ren* 祝神人, etwa „Beschwörer der Geister", *sizhu* 司祝, etwa „Vorbeter", *wushi* 巫師, „Hexenmeister" etc. Weibliche Priester bezeichnete man u.a. als *saman hehe,* „Schamanfrau", sinisiert *saman taitai* 薩满太太, *samo taitai* 薩嫫太太 etc.[144] Ein in *Taiwan* übliches Dialektwort ist *tangki, danggi, tongchi* 童乩. Die koreanische Bezeichnung *mudang* 巫堂, cf. mongol. *uduγan,* klingt an einen älteren chinesischen Terminus an.

In europäische Bereiche ist das Wort *Shaman* etc. wahrscheinlich durch russische Quellen gelangt, die in der Nachfolge der zaristischen Eroberung des Khanats von Kazan, *Qazan xanliği / Kazanskoe chanstvo* – einer Herrschaft, die sich auf die „Goldene Horde" und auf CHINGGIS KHAN zurückführt – im Jahre 1552 entstanden sind sowie durch die zahlreichen anknüpfenden Reiseberichte der folgenden Jahrzehnte. Zu erwähnen ist z. B. der russisch-

---

140 CINCIUS, Bd. 2, S. 49-50, 59; CLAUSON, S. 625; DOERFER (1967), Bd. 3, S. 402-406, Nr. 1409; DOERFER-KNÜPPEL, Nr. 6316, 9400; ELIADE (deutsch), S. 457-458; LOT-FALCK; HARLEZ (1887), S. 27-30 u. ö; LAUFER (1917); MENGES (1989), S. 240-241; PELLIOT (1913), S. 466-469; RICHTSFELD, S. 21-27; SCHOTT (1842); SHIROKOGOROFF (1935), S. 269-271; URAY-KÖHALMI, S. 119-120 etc.

141 H. FRANKE (1975), S. 155; G. KÓSA (2007).

142 *Sanchao beimeng huibian* 三朝北盟會編, vollendet 1194, j. 3, nach MURATA (1934), S. 123.

143 FU, S. 283; UENO, S. 328; ISHIBASHI, S. 7 etc.

144 HUCKER, Nr. 4827; BRUNNERT-HAGELSTROM, Nr. 79 C. – In dem manjusprachigen Dorf *Sanjia zi,* s. in Teil 2.3.1 (2.), wurden diese bei meinem Besuch i. J. 1998 ähnlich als *saman nainai* 薩滿奶奶 bezeichnet.

orthodoxe Protopope AVVAKUM [HABAKUK] PETROV[145] (1620-1682) mit seiner Autobiographie von 1672, der russische Gesandte YSBRANT IDES[146] (1657-ca. 1712) mit seinem China-Reisebericht von 1692/5, oder NICOLAES WITSEN[147] (1641-1717) mit seiner Beschreibung von 1705 und viele andere.

2.2 Kosmologie und Praxis

2.2.1 Für den Schamanismus bestimmend erweisen sich drei entscheidende Charakteristika:

(**1.**) Der Glaube an eine dreifältige supranaturale Weltordnung mit den Bereichen Himmel, Erde und Unterwelt.

(**2.**) Der Glaube an die Beseelung der Welt durch die Präsenz von Geistern unbegrenzter Anzahl, die sich in unterschiedlicher, meist anthropomorpher oder theriomorpher Gestalt manifestieren und entweder in für die Menschheit positiver, günstiger oder negativer, schadenstiftender Weise wirken.

(**3.**) Die Existenz einer spezifischen Kaste von ‚Zauberpriestern', genannt Schamanen, in der Welt der Menschen, die über internes Wissen bezüglich der supranaturalen Welt verfügen und Methoden beherrschen, in diese einzuwirken. Nur dieser besonderen, hervorgehobenen Kategorie von inaugurierten Personen steht es an, neben den Ritualien des alles überschattenden Himmelskultes auch Geisterbeschwörungen aus unterschiedlichem Anlaß zu praktizieren.

Nach den kosmotheistischen Vorstellungen der Schamanen ist das nur in Ansätzen begreifbare, kugelförmig gestaltete Universum[148] dezentral, gleichsam aleatorisch strukturiert. Es ist damit weniger rationalistisch begreifbar als die chinesische Vorstellung von einer vom Prinzip *dao* 道 durchdrungenen holistisch-monistischen Welt. Es besteht – darin vergleichbar mit Visionen der europäischen mittelalterlichen Theologie, wie wir sie z. B. aus

---

[145] Erwähnt bei MAX VASMER, *Russisches etymologisches Wörterbuch,* Heidelberg: Winter, Bd. 3 (1958), S. 370: шама́н 'Priester, Arzt, Zauberer, Beschwörer'.

[146] E. Y. IDES, *Driejaarige Reize naar China,* Amsterdam: Halma (1704), S. 34, 35; er nennt die Schamanen u.a. „Duivelbanners".

[147] N. WITSEN, *Noord en Oost Tartarye, ofte bondig ontwerp ...,* 2. Ausgabe, Amsterdam: F. Halma (1705), Abb. S. 142: „een Schaman ofte Duyvel-priester in't Tungoesen lant".

[148] ELIADE (deutsch), S. 249-258; HERMANNS, S. 447-448; RADLOFF. S. 3-8; SHIROKOGOROFF (1935), S. 43, 56-61, 125-126; SCHMIDT, S. 518; SUSŁOV, S. 1-4.

DANTEs *Divina commedia* aus der Zeit um 1310 /20 kennen – aus drei Hauptsphären:

(**1.**) Oberwelt, Himmel, Paradiso, *shangjie* 上界 oder *tiantang* 天堂 / *abka*, die Welt des Hellen, Empyreum („Feuerstätte"), *ming* 明 / *genggiyen*. Der Himmel als höchste Instanz bestimmt das irdische und überirdische Dasein und setzt die Normen und Regeln.

– Der erste, obere Bereich des Universums, manchmal vorgestellt als gespanntes Zeltdach, setzt sich, je nach Tradition, aus sieben, neun oder siebzehn Schichten zusammen. Es ist die Region von Sonne, Mond und Gestirnen sowie gleichzeitig Wirkungsstätte des Himmelsherrschers, *Shangdi* 上帝 / *Abkai han*, und der Unsterblichen, der körperlosen, meist nutzvollen und hilfreichen Geister[149], *shen* 神 / *enduri*, sowie der Ahnengeister *zuxian shen* 祖先神 / *fayangga, nenehe niyalma*.

(**2.**) Mittelwelt, Erde, *zhongjie* 中界 oder *dimian* 地面 / *na, boihon*, die Welt unter dem Himmel, *tianxia* 天下 / *abkai fejergi*.

– Die Region der Länder und Meere ist gleichzeitig die Welt der Sterblichen, *ren* 人 / *niyalma*, und der Tiere; es ist der irdische Aufenthaltsort der Geister.

(**3.**) Unterwelt[150], Hades, Jenseits, Inferno, *xiajie* 下界 oder *diyu* 地獄 / *loo, na tulergi, ilmun*, das Totenreich, *siju* 死區 / *bucehe gurun*, Land der Dunkelheit, *youdu* 幽都 / *dushun gurun*, Region der Gelben Quellen, *huangquan* 黃泉 / *suwayan sekiyan*.

– Die Unterwelt ist in sieben oder, wie bei DANTE, in neun Schichten gegliedert. Es ist die Region des Todes und der Unholde, der Dämonen, *wumo* 惡魔 oder *guishen* 鬼神 / *hutu, yemji, ari*, der feindlichen chthonischen Kräfte, die von *Yanluo dawang* 閻羅大王 / *Ilmun han*[151], dem Herrscher der Unterwelt, regiert werden.

Als Verbindung zwischen den drei Sphären, wird eine Art Weltachse, *universalis columna* oder ein Weltenbaum[152], auch Nabel, ομφαλός, vorge-

---

[149] Teil 2.2.2.

[150] RADLOFF, S. 9; SHIROKOGOROFF (1935), S. 126, 62; SCHMIDT, S. 661-662; URAY-KÖHALMI, S. 142-143, 145-146.

[151] *Ilmun* < manjurisch *ilmembi*, „sich lösen"; *Ilmun han* „Khan Ilmun", Sanskrit *Yamarāja*, mongolisch *Erlig*; CORFF, Nr. 2656,2; ELIADE (deutsch), S. 195; SHIROKOGOROFF (1935), S. 129; SCHMIDT, S. 550-551 etc.

[152] Zum heiligen Weltenbaum, vergleichbar mit der Esche *Yggdrasil* der nordischen Mythologie, siehe ELIADE (deutsch), S. 259-263; URAY-KÖHALMI, S. 120-121.

stellt; in manchen Traditionen ist es ein heiliger Berg[153] oder Geisterfluß. Eine der Überlieferungen vermerkt FINDEISEN[154]:

> „Dort, wo die Grenze zwischen Tag und Nacht ist, steht ein Baum, der die Bezeichnung *Turu* trägt. Auf ihm gibt es auf neun Zweigen Nester, eines immer höher als das andere. In diesen Nestern werden die Seelen der Schamanen großgezogen."

Bei den Manjuren wird diese *axis mundi* auch durch die allerorten gegenwärtige ‚Schamanenstange', *somo*[155] oder in kleinerem Rahmen durch den Weidenbaum[156], *liu* 柳 / *fodoho*, mit seinen Zweigen, *liuzhi* 柳枝 / *fodo*, symbolisiert und repräsentiert.

2.2.2 Die genannten drei Weltsphären sind von einer unübersehbar großen Anzahl Geister bevölkert oder beseelt, von denen die *shen* 神 / *enduri* benannten meist eine höhere Klasse, « les esprits de premier ordre »[157], bezeichnen; *enduri*, solonisch *andur*, andere tungusische Sprachen auch *enduri;* mongolisch *ongγun;* cf. mongol. *öndür*, „hoch, groß"; wohl kein Zusammenhang mit Sanskrit *Indra*, eigentlich „mächtig, stark"[158].

Den *enduri* werden vorwiegend gute Eigenschaften zugesprochen – Eigenschaften, die dem tätigen Schamanen von Nutzen sind; denn sie sind in der Lage, die Naturkräfte zu beeinflussen. Sie wohnen in einer immergrünen Umgebung in der Oberwelt und gelten als Beherrscher oder zumindest Manipulatoren der Naturkräfte, z. B. der Himmelserscheinungen, Erde, Berge, Gewässer sowie der Tier- und Pflanzenwelt, und auch der Menschen

---

[153] Manchmal auch mit dem Berg *Meru, Xumi shan* 須彌山 der buddhistisch-indischen Mythologie gleichgesetzt.

[154] FINDEISEN, S. 113.

[155] Näheres siehe Teil 4.2.1. (6.).

[156] Teil 4.2.1. (7.).

[157] HARLEZ (1887), S. 13.

[158] DOERFER, Bd. 1, S. 178, Nr. 57; HARLEZ (1887), S. 13-18; KROTKOV, n. STARY (1985), S. 274; SHIROKOGOROFF (1935), S. 123, 130-131, (1935[II]), S. 51-52; SCHMIDT, S. 631-632. Auch bei anderen tungusischen Völkern ist *enduri* ein wichtiger, jedoch modifizierter Glaubensbegriff; s. z. B. ARVED SCHULTZ (1932), S. 61: „Die höchste Gottheit [der Udecheer], ‚Enduri', ist ewig und steigt nie zu den Menschen herab."

und ihrer Umgebung, z. B. Haus, Tätigkeit, Handel, Waffen, Werkzeuge etc. Sie sind in der Lage, nützliche Taten zu vollbringen, wie böse Dämonen zu bekämpfen, aber auch kleinere Übel wie Krankheiten hervorzurufen. Zu dieser Gruppe zählen auch weibliche Geister, z. B. die Behüterinnen der Kinderseelen. – Die Manjuren verfügten über eine größere Zahl guter Geister erster Ordnung, die ihnen in den verschiedenen Situationen Hilfe leisteten und denen sie besondere Opfer und Gebete widmeten.

Den Gegensatz zu den *shen* / *enduri* bilden die Dämonen, meist *gui* 鬼 / *hutu*[159] genannt; *hutu,* wohl < alttürkisch *qut,* jakutisch *kut,* „Seele"; cf. Manjurisch *hôturi,* mongolisch *qutuγ,* „Würde, Glück, Schicksal"; in buddhistischem Kontext auch *yayi* 亞伊 / *ari,* Sanskrit „Feind", genannt.

Unter *hutu* versteht man die dem dunklen, negativen, *yin* 陰 / *in* Element zugeordneten, beseelten Geister, die wohl ursprünglich als Unterguppe der *enduri* aufzufassen sind – als eine Art Teufel, vergleichbar mit Luzifer, der ursprünglich ein Engel war. Im Unterschied zu den *enduri* hausen sie in der Unterwelt – daher die höfliche Anrede *nai dorgi niyalma,* „Wesen im Inneren der Erde" – und sind durchgängig von schadenstiftender Natur. Oft sind es Seelen von Verstorbenen, die wegen besonderer Umstände, wie unnatürlichem Tod (Suizid, Giftmord), nicht ihren Weg ins Totenreich fanden, sondern umherirren und an ihrem jeweiligem Aufenthaltsort Unheil stiften. Bei diesen Totengeistern, *sigui* 死鬼 / *bucehe hutu,* die oft mit Tierkopf und Menschenkörper dargestellt werden, unterschied man ein Reihe Untergruppen, wie *fasime bucehe hutu,* Dämonen der Seelen Erhängter, *bira hutu,* Dämonen der Seelen Ertrunkener, *balju hutu,* Dämonen aus Haaren Verstorbener, *omohon hutu,* Dämonen Verhungerter, und auch *mangga moo hutu,* Dämonen des Eichenbaums, *jaktan moo hutu,* Dämonen der Kiefer, etc. Von Gestalt sind sie sehr klein, meist unter 3 Fuß groß, und haben flache Gesichter und verfügen über keinen Schatten. Sie halten sich bevorzugt auf dem Lande auf, fürchten männliche Personen mehr als weibliche, scheuen das Licht und die menschliche Stimme. Sie entfalten ihre ganze Gefahr, wenn sie in die Körper Lebender eindringen und Menschen somit in besessene Wesen verwandeln.

Die Ahnengeister der jeweiligen Haus- oder Klangemeinschaft werden bei den Manjuren meist *weceku,* < manjurisch *wecembi,* „opfern", wohl ohne tungusische Entsprechungen, oder *mafa weceku* / *wocheku* 渥轍庫, *mafa* 媽法 genannt, vertraulich auch einfach *mafa,* „Großvater, Ahn", oder auch *fayang-*

[159] CINCIUS, S. 440; GROOTAERS, S. 41-53; HARLEZ (1887), S. 21; SHIROKOGOROFF (1935), S. 136-140 u.ö.; SCHMIDT, S. 632; URAY-KÖHALMI, S. 84.

ga, „Seele", *nenehe niyalma*, „Leute der Vorzeit"; chinesisch auch *shenzhi* 神祇, *shenzhu* 神主, auch *zuxian shen* 祖先神, *jiashen* 家神. – In erweitertem Sinne versteht man unter *weceku* auch die Geister, die von dem jeweiligen Schamanen beherrscht werden, seien es wohlwollende und friedfertige oder kriegerisch gesinnte, mit denen er Kämpfe auszufechten hat.

Je nach Traditionszusammenhang ist die Zahl der im Volk nachzuweisenden Geisternamen außerordentlich. Dagegen scheint es sich bei den dem kaiserlichen Schamanismus des *Aixin gioro*-Klans zugehörigen um eine begrenzte Anzahl zu handeln. Diese sind in Teil 4.4.3. vorgestellt.

Zu den Geisternamen gehörten die Genien der Naturphänomene[160], Himmel, Sonne, Mond, Gestirne, Feuer, Berge, Steine, Erde, Wasser usw.

Von Bedeutung sind auch die Geister besonders befähigter Tiere[161], wie der Hund als Seelenbegleiter und Beschützer, sowie Bär, Drache, Fisch, Frosch, Fuchs, Hase, Hirsch, Leopard, Löwe, Otter, Panther, Schlange, Schwein. Tiger, Wolf. Unter den „Geistervögeln", *lingqin* 靈禽, *niaoshen* 鳥神 / *gasha enduri, galbingga gasha,* denen durch ihre Fortbewegungsart die Fähigkeit innewohnt, geistergleich in die Lüfte zu steigen, *dekdembi*, und Kontakt mit der oberirdischen Welt aufzunehmen, sind insbesondere die Elstern[162], und weiterhin die Krähen sowie Adler, Falke, *yingshen* 鷹神 / *giyahôn enduri;* Geier, *diaoshen* 雕神 / *damin enduri,* sowie andere Greifvögel, Schwäne, Sperlinge zu nennen, die als Geister der Berge und Wälder ohnehin in der Lage sind, das Böse in der Welt zu vertreiben. Bezüglich der Tiergeister pflegten manche manjurische Klans besondere Praktiken. So verehrte der Šumuru-Klan auch den Geist des Zobels, *diaoshen* 貂神 / *seke enduri.*[163] Sowohl in der Schamanenkleidung wie in den Lautäußerungen innerhalb der Aktionen finden sich Anklänge an die tierischen Hilfsgeister.

---

[160] SHIROKOGOROFF (1935), S. 174-175 u.ö. Geister der Naturerscheinungen sind relativ selten, z. B. der Donnergeist, *Akjan weceku/ Leishen* 雷神.

[161] SONG HEPING (1993), S. 366-368, registriert 27 Tiergeister des volksnahen Schamanismus; s. a. WOLFRAM EBERHARD, *Lokalkulturen im alten China, 2, Die Lokalkulturen des Südens und Ostens* (Monumenta Serica, Monogr. III), Peking (1942), S. 496; URAY-KÖHALMI, S. 30, 80. Siehe a. Teil 4.4.4.

[162] Hierzu s. Teil 3.2.2 und 4.2.1. (6.); URAY-KÖHALMI, S. 56.

[163] *Xiaoting zalu*, j. 9, S. 280.

2.2.3 Dem manjurischen Geisterbegriff liegt die Vorstellung von den drei Seelen[164] zugrunde, die allen Menschen innewohnen. Im Unterschied hierzu sprechen die Chinesen nach gängigem Glauben von nur zwei Seelen als unabhängige Entitäten im Körper eines jeden Menschen, nämlich der *hun* 魂 / *fayangga*-Seele, die dem *yang* 陽-Element zugeordnet ist und etwa der *anima rationalis* entspricht, und der *po* 魄 / *po*-Seele, die mit ihrem *yin* 陰-Charakter etwa der *anima vegetativa* ähnelt.

Nach manjurischer und tungusischer, möglicherweise auch buddhistisch beeinflußter Vorstellung verfügen die Menschen in ihrer vergänglichen Physis indes über drei Arten von voneinander abhängigen Seelen, die man zusammengefaßt *fayangga*[165], < tungusisch *hanjan*, orokisch *panan*, nanai *panja*, *fanja*, „Schatten", oder *ergen*, „Atem, Leben", < jürchen. *əri(g)ə* / chinesisch meist *linghun* 靈魂 oder auch *gui* 鬼 nennt, nämlich

(**1.**) *unenggi fayangga* / *chenghun* 誠魂, die „wahre Seele" oder Lebensseele, die den Menschen und auch Tieren und manchen Pflanzen innewohnt und die die Wesen beim Tode verläßt. Diese oft mit Atem, Odem, Lebenskraft identifizierte Seele kreiert das Bewußtsein im Menschen und hält sich nach dem Tod nur noch eine Zeitlang in Grabesnähe auf.

(**2.**) *cargi fayangga* / *bihun* 彼魂, die „jenseitige Seele", ermöglicht die Körperfunktionen und die Reproduktivkraft des Menschen.

– Die erste und die zweite Seele werden auf Befehl des Himmelsherrn *Abkai enduri* von der Seelenbehüterin *Omosi mama* zugeteilt und nach dem Tod wieder eingezogen.

(**3.**) *oilorgi fayangga* / *waihun* 外魂, die „äußere Seele", ist die Trägerin niederer Funktionen des Menschen. Im Falle des Todes bleibt sie noch eine Zeitlang beim Leichnam und findet ihren Weg danach wieder in die Unterwelt, wo sie anderen Inkarnationen zu ihrer Existenz verhilft.

Diese Seelen der Sterblichen glaubte man im Blut und in den stärker durchbluteten Organen der Menschen konzentriert.

Während die erste, „wahre" Seele fest im Körper verankert ist, können sich die beiden anderen bei Lebzeiten des Menschen fortbewegen, um aus der Ferne zu wirken und sich mit anderen Wesen zu verbinden oder Träume

---

[164] GIMM (1980); HERMANNS, S. 450; KÖRNER, S. 175-176; KROTKOV, n. STARY (1985), S. 286; MO DONGYIN, S. 181; SHIROKOGOROFF (1935), S. 50-53, 134-136, 257, 434-435 u.ö.; SCHMIDT, S. 555-556, 648-650; URAY-KÖHALMI, S. 60, 129-130; YÜ YING-SHIH, S. 374-385 u.ö.; zu Entsprechungen bei anderen Tungusen s. FU YUGUANG (2000), S. 136-146; RICHTSFELD, S. 1-9 etc.

[165] CINCIUS, S. 315; JIN (1984), S. 22.

oder Bewußtseinstrübungen entstehen zu lassen. Guter Gesundheit erfreut sich der Mensch nur, wenn sich alle drei Seelen im Einklang miteinander befinden. Eine wichtige Aufgabe des Schamanisierens war es daher, die verloren gegangenen oder geraubten Seelen der Kranken oder Verstorbenen durch eine Reise in die jenseitige Welt mittels Hilfsgeister zurückzuholen und den Menschen so die Gesundheit oder das Leben zurückzugeben.

2.2.4 Für den Schamanenkult in volksnaher Umgebung manjurischer Landgemeinden bildeten sich im Laufe der Geschichte feste Gewohnheiten in dem traditionell nach Süden ausgerichteten Haus Alteingessener heraus. Heiliger Ort war das „Geisterbrett“[166], *shenban* 神版 oder *shenpai* 神牌 / *weceku-i sendehen*[167], seltener auch *zuzong banzi* 祖宗板子, „Ahnenbrett“, genannt. Gemäß alter Überlieferung war es im Wohn- oder Hauptraum, *cin-i boo* / *zhengfang* 正房, und zwar an der Wand im Westen[168], in der Nähe des westlichen ‚Ofenbettes‘, *xikang* 西炕, *dakang* 大炕 / *dergi* oder *amba nahan*, angebracht. Für die Manjuren galt die Westseite als Ehrenplatz, der den Ahnen und Geistern und den Seelentafeln gebührte. Daher war das an der westlichen Mauer gelegene ‚Ofenbett‘, *kang*, den Ehrengästen vorbehalten. Traditionell benutzte der Hausherr mit seinen Angehörigen den südlichen Sitz- oder Liegeplatz, *nankang* 南炕 / *julergi nahan*, und die entfernteren Verwandten und Untergebenen den nördlichen, *beikang* 北炕 / *fusihe nahan*.

Das „Geisterbrett“ diente als eine Art heilige Nische, die in seltenen Fällen auch die Form eines Schreins, *mukan* 木龕, *zuxia* 祖匣 oder *zuzong he* 祖宗盒 / *burkan*[169], annehmen konnte. Es war der Ort für die Opfergaben an

[166] KÖRNER (1955), S. 179. Nach dem *Qinggong yiwen*, j. 2, S. 36, waren, im Unterschied zu chinesischen Kultobjekten, dort keine Inschriften angebracht.

[167] Im 5-sprachigen Wörterspiegel: *santehen* (vermutlich Druckfehler); s. CORFF, Nr. 0658, 3.

[168] Nach manjurischer Sitte galt die Westseite des Hauptraumes als sakrosankt, und das Sitzen auf dem westlichen *kang* zählte, neben dem Töten von Hunden und dem Jagen von Elstern, zu den drei Tabus, *san da jinji* 三大禁忌/ *ilan targacun*; QIUXIN, S. 85; SONG HEPING (1993), S. 264; SHIROKOGOROFF (1924), S. 79, 94.

[169] *burkan*/ *buerhan* 布爾罕, < mongolisch *burqan*, alttürkisch *burxan*; n. STAËL-HOLSTEIN < 佛 *pur + türk. *Khan*. – *Burkan* sonst mongolische Bezeichnung für Buddha, bei MARCO POLO: *burhan, burqan*; CINCIUS, S. 113; DOERFER, Nr. 732; LAUFER, *Burkhan*, in: Journal of the American Oriental Society (1917), S. 390-395; PELLIOT (1959), Bd. 1, S. 341; SCHMIDT, S. 573-574; SHIROKOGOROFF (1935), S. 43, 97, 123 u. ö.

die Schamanengeister[170] und diente vielfach auch dem Kult für die Geister der Ahnen, *jizu* 祭祖 / *fayangga juktembi*, und manchmal auch der Verehrung verschiedener Buddhamanifestationen und Volksgötter[171].

An der rechten Seite des Geisterbrettes oder -tischchens hing meist der gelbe Beutel mit den Schamanenutensilien. Bei Feiern war vor einem Damastvorhang der Opfertisch mit den Räuchergefäßen, Tellern mit Opferspeisen, Weinschalen, Opfergeld, Darstellung der Himmelsleiter etc. aufgestellt. An der linken Seite befanden sich in manchen Häusern gelbe Stoffgehänge, genannt *mama koudai*[172]媽媽口袋, „Mutterbeutel"[173], Lederbehälter mit geheimnisvollem Inhalt, auch *zisun koudai* 子孫口袋 etc. genannt, die die Gebete um ein langes Leben und um Kindersegen unterstützen sollten. Eine Geisterschnur, *wanli suo* 萬曆索, 萬里索 oder *mama suozi* 媽媽索子, Sinnbild für die Nabelschnur, symbolisierte die Kontinuität der Generationen durch die Jahrhunderte und endete oft an einem Weidenzweig[174] am Türpfosten.

In Häusern privater Familien begann die Opferfeier meist am frühen Morgen mit dem festlich gekleideten Hausherrn, der nach Westen hinkniete. Es wurden Gabentische und Seelentafeln aufgestellt, bevor der Schamane mit seinen Gebeten und dem von Musikinstrumenten begleiteten Gesang[175] begann. Es folgten weitere Gebete mit den im Text für den jeweiligen Anlaß näher beschriebenen rituellen Handlungen. Am folgenden Morgen schloß sich meist das Zeremoniell des Himmelskults an der schon von außen her sichtbaren, meist in der Mitte des Hofes vor dem Haus positionierten Schamanenstange[176], *shen'gan* 神桿 / *somo* an, die bei Festlichkeiten mit 27, 3

---

[170] Näheres s. Teil 4.4.3. – Eine Übersicht über die den Schamanen verfügbaren Geister, von denen viele zu den Klan- oder Ahnengeistern gehören, findet sich bei SHIROKOGOROFF (1935), S. 168-175, s.a. S. 143-147, 160-167, (1935^II), S. 64-66; SCHMIDT, S. 632-633; CINCIUS, S. 132; de HARLEZ (1887), S. 13-16.

[171] In dem erwähnten Bericht des *Xiaoting zalu*, S. 279, werden die Seelentafeln von *Rulai* 如來, *Guanyin* 關音 und *Guanyu* 關羽 erwähnt.

[172] ISHIBASHI, S. 175-177; MURCA u. a. (1989), S. 77-79, 55.

[173] KÖRNER (1955), S. 179.

[174] Teil 4.2.1. (7.); URAY-KÖHALMI, S. 31.

[175] *qi sheng wuwu keting* 其聲嗚嗚可聽, „die Töne sind lautschallend und harmonisch"; *Xiaoting zalu*, j. 9, S. 279.

[176] Teil 4.2.1. (6.); DEIWIKS, S. 357; MO, S. 184.

mal 9, farbigen Papieren ausgestattet wurde. Eine Abbildung mit dem Titel *wufu jishen* 五福祭神, „Geisteropfer für fünffaches Glück“, die eine Kulthandlung des mächtigen WANGGIYA-Klans darstellt, in dem illustrierten Reisewerk *Hongxue yinyuan tuji*[177], vermittelt hierzu eine idealisierte Szenerie.

2.3 Person und Funktion des Schamanen

2.3.1 Repräsentant und Hauptakteur des Geisterglaubens war der lokale (oft weibliche) oder offizielle Schamane, *sama* 薩瑪 / *saman*, mit seiner typischen Kultausstattung. Als Hüter und Praktizierender der Lehre hatte er im dörflichen oder auch höfischen Sozialgefüge als eine Art ‚Seelsorger‘ die Funktion eines Beschützers der Seelen. Er selbst verstand sich als Mediator zwischen den Menschen in ihrer Sterblichkeit und Unvollkommenheit und der sie umgebenden spirituellen Welt und der unsterblichen, inkommensurablen Natur. Dem meist abgesondert lebenden Bewahrer der Tradition, der oft auch ein gewisses Maß an Bildung[178] und Schriftkundigkeit aufzuweisen hatte, wurde von seiner ländlichen Umgebung in seiner sozialen Funktion und als Heilkundiger meist große Hochachtung entgegengebracht. Nach GERHARD DOERFER (1920-2003) sind

> „Schamanen… sensible Persönlichkeiten von hoher Intelligenz und ausgeprägtem Berufsethos, deren sämtliche Tätigkeiten: Wahrsagen, Heilen, Erzählen nicht im eigenen Interesse, sondern im Auftrage anderer, also in altruistischer Weise, geschehen.“[179]

Wie schon die *Jürchen* verfügten die Manjuren seit ihrer Frühzeit über zwei Kategorien von Schamanenpriestern[180]:

---

[177] Originaldruck (leicht beschädigt), Sammlung 3 *xia*, Heft 6, ohne Paginierung, drittletztes Bild, s. Abb. 21 im Anhang.– Zu diesem Anwesen mit Übersetzung des Textes siehe van HECKEN und GROOTAERS, S. 380-382; *Langqian jiwen sibi*, S. 97.

[178] FINDEISEN, S. 142, spricht von „Vielseitigkeit der Begabungen heilender und künstlerisch-schöpferischer Natur der Schamanen“.

[179] DOERFER, *Die Rolle des Schamanen im Märchen der Tungusen*, in: Schamanentum und Zaubermärchen (Veröff. d. europ. Märchengesellschaft, 10), Kassel: Röth, S. 106.

[180] *Heilongjiang zhigao*, j. 6, S. 14b; *Liubian jilue*, j. 4, S. 3a; *Ningguta jilue*, S. 4b-5a; *Yongxian lu*, S. 15; AKAMATSU, S. 223-231; ELIADE (deutsch), S. 26-28; FU YUGUANG und MENG, S. 66-85; LATTIMORE, S. 273; LIU GUITENG (1992), S. 252; ŌYAMA, S. 157-189; RAWSKI, S. 233, 569; SHIROKOGOROFF (1935), S. 145, 241-402; SCHMIDT, S. 644-650.

(**1.**) Die erste, ‚universelle' und meist höher eingeschätzte Klasse männlicher oder weiblicher Schamanen nannte man die „großen Schamanen", *da saman* 大薩滿, *daxian* 大仙 oder *dashen* 大神 / *amba saman*. Diese meist klanunabhängige ‚Priesterkaste', deren Mitglieder nach besonderen Merkmalen oder nach ihrer exzellenten Befähigung ausgewählt wurden, stand in dem Ruf, sich die ‚Meistergeister', die Eliten der *enduri*, dienstbar machen zu können. Diese galt im Volk als die machtvollere Gruppe, da sie beim Kampf mit den übelwollenden Geisterwesen sich meist der „Schwerter-" oder „Messerleiter"[181], *daoti* 刀梯 / *sakôra*, zu bedienen verstand. Besonderer Hochschätzung konnten sich solche Schamanen erfreuen, die dazu auf dem Feld der Krankenheilung erfolgreich waren.

Auf die Kategorie der „großen" oder „Stammesschamanen", die auch auf die Unversehrtheit der Überlieferungen zu achten hatten, sind letztlich die kaiserlichen Schamanen, die zu der im 3.- 4. Teil behandelten *Tangzi*-Institution etc. gehörten, zurückzuführen.

(**2.**) Die andere, ‚erbliche' oder ‚patriarchalische' Art von – vorwiegend männlichen – Schamanen wurde im Volk meist *jiashen* 家神, *jia sama* 家薩瑪 oder *ershen* 二神, *er saman* 二薩滿 / *boigon saman* oder *boo-i saman*, „Haus"- oder „Zweitschamanen", genannt – SHIROKOGOROFF[182] (1887-1939) bezeichnet sie als Klanpriester. Diese versahen zwar die gleichen Aufgaben, ihre Vertreter waren jedoch von den einzelnen Klans, insbesondere von den eingesessenen „Alt-Manjuren", *jiu manzhou* 舊滿洲 / *fe manju*, und deren Organisationen ausgewählt worden. In ihrer Tätigkeit, die man auch *tiao jiashen* 跳家神 nannte, waren sie auch für den klaneigenen Ahnenkult und die Klanriten zuständig, deren Beachtung zwar zur Einigkeit der Familienklans beitrug, aber manchmal auch Rivalitätsstreitigkeiten hervorbrachte.[183]

---

[181] Teil 2.4. (4.).

[182] SERGEJ MICHAJLOVIČ ŠIROKOGOROV (SHIROKOGOROFF) war einer der bedeutendsten Erforscher der Kultur, Sprache, Ethnologie des tungusischen Umkreises und auch des Schamanismus der manjurischen Provinzen. Er wirkte seit 1927 an der Amoy-Universität in *Aomen*, 1928-1930 an der Sun Yatsen-Universität in *Kanton*, 1930-1935 an der Tsinghua-Universität und seit 1935 bis zu seinem Tod an der Fujen-Universität in *Beijing*. In extensiven Feldforschungen war es ihm in der Zeit um 1935 gelungen, bedeutsame Dokumentationen schamanistischer Séancen nicht nur der Manjuren, sondern auch anderer tungusischer Völker, wie der Ewenken, Orochonen usw., in seinem monumentalen Werk *Psychomental Complex* zusammenzutragen und zu erklären. Leider ist sein umfangreicher Nachlaß, der auch das manjurische Volksepos *Teptalin* enthalten haben soll, verschollen und wahrscheinlich während der Kriegsjahre in China verlorengegangen.

[183] ELLIOTT, S. 236.

Bei den heute noch nachweisbaren schamanistischen Traditionen manjurischer und tungusischer Ethnien, besonders in den Provinzen *Jilin, Heilongjiang* und *Liaoning* im Nordosten Chinas, die man literarisch unter dem Namen Land der „weißen Berge und der schwarzen Gewässer", *baishan heishui*[184] 白山黑水, zusammenfaßt, und auch im angrenzenden Teil Sibiriens scheinen sich beide Spielarten zu vermischen. In manchen Gegenden hatte jedoch die Zweiteilung der Schamanen bis in die Gegenwart Bestand. So konnte ich im Jahre 1998 bei einem Besuch in dem manjusprachigen Dorf *Sanjiazi* 三家子 / *Ilan boo gašan,* Provinz *Heilongjiang,* Kreis *Fuyu* 富裕, feststellen, daß man dort noch zwischen zwei Arten von (meist weiblichen) Schamanen unterschied, den „Hausschamanen", *jia saman* 家薩滿 / *boo-i saman,* und den professionellen „Stammesschamanen", *da saman* 大薩滿 / *mukôn saman.* Letztere, die auch über Kenntnisse in Pflanzenheilkunde und Akupunktur verfügten, hielt man bei den schwierigeren Fällen von Exorzismus und Krankenheilung für zuständig, obschon sie damals aus nicht festzustellender Ursache weniger geschätzt wurden. Für beide Bereiche haben sich anderenorts auch besondere Ritualtexte erhalten.[185]

2.3.2 MIRCEA ELIADE[186] (1907-1986) unterscheidet drei Arten, in den Schamanenberuf einzusteigen: (1.) durch spontane Berufung, (2.) durch erbliche Übertragung, (3.) durch persönliche Entscheidung oder, seltener, durch den Willen des Clans.

> „Shirokogorov beschreibt mehrere Fälle schamanistischer Berufungen. Es scheint sich immer um eine hysterische oder hysteroide Krise zu handeln, der eine Lehrzeit folgt, während welcher der Neophyt durch seinen Schamanen eingeweiht wird."[187]

---

[184] Angedeutet sind damit die Herkunftsgebiete der Manjuren: *Changbai shan* 長白山/ *Golmin šanggiyan alin,* das Lange weiße Gebirge, und *Heilong jiang* 黑龍江, der Strom Amur, dagurisch *Har muru* (aus der Khitan-Sprache), „schwarzer Strom".

[185] SONG HEPING (1993), überliefert in seiner Sammlung u.a. 30 z. T. umfangreiche Ritualtexte von „großen Schamanen", *dashen,* und 10 solche von „Familienschamanen", *jiashen.*

[186] ELIADE (1988), S. 166.

[187] ELIADE (1988), S. 27; SHIROKOGOROFF (1935), S. 346-349.

Schamanen, die während der *Qing*-Dynastie in dem Ruf standen, besondere übersinnliche Fähigkeiten[188] zu besitzen, waren meist solche, die in ihrer Frühzeit in der Manjurei aufgezogen und von einem dortigen Lehrmeister in einer Art Geheimüberlieferung in die Praktiken schamanistischer Technik, *lingshen* 靈神 / *haltambi*, eingeweiht worden waren.[189] Von seinem Meister übernahm der Neophyt während seiner Ausbildungszeit neben den benötigten Techniken, Utensilien und Instrumenten die einschlägigen sakralen Texte und Zaubersprüche sowie auch die schamanistische Mythen- und Erzählkultur.

Personen, die über besondere, oft aus schizothymer Prädisposition oder auch körperlicher Anomalie resultierende spirituelle Fähigkeiten verfügten – WILHELM RADLOFF[190] (1837-1918) beschreibt bei solchen Personen deren heftiges Zittern, epileptische Zuckungen und Ausstoßen unartikulierter Schreie – wurden meist einer entsprechenden, weitgehend geheimgehaltenen Vor-Ausbildung unterzogen, die sie mit den unterschiedlichen Praktiken vertraut machte und in die Mystik des Jenseitigen einführte. Nach Genesung vom Fieber der – häufig erst in der Pubertätszeit auftretenden – ‚Schamanenkrankheit',

> „wodurch der zukünftige Šaman die Fähigkeit zur Ekstase erlangt, die als Anzeichen des wirklichen, wahren Aufenthalts des Šamanen in einer besonderen Welt und seines Verkehrs mit den dortigen Bewohnern gilt"[191],

erreichte der Auszubildende allmählich seine Befähigung.

Erst nachdem der Neophyt sich in seinem ersten Ekstasezustand als geeignet erwies, wurde seine professionelle Unterweisung bei einem Schamanen fortgeführt.[192] Die Lehrzeit betrug in der Regel drei bis vier Jahre. All diese Vorgänge geschahen verdeckt im Verborgenen und für Außenstehen-

188 Teil 2.3.4.

189 Näheres zur Unterweisung, Weitergabe der ‚Schamanenkunst' und Prüfung bei den *Sibe* um 1908 beschreibt KROTKOV, in STARY (1985), S. 275-276.

190 RADLOFF, S. 16-17.

191 MENGES (1987), S. 165; siehe auch ELIADE (deutsch), S. 43: „Initiation durch Krankheit"; FINDEISEN, S. 60-62; FU YUGUANG (2000), S. 126; zu einer parallelen Erscheinung bei den Usbeken s. BASILOV (1995).

192 ELIADE (deutsch), S. 27.

de kaum erkennbar. Meist wurde der Ausgebildete erst durch besondere Initiationsriten[193] mit mystischem Tod und Reanimation sowie die Zeremonie der Schamanenweihe der ‚Gemeinde' bekannt gemacht.

Dem an keine Mönchsvorschrift gebundenen Schamanen war in der Regel ein Gehilfe[194], Paraklet, *nian shenge* 念神歌, *zhalin* 扎林 / *jari(n)*[195], < *jarimbi*, „singen, psalmodieren", zugeordnet, der diesen in seinen Handlungen unterstützte und während des Zustandes der Bewußtseinstrübung zur Hand ging. Auch hatte dieser die Aufgabe, den Anwesenden bei Bedarf die unterschiedlichen Vorgänge und Texte zu interpretieren und zu erklären.

2.3.3 Durch ihre Ausbildung in die Lage versetzt, mit der spirituellen Welt in Kontakt zu treten, bedienten sich die Schamanen der Geisterwesen zum Nutzen der Sterblichen. Man betrachtete sie, ob in erblicher Folge oder spontan berufen, als zwar von der übernatürlichen Welt ausgewählte, jedoch von der Mitwelt initialisierte und durch Initiationszeremonien geweihte, kraftvolle Wesen, die nicht nur über spezifische Ritualkenntnisse verfügten, sondern fähig waren, dank ihrer paranormalen Anlagen und Psychotechniken in das ‚Weltgeschehen' einzugreifen. Zur Vorbereitung ihrer Aktionen[196] bedienten sie sich besonderer Maßnahmen, wie Fasten, Körperreinigung, Enthaltsamkeit usw.

Der Vorgang begann meist drei Tage vor der projektierten Aktion mit der Schlachtung zweier Schweine, genannt *uyun*[197] / *wuyun* 烏雲, und der Zubereitung der Opferspeisen. Man glaubte, mit dem Fleischesduft zahlreiche Hilfsgeister zu attrahieren und zur Mitwirkung zu bewegen. Die eigent-

---

[193] Die Initiation eines Schamanen der Ewenken beschreibt SIIKALA, S. 225-230; ausführlich auch bei RICHTSFELD, S. 213-258; s.a. Findeisen, S. 46-60 und S. 82. Über die Bedingungen für die Schamanenselektion und -initiation informieren ELIADE (deutsch), S. 116-117; JIANG XIANG-SHU (1995), S. 89-99; SHIROKOGOROFF (1935), S. 344-358; SCHMIDT, S. 603-626, etc.

[194] SHIROKOGOROFF (1935), S. 329; SCHMIDT, S. 600.

[195] Volkstümlich manjurisch auch *jaili* genannt.

[196] Im *Xiaoting zalu*, j. 9, S. 279-280, ist ein solches *tiaoshen yi* 跳神儀-Geschehen näher dargestellt; DEIWIKS, S. 352-360.

[197] *uyun*, manjurisch „neun"; Näheres s. I. R. MEYER (1989); FU YUGUANG u. MENG, S. 104-105; SONG HEPING (1993), S. 6; URAY-KÖHALMI, S. 146.

lichen Kulthandlungen nannte man landläufig *tiaoshen*[198]跳神 / *fudešembi, samdambi, samašambi,* „die Geister ertanzen", oder umschrieb diese mit *anzhai* 安宅 / *banaje tebumbi,* „das Haus befrieden", oder nannte sie allgemein *jishen* 祭神 / *enduri wecembi, juktembi,* „den Geistern opfern". Eingeschlossen waren eigenständige Gebete[199], *niansong* 念誦 / *tongsimbi,* und Opferhandlungen, die sich bis zu drei Tage hinziehen konnten. Die Aktionen waren begleitet von rituellen Gesängen, wilden Tanzbewegungen, *tiao* 跳 / *maksimbi,* und manchmal einer besonderen, Pfeiflauten ähnelnden ‚Geistersprache'.

Das zentrale Ereignis schamanistischen Wirkens war die Präsentation der rituellen Ekstase im Zustand eines veränderten Bewußtseins, das die sibirischen Schamanen *камлание* nannten[200]; denn „Ohne Ekstase kein Schamanismus."[201] Im Zustand einer Art von Besessenheit, Verzückung, Trance, mit paradoxen Erregungszuständen entfaltete der Schamane nach DOMINIK SCHRÖDER (1910-1974)

> „eine Tätigkeit, die die normalen Lebensfunktionen des Menschen übersteigt. Er gerät in Aufruhr, Konvulsionen, tobt, schäumt, erhebt sich, schwebt, redet in fremden Sprachen und bekundet übermenschliches Wissen und Kraft."[202]

Angeblich geschieht ein willentliches Heraustreten der Lebensseele aus dem Körper, was von dem Schamanen vermeintlich real und bewußt als eine Art Flugerlebnis empfunden wird[203].

> Die „Lebensfunktionen [sinken] auf ein anormales Minimum herab: der Atem verflacht, Herz- und Pulsschlag verlangsamen sich, die Wärme schwindet, die Glieder erstarren, die Sinne versagen den

---

[198] ARLINGTON, S. 118-119: "A Tartar ceremony called *T'iao Shen* (Exorcising the Evil Spirits) was performed here [in *Beijing*] by Mongol witch-doctors (*Shamans*) of both sexes, on the 19th, 20th and 21st of the 1st Moon. It was quite a festive affair."

[199] SHIROKOGOROFF (1935), S. 202-206; SCHMIDT, S. 634.

[200] Eine auch Laien eingängige Einführung in die Praxis des Schamanisierens vermittelt, vorwiegend nach Methoden indianischer Schamanen, MICHAEL HARNER, *Der Weg des Schamanen* (2013).

[201] SCHRÖDER, S. 852.

[202] SCHRÖDER, S. 856.

[203] HOPPÁL (2002), S. 18.

> Dienst, werden unempfindlich gegen Schmerz, Licht und Schall. [...] Der Mensch scheint entleert, er gleicht einem Schlafenden, Erschöpften, Sterbenden."[204]

Der Praktizierende meint, der irdischen Welt mit ihrem labilen Gleichgewicht zu entfliehen und mit der transzendenten Welt, *shenling* 神靈 / *ferguwecun*, d. h. der Geisterregion, *shenshi* 神世 / *enduri jalan*, in Kontakt zu treten – ein Vorgang, den man sich als kontrolliertes Traumerleben vorstellen kann. ADOLF BASTIAN (1826-1905) spricht von einem „konvulsivischen Delirium"[205] als Eingang in die andere Welt. Nach HANS FINDEISEN (1903-1968) ist es das

> „Intätigkeittreten von Trance- bzw. sekundären Persönlichkeiten, wobei die Qualitäten dieser sekundären Persönlichkeiten, jene der primären, oberbewußten Persönlichkeit häufig überragen und auch sogenannte okkulte Fähigkeiten der Schamanen zu mobilisieren vermögen."[206]

Ein solcher Zustand, der durch vorbereitende Zauberformeln und an ekstatische Tänze erinnernde Körperaktionen in Gegenwart des beteiligten, psychisch aufgewühlten Publikums unterstützt wird, konnte bis zur totalen körperlichen Erschöpfung und Schmerzresistenz des Schamanen führen. WILHELM RADLOFF schildert, was der Schamane

> „Schreckliches mit seinem Körper anfange (z.B. glühendes Eisen in den Mund stecke, dass es zischt) ohne den geringsten Schaden davon zu haben. [...] Nach mündlichen Informationen, die ich im März 1883 in der Manjurei einholte, praktizierte man auch die sog. Messerprobe, bei der man auf ein Messer einschlug, dessen scharfe Schneide auf dem Arm des Probanten auflag. Eine andere Probe auf Unverwundbarkeit, genannt *chuan tiexie* 穿鐵鞋, ‚den eisernen Schuh anziehen', bestand darin, daß der Adept seinen Fuß auf eine glühende Pflugschar stellte."[207]

---

[204] SCHRÖDER, S. 865.

[205] FINDEISEN, S. 144.

[206] FINDEISEN, S. 142.

[207] RADLOFF (1884), S. 56.

Der Trancezustand mit seinen veränderten Lebensfunktionen, der nur teilweise mit der im Versenkungszustand der Buddhisten[208] und *Zen- / Chan* 禪 / Sanskrit *Dhyāna*-Priester erreichten Tiefenmeditation vergleichbar ist, die jedoch hier im Unterschied zum Schamanismus durch unendliche Ruhe evoziert wird, ist das Kernereignis des Schamanisierens. Er bietet die Basis, schamanistische ‚Jenseitsreisen' verschiedener Art, sei es zur Begleitung abgeschiedener Seelen oder zum Aufspüren flüchtiger Seelen[209], *jiaohun* 叫魂 / *fayangga gaimbi,* von Kranken oder Moribunden, zu bewältigen. Erst nachdem der Schamane nach ausführlichen Vorbereitungen in seiner Séance, *hunmi shu* 昏迷術 / *farambi, hekterembi,* das Tiefenstadium, d. h. den veränderten Bewußtseinszustand, *michi* 迷痴, *hunmi* 昏迷, *shenmi* 神迷, *tuohun* 脫魂, das Heraustreten der Seele aus dem Körper, erreichte, fühlte er sich in der Lage, mithilfe der Geister und Ahnengeister mit dem Jenseits in Kontakt zu treten.

Zu dem zugrundeliegenden psychischen oder psychopathogenen Prozeß, der als Besessenheit, *Hysteria arctica,* Menerik-Krankheit etc. bezeichnet wird und dem charakteristischen ‚Schamanentanz'[210], der von manchen mit der Pathologie der *Chorea* (Veitstanz) verglichen wird, kann in unserem Zusammenhang kaum Erhellendes beigetragen werden.[211] In manchen Zügen mag er mit historischen Transzendenzerfahrungen der Chinesen vergleichbar sein.[212]

Trotz mehrfacher Versuche[213] um Erklärung ist manches Grundlegende bis heute rätselhaft. Auffällig bei den meisten Adepten ist, daß bei ihnen

---

[208] In einer frühen Darstellung von 1831 bezeichnete KARL FRIEDRICH NEUMANN (1793-1870) die buddhistischen Priester mißverständlich als ‚Schamanen.'

[209] Zum ‚Einfangen der Seele' siehe ausführlich bei PAULSON, S. 331-354; SUSŁOV, S. 85-89.

[210] SHIROKOGOROFF (1935), S. 109, 326 u.ö.; SONG HEPING (1997). – Nach den Ausführungen von L. C. HOPKINS leiten sich die Schriftzeichen für „Tanz", *wu* 舞, und „Zauberei", *wu* 巫, von ein und demselben Schriftzeichen der Orakelknochen ab; s.a. NEEDHAM, S. 134.

[211] VAJDAs Erklärung, S. 460, Anm. 3, die Erscheinung könnte eine „Folge der schrecklichen Kälte, der nervenzermürbenden langen Nächte, der an Vitaminen äußerst armen Nahrung usw." sein, ist dazu kaum hilfreich.

[212] Hierzu s. ZB. WESEŁOWSKI SVD, *Chinesische Transzendenzerfahrungen zwischen Vergangenheit und Gegenwart,* in: R. HOSTER, D. KUHLMANN, Z. WESEŁOWSKI (Hg.), Rooted in Hope / In der Hoffnung verwurzelt, Festschrift für Roman Malek S.V.D. zu seinem 65. Geburtstag, Bd. 1, Monumenta serica, Monograph Ser., LXVIII (2017), S. 111-135.

[213] Hierzu siehe ausführlich BASILOV (1995), (1997); BOGORAZ (1910); SHIROKOGOROFF (1935), S. 241-268, sowie die allgemeinen Abhandlungen von ELIADE (deutsch), S. 33-106 u. ö.; s. a. RAWSKI, S. 233 etc.

keine permanente psychische ‚Schädigung' zu beobachten war, sondern daß sie trotz ihrer zeitweiligen Funktion als praktizierender Schamane in der Lage waren, nebenher ein ‚normales' Leben mit seinen Alltagsproblemen zu führen. Sie könnten daher nur als temporäre Neurotiker oder Psychotiker, aber nicht als Geisteskranke bezeichnet werden.

Schamanisierungsaktionen mit mehrteiligen Reisen des Schamanen in die Unter- und Oberwelt mit entsprechenden Vorbereitungen, z. T. nach eigenem Erleben, sind detailliert bei SHIROKOGOROFF beschrieben.[214] Es handelt sich um Vorgänge, die noch zu Zeiten seiner Tätigkeit, 1912 bis 1918, bei tungusischen Völkerschaften der Manjurei lebendig oder erinnerlich waren. Eine Schamanensession aus dem Jahre 1932, die die damalige SVEN HEDIN-Expedition dokumentierte, wurde neuerdings von MICHELA LOVADINA (1998) ausgewertet; zuvor hatte sich BRUNHILD KÖRNER (1959) darauf bezogen. Auch manche chinesischen Berichte schildern schamanistische Vorgänge nach eigenem Erleben oder Hörensagen.[215] Wundersame Seelenreisen in Trance, für die sich auch Parallelen z. B. in der babylonischen Überlieferung finden lassen, sind auch eines der beliebten Themen mirakulöser Volksliteratur.

Im Grad ihrer Fähigkeiten, in die jenseitige Welt vorzudringen und segensreich für die Mitmenschen zu wirken, unterschieden sich die Schamanen stark voreinander; die besten von ihnen

> „geniessen […] beim Volke ein ganz besonderes Ansehen, werden aber viel mehr gefürchtet als geliebt."[216]

Soweit bekannt, wurden bei den Aktionen der Manjuren keine psychedelischen Drogen, Halluzinogene, Alkoholika oder sonstige körperliche Stimulantien, wie oft bei anderen schamanistischen Kulturen, verwendet.

Der Schamane war in der Lage, eine bestimmte, ihm gewogene Gruppe von Hilfsgeistern, die oft auch schon seinem Vorgänger oder Lehrer zu Diensten waren, unter seiner Kontrolle zu halten und sich bei Aktionen zunutze zu machen.

---

[214] SHIROKOGOROFF (1923), S. 246-249, und (1935); hierzu zusammenfassend bei SIIKALA, S. 247-256. S. a. TAO, S. 221-232.

[215] Z. B. *Xiaoting zalu, xulu,* j. 9, (1980) S. 279-280.

[216] RADLOFF, S. 16.

„Ihr Vorhandensein ist ein Sine-qua-non des schamanistischen Komplexes."[217]

Die Geister, denen sich der Schamane bediente, nannten ihren Meister *zhu* 主 / *ejen*, „Herr"; er selbst bezeichnete sich ihnen gegenüber höflich als *xiaozhu* 小主 / *ajige ejen*, „kleiner Herr".

2.3.4 Anlaß, einen schamanistischen Prozeß in die Wege zu leiten, konnte jede Art dringlicher Belange sein. In den meisten Fällen ging es um das Beseitigen oder Verhüten von Schäden, um die Abwehr von Unheil oder das Herbeiwünschen glücklicher Umstände, *qiufu* 求福 / *hôturi baimbi,* wie Regenzauber[218], das Erflehen einer guten Ernte, das Bitten um militärische Erfolge oder um reiche Jagdbeute. Weiterhin ersuchte man hellseherische Vorhersagen. Aus seiner sozial herausgehobenen Stellung oblag es dem Schamanen, hier apotropäisch zu wirken, helfend und sanierend tätig zu sein. Man konnte sich kein Unheil vorstellen, dem nach unserem Verständnis eine ‚natürliche' Ursache zugrunde lag; alles war fremdbestimmt. Das Gefühl des Bedrohtseins versuchte man stets rational zu erklären, nämlich als Folge des Einwirkens transzendenter Kräfte. Nur selten neigte man zu paranoischem Verhalten. Negative Ereignisse lösten weniger Angst aus als Furcht, und die Furcht konnte durch adäquate Aktionen beseitigt oder beeinflußt werden. Durch die so herbeizuführende Katharsis glaubte man die Welt wieder in Ordnung bringen zu können.

Eine der wichtigen Aufgaben des Schamanen war das magische Heilen von Krankheiten körperlicher oder psychischer Art, *wuyi* 巫醫, *zhuzan (zhibing)*祝贊(治病) / *jambi.* Meist verfügte der Schamane als Heiler – und auch Krankmacher – über Diagnosekenntnisse, die er auch in Trance durch seine Hilfsgeister erlangen konnte und die ihn in die Lage versetzten, u.a. mittels sympathetischer Magie entweder den fremden Schadstoff aus dem Leib des Kranken zu extrahieren oder die bösen Krankheitsdämonen mit exorzistischen Praktiken sowie durch Lärmen oder wilde Tanzgebärden ab-

---

[217] SCHRÖDER, S. 461.

[218] Das meist im 1. Sommermonat ausgeführte Zeremoniell des Regenerbittens, *qiyu* 祈雨 /*aga baimbi,* das in Perioden großer Trockenheit der Kaiser persönlich für das gesamte Reich ausführte, zählte auf regionaler Basis zu den wichtigen Aufgaben des Schamanen; J. HEFTER, *Über das Regenbittopfer,* in: Zeitschrift für Ethnologie, 62. Jg. (1930), S. 337-338, mit chinesischer Abbildung der Kulthandlung; A. VOLPERT, *Chinesische Volksbräuche beim T'chi jü, Regenbitten,* in: Anthropos, 12-13 (1917/8), S. 144-159; GIMM (1966), S. 356.

zuschrecken und zu vertreiben. Der Schamane als „Zauber Medicus" (W. SCHOTT) war in der Lage, den „Geistertiger", *(lao)hu shen* 老虎神 / *tasha-i enduri,* zu besänftigen und zu versuchen, die „geraubte Seele" einzufangen und seinen Räubern abzuringen; denn

> „nur der Schamane kann in die Unterwelt hinabsteigen und die Seele des Kranken von dort zurückbringen."[219]
> „Nur der Schamane kann eine solche Heilung vornehmen, denn nur er ‚sieht' die Geister und weiß, wie man sie austreibt."[220]

Auch kann er den Versuch unternehmen, durch das Aufspüren flüchtiger Seelen Tote wieder zum Leben zu erwecken. Hatten in solchem Fall die Seelen den Menschen bereits verlassen, bedurfte es eines besonderen Zeremoniells, „die Seelen des Verstorbenen zurückzurufen" – eine Aktion, ähnlich dem bereits im chinesischen Altertum nachzuweisenden *fu*-Ritual 復, das nach dem *Han*-Kommentator ZHENG XUAN 鄭玄 (127-200) die Aufgabe hatte, die

> „*hun*-Seele [des Toten] zu rufen, sich mit der *po*-Seele zu vereinen", *zhao hun fu po* 招魂復魄[221].

Man erklärte eine Person erst dann für tot, wenn das Ritual versagt hatte.

Die Schamanen verfügten meist über Kenntnisse zu den seit Generationen überlieferten medizinischen Heilmitteln[222], *yaoji* 藥劑 / *okto,* und manche ihrer Remedia, wie Artemisia, Tigerknochen, Bärengalle, Bufotaline, Honig usw., wurden Gemeingut einheimischer Ärzte.

---

219 ELIADE (deutsch), S. 231; SHIROKOGOROFF (1935), S. 304-311; SCHMIDT, S. 588-598.

220 ELIADE (deutsch), S. 209; siehe auch S. 208-248; A. HULTKRANTZ, *Ecological and Phenomenological Aspects of Shamanism,* wiedergegeben bei K. H. MENGES, S. 268-269; SHIROKOGOROFF (1935), S. 307 u. ö.

221 Näheres hierzu s. YÜ YING-SHIH (1987), insbesonderse S. 365, und ERKES (1914). Zu einem ähnlichen Kult in Korea siehe E. BEUCHELT, *Die Rückrufung der Ahnen auf Cheju do (Südkorea),* in: Anthropos, 70 (1975), S. 145-179.

222 Hierzu siehe die Zusammenfassung bei FU YUGUANG (2000), S. 393-413; *Heilongjiang waiji,* S. 401a; *Liubian jilue,* j. 4, S. 3a-b etc.

2.4 Ausstattung, Paraphernalien[223]

Im Folgenden seien die wichtigsten, in fast allen schamanistischen Aktionen verwendeten Utensilien und Ausstattungen vorgestellt. Auf weitere, nur lokal anzutreffende Gerätschaften sei hier nicht eingegangen.[224]

(1.) **Schamanenkleidung**[225],
shenqun 神裙 / *saman-i etuku*.
Für die Erscheinung und den Kultauftritt des Schamanen ist die Erscheinungsform seines Kultgewandes – bei den Hofschamanen auch *shanduan qun* 閃緞裙, „gleißender Brokatrock", genannt – von besonderer Wichtigkeit. Seine schrille Buntheit und komplexe Symbolik unterscheidet ihn von seiner Umgebung und hebt den Schamanen als eine besondere Person aus der Menge hervor, als ein menschenfernes Wesen, das schon vom Äußeren her den Respekt der Geister erheischt. Aufwendig aus bunten Stoffteilen gefertigt, ist das Kleid oft mit zusätzlichen Attributen, wie Metallscheiben, Federn, Muscheln, Perlen etc. und oft mit Hirsch- oder Vogelsymbolen drapiert. Mit letzteren, oft in Adler- oder Uhugestalt, kündet es von der Fähigkeit des Schamanen, sich vogelgleich durch die Lüfte zu bewegen. Das Schamanenkleid, das

> „für sich selbst einen geistigen Mikrokosmos vorstellt"[226] [ist ein] „kraftgebender Faktor, der zum Gelingen der Schamanisierung"[227] [beiträgt].

---

[223] DIÓSZEGI (1950), S. 359-383; LIU GUITENG (1999); MURATA (1931), S. 61-71, ders. (1944), S. 206; NAITÔ, Abb. 9.

[224] Siehe auch MZJS, letztes Heft; ISHIBASHI, S. 198-203.

[225] FINDEISEN, S. 89; RAWSKI, S. 234, 370; SHIROKOGOROFF (1935), S. 288-297; SCHMIDT, S. 581-588; zu der Ausstattung bei den *Sibe* um 1908 s. bei KROTKOW, n. STARY (1985), S. 278-279. Das Kostüm einer solonischen Schamanin, das WALTHER STÖTZNER (1882-1965) von seiner Asienexpedition 1927/28 mitgebracht hatte, beschreibt MUTH. Dieses stimmt bei mehreren Spezifika, auch Rahmentrommel, Glöckchen am Kleid usw., mit den manjurischen Gegebenheiten überein. Siehe auch ausführlich bei RICHTSFELD, S. 77-170; Abb. bei GUO SHUYUN und WANG (2001), S. 110-116; ELIADE (deutsch), S. 148-168, mit ausführlichen Literaturangaben; URAY-KÖHALMI, S. 121.

[226] ELIADE (deutsch), S. 149.

[227] SCHMIDT (1955), S. 149.

In seltenen Fällen verwendeten die Schamanen auch Gesichtsmasken, *jiamian* 假面 / *dere be ijumbi,* ebenfalls in Hirsch- oder Vogelgestalt, oder Drapierungen der Beine.

(2.) **Schamanenmütze**,
shenmao 神帽, *doumou* 兜鍪, *guan* 冠 / *yekse, mahala.*
Die zur Kleidung gehörende Geistermütze, Mitra, ca. 50 cm hoch, ist ebenfalls oft mit Vogel- oder (seltener) mit Hirschgeweihsymbolen ausgestaltet oder mit Federn geschmückt. So symbolisiert sie auch die Flugfähigkeit des Schamanen in die jenseitige Welt. In kaiserlicher Umgebung, so im Palast *Qingning gong*[228] von *Mukden,* hatten die Kopfbedeckungen oft die Form von metallischen Kronen. Diese scheinen mit ihren Vogel-, Hirsch- oder Geisterbaum-Symbolen auf eine gemeinsame Wurzel mit den koreanischen Königskronen des *Silla*-Reiches zurückzugehen.[229]

(3.) **Geisterschwert**[230],
shendao 神刀, *fajian* 法劍, *xiangdao* 響刀 / *halmari.*
Das in Miniaturform gefertigte Kriegsgerät wird im angedeuteten Schamanenkampf mit den Dämonen eingesetzt. Es ist in der Form eines Schwertes aus Holz oder Metall gestaltet, an dessen Schneide mehrere, 12 bis 16, kleine Ringketten aus Metall eingesetzt sind, die bei Bewegung Rasselgeräusche erzeugen; Länge 50 bis 80 cm, Breite 5 bis 7 cm.

(4.) **Schwerter- oder Messerleiter**[231],
daoti 刀梯 / *sakôra, cakôra*[232].
Die Schwerterleiter wird nur selten in Modellform hergestellt und existiert meist nur in der Vorstellung. Sie dient der Überwindung der transzendenten Höhenunterschiede bei den Jenseitsreisen und ist aus 18 bis 49 Sprossen zu-

---

[228] Siehe in Teil 3.5. (7.), *Mukden.*

[229] Abb. 24 im Anhang. MURATA (1935[III]), S. 63-64; R. GOEPPER, J. H. WHANG, R. WHITFIELD (Hg.), *Kunstschätze aus Korea* (Ausstellungskatalog), Köln (1984), vor S. 65, 104; C. HENZE, *Schamanenkronen zur Han-Zeit in Korea,* in: Orientalische Zeitschrift, N.F., 9,5 (1933), S. 156-163.

[230] ISHIBASHI, S. 195-196; LIU GUITENG, S. 92-93; SHI GUANGWEI (2003), S. 250-251; *Zhongguo shaoshu,* S. 270.

[231] KROTKOV, n. STARY (1985), S. 276; ders. (1992 [II]), S. 3.

[232] Bei den *Sibe*-Manjuren auch in der Variante *jakôran* oder *jakoran.*

sammengefügt, die aus Messern oder Schwertern bestehen.[233] Die Geisterleiter erinnert in ihrer Funktion an die biblische Jakobsleiter, die in der europäischen Kunst seit dem 11. Jahrhundert mehrfach dargestellt wurde; nach 1. Mose 28, Vers 12, hatte JAKOB im Traum die Vision von einer Himmelsleiter, auf der die Engel auf- und niederschwebten.

(5.) Geisterlanze[234],
shenjian 神箭, *huagun* 花棍 / *debse, desiku* auch *gida.*
Die Geisterlanze mit Hanfwedel, ein weiteres symbolisches Kriegsgerät für den Schamanenkampf, ist aus Rundholz gefertigt, an der Spitze mit einem Wedel aus Pflanzenfasern (meist Hanf) besetzt; Länge 80 bis 120 cm, Durchmesser ca. 3 cm.

(6.) Zauberspiegel[235],
shenjing 神鏡 *tongjing* 銅鏡 / *toli.*
Der aus Kupfer hergestellte Zauberspiegel wird, einzeln oder mehrfach, mit einem Ledergürtel vor der Brust des Schamanen befestigt; die Rückseite ist oft bemalt. Er gilt als ein beseeltes Wesen und wird auch als Schlaginstrument verwendet; Durchmesser zwischen 3 und 20 cm.

(7.) Schamanenvorhang,
shenman 神幔 / *saman-i mengse.*
Der je nach Verwendungszweck aus verschiedenfarbigem Stoff gefertigte Schamanvorhang ist ein verhüllendes Utensil, das nur bei bestimmten schamanistischen Aktionen Verwendung findet.

2.5 Musikinstrumente

Bei den von den Schamanen und seinen Gehilfen verwendeten, den Gesang und Tanz begleitenden kargen Musikinstrumentarium handelt es sich fast

---

[233] Bei den Amur-Golden sind es 18 Grade; GRUBE (1897), S. 91.

[234] ISHIBASHI, S. 198; LIU GUITENG, S. 95-96; MURATA (1935[III]), S. 64-64; SHI GUANGWEI (2003), S. 259-260.

[235] Ausführlich bei DIÓSZEGI (1950), S. 364-375; LIU GUITENG, S. 94.

ausschließlich um einfache, selbstklingende Schlaginstrumente, Idiophone und Membranophone, die von manchen der mongolischen Tradition zugeordnet werden.[236] Es sind Instrumente, deren Klang- und Geräuschpegel die rituellen Aktionen und ekstatischen Bewegungsabläufe machtvoll zu intensivieren und die Beteiligten aufzuwühlen vermögen.

Bemerkenswert ist, daß Blasinstrumente, Aerophone, die durchaus zum Grundbestand der Praxis anderer Religionen gehören, hier keine Anwendung finden, obschon man sich vorstellen könnte, daß durch derartige, den Tierlauten ähnelnde Töne rituelle Handlungen mit Kontakten zu Tiergeistern zu intensivieren wären. Gegen eine solche Verwendung sprach vermutlich die Tatsache, daß ein tanzender, sich ekstatisch bewegender Schamane außer Atem gerät und daher kaum in der Lage wäre, ein Blasinstrument geregelt zu bedienen. In ähnlicher Weise zählen Saiteninstrumente, Chordophone, nicht zum Bestand des volksnahen Schamanismus und sind ausschließlich dem höher bewerteten kaiserlichen Schamanenkult vorbehalten.[237]

Unentbehrlich für alle schamanistischen Kultübungen sind indes die im Folgenden beschriebene Schamanentrommel, *shengu,* und in zweiter Linie der um die Hüfte geschlungene Schellengürtel, *yaoling.*

Die Musikinstrumente lassen sich nach der üblichen Klassifikation[238] in zwei Kategorien zusammenfassen.

(**A.**) Idiophone / Gruppe ‚Metall' (*jin* 金) und ‚Holz' (*mu* 木)

(1.) **Hüftglocken**[239], *yaoling* 腰鈴 / *siša.*

An einem vertikal um die Hüfte geschlungenem Ledergürtel sind etwa 20 bis 40 kupferne oder eisernen Schellen in länglicher Röhrenform der Größe ca. 20

236 JIANG XIANGSHUN, in: *Manzu lishi yu wenhua* (1996), S. 206-213.

237 Siehe in Teil 4.7.

238 Europäische Einteilung der Instrumente nach E. M. v. HORNBOSTEL und C. SACHS, *Systematik der Musikinstrumente, ein Versuch,* in: Zeitschrift für Ethnologie, 46, 4-5 (1914), S. 553-550; chinesische Kategorisierung nach den „acht Klängen", *ba yin* 八音: Metall, *jin* 金; Stein, *shi* 石; Ton, Keramik, *tu* 土; Fell, *ge* 革; Seide, *si* 絲; Bambus, *zhu* 竹; Kalebasse, *pao* 匏; Holz, *mu* 木.

239 GUO SHUYUN und WANG (2001), S. 105; ISHIBASHI, S. 195; LIU GUITENG (1995), S. 115-117, (1995), S. 12-14, (1999), S. 82-86, mit Notenbeispiel; MURATA (1935[III]), S. 67-69; SHI GUANGWEI (2003), S. 254-257; YUE SHENG, S. 74; *Zhongguo shaoshu,* S. 277. Siehe Abb. 24 im Anhang.

x 3 cm (untere Öffnung) befestigt, die bei tänzerischer Bewegung gegeneinander schlagen; Gesamtgröße des ausgebreiteten Gebindes ca. 115 x 50 cm. Das Instrument ist im *Qingning*-Palast von *Mukden* auch in einer kleinen Ausführung mit eisernen Glocken bezeugt, *xiao tie yaoling* 小鐵腰鈴 / *selei siša*.[240]

(**2.**) **Kleine Schellen**[241], *shenling* 神鈴, *linggan* 鈴桿 / *honggon.*

Kleine Metallrasseln mit einem Öffnungsspalt sind meist in Kugelform mit einem Durchmesser von 3 – 4 cm angefertigt. 3 bis 8 Stück, meist an einem Holzstab der Länge ca. 0,6 bis 1 m befestigt, werden sie einzeln oder paarweise mit den Händen bewegt.

(**3.**) **Schlaghölzer**[242], *shenban* 神板 oder *poban* 拍板 / *carki* < mongol. *cargil.*

Es handelt sich um Gegenschlagklappern, eine Art Kastagnetten, meist dreifach, selten bis sechsfach, mit Fadenbindung, aus Hartholz in rechteckiger, einseitig abgerundeter Form; Größe ca. 38 x 6 cm.

(**B.**) Membranophone / Gruppe ‚Fell' (*ge* 革)

(**4.**) **Schamanentrommel**[243], *shengu* 神鼓, *shougu* 手鼓, *dangu* 單鼓, volkstümlich *zhuagu* 抓鼓, *saman gu* 薩滿鼓, auch *taiping gu* 太平鼓 / *imcin* (*imci*), *untun* < gemeintungus. *ungtuwun.*

---

[240] MURATA (1935[III]), S. 68-69.

[241] ISHIBASHI, S. 194-195; MURATA (1935[III]), S. 66-67; LIU GUITENG, (1995), S. 112-114, (1996), S. 8-12; ders. (1999), S. 86-90; SHI GUANGWEI (2003), S. 256-259; Abb. siehe GUO SHUYUN und WANG (2001), S. 105.

[242] HARLEZ (1887), S. 40; ISHIBASHI, S. 197-198; LIU GUITENG, S. 91; RICHTSFELD, S. 199; SHI GUANGWEI (2003), S. 249-250; SHIROKOGOROFF (1935), S. 299; Abb. GUO SHUYUN und WANG (2001), S. 106, angeblich ein Instrument aus dem *Tangzi*-Bestand.

[243] ELIADE (deutsch), S. 168-176; FINDEISEN, S. 126-136; GUO SHUYUN und WANG (2001), S. 103-104; GRUBE (1897), S. 90; LI LISHA (1992), S. 57-62, mit den charakteristischen rhythmischen Modellen nach neueren Untersuchungen; ausführlich auch bei LIU GUITENG (1995), S. 106-110, (1996), S. 3-8, (1999), S. 37-67, mit Abbildungen und Notenbeispielen; MURATA (1935[III]), S. 65-66; POZZI (1992), S. 87-88; RADLOFF, S. 16-17 u.ö.; RICHTSFELD, S. 171-197; SHI GUANGWEI (2003), S. 244-249, 263-269; SHIROKOGOROFF (1935), S. 297-299; URAY-KÖHALMI, S. 123; YUE SHENG, S. 102-103; *Zhongguo shaoshu*, S. 296-297; s. a. HEIDI NIXDORFF, *Zur Typologie und Geschichte der Rahmentrommeln* (Baessler Archiv, Neue Folge, Beiheft 7), Berlin: Reimer (1971); MICHAEL OPITZ, *Morphologie der Schamanentrommel*, 2 Bde., Zürich: Ambra (2013).

Eine mit dem Stellenwert des Schamanenkostüms vergleichbare Rolle spielt die ‚Schamanentrommel', deren Instrumententyp mindestens seit der *Yuan*-Zeit nachweisbar ist. Es ist eine Art Tamburin, eine einfellige, runde bis ovale Rahmentrommel oder Innengrifftrommel mit hölzernem Rahmen, der meist mit Ziegen- oder Schafshaut[244], *ge* 革 / *suku*, bespannt ist. Zum Anschlagen verwendet man einen hölzernen Schlägel[245], *guchui* 鼓椎 / *gisun*, der innerhalb der Schamanensymbolik oft als eine Art Peitsche zum Antreiben wie zum Abschrecken der Geister begriffen wird; Durchmesser[246] ca. 50-80 cm, Stärke des Rahmens ca. 3-4 cm; Länge des Schlegels ca. 40 cm. An der Innenseite ist das Fell oft mit symbolträchtigen Zeichnungen[247] versehen. Die kreuzweise Innenbespannung ist meist mit einem ringförmigem Griff und 8 bis 10 münzenförmigen Metallplättchen ausgestattet, die bei Gebrauch aneinanderschlagen. Bezüglich ihrer Anordnung scheint man zwei Typen zu unterscheiden, die manche Autoren mit den Bezeichnungen *shengu* / *imcin* oder *zhuagu* / *untun* belegen.[248]

Die „zur Kontaktaufnahme mit der spirituellen Welt"[249] dienende Schamanentrommel, auch als „Seele", *linghun* 靈魂, des Schamanisierens oder Reittier des Schamanen aufgefaßt, ist in ganz Nordasien das bedeutendste, für Beschwörungsaktionen und -tänze unentbehrliche Rhythmusinstrument. Durch das Gleichmaß der raschen rhythmischen Figuren kann es eine hypnotische Wirkung auf die Beteiligten ausüben.

Möglicherweise ist die bei den Manjuren bis heute außerordentlich populäre „achteckige Trommel", *bajiao gu*[250] 八角鼓 / *jakôn hošonggo imcin*, d.i. eine

---

[244] Nach RADLOFF, S. 18, gegerbtes Fell eines Marals [eine Hirschart], das innen mit roten Figuren bemalt ist. Auch die Haut von Pferden, Eseln oder Rindern ist üblich.

[245] Um einen dumpfen Ton zu erzeugen, wird dieser nach RADLOFF, S. 19, mit Tierfell (Zobel, Hermelin oder Hase) umhüllt.

[246] Gemäß der Beischrift zur Abbildung im kaiserlichen Ritenbuch MZJS, Heft 6, S. 44a, ist der Durchmesser 1 Fuß 6 Zoll (51,2 cm).

[247] Die schamanistischen Piktogramme, die manchmal als eine Art Skizze des Kosmos aufgefaßt werden, beschreibt FU YUGUANG (2000), S. 192-206; FINDEISEN, S. 133.

[248] Manche Autoren bezeichnen *imcin* als ‚männliche Trommel' und *untun* als ‚weibliche Trommel'; weitere Namen s. bei LIU GUITENG (1999), S. 9; ISHIBASHI, S. 197.

[249] ELIADE (deutsch), S. 168. Die Wichtigkeit der Trommelschläge für die Initiierung und Erhaltung des veränderten Bewußtseinszustandes beschreibt auch M. HARNER (2013), *saepe*.

[250] *Zhongguo shaoshu*, S. 287.

zweiseitig meist mit Schlangenhaut bespannte kleine Flachtrommel, Durchmesser ca. 20 cm, die oft gleichfalls als *dangu* 單鼓 bezeichnet wird, von der *shengu* beeinflußt entstanden. Nach diesem Instrument wurde auch eine bekannte Balladengattung der Volksliteratur benannt.

(5.) **Faßtrommel**[251], *gu* 鼓, *taigu* 抬鼓, *dangu* 單鼓 / *tungken*.

Die zweifellige, flache Faßtrommel mit Metallbespannung wird mit Holzklöppel (ca. 35 cm) geschlagen und für schamanistische Intermedien oder zur Unterstützung der vorgenannten Rahmentrommel verwendet; Größe ca. 55 x 15 cm, mit Gestell.

[251] LIU GUITENG (1995), S. 110-112, (1999), S. 80-81; SHI GUANGWEI (2003), S. 251-254.

3. Der kaiserliche Schamanismus und der *Tangzi*[252]

3.1 Allgemeines

3.1.1 In der *Qing*-Dynastie, die nach außen hin als das Zeitalter der letzten Hochblüte chinesischer imperialer Kultur gelten kann, ist der – dort weitgehend im Verborgenen gepflegte – Schamanismus letztlich als ein Relikt nord- und zentralasiatischer Provenienz und der manjurischen Ahnen einzuschätzen, das trotz der fast ununterbrochenen Assimilation an das chinesische Staats- und Bildungssystem die Jahrhunderte überdauerte. Der Schamanenkult der *Qing*-Kaiser schließt dabei an die zuvor angedeuteten Traditionen historischer chinesischer Xenokratien[253] an, die etwa neun Jahrhunderte der Manjuherrschaft vorausgingen, so der obengenannten *Khitan* 契丹 / *Liao, Jürchen, Ruzhen* 女真 / *Jin* 金 und *Mongolen* 蒙古 / *Yuan* 元. Bei diesen Vorgängerdynastien ist bereits eine entwickelte Form von staatlichem Schamanismus nachzuweisen.[254]

Aus einem autochthonen Naturalstadium bäuerlicher Umgebung in eine neue aristokratische Umwelt erhoben und entsprechend institutionalisiert, unterscheidet sich die imperiale Form des Schamanismus in seiner Entwicklung zwar wesentlich im Formalen, jedoch nur unwesentlich im

[252] Quellen und Literatur zum *Tangzi* sind vielgestaltig und zahlreich; als wichtige seien hier genannt: *Aixin jueluo jiazu quanshu*, Bd. 5, S. 355-395; *Chenhuan shilue*, j. 5, Neudruck S. 88; *Da Qing tongli*, j. 3; DQHD, j. 89, S. 1b, 808, j. 92 S. 3a-4a, 831-832; DQHDSL, j. 411-413, j. 1180-1185 u.ö.; GCGS, j. 6, S. 3b-4b; *Gugong cidian* (2016), S. 92-93; *Huangchao wenxian tongkao*, j. 99; *Huangchao zhengdian leizuan*, j. 257, S. 1a-9a; *Jiameng xuan congzhu*, S. 188, 247-272; *Jiaolang cuolu*, j. 1, S. 1-2; *Jueyu jilue* S. 2a-b; *Libu zeli*, j. 112, S. 1a-10a; *Liubian jilue*, j. 4, S. 3a-b; *Manzhou yuanliu kao*, j. 18, Neudruck S. 330-334; *Qingchao tongdian*, j. 43, S. 2261-2263; *Qingshi gao*, j. 85, S. 2553-2559, 2570; *Ningguta jilue*, S. 4b-5a; *Shen gu*, j. 1, S. 11b-12a, j. 4, S. 1a; *Shengjing tongzhi* (1715), j. 19, S. 8a-11b; *Tianchi ouwen*, j. 2; *Tôdô meishô zue*, j. 3, S. 19b-20a; *Xiaoting zalu*, j. 9 (1980), S. 231-232, j. 9, S. 279-280; *Yangji zhai conglu*, j. 7, S. 65; *Yongxian lu*, j. 2, S. 75-76; *Zhongguo ge minzu* etc., S. 404 u.ö.; *Zhuyeting zaji*, j. 3, S. 60-64; CHEN ZONGFAN, S. 179-180; HARLEZ (1887), S. 22-26; ISHIBASHI (1935); JIANG XIANGSHUN (1995), S. 4-7, 44-48, 186-197 u.ö.; MENG SEN (1934), Bd. 3, S. 1272-1275; MO, S. 187-194; NAQUIN, S. 335; RAWSKI, S. 231-244; STARY (2009); WANG ZONGYAN, S. 196; XIAO YISHAN, Bd. 1, S. 62-66, 5. Ausg., S. 66-69 etc.

[253] Einen grundlegenden Überblick der Nomadenreiche von den Hunnen bis zu den Manjuren bietet KYČANOV (1997).

[254] SHIROKOGOROFF (1935), S. 122-125; SCHMIDT, S. 521-524.

Prinzipiellen von seinen genetischen Vorbildern. Die schamanistische Praxis des Kaiserhauses wurde als kleiner Teilbereich den chinesischen Glaubensvorstellungen zugeordnet und führte darin indes fast nur ein Schattendasein. Bis in die unmittelbare Gegenwart galt auch hier und nicht nur im Volk die unausgesprochene Nützlichkeitsregel, sich von den verschiedenen Religionen und ,Weisheitslehren' jeweils das Beste, Wirkungsvollste anzueignen und dieses zu übernehmen.[255] Nach dem gelehrten russisch-orthodoxen Missionar JAKINF/HYACINTH (NIKITA JAKOVLEVIČ) BIČURIN (1777-1853) waren – abgesehen vom Christentum, *tianzhu jiao* 天主教 – in dieser Zeit sechs einheimische religiöse Strömungen in China lebendig: (1.) Religion der Gelehrten [Konfuzianismus], (2.) Taoismus, (3.) Buddhismus, (4.) Schamanismus, (5.) Lamaismus, (6.) neue Religionen [Volksreligionen etc.].[256]

3.1.2 Der *Tangzi* und sein Name

Das meist in dörflicher Umgebung im Haus oder im Freien praktizierte schamanistische Kultgeschehen, das nicht nur beim einfachen Volk, sondern auch bei wohlhabenden manjurischen Klans verbreitet war, erlebte eine

[255] Hierzu s. a. GIMM (2014), S. 217-220; INOUE, S. 84-85; MENG SEN (1934), Bd. 3, S. 1275; SHIROKOGOROFF (1935), S. 281 u.ö.

[256] BIČURIN (1842), S. 29-37. – Dagegen unterscheiden frühere Autoren seit P. MATTEO RICCI (1552-1610), *De Christiane Expeditione apvd Sinas* (1615) nur zwischen drei „sectae", so P. M. MARTINI (1614-1661), *Histor. Beschreibung* (1658), S. 120-133,": 1.) Konfuzianismus „Yukiao"[儒教] des „Cungfutius"[孔夫子], den er als „filosophica" bezeichnet, 2.) Buddhismus, „Foekiao"[佛教] des „Fo", genannt „idolatrica", 3.) Daoismus, „Taokiao"[道教] des „Laocuus"[老子], charakterisiert als „epicurea". A. KIRCHER (1602-1680), *China monumentis* (1661), S. 131, unterscheidet zwischen Konfuzianismus, genannt „Literati", Buddhismus, „Sciequia" [d.i. Shijia 釋迦, Buddha] und Daoismus, „Lançu" [d.i. Laucu, *Laozi* 老子]. Ähnlich, jedoch phantasievoll erweitert bei dem Universalgelehrten E. W. HAPPEL (1647-1690), in *Thesaurus Exoticorum* (1688) – ein Werk, das auch GOETHE verwendet hatte, S. 16: „Secte der Gelährten […] / deren Uhrheber war *Confucius* ein uhralter *Philosophus* in China / die ehren den einigen GOtt und etliche Geister / behaupten der Seelen Unsterblichkeit / besuchen der Todten-Gräber etc. Die andere Secte heist *Sciequia* oder *Omtofe* [*Amituofo* 阿彌陀佛], die statuieren vier Elementen / mehr als eine Welt / Verhausung der Seelen nach dem Tode aus einem Cörper in den andern etc. Die dritte Secte heisset Lauzu / diese glauben nach dem Tode mit Leib und Seel alsobald im Himmel zu kommen / und stehen diese Leuthe unter einem gewissen Prälaten / dessen Würde auff seine Kinder stirbet / welches schon über 1000 Jahr also gehalten worden. Man zehlet unter diesen 3 Haupt- noch über 300 kleine Secten / so aber mit den Beschriebenen nicht zu vergleichen sind. Die erste von den dreyen hat das Gebieth über die andern / und alle Reichs-Bedienungen werden davon besetzet / man creiret auch Magistros / Licenciaros und Doctores davon / und müssen die / so zu dergleichen Gradu verlangen einen Zutritt zu bekommen / überaus wohl studiret haben / und verschiedene Proben deßsals so schrifft- als mündlich ablegen."

Aufwertung, als es mit dem manjurischen Kaiserklan in die herrschaftliche Palastumgebung Chinas Eingang fand. Man sah sich genötigt, es anderen Religionen gleichzutun und für den Schamanismus eine eigene Tempelanlage einzurichten. Schamanentempel sind sonst auf der Welt nicht nachzuweisen, was bereits WILHELM SCHOTT (1802-1889) vermerkte:

> „Der Schamanismus hat in seinen Vaterländern keine Tempel“[257],

oder nach einem neueren chinesischen Eintrag:

> „Der Schamanismus errichtet keine Tempel für die Geister“.[258]

Der manjurischen Neuschöpfung gab man kurzerhand – vielleicht in kaschierender Absicht – die Bezeichnung *Tangzi* 堂子 / *Tangse*, etwa „Tempelchen, kleine Halle“[259], ein Binom, das sonst auch „Theaterbühne, Badestube[260], kleiner Buddhatempel, Kirche“, sogar „Freudenhaus“ oder eine Anrede für den Kellner bedeuten kann. Entstehung und Hintergründe dieses Namens, der letztlich als Lehnwort[261] aus dem Chinesischen aufzufassen ist, sind bislang nicht geklärt. Die chinesische Schreibung ist zudem in merkwürdigen Formen, wie *Tangse* 堂色, 堂澀, *Tangshe* 唐舍, *Dangse* 黨色, nachweisbar.[262]

Das chinesisches Lehnwort *tang*, „Halle“ ist als *taŋ* oder *ta(a)n* bereits in der Jürchen-Sprache geläufig.[263] Ein Zusammenhang mit dem Wort für „Himmel“, *tian* 天, mongolisch *tenggeri, tengri,* alttürkisch *täŋäri, *taŋrï,* khitanisch wohl *təŋgər,* xiongnu (hunnisch) *chengli* 撐犁, wohl < chinesisch *tianli* 天理, oder *qilian* 祁連 – eine Bildung, die auch einen Schamanengeist oder

---

[257] SCHOTT, *Das Wort Schamane,* in: Erman's Archiv für wissenschaftliche Kunde von Rußland, 23 (1865), S. 210.

[258] *Zhonghua wenhua baike quanshu,* Bd. 1, Taipei (1984), S. 725.

[259] Hier auch *tangzi* 塘子 geschrieben. In seiner frühen Übersetzung gibt LANGLÉS (1804), S. 287, *Tangzi* französisch mit «salle» wieder.

[260] In der neumanjurischen Sprache der *Sibe/ Xibe* bedeutet *tangse de genembi* „ein Bad nehmen“.

[261] Ähnlich *tanggin,* 堂 + *in,* < mongol. *tangkin* „Halle“; siehe P. SCHMIDT, *Chinesische Elemente im Mandschu,* in: Asia Major, 7 (1932), S. 408.

[262] BAI, S. 78; FU YUGUANG (1990), S. 134; *Zhongguo ge minzu,* S. 404.

[263] CINCIUS, Bd. 2, S. 163; GRUBE, S. 11, Nr. 198, S. 17; JIN QICONG (1983), S. 108, 158; LESSING, S. 802, 809.

einen Herrschertitel bezeichnen kann, ist unwahrscheinlich, ebenso wie auch eine Verbindung mit türkisch *terem, ţāram,* „rundes Palisadengebäude", mongolisch *terem,* „Halle".[264] Vielleicht besteht ein gedanklicher Zusammenhang mit dem Namen *Mingtang* 明堂, der „strahlenden Halle", des Regierungs- und Zeremonialzentrums, *zhengtang* 政堂, der Herrscher des chinesischen Altertums, die im kanonischen ‚Buch der Pietät', *Xiaojing* 孝經, als „Palast der Weltregierung", *tianxia buzheng zhi gong* 天下布政之宮, bezeichnet wird.[265] Abzulehnen ist eine phonetische Verbindung von *tang* mit *deng,* dem Familiennamen des *Ming*-Generals DENG ZILONG 鄧子龍 (1531-1598), wie in manchen chinesischen Quellen vermutet wird. DENG genoß als angeblicher Freund des Dynastiegründers NURHACI zeitweilig kultische Verehrung im *Tangzi.*[266]

Wie im Folgenden (Teil 3.5) vermerkt, ersetzte der Name *Tangzi,* der schon seit der *Tianzong*-Ära (1627-1636) nachzuweisen[267] ist, wohl erst seit der *Kangxi*-Zeit (um 1680) die in den frühen Hauptstädten für das Zentralheiligtum gebrauchte Bezeichnung *miao* 廟, „Tempel". Welche Beweggründe die Bearbeiter älterer Texte veranlaßten, in solchem Zusammenhang etwa den Passus *ye miao* 謁廟, „den Tempel besuchen", durch den neueren Ausdruck *yi Tangzi* 詣堂子, „den *Tangzi* besuchen", zu ersetzen, bleibt noch zu klären. In manchen Fällen wurde sogar der chinesische Begriff *dui shen* 對神, „den Geistern gegenübertreten", durch das manjurische Wort *Tangse* wiedergegeben.[268]

Innerhalb der nach ihrer Wichtigkeit geordneten Heiligtümer im Handbuch der Staatsinstitutionen, *Da Qing huidian*[269], erscheint der *Tangzi* unmittelbar

---

[264] DOERFER, Bd. 2, Nr. 944, Nr. 1340 und Bd. 4, S. 445-446; EICHHORN, S. 110, 271; LIGETI (1950), S. 143, 168, 173; MASPERO; PELLIOT (1944), S. 165; RAMSTEDT, S. 282; SOOTHILL; WECHSLER, S. 195-211 etc. S. a. W. SCHARLIPP, *Die türkischen Wörter für ‚Gott' und ‚Himmel' im manjurischen Fünfsprachenspiegel,* in: Central Asiatic Journal, 58 (2015), S. 27-36.

[265] *Tianzhi ouwen,* j. 2, nach *MZJS2,* S. 47a; CSG, j, 85, S. 2553.

[266] Teil 4.4.3, *Usin-i enduri.*

[267] FU TONGQIN, S. 275.

[268] So im dreisprachigen MSL, S. 29-30, ebenso in TSL, j. 1, S. 9b, unter dem Datum 1. II. Monat (22. Febr.) 1583.

[269] DQHD-tu, j. 1-5, ebenso im Ritenkompendium *Da Qing tongli,* j. 3.

hinter dem vorgenannten Himmelstempel und der Kultstätte für die Verehrung der Erde und des Ackerbaus. Innerhalb der historischen Umgebung von *Beijing* zählte der *Tangzi* zu den acht wichtigen Tempeln der *Qing*-Dynastie, *jing hua ba miao* 京華八廟.

Kennzeichnend ist auch die Tatsache, daß bei der respektvollen Hervorhebung, Elevation, *taixie* 擡寫 / *tukiyen*, bestimmter Begriffe und Termini innerhalb des staatlichen Schrifttums, wie im unten genannten Ritenkompendium *Manzhou jishen jitian dianli*, sowohl im manjurischen Original wie in der chinesischen Übersetzung, der Erwähnung des *Tangzi* die höchste Stufe, nämlich die dreifache Hervorhebung, *santai* 三擡 / *ilaci tukiyen*, eingeräumt wird.[270] Der Name *Tangzi* wird damit auf gleichhohe Stufe wie die Begriffe Himmel, Kaiser, Ahnentempel etc. gestellt.

In einer weiteren Funktion, nämlich als Gedenk- und Verehrungsstätte für die Ahnen[271] des *Aixin gioro*-Klans, diente der *Tangzi* mitunter auch als ein miniaturisiertes Pendant zu einer weiteren traditionellen Kultinstitution, nämlich zu dem i. J. 1420 im Südostteil der ‚Verbotenen Stadt' errichteten, seit Generationen verehrten offiziellen kaiserlichen Ahnentempel *Taimiao* 太廟 / *Taimiyoo*. Nach einem Bericht[272] der *Guangxu*-Zeit (1875-1908), habe Jahrhunderte hindurch ein kunstreich geschnitztes Behältnis aus *Machilus nanmu*-楠木 Holz im *Tangzi* seine Aufbewahrung gefunden, in dem sich sterbliche Überreste von vier kaiserlichen Vorfahren befanden, nämlich von MÖNGKE TEMÜR, FUMAN, GIOCANGGA und TAKSI.

MÖNGKE TEMÜR / MENGTEMU 孟特穆 (1370-1433), später als ältester kaiserlicher Ahnherr ZHAOZU 肇祖 verehrt, galt als Nachkomme des Urahns BUKURI YONGSHUN[273] und FUMAN / FUMAN 福滿 (15.-16. Jh.), auch genannt XINGZU 興祖, als MÖNGKE TEMÜRS Urenkel. GIOCANGGA / JUECHANG'AN 覺昌安 (1526-1583), auch genannt JINGZU 景祖, und TAKSI / Takeshi 塔克世(1543-1583), genannt XIANZU 顯祖, beide Vater und Großvater NURHACIS, waren 1583 bei der Eroberung der Stadt *Gure* von *Ming*-Soldaten getötet worden.

---

[270] Diese Ehrenbezeugung erscheint in gedruckten wie geschriebenen Texten, z. B. in GCGS und GCGS-xubian, und wird auch in private Publikationen, z. B. *Manzhou sili ji* von 1716, übernommen. Hierzu s. MAYERS, S. 129-135.

[271] ARLINGTON und LEWISOHN, S. 62-70.

[272] Erwähnt bei FU TONGQIN, S. 284.

[273] Siehe in Teil 3.2.2.

Als Grund für die Aufbewahrung der Gebeine im *Tangzi* wurde das Fehlen eines adäquaten Ahnentempels für die frühen Generationen angegeben.[274] Der Behälter war jedoch bei Öffnung während der Boxeraufstände 1900 angeblich leer.

3.2 Geheimhaltung

3.2.1 Es ist verständlich, daß man versuchte, den Schamanenkult, der die Glaubensvorstellungen der – zwar seit langem sinisierten – manjurischen Ahnen bestimmte, vor dem chinesischen Volk verdeckt zu halten und hinsichtlich des *Tangzi* und seines Geisterkults eine Art Arkandisziplin zu bewahren; denn nach landläufigem Urteil zählten die Manjuren zu den „östlichen Fremden", *dongyi* 東夷, deren „Verhalten barbarisch und deren Sitten abstrus sind", *xingwei manye fengsu guaimiu*[275]行為野蠻.風俗乖謬, worin sie sich „von den Familien der chinesischen Oberschicht"[276] unterscheiden. WILHELM SCHOTT bemerkte, nach BIČURIN, hierzu treffend:

> „einerseits wollten sie [die Mandju-Kaiser] ein religiöses Element fortpflanzen, das, im Verein mit der Verschiedenheit der Sprache und in gewissem Sinn auch der Lebensweise (denn die Mandju sind der eigentliche Wehrstand in China), ein Palladium für die Nationalität ihres Stammvolkes bildete; während sie andererseits dieses religiöse Element – den Schamanismus – dem chinesischen Interesse und selbst dem unter der Masse ihrer Unterthanen vorherrschenden Budd'a-Glauben so weit anpassten, als es unbeschadet seiner Eigenthümlichkeit geschehen konnte."[277]

Daher hielt man bezüglich der Kultaktionen, die in internen Hoflokalitäten stattfanden, „alles geheim und scheute die Bekanntgabe."[278] Beamte chine-

[274] Bereits im Jahre 1598 war das im Nordwesten der 2. Hauptstadt *Hetu ala,* heute *Xinbin,* s. Teil 3.5, Nr. 2, erbaute *Yongling* 永陵 als Mausoleum für MÖNGKE TEMÜR, FUMAN, GIOCANGGA, TAKSI und Verwandte eingerichtet worden.

[275] *Suowen lu,* S. 3b.

[276] *Langqian jiwen sibi,* S. 97.

[277] SCHOTT (1844), S. 465.

[278] *Manqing waishi,* j. 1, S. 2a.

sischer Herkunft waren im Bereich des *Tangzi* nicht zugelassen, *han daren bu suiwang*[279]漢大臣不隨往; sie „wußten [von alledem] nichts", *hanguan wu zhi*[280] 漢官無知. Ebenso ging es den „einfachen Leuten", *suren bu zhi*[281]俗人不知. Offenbar wurde mindestens seit etwa 1673 das Verbot für chinesische und auch mongolische Volksangehörige streng beachtet[282], und die beteiligten Manjuren „durften nicht über Einzelheiten sprechen", *buneng yan qi xiang*[283] 不能言其詳. Ein Prinz bemerkte um 1750, daß damals sogar Adelspersonen unterhalb des 3. Prinzenranges ein Zugang zum *Tangzi* „nicht erlaubt" war, *beile yixia bu xu*[284] 貝勒以下不許. SHAN SHIYUAN bezeichnete später den *Tangzi* als „geheimnisvollen Ort", *shenmi de difang* 神秘的地方, den niemand je gesehen habe, *shuiye meiyou jianguo* 谁也沒有見過.[285]

Wenn auch nicht durch staatliche Maßnahmen festgelegt, achtete man darauf, die als höchst absonderlich angesprochenen Zeremonien des *Tangzi* dem chinesischstämmigen Volk gegenüber „niemals publik werden zu lassen", *wangwang buken xuanbu*[286]往往不肯宣布. All diese Maßnahmen fügten sich in frühere Verbote ein; in ähnlicher Absicht waren z. B. schamanistische Elemente in der chinesischen Übersetzung der Eidleistungen getilgt worden, die der Khan NURHACI gegenüber der *Ming*-Herrschaft abgelegt hatte.[287]

3.2.2 Es blieb nicht aus, daß die Geheimnisse, die den *Tangzi* umgaben und die in gewissem Widerspruch zur gültigen Orthodoxie standen, das Volk zu allmöglichen Vermutungen veranlaßte. In privaten Aufzeichnungen, *biji*-Berichten 筆記 usw. chinesischer Autoren, die sich aus verständlichen

---

[279] *Chenhuan shilue*, j. 5, S. 88.

[280] *Yangji zhai conglu*, j. 7, S. 65, nach MZJS2, Heft 1, S. 54a.

[281] *Tianzhi ouwen*, j. 2, S. 1a.

[282] DQHD, j. 65, S. 4b; INOUE, S. 76, gemäß DQHD; MO, S. 194; siehe auch *Tôdô meishô zue*, j. 3, Bildbeschreibung, S. 20a.

[283] *Yangji zhai conglu*, j. 7, S. 65.

[284] *Jiameng xuan congzhu*, S. 166.

[285] SHAN SHIYUAN (2015), S. 217.

[286] *Qinggong yiwen*, j. 2, S. 34, nach XIAO YISHAN, Bd. 1, S. 63-64, 5. Ausgabe, S. 69.

[287] MO, S. 190, 203; CROSSLEY u. RAWSKI (1993), S. 69, Anm. 12.

Gründen in größerer Zahl erst in Publikationen aus der Endzeit der *Qing*-Dynastie[288] finden, ranken sich merkwürdige Erzählungen über die u.a. als „lächerlich" bezeichneten „Geheimgeschichten des Palastes"[289] und über häretische, als indezent anzusprechende Handlungen dortselbst.

Es verbreitete sich im Volk das Gerücht, daß sich in dem von den Chinesen als fremd empfundenen *Tangzi*-Kult der in ihrem Verhalten als „wild" und in ihren Sitten als „abstrus und abnorm", *xingwei yeman, fengsu guaimiu*[290] 行為野滿. 風俗乖謬, charakterisierten Manjuren Absonderliches und Verbotenes abspiele. Unter der Überschrift *yin'ou* 淫偶, „obszöne Figuren", ist die Rede von einem Besucher der Stadt *Liaoyang* 遼陽 namens FAN 范, der nach zunächst verweigerter Zugangserlaubnis einen Tempel besuchte. Später berichtete er von dort wahrgenommenen unsittlichen Handlungen, *yinxie zhuang* 淫褻狀, indezenten Kulten, *yinsi*[291] 淫祀 oder *xiesi* 邪祀, mit kopulierenden Kultstatuen mehrerer Fuß Größe, die die Fremden angeblich „Herr und Mutter Buddha", *fogong* 佛公 und *fomu* 佛母, nannten[292]; und all dies „stimmte mit dem vom *Aixin gioro*-Klan ausgeübten *Tangzi*-Kult überein."[293] Man kolportierte die Meinung, daß „die Manjuren das Obszöne bevorzugen", was jedoch mit den offiziell gültigen Vorschriften und Maßnahmen nicht harmonierte.[294]

Hintergrund dieser Fama waren vermutlich die von den Manjuren wohl von Beginn an verwendeten Kultpuppen, *shen'ou* 神偶 oder *muou* 木偶,

---

[288] Zu erwähnen sind u.a. *Manqing waishi*, j. 1, S. 2a-b; *Manqing yeshi*, j. 2, S. 2a; *Qingdai shisan chao*, S. 2490; *Qinggong mishi*, Teil *Manyi huaxia shiben moji* 滿夷華夏始本末記, S. 4a-4b; *Qinggong yiwen*, Nachdruck, j. 2, S. 28-29, 34-35. Als ein relativ frühes Dokument manjukritischer Art ist *Sanwang shilue* von 1708, j. 4, Nr. 22, hervorzuheben; abweichend zitiert in *Manqing waishi*, j. 1, S. 2a, und XIAO YISHAN, Bd. 1, S. 63-64, 5. Ausgabe, S. 69.

[289] *Qingdai shisan chao*, S. 2488.

[290] *Qinggong yiwen*, j. 2, S. 28.

[291] Hierzu siehe auch HERZER.

[292] *Qinggong yiwen*, j. 2, S. 28-29.

[293] XIAO YISHAN, Bd. 1, S. 64, id. 5. Ausgabe, S. 69.

[294] Zwar waren die frühen *Qing*-Kaiser der erotischen Literatur, *yinshu* 淫書, gegenüber ähnlich wie die *Ming*-Herrschaft noch relativ liberal; Verbote solchen Schrifttums sind seit 1687 nachweisbar, und die Bücherinquisition erreichte unter QIANLONG ihren Höhepunkt; GIMM (2005), S. 67-71.

volkstümlich *wawa* 娃娃 genannt, deren Gebrauchsweise mit der der *ongγun*-Figuren der Mongolen zu vergleichen ist. Einige von diesen haben sich bis heute im Palast von *Shenyang* (*Mukden*) und in der Halle *Kunning gong* von *Beijing* erhalten.[295] Solche meist aus Stoff oder Holz gefertigten Puppen sind noch heute im Kult nordasiatischer Minoritäten zu finden.[296]

Bei den oben genannten „Herr und Mutter Buddha" handelt es sich vermutlich um den Kult um „Vater" und „Mutter Wang" 王, der auf einer besonderen Version der – an eine biblische Erzählung[297] gemahnenden – ‚Stammessage der Manjuren'[298] beruht, nach der ein „Vater Wang" in einer im Fluß *Tumen* schwimmenden Kiste einen ausgesetzten Knaben fand, der später zum Stammvater des *Aixin gioro*-Geschlechtes aufstieg. Dieser war von einem himmlischen Mädchen namens FEKULEN / FOKULUN[299] 佛庫倫, einem der ‚drei Himmelsjungfrauen', *san tiannü* 三天女 / *ilan abkai sargan jui*, durch Verzehr einer roten Beere, *zhuguo* 朱果, der himmlischen Elster, *shenque* 神鵲, auf wundersame Weise gezeugt worden.[300] Das Neugeborene erhielt den aus manjurischen und chinesischen Elementen zusammengesetzten Namen BUKURI YONGSHUN / BUKULI YONGSHUN 布庫哩雍順, was ursprünglich wohl als BUKURI YINGXIONG 英雄, „Held von Bukuri (Name eines Berges)", aufzulösen ist. Dieser wurde später bei der Kompilation der Herrscherfolge als ältester kaiserlicher Urahn, SHIZU 始祖, eingesetzt. – Schauplatz dieser Mythenwelt ist die Umgebung des vorgenannten „Himmelssee", *Tianchi* 天池 / *Bulhôri omo*, des von den Manjuren des *Aixin gioro*-Klans als Ursprungsort der Ahnen für heilig gehaltenen und von den Kaisern regelmäßig durch Kulte, *yüji* 御祭, geehrten Gebirges *Changbai shan* 長白山 /

---

[295] Siehe Abb. 22 im Anhang; JIANG (1995), Abb. S. 4-5.

[296] GUO SHUYUN und WANG (2001), S. 116-120.

[297] 2. Buch Moses 2, Vers 1-10.

[298] SCHANG TSCHENG-TSU, S. 70-71. Diese Sage geht möglicherweise auf alte Vorbilder zurück, z. B. Buch der Lieder, *Shijing* 詩經, Nr. 303: *tian ming xuanniao, jiang er sheng Shang* 天命玄鳥.降而生商; LEGGE, Bd. 4, S. 636: "Heaven commissioned the swallow, To descend and give birth to [the father of our] Shang." FUCHS (1943); GIMM (1981), (2006); MENG SEN (1934), S. 3a; RAWSKI, S. 233; URAY-KÖHALMI, S. 45, 100 etc.; frühe Fassung in MSL, j. 1, S. 3a-b.

[299] Zu einem anderen Elstern-Mythos s. Teil 4.2.1. (6.).

[300] *Tôdô meishô zue*, j. 3, S. 19b; FUCHS (1943); GIMM (1981); HARLEZ (1893), S. 185-187; MO DONGYIN, S. 177-178; STARY (1982), S. 76-79 etc.

Golmin šanggiyan alin im Südosten der Provinz *Jilin*, im Grenzgebiet zum heutigen Korea.

Auch wissen wir von einer anderen Art Kultpuppen mit roter oder grüner Kleidung, die im Palast *Kunning gong* von *Beijing* Verwendung fand; sie werden *Wanli mama* 萬曆(oder 完立) 媽媽 oder *Huangma* 皇媽 und *Huang nainai* 皇奶奶 genannt.[301] Diese beruhen angeblich auf einer anderen Sage, die davon handelt, wie die Mutter des *Ming*-Kaisers WANLI (reg. 1573-1620), Kaiserin CISHENG 慈聖, geb. LI 李, das Volk aus der Not rettete. Derartige aus Holz oder Stoff gefertigte Kultpuppen sind auch bei anderen nordasiatischen Volksgruppen in schamanistischem Gebrauch üblich. Zudem verwendeten die Schamanen beim Abwehrzauber auch menschliche Figuren aus Papier, *zhiren* 紙人 / *urge* genannt.

In manchen Schriften[302] ist unter der Rubrik „die manjurischen Kaiser verehren Götzenidole"[303] übereinstimmend von Monströsem im Tempelgeschehen die Rede, so von „schrecklichen Rinderdämonen- und Schlangengeisterfiguren", von Dämonen in Teufelsgestalt mit einer Größe von mehr als zwei Ruten (6 m) und Kugelaugen, die Halsketten und Gürtelbänder mit aufgereihten Totenschädeln tragen und von anderen Kuriositäten der *Tangzi*-Ritualien, die sich ohnehin nur aus „gestammelten Beschwörungen" zusammensetzten.[304]

3.2.3 In der allgemein zugänglichen, informierenden Literatur, den Lexika, Enzyklopädien usw., ist von der Institution des kaiserlichen Schamanismus und dem Betrieb des *Tangzi* meist nur eingeschränkt oder an marginaler Stelle die Rede. Umfassendere Informationen bietet meist nur das offizielle Schrifttum, „wie das [*Da Qing*] *huidian*", *wei Huidian zhushu suo zai*[305] 維會典諸書所載, das dem gemeinen Volk unzugänglich war. Bemerkenswert ist auch, daß das Stichwort *Tangzi* / *Tangse* sowie die Namen der schamanistischen Geister etc. in den kaiserlichen ein- bis fünfsprachigen Wörterspiegeln

---

[301] ZHUANG YAN, S. 264, 271; AKIBA, S. 114.

[302] Z. B. *Suowen lu*, S. 4a; *Qingdai shisan chao*, S. 2490; *Qinggong yiwen*, j. 2, S. 34-39.

[303] *Suowen lu*, S. 3b.

[304] *Qinggong yiwen*, j. 2, S. 29.

[305] *Yangji zhai conglu*, j. 7, S. 65.

Qingwen jian[306] 清文鑑, die seit 1708 erschienen, weitgehend ausgespart sind.[307] Erst in Wörterbüchern privater Initiative der späteren Zeit taucht das Wort *Tangzi* auf, so in *Qingwen zonghui*[308]清文總彙, einer Zusammenfassung zweier Lexika, gedruckt 1897, wo der Tempel als „Ort für den Geisterkult", *sishen chu* 祀神處, erklärt wird. Ein weiteres Negativbeispiel ist die Sammlung der *yuezhang* 樂章, das sind staatliche Texte und Ausführungsbestimmungen zu den rituellen Musikpräsentationen innerhalb der offiziellen Dynastiegeschichte[309], in der der *Tangzi* nicht erscheint. Auch ist dieser Tempel im Kompendium der Ritualgeräte *Huangchao liqi tushi* von 1759 und in anderen einschlägigen, öffentlich zugänglichen Nachschlagewerken der Zeit, wie der Statutensammlung der Acht Banner, *Baqi zeli*[310]八旗則例 von 1739 etc., nicht behandelt. In der wichtigen Lokalmonographie *Shengjing tongzhi* der manjurischen Hauptstadt *Mukden* von 1736 fehlt die Erwähnung des *Tangzi* und wird erst in späteren Ausgaben ergänzt. Das entsprechende neuere Werk, *Fengtian tongzhi* von 1934, übergeht in den zuständigen Kapiteln j. 92 den *Tangzi* ganz. Ebenso verschlossen erweisen sich die naturgemäß an die Gebildeten des Volkes appellierenden kaiserlichen Prosaschriften. Hinzuweisen ist hier insbesondere auf die sehr umfangreichen poetischen Texte Kaiser QIANLONGs, darunter des Kaisers bekanntes Poem auf die Stadt *Mukden*, *Shengjing fu*[311]盛京賦, von 1743, dessen frühe französi-

[306] Siehe bei CORFF.

[307] In Kapitel 13 sind lediglich enthalten: *shangdi* 上帝/ *abkai han; douzhen shen* 痘疹神/ *sure mama; wali mama* 瓦立媽媽/ *wali mama*; CORFF, Bd. 2, S. 569.

[308] j. 7, S. 8a.

[309] *Qingshi gao,* Heft 11, j. 96-100, S. 2803-2984. – Das in genanntem Werk fehlende Kapitel *Daoying yuezhang* 導迎樂章, „[den Kaiser] geleitende Musikstücke", ist indes in dem für den internen Gebrauch bestimmte Musikkompendium *Lülü zhengyi houbian* von 1746 enthalten; Heft 35, j. 57, S. 3672-3673. Neben den Musiktiteln für Feiern im Himmelstempel, für kaiserliche Aktionen, z. B. bei der Verteilung der Jahreskalender, Fertigstellung der *Shilu* etc., enthält es auch 8 Texte der für den *Tangzi* bestimmten Musikstücke, beginnend mit *Yinsi longyong* 禋祀隆永 und endend mit *Zhaode xiang* 昭德響. Näheres dazu bleibt noch zu untersuchen. Dagegen ist in den die Ritualhymnen betreffenden Teilen, j. 45 bis j. 51, jeglicher Hinweis auf den *Tangzi* ausgespart.

[310] Ritenabteilung, j. 7.

[311] J. J. M. AMIOT, *Éloge de la ville de Moukden et de ses environs* […], Paris: Tilliard (1770), S. 52, 53; GIMM (1993), S. 49-51.

sche Übersetzung sogar VOLTAIRE beeindruckte. In diesem Text ist lediglich vom Himmelskult die Rede.

Auch erscheint auffällig, daß offensichtlich keine epigraphischen Denkmäler, Steininschriften etc. zum *Tangzi* existieren.

3.2.4 Fremden gegenüber schien man eine besondere Verschlossenheit zu beachten. So gibt das sonst recht verläßliche japanische Abbildungswerk *Tôdô meishô zue* aus der Zeit um 1800 in seiner Darstellung der damaligen Sehenswürdigkeiten von *Beijing* von dem *Tangzi* ein durchaus verfälschtes Bild[312], das möglicherweise nur auf Hörensagen beruht. Erkennbar sind die an den richtigen Stellen lokalisierten Eingangshallen, die Haupthalle *Jishen dian* und der Rundtempel *Huandian*, da diese vermutlich von außen her sichtbar waren. Letzterer ist jedoch unrichtig mehrstöckig mit Treppenaufgang dargestellt; und an falscher Stelle finden sich die Steinsockel der Schamanenstangen.

Eine frühe Erwähnung des Schamanentempel *Tangzi* findet sich bei ILARION KALINOVIČ ROSSOCHIN (1707- ca. 1770), Übersetzer der russisch-orthodoxen Mission in *Beijing*, in seiner russischen Teilübersetzung von 1784 des Kompendiums *Baqi tongzhi*:

> *„Tan Dzy ili Tanzc, chram prarodišsljam"* [313],
> Tang zi oder Tangzi, Ahnentempel;

an anderer Stelle ergänzt er einige Tatsachen über den im Südosten Pekings gelegenen Tempel mit seinen gelben glasierten Ziegeln und seiner Verwendung bei militärischen Ereignissen.[314]

Als um 1848 der bekannte China-Gelehrte SAMUEL WELLS WILLLIAMS (1812-1884) den *Tangzi* beschrieb, hob er ausschließlich seine Verwendung für den kaiserlichen Ahnenkult hervor.[315]

Der koreanische Gesandte KIM KYŎNGSŎN 金景善 hatte schon 1833 über das Geheimnisvolle, das den Tempel umgibt, geäußert:

> "There are three things one doesn't ask [in Beijing]: one is the Tangzi."[316]

---

[312] Heft 3, S. 20a; s. Abbildung 8 im Anhang.

[313] ROSSOCHIN (1784), Teil 16, Verzeichnis der Fachtermini, S. 302.

[314] ROSSOCHIN, Teil 17, Anhang S. 191-192.

[315] WILLIAMS (1848), hier Ausgabe (1900), Bd. 1, S. 72.

In europäischen Wörterbüchern erscheint der Begriff *Tangzi* erst in der zweiten Hälfte des 19. Jahrhunderts, so 1864 bei HANS CONON v. d. GABELENTZ[317] (1807-1874) und 1875 bei IVAN ZACHAROV[318](1817-1885).

Der Lazaristenpriester ALPHONSE HUBRECHT (1883-1949), der den Tempel vor seiner Zerstörung direkt oder indirekt noch kennengelernt hatte, charakterisierte ihn 1928 als

> «plus étrange, le plus fermé des Temples» und nannte ihn ein «mystérieux sanctuaire, un des plus curieux de Péking»[319];

ähnlich zu dieser Zeit auch ARLINGTON und LEWISOHN im Jahre 1935:

> "These Shaman rites were very secret; they took place in the early morning between 3 and 4 a. m., and none but Manchus were allowed to take part in them."[320]

REGINALD F. JOHNSTON (1874-1938), der Englischlehrer des letzten Kaisers PUYI (1906-1967), hatte 1934 die Situation treffend so zusammengefaßt:

> "Shamanism was a cult with which the Manchus were familiar in the early days of their history before they entered China, and they brought it with them to their new home. But they seem to have done so rather shamefacedly, as if conscious that it would be held in contempt by Confucian orthodoxy, and the witches and mediums who understood and practiced the rites and incantations of Shamanism were always kept in the obscure background of the life of the Manchu court."[321]

Weitere Ausführungen zur Beschäftigung der Europäer mit dem schamanistischen Ritenbuch s. in Teil 3.3.1.

---

[316] NAQUIN, S. 383.

[317] H. C. von der GABELENTZ, *Sse-schu, Schu-king, Schi-king in Mandschuischer Uebersetzung mit einem Mandschu-Deutschen Wörterbuch*, zweites Heft. Wörterbuch (Abhandlungen der Deutschen Morgenländischen Gesellschaft, III. Bd., No. 2), Leipzig: Brockhaus (1864), S. 196: „tangse, eine Art Opfer".

[318] IVAN ZACHAROV, *Polnyj man'čžursko-russkij slovar'*, Sanktpeterburg: Imperatorskij Akad. Nauk (1875), S. 699: „*tanse*, шаманскій храмъ".

[319] HUBRECHT, S. 511.

[320] Arlington-Lewisohn, S. 48.

[321] JOHNSTON, S. 141.

3.2.5 Charakteristisch für das Bestreben der Manjuren, sich in der Frage der Praktizierung des Schamanenkultes bedeckt zu halten, erscheint auch, daß man den *Tangzi* separat von den Palastgebäuden positionierte. Wie bei einigen der früheren Hauptstädte auch errichtete man diesen nicht innerhalb des Palastareals, sondern auf einem externen Gelände in der Nähe, hinter einer Mauer verborgen. Aus bisher nicht dokumentiertem Grund vermied man zudem, die einschlägige schamanistische Tempelverwaltung in die altehrwürdige, für das staatliche Riten- und Opferwesen traditioneller Art zuständige Behörde *Taichang si*[322] 太常寺 / *Wecen-i baita be aliha yamun*, zu integrieren, nämlich in den von der Verwaltung der *Ming*-Dynastie übernommenen Teil der Neun Höfe, *Jiu si* 九寺, dem je ein chinesischer und manjurischer Minister vorstand. Ebensowenig wurde der Schamanenkult dem Ritenministerum, *Libu*[323] 禮部 / *Dorolon-i jurgan*, zugeordnet.

Offenbar wurde dieser hochheilige Staatskult als dynastieerhaltende Verpflichtung besonderer Art empfunden, so daß man eine separate kaiserliche Schamanenverwaltung, ein „Geisterbüro“, *Shenfang*[324] 神房 / *Enduri yamun* (?), einrichtete und dieses dem mächtigen, 1654 neu geordneten Hofverwaltungsamt, *Neiwu fu* 內務府 unterstellte. Näheres siehe in Teil 4.6.1.

3.2.6 In manchen Fällen vermied man es auch, auf die schamanistischen Grundlagen des *Tangzi*-Kultes hinzuweisen. Wenn überhaupt eine Erwähnung für notwendig erachtet wurde, beschränkte man sich, wie schon mehrfach vermerkt, allein auf die Nennung des Himmelskultes, obschon man aus der Titelformulierung des im Folgenden genannten Ritenkompen-

---

[322] BRUNNERT-HAGELSTROM Nr. 933 u.ö.; HUCKER Nr. 6145. – Zur *Tang*- und *Song*-Zeit waren diesem Amt auch die kaiserlichen Divinatoren, *taibu* 太卜, zugeordnet, die sich u.a. auf die Technik des ‚Regenerbittens‘, *qiyu* 祈雨, verstanden; HUCKER, Nr. 6197, 6200.

[323] BRUNNERT- HAGELSTROM Nr. 381; HUCKER, Nr. 3631.

[324] DQHD, j. 89, S. 1b; j. 92, S. 3a u.ö.; BREDON, S. 181-182; BRUNNERT-HAGELSTROM, Nr. 79, 79c (dort fälschlich 79a), Nr. 573 c; HUCKER, Nr. 5151, 132, 4291; JIANG XIANGSHUN und TONG YUE; s. a. ROSSOCHIN, t. 17, S. 191. – Nach Ausweis des *Xiaoting zalu*, j. 9, S. 279, und *Qinggong yiwen*, j. 2, S. 36, war das *Shenfang*, das wohl auch für den Schamanenkult der Fürsten zuständig war, u.a. auch für die sachgemäße Bereitung des aus Klebehirse, *shumi* 黍米, *Panicum miliaceum, var. glutinosa*, und Gärmittel, *zaoqu* 糟麴, hergestellten Opferweines verantwortlich.

diums den Schluß ziehen könnte, daß die Geisterverehrung vor dem Himmelskult vorrangig war.[325]

Kaiser QIANLONG spricht in seinem Edikt von 1747 davon, daß es bei dem *Tangzi*-Kult (nur) um die Himmelsverehrung gehe, *Tangzi zhi ji* [...] *suoji zhi shen ji tianshen ye* 堂子之祭 [...]所祭之神即天神也, obwohl dies nicht ganz der Wirklichkeit entsprach.[326] Fürst YIGENG 奕賡, ein Nachkomme des 16. KANGXI-Sohnes, bezeichnete nach 1750 den *Tangzi* ebenso als den würdigsten Ort für den Himmelskult.[327] Eine solche Haltung schien auch bei manjufreundlichen Literaten vorzuherrschen.[328] Ähnlich wird ein Ereignis unter Kaiser GUANGXU (reg. 1875-1908) beschrieben, wonach beim *Tangzi* nur von den angeblich dort plazierten Ahnentäfelchen die Rede ist.[329]

3.3 Das kaiserliche Ritenkompendium

3.3.1 In der Mitte des 18. Jahrhunderts schien der Kaiserhof unter QIANLONG seine Zurückhaltung in der Schamanismusfrage etwas zu reduzieren. Aus dem erkennbaren Bestreben, einerseits Rückschau auf das Erreichte zu halten, und andererseits, den altüberlieferten Religionsvorstellungen der immer noch als fremd empfundenen Herrscher etwas den mysteriösen Anstrich zu nehmen und ihnen ein höheres Ansehen zu verleihen, entstand vermutlich das um 1747 auf kaiserlichen Befehl erarbeitete Kompendium *Hesei toktobuha Manjusai wecere metere kooli bithe*[330], „Kaiserlich sanktioniertes Regelbuch für

---

[325] *Manjusai wecere metere kooli bithe*, wörtlich: „Regelbuch für den Geisterkult und das Himmelsopfer"– hier werden die Geister vor dem Himmel genannt.

[326] *Qinggong yiwen*, j. 2, S. 34.

[327] *Jiameng xuan congzhu*, S. 82.

[328] So spricht der aus dem mongolischen *Nara*-Stamm herrührende NALAN CHANG'AN 納蘭常安/ NARA CANGGAN (1681-1748) in seinen ‚Pinselnotizen' *Huanyou biji* 宦遊筆記 (Vorwort von 1746), j. 6, S. 1a, zu den manjurischen Opferriten zwar von *tiaoshen* 跳神, vermeidet aber jeglichen Hinweis auf den Schamanenkult. Ebenso ist in *Shengu*, j. 4, S. 1a, aus der Zeit um 1870 nur vom Himmelskult die Rede.

[329] "His Majesty [...] at 4 a. m. he will repair the T'ang-tzu, or the building outside the Imperial city in which the tablets of his ancestors are placed", in: *Translations of the Peking Gazette* von Febr. 7.-14. 1888, S. 21.

[330] *Jiaoang cuolu*, j. 1, S. 1a; AMIOT (1773), S. 112-127; FUCHS (1936), S. 99-100; GIMM (2001); HARLEZ (1887); ISHIBASHI, S. 222-224; LANGLÈS (1804), S. 241-308; MENG SEN (1934), Bd. 3, S. 1272; PANG (2000), (2015), S. 70-78; STARY (1980), S. 10, 11; ZITO (1989); *Zhongguo ge*

den Geisterkult und das Himmelsopfer der Manjuren", und zwar nach dem Modell einer chinesischen Regierungspublikation.

Dieses Werk entstand auch in der Absicht, zur Bewahrung der eigenen Tradition beizutragen; denn unter Kaiser QIANLONG, der sich manchmal als *Cakravartin, Falun wang* 法輪王, als buddhistischer Weltenherrscher[331], zu präsentieren versuchte, und unter dessen Herrschaft dank der Jesuiten-Kontakte der europäische Rokoko-Einfluß einen Höhepunkt erreichte, hatte eine Epoche begonnen, in der auch die hundertjährige Sinisierung der Oberschicht und der hochrangigen Manjuklans Früchte trug, so daß der Kaiser sich in seinen Renaissancebemühungen alter Werte mehrfach zu strengen Ermahnungen veranlaßt sah und auf die Gefahren des Verlustes einheimischer Sitten und Gebräuche hinwies. Insbesondere bekümmerten ihn die im Reich immer mehr schwindenden einheimischen Sprachkenntnisse.[332] Die nachlassenden Fertigkeiten im Manjurischen waren eine Begleiterscheinung einer neuen, kulturell recht disparaten Epoche beginnender Aufklärung, die gleichzeitig die zunehmende Schwäche der Dynastie einläutete. Nach Ablauf des Jahrhunderts, um 1850, fühlten sich die französischen Lazaristenmissionare und Reisenden ÉVARISTE RÉGIS Huc (1813-1860) und JOSEPH GABET (1808-1853) zu dieser Feststellung veranlaßt:

> „Gerade jetzt geht das Mandschuvolk seinem Verfall ungemein schnell entgegen, es wird bald völlig verschwinden."[333]

Es waren Erfahrungen, die in des Kaisers Bemühungen um Abhilfe, hier in seiner Förderung der Herstellung manjurischer und polyglotter Wörter- und Textbücher, ihren Niederschlag fanden. Ein solcher Beweggrund war es

minzu, S. 407 etc. Nähere bibliographische Angaben siehe im Quellen- und Literaturverzeichnis im Anhang.

[331] FARQUHAR (1978), S. 5-34.

[332] Klagen über mangelhafte Manjukenntnisse in dieser Zeit, in die Kaiser QIANLONG ermahnend einzuwirken versuchte, lassen sich mehrfach dokumentieren; s. z.B. QLSL, j. 482, S. 15a-16a, für den 10. II. (22. März) 1755; j. 485, S. 15a-17b, für den 27. III. (7. Mai) 1755; weiterhin 1760, 1762, 1785 etc. Näheres s. CH'EN CHIEH-HSIEN (1976). Bereits Kaiser KANGXI hatte die Beamtenprüfungen in manjurischem Übersetzungswesen seit ca. 1663 zu seiner eigenen Angelegenheit erhoben und führte diese zeitweilig in dem von ihm bevorzugten Gartenpalast *Changchun yuan* 暢春園 durch. Diese wurden unter QIANLONG in etwa dreijährigem Abstand fortgesetzt; GIMM (2015), S. 101.

[333] HUC und GABET (1865), S. 84.

wohl auch, der die Befürchtung überwand, eine Lockerung der sonst so bedacht gehüteten Geheimhaltung des schamanistischen Erbes könne der bisherigen Praxis zuwiderlaufen und damit der Verachtung der Chinesen den Manjuren und ihrer als rückständig angesehenen Kultur gegenüber Vorschub leisten.

Das kaiserliche Ritenkompendium reiht sich ein in die nur selten gedruckten Schamanismus-Aufzeichnungen mächtiger manjurischer Klans[334], hier des Herrschergeschlechtes *Aisin gioro* / *Aixin jueluo* 愛新覺羅, das in diesem Werk nur *Gioro* genannt wird.[335] Im Grunde entstand das Werk aus dem Bestreben, das seit Generationen nur mündlich Überlieferte zu bewahren und vor der Vergessenheit zu retten, wie auch das kaiserliche Vorwort feststellt.[336] Nach WILLHELM RADLOFFs Erfahrungen gehörte es zum Wesen des Schamanismus, die Tradition ausschließlich mündlich weiterzugeben, und normaliter fand sich

> „keine Spur von schriftlichen Dokumenten."[337]
> Die „schriftmanjurischen Quellen [wie das kaiserliche Ritenkompendium] haben daher auch kaum Parallelen bei den [...] Nachbarvölkern".[338]

Alles Rituelle erforderte zu seiner Erhaltung lebendige Förderung und künstliche Unterstützung.[339]

Das zunächst nur auf Manjurisch konzipierte Werk, dem ein kaiserlicher Befehl vom 9. VII. (14. August) 1747 zugrunde lag, ist in mehreren Versionen bekannt.

---

[334] Entsprechende Schriften anderer großer Familien sind bislang nur schwer zugänglich, da sie sich – wenn überhaupt erhalten – meist in Privatbesitz befinden. Auf einige der heute erreichbaren Texte dieser Art ist in Teil 4.5 hingewiesen

[335] MZJS, kaiserliches Geleitwort; in der chinesischen Version, S. 1ab, dagegen wie üblich: *Aixin jueluo*.

[336] Kaiserliches Vorwort, chinesische Ausgabe, S. 2a, Zeile 1.

[337] RADLOFF, S. 2. Nur in seltenen Fällen gelang es Außenstehenden, Aufzeichnungen über Schamanenaktionen zu machen; ders., S. 19-20.

[338] I. R. MEYER (1989), S. 225. Zu den aufgezeichneten Texten und Traktaten s. Teil 4.5.

[339] SHIROKOGOROFF (1935), S. 204; *Siku quanshu zongmu* 四庫全書總目 von 1772; Ed. Peking: Zhonghua shuju (1965, 1981), j. 82, S. 707b.

(**1.**) Der Originaldruck, Satzspiegel: 23,4 x 17,3 cm, von dem offenbar mehrere Holzplattenabzüge mit einigen ergänzten Platten in unterschiedlichen Zeiten angefertigt wurden, ist in mehreren öffentlichen Bibliotheken zugänglich.[340] – In manchen Ausgaben, so in dem in Moskau befindlichen Druck aus der Sammlung von B. I. PANKRATOV (1892-1979), findet sich auch die manjurische Übersetzung der Eingaben der unten erwähnten Mitautoren AGÔI und YU MINZHONG vom 23. VII. 1780 zu der erst später entstandenen chinesischen Version.[341]

(**2.**) Weiterhin existiert ein Sonderabdruck ausschließlich der bebilderten Kapitel des Werkes, betitelt *Manjusai wecere metere kooli bithe-i dorolon tetun-i nirugan*, „Abbildungen der Ritualgeräte...", 1 Heft, von dem sich indes bislang nur in einer Bibliothek in *Beijing* ein Exemplar gefunden hat.

(**3.**) Die in den Bibliotheken erhaltenen Handschriften des Gesamtwerkes, in *Beijing* 2 vollständige, 1 fragmentarische, sind, nach Stichproben zu urteilen, mit der Druckfassung identisch oder enthalten einige wenige Zusatztexte, das sind private Kommentare oder Ergänzungen der Kopisten.

Für die Bedeutung, die man diesem Vorhaben zumaß, spricht die große, 25-köpfige Kommission einschlägiger Fachgelehrter und Mitarbeiter unter Leitung eines kaiserlichen Prinzen, nämlich des mit Literaturprojekten erfahrenen 16. Sohnes des Kaisers KANGXI, YINLU[342] 胤祿 / IN LU (1695-1767), Adelstitel *Tob cinwang*. Obwohl man voraussetzen kann, daß der Text auf einer großen Zahl älterer Vorlagen und mündlicher Überlieferungen basiert, ist nach bisheriger Quellenkenntnis unbekannt, ob ihm ein schriftliches Konzept, das etwa noch *extra muros* entstanden war, zugrunde lag.[343]

---

[340] U.a. in *Tokyo, Beijing* (etwa 10 Exemplare), *St. Petersburg* – dort mit einigen Zusatztexten, darunter Eingaben. Das in der Nationalbibliothek von *Paris* befindliche Exemplar, Sign. *Mandchou* 233, enthält zudem handschriftliche Zusätze nach der chinesischen Version.

[341] Es handelt sich hier um die nachträgliche Anfertigung 15 zusätzlicher Druckplatten, deren Abzüge man offenbar späteren manjurischen Ausgaben zum Zweck der Aktualisierung beifügte. Innerhalb der genannten Drucke sind diese Blätter dem Hauptteil, Heft 4, *duici debtelin*, mit getr. Paginierung, S. 1a-2b und 1a-6a, angefügt. In den meisten chinesischen Ausgaben findet sich der chinesische Text der Eingaben zu Beginn des Werkes, und zwar zwischen dem Kaiserlichen Edikt und der Bearbeiterliste, S. 2a-5b, in anderen Ausgaben dagegen ist sie am Ende des 4. Heftes, Randtitel *bayu* 跋語, „Anhang", eingeordnet.

[342] YINLU stand auch mit christlichen Missionaren in Kontakt; GIMM (2015), S. 117, 120; HUMMEL, S. 925-926.

[343] Eine solche Meinung wird im *Qingshi gao*, j. 82, S. 2484, vertreten.

Diese Kompilation zum Schamanismus entstand bemerkenswerterweise etwa gleichzeitig mit dem ebenfalls vom Kaiser initiierten Handbuch des (chinesischen!) Ritualwesens,
(**1.**) (*Qinding*) *Da Qing tongli* 欽定大清通禮, 50 j., das nach traditioneller Einteilung das chinesische Pendant zu Vorgenanntem, das konfuzianische Ritensystem, zusammenfassend behandelt, nämlich nach seinen fünf Kategorien, positive Riten, Glückwunschriten, Militärriten, Gästeriten, Bestattungsriten; Hauptkompilator LAI BAO 來保 und CHEN SHIGUAN 陳士倌 (1680-1758), ca. 15 Mitarbeiter, kaiserlicher Befehl 1736, vollendet 1756, Palastdruck 1759.

An offiziellen Kompilationen riten- oder religionsbezüglicher Werke chinesischer Tradition in dieser Zeit wären weiterhin zu nennen:
(**2.**) (*Qinding*) *Sanli yishu* 欽定三禮義疏, 178+4 j., Kommentarwerk zu den drei kanonischen Texten *Zhouli* 周禮, *Yili* 儀禮 und *Liji* 禮記; Hauptkompilator ORTAI 鄂爾泰 (1680-1745), 85 Mitarbeiter, kaiserliches Vorwort von 1748, Palastdruck 1754;
(**3.**) *Rijiang Liji jieyi* 日講禮及解義, 64 j., Kommentarwerk zum *Liji*; Hauptkompilator ORTAI (s. o.), Palastdruck 1749;
(**4.**) *Huangchao liqi tushi* 皇朝禮器圖式, 18 + 1 j., illustriertes Werk über Ritualgeräte; Hauptkompilator YUNLU 允祿 (1695-1767), 16. Sohn des Kaisers KANGXI, Vorwort 1759, Palastdruck 1766.

Trotz seiner steten Bemühungen um Förderung und Bewahrung alteingesessener manjurischer Besonderheiten hatte Kaiser QIANLONG, der auch ein umfassender Kenner der klassischen chinesischen Literatur war, aus Gründen der Staatsraison nie die Begünstigung anderer Religionen und Riten des Reiches außer Acht gelassen. Neben aufwendigen Tempelbauten sind hier insbesondere die Monumentalwerke der Übersetzungen religiöser Schriften zu nennen.[344] QIANLONG verfaßte auch selbst religiöse Abhandlungen, so 1792 sein bekanntes Traktat über Lamaismus, *Lama shuo* 喇嘛說. Er ließ sich als *Mañjuśrī*-Inkarnation abbilden und seine Grabkammer mit tibetischen Steininschriften ausstatten.

Waren die kaiserlich inspirierten Handbücher, die auch andere Religionen betrafen, dem amtlichen und meist allgemein zugänglichen Schrifttum

[344] Zu erwähnen sind hier z. B. die Übersetzungen des tibetischen Kommentarwerks zum buddhistischen Kanon, *Tanjur* / *bsTan-'gyur* / *Danzhuer* 丹珠爾, ins Mongolische von 1741-1749, 226 Bände, sowie des buddhistischen Kanons ins Manjurische, *Kanjur* / *Amba ganjur nomun* / *bKa-'gur* / *Ganzhuer* 甘珠爾, von 1773-1790, 108 Bände, und manches andere. Kaiser FULIN war ein Buddha-Anhänger und neigte insbesondere dem Zen-Buddhismus zu.

zuzuordnen, so behielt das Schamanenkompendium *Hesei toktobuha Manjusai wecere metere kooli bithe* trotz anzunehmender ‚guter Absichten' den Charakter des Isolierten, Exklusiven, als es sich hier um eines der wenigen offiziellen Werke handelte, dessen Text nicht wie üblich bilingual, sondern einsprachig, allein auf Manjurisch, verfaßt und gedruckt wurde und sich daher fast nur an die eigenen Stammesangehörigen richten konnte. Wahrscheinlich war es die Wirkung weiter andauernden Geheimhaltungsbestrebens, daß man sich mit einer Übersetzung ins Chinesische über 30 Jahre Zeit ließ und dafür zunächst auch keine Druckfassung plante.

3.3.2 Für das damalige Publikationswesen sehr ungewöhnlich, entstand erst eine Generation später, um 1780, aufgrund eines Befehles von 1777 eine Übersetzung des Werkes ins Chinesische in Handschrift, und zwar in Zusammenhang mit der Einrichtung der nur für den kaiserlichen Privatgebrauch bestimmten „Bibliothek der Vier Speicher", *Siku quanshu*[345]四庫全書. Eine solche kalligraphisch hervorragend ausgestattete Manuskriptbibliothek war 1771 initiiert und unter großem Aufwand in den Jahren 1774 bis 1787 in sieben Ausfertigungen mit je über 36.000 Bänden, ca. 3.500 einzelnen Werken, für die an verschiedenen Orten des Reiches erbauten kaiserlichen Bibliotheken angelegt worden. Da man bei der Zusammenstellung der z. T. sehr umfangreichen Texte für dieses kaiserliche Vorhaben nur etwa ein Dutzend Texte des zeitgenössischen Schrifttums[346] der Aufnahme für würdig befand und darunter auch diesen Text auswählte, kann man auf eine hohe kaiserliche Wertschätzung des Ritenkompendiums schließen.

Übersetzungen vom Manjurischen ins Chinesische kommen außerordentlich selten vor; der umgekehrte Weg ist der übliche. Vermutlich wählte man erst aus geschildertem Anlaß den vorgenannten Titel *(Qinding) Manzhou jishen jitian dianli* 欽定滿洲祭神祭天典禮, nachdem der Text zuvor unter dem allgemeineren Namen *(Qinding) Manzhou jidian*[347] 欽定滿洲祭典 kursierte. Bibliographisch ordnete man das Werk nicht, wie anzunehmen, in

[345] GUY (1987); GIMM (1993), S. 109-111.

[346] Übrigens enthält das *Siku quanshu* – als Textekollektion zentraler Werke der chinesischen Tradition – auch nur vier manjurischsprachige, und zwar manjurisch-chinesische oder -anderssprachige, Werke.

[347] So in *Shengjing tongzhi* (1715). j. 19, S. 8b, 9a u. ö. – Offenbar war das Werk auch unter dem Titel *Manzhou jisi tiaoli* 滿州祭祀條例 bekannt (separater Druck?); so in der *Toyo Bunko* 東洋文庫 Tokyo und in der Stadtbibliothek von *Dairen, Dalian tushu guan* 大連圖書館, Sign.史 81- 補 1.

die Kategorie „Ritenbücher", *lishu* 禮書, ein, sondern in die der „Regierungspublikationen", *zhengshu* 政書, innerhalb der Abteilung „Geschichte".[348]

Für das Übersetzungsprojekt war eine Expertenkommission unter Leitung der bekannten Gelehrten AGUI[349] 阿桂 (1717-1797) und YU MINZHONG[350] 于敏中 (1714-1780) – letzterer war ein Lehrer des Kaisers – zuständig. Dem 1780 vollendeten Werk – Eingaben vom 2. und 23. VII. 1780 – wurde das auf den XI. Monat 1782 datierte kaiserliche Vorwort vorangestellt.

3.3.3 Das Kommissionswerk *Manjusai wecere metere kooli bithe* besteht in seiner manjurischen Originalausgabe aus 6 Heften (*juan*) mit zusammen 413 bedruckten Seiten. In seinem Konzept folgt es dem üblichen Kompilationsverfahren kaiserlicher Ausgaben, das die Materie aufgrund hier nicht genannter Vorlagen in Enzyklopädistenmanier anordnet. Es ist ein materialreiches Werk, für dessen Inhalt man in Zweifelsfällen angeblich auch Einheimische, *turen* 土人, befragte und in das Kaiser QIANLONG gemäß Vorwort vom 9. VII. (14. Aug.) 1747 selbst korrigierend eingriff. Aus oben erwähnten Gründen ist anzunehmen, daß es nach idealisierten Gesichtspunkten konzipiert ist und nur eingeschränkt die reale Situation seiner Entstehungszeit widerspiegelt.

Der in seiner Gliederung etwas unsystematische Hauptteil behandelt im Anschluß an drei Einführungsabschnitte verschiedene Kultereignisse, wie den Neujahrskult, die monatlichen Zeremonien und die Opfer für bestimmte Gottheiten. Kapitel 2 stellt die täglich und jahreszeitlich auszuführenden Kulte wie auch das Ritual des „Buddhabadens"[351] dar. Kapitel 3 widmet sich der Darstellung der großen Zeremonien und Kapitel 4 ergänzt um zusätzliche Kulte und Opferfeiern, wie den Pferdekult etc.

Die Kapitel bestehen aus detaillierten Anwendungsbeschreibungen, *yizhu* 儀注 / *dorolon-i ejehen,* sowie standardisierten Gebets- oder Gelöbnistexten[352], *zhuci* 祝辭 / *forobure gisun.* Unter erster Kategorie hat man die Vorschriften für die rechte Art der Kultausführung bezüglich Opferzeiten, Orten, Personen, Liturgie, benötigte Paraphernalien, Musikinstrumenten etc. zu verstehen und unter letzterer die dazu vorgeschriebenen Texte. Diese

---

[349] HUMMEL, S. 6-8.

[350] HUMMEL, S. 942-944.

[351] Teil 4.3.2 (2.)

[352] I. R. MEYER (1989), S. 228, Anm. 10.

‚Gebete', die meist aus drei Teilen, Beschwörungsformel (Inkantation), Opferdarbietung (Offertorium), Bittgebet (Oration) bestehen, sind in der Praxis streng wörtlich wiederzugeben. Sie sind nach einem festen Formschema angelegt, für das sich in anderen Sammlungen erstaunliche Textparallelen finden, so daß gemeinsame, bisher nicht ermittelte Vorlagetypen zu vermuten sind. Von den *yizhu / dorolon-i ejehen* sind insgesamt 19 Abschnitte verzeichnet, von den *zhuci / forobure gisun* 21. Letztere sind etwa zur Hälfte auf die Kultstätten des höfischen Schamanismus, nämlich *Kunning gong*[353] im Palastinneren und *Tangzi* außerhalb der Palastanlage, bezogen und verschiedenen Anlässen zugeordnet, darunter dem Neujahrsfest, den Himmels-, Ahnen- und Monatsopfern, den jahreszeitlichen Festen, den Feiern zum Bade Buddhas, zur Aufrichtung der Opferstangen, zum Zwecke des Segenerbittens und des Kinderschutzes sowie für den Kult des Pferdegeistes und anderer Geistertiere.

In Heft 5 des Anhangsteils findet sich, in 15 Gruppen angeordnet, eine ausführliche Liste aller zum Kult benötigten Ritualgerätschaften und Gebrauchsutensilien, von der Schöpfkelle bis zum Opferschwein, insgesamt ca. 460 Einträge. Abgerundet wird dieser Teil durch Heft 6, das 122 Holzschnittabbildungen, mit kurzen Beschreibungen und Maßangaben der Kultgeräte, Musikinstrumente usw. enthält und zu Beginn auch Darstellungen der Kultorte und Einrichtungen des *Tangzi*.

3.3.4 Mit der oben skizzierten, an den chinesischen Usus angepaßten Systematik steht auch die durchgreifende Sinisierung der manjutypischen Lebensbereiche sowie die Einbeziehung der chinesischen Art der Ahnenverehrung[354] in Zusammenhang. Wahrscheinlich in dem Bestreben, den spezifischen Geisterkult der Manjuren als etwas dem chinesischen Kultursystem Adäquates zu behandeln, überging man in diesem Werk die Darstellung und Beschreibung der eigentlichen schamanistischen Praxis und deren Methoden fast ganz und beschränkte sich – nach unserem Verständnis – auf das Periphere, nämlich die Anwendungsarten und Texte. Das kaiserliche Ritenbuch erfüllte damit nicht vollends die gestellten Erwartungen, was den Fachkenner S. M. SHIROKOGOFF zu der Äußerung veranlaßte:

[353] Teil 3.4.2.

[354] SIIKALA, S. 248.

> "The well-known Manchu manuals for sacrifice, written in the XVIIIth Century […] deal with clan-ritual and not with shamanism".[355]

Das Werk kann daher im strengen Sinne

> „nicht als beglaubigter Kodex des althergebrachten mandschurischen Glaubens betrachtet werden." [356]

Charakteristisch hierzu ist auch der von den handschriftlichen Volksüberlieferungen abweichend gestaltete Abbildungsteil in Heft 6. Während in den Illustrationen jener Schriften die beteiligten Personen in ihren Handlungen, Haltungen, Tänzen, Opfern, Gebeten usw. detailliert nachgezeichnet werden[357], vermeiden die Abbildungen des kaiserlichen Kompendiums jegliche Darstellung von Personen und deren Kulthandlungen; sie beschränken sich ausschließlich auf die Abbildung von Sachen, wie Bauwerke, Grundrisse, Utensilien und Geräte. Es fehlt die Nachzeichnung der schamanistischen Praxis. Auch verzichtete man in der chinesischen Ausgabe[358] auf das Wort „Schamane", *saman* 薩滿, Schamanismus etc., und ersetzte es durch den Terminus *sizhu* 司祝, etwa „Gebeteverwalter".

3.3.5 In der europäischen Literatur war die Existenz des Schamanismus bei den Bewohnern der ‚Tartarei' durch Reiseberichte seit längerem bekannt.[359] So bemerkt z. B. der Aufklärungstheologe JOHANN SALOMON SEMLER (geb. 1725 in Saalfeld /Thüringen, gest. 1791 in Halle):

> „Sie sind nach ihrem eigenen Geständnisse insgesamt Shammaus [Shamans] oder Teufelsbeschwörer, die den Teufel mit einem fürchterlichen Geschrey anrufen; welches der Abgesandte [gemeint ist

---

[355] *Ethnological Investigations in Siberia, Mongolia and Northern China,* in: The China Journal, I, 5-6, Shanghai (1923), S. 614, Anmerkung.

[356] DIÓSZEGI, S. 89.

[357] Z. B. *Jisi quanshu wuren yongnian quanlu* 祭祀全書巫人詠念全錄, Neuausgabe von POZZI (1992), s. Teil 4.5. (1.).

[358] Siehe z. B. im kaiserlichen Vorwort, S. 1b, Zeile 2; im manjurischen Original, S. 1b, dagegen: *samasa* (Plural von *saman*).

[359] Teil 3.2.4.

> wohl der russische Gesandte YSBRANT IDES (1657- ca. 1712)] alle Nächte hörete.“ [360]

Jedoch erst durch das kaiserliche Ritenbuch wurde bekannt, daß der Schamanismus in ähnlicher Weise auch am Kaiserhof verbreitet war. Schon zwei Jahrzehnte nach dem manjurischen Druck von 1747 hatte ein Exemplar des Ritenkompendiums seinen Weg in die Pariser Nationalbibliothek gefunden. Nach Angabe des königlichen Zollinspektors und Polyhistors CHRISTOPH GOTTLIEB V. MURR[361] (1733-1811), gehörte das Werk zu einer Büchersendung, mit der der gelehrte Jesuitenpater JEAN-JOSEPH MARIE AMIOT (1718-1793) im Jahre 1771 die Nationalbibliothek in Paris bedacht hatte. Auf P. AMIOT geht auch eine der frühesten Erwähnungen des kaiserlichen Ritenbuches in Westeuropa zurück.[362] MURR veröffentlichte i. J. 1777 die Übersetzung des kaiserlichen Vorwortes und eines Inhaltsverzeichnisses ins Deutsche. Er endete mit den Worten:

> „Daß dieses Werk blos von der Religion der Tataren, und nicht der Sineser, handle, das versteht sich.“ [363]

Nach der späteren Veröffentlichung der chinesischen Version im Jahre 1780 scheint das Ritenbuch eine größere Beachtung gefunden zu haben.

Wichtig wurde im folgenden Jahrhundert die erste europäische Teilübersetzung des Haupttextes durch LOUIS-MATHIEU LANGLÈS (1763-1824), damals u.a. Kustos an der Königlichen Bibliothek in Paris, von 1804[364], die sich auf die genannte Arbeit von J. J. M. AMIOT (1773) bezieht und von JULIUS KLAPROTH (1783-1835) mehrfach kritisiert und korrigiert wurde.[365] Aufgrund der damals bekannt gewordenen Tatsachen konnte WILHELM SCHOTT (1802-1889), der erste Vertreter des Faches Sinologie an der Berliner Universität, im Jahre 1842 über den kaiserlichen Schamanismus und den *Tangzi* feststellen:

---

[360] *Uebersetzung der Algemeinen Welthistorie*, Bd. 24 (1762), S. 291.

[361] MURR (1777), S. 249; s. a. in Journal des sçavans, 1773, S. 41; PUYRAIMOND, S. 231-232.

[362] AMIOT (1773).

[363] MURR (1777), S. 261.

[364] T. PANG (2015), S. 32.

[365] KLAPROTH (1815), *Cinquième lettre*, S. 51-63; (1828), *Quatrième lettre*, S. 66-80.

> „Erst durch den russischen Mönch Hyacinth Bitschurinskij[366] erhalten wir ausführliche und befriedigende Kunde darüber, dass dieser Cultus ihrer Vorfahren nicht bloss bei den gemeinen Mandju in Pe-king, sondern am Hofe, in der Familie der Mandju-Kaiser, neben der chinesischen Reichsreligion fortbesteht, und dass man demselben sogar eine Art von Tempeln errichtet hat, in welchen permanente Priester oder vielmehr Priesterinnen nach einer im Jahre 1747 zu Peking gedruckte Agende [gemeint ist das Ritenkompendium] ihre Funktion verrichten. [...] Der tungusische Schamanen-Cultus hat sich [...] am Hofe der Mandju-Kaiser in Peking fortgepflanzt, zwar in civilisirter, veredelter Form, aber doch so dass er zur Bewahrung der Nationalität des herrschenden Volkes nicht unbedeutend mitwirkt. Am merkwürdigsten [...] ist die versuchte Assimilation desselben an die Reichsreligion und besonders an den Buddhismus."[367]

Der belgische Amateur-Orientalist CHARLES-J. de HARLEZ de DEULIN (1832-1899) beschäftigte sich als erster umfassend mit diesem Werk und lieferte unter dem Titel *La religion nationale* eine französische Bearbeitung.[368] Eine mustergültige russische Übersetzung von ALEKSANDR V. GREBENŠČIKOV[369] (1880-1941) aus dem Jahre 1941, sowie eine neue deutsche Übersetzung und Bearbeitung von IBEN RAPHAEL MEYER (1933-2006) sind leider bisher unveröffentlicht.

In der späteren allgemeinen Literatur zu den Religionen Chinas, wie in den Standardwerken von HENRI DORÉ S. J. (1859-1931) und JAN JAKOB MARIA de GROOT (1854-1921), oder auch in neueren Publikationen, wie denen von WERNER EICHHORN (1899-1990), oder in historischen Standardwerken, wie FREDERIC WAKEMAN jun. (1985) oder PETERSON (2002), wird der *Tangzi* und sein schamanistischer Kult nicht erwähnt. Sogar in der einschlägigen chinesischen Literatur; z. B. in dem religionskundlichen Lexikon

---

[366] Gemeint ist der russisch-orthodoxe Priester JAKINF BIČURIN (1777-1853) mit seiner Schrift (1840); später erwähnt er auch den *Tangzi,* (1848), S. 27.

[367] *Hr. Schott las über den Doppelsinn des Wortes Schamane und über das Fortbestehen eines tungusischen Schamanen-Cultus am Hofe der Mandju-Kaiser,* in: Monatsberichte der Königlichen Akademie der Wissenschaften zu Berlin, 1842, S. 314-315.

[368] HARLEZ (1887), S. 61-172, und zusammenfassend in ders., (1893), S. 179-187.

[369] Diese befindet sich heute im Orientalistenarchiv, *Archiv vostokovedov,* von St. Petersburg, Sign. f. 75, op. 1, ed. chr. 72-73 und ed. chr. 9 69-71); siehe PANG (1998), S. 34-37.

Zongjiao cidian 宗教詞典 des Enzyklopädieverlages in Shanghai (1981), fehlen Hinweise hierzu. Es scheint, als wirke das kaiserliche Geheimhaltungsgebot hier bis heute fort.

Letztlich umgab die Institution des Tangzi im Laufe seiner Geschichte stets die Atmosphäre des Geheimen und Geheimnisvollen, wie es einer Einrichtung nächster kaiserlicher Nähe gebührte.[370]

3.4 Institutionalisierung

Die Einrichtung eines palastexternen Schamanentempels namens *Tangzi* ist als Spätform einer Entwicklung anzusehen, bei der man nach dem Vorbild anderer Religionen versuchte, eine feste Institution kleinen und damit leicht zu verbergenden Formats zu begründen. Späterhin fühlte man sich veranlaßt, für die alltäglich inmitten des kaiserlichen Ambientes zu verrichtenden Kulte, wie schon in der Hauptstadt *Mukden* geschehen, eine weitere, interne Gebets- und Opferstätte einzurichten. Hierzu wählte man die Palasthalle *Kunning gong* 坤甯宮 / *Kun ning gung* im inneren Teil, *neiting* 內廷, der ‚Verbotenen Stadt'. Die Umwandlung des *Kunning gong* von einem Wohnpalast für die Kaiserin in eine palastinterne schamanistische Kultstätte war eine der wenigen Gebrauchsänderungen an der von den Manjuren sonst fast unverändert übernommenen Palastanlage. Hinzu kam als dritte schamanistische Kultstätte der Tempel für den Pferdegeist[371], der sich – ein Relikt der Vorläufer, *Khitan, Jürchen,* und *Mongolen* – aus der Natur der Manjuren als militantes Reitervolk und ihrer auf den Fähigkeiten der Pferde basierenden kriegerischen Erfolge herleitete. In dem östlich des *Kunning gong* angelegten separaten Pferdegeisttempel, genannt *Mashen miao* 馬神廟 / *morin-i enduri miyoo* oder *Ji mashen shi* 祭馬神室, fand der Hauptkult zweimal jährlich, im Frühling und Herbst, statt.

Damit verfügte man am Kaiserhof von *Beijing* über drei privilegierte schamanistische Kultstätten.

---

[370] Aus dem Jahre 1813 wurde ein Rechtsfall bekannt, nach dem ein Dieb, der lediglich ein Stück gelben Seidenstoffes aus dem *Tangzi* in *Mukden* gestohlen hatte, mit der zweithöchsten Kapitalstrafe, dem Tod durch sofortige Enthauptung, *zhan lijue* 斬立決, bestraft wurde; DERK BODDE und CL. MORRIS, *Law in Imperial China,* Cambridge, Mass.: Harvard Univ. (1976), S. 291.

[371] Zusätzlich war ein Geisterkult der Pferde in das Zeremoniell des *Tangzi* eingebunden; Teil 4.4.3, *Morin-i enduri.*

(**1.**) Der seit 1644 außerhalb der Palaststadt erbaute *Tangzi* wurde im Unterschied zum *Kunning gong*, dem familienbezogenen Pendant, als Ort für die großen, in festgelegten Zeitintervallen zu bewältigenden schamanistischen Aktionen verwendet, bei denen man zwischen großen Opferfeiern an die Geister, *jishen* 祭神 / *wecen*, solchen an den Himmel, *jitian* 祭天 /*meten*, sowie sonstigen Kulthandlungen unterschied.

(**2.**) Die seit 1653 genutzte palastinterne Kultstätte in der Halle *Kunning gong* 坤甯宮 diente dem täglichen „Familienkult", *jiaji* 家祭, auch *changji* 常祭 genannt.

(**3.**) Der in der Nähe des *Kunning gong* eingerichtete Tempel *Mashen miao* 馬神廟 war der Ort für den Pferdegeistkult, *maji* 馬祭.

Hinzu kamen an anderen Stellen kaiserlicher Umgebung, so an den Mausoleen [372] in Hauptstadtnähe, in ähnlicher Weise eingerichtete kleinere Schamanenstätten.

Zu den beiden an erster Stelle genannten wichtigen Kultstätten hatte bereits WILHELM GRUBE 1842 vermerkt:

> „Nach Pater Hycinth [BIČURIN] hat man dieser Religion in Peking zwei Tempel oder vielmehr götzendienstliche Hallen errichtet, aber ebenfalls in der nördlichen oder sogenannten Tataren-Stadt. In Beiden sieht man keine Art von Zierrathen, und da die Kaiserin selbst dem Ritus öfter beiwohnt, so wird dieser nur von Frauen (Schamaninnen) vollzogen."[373]

3.4.1 *Tangzi*[374]

Von der genannten Tempeltriade der Hauptstadt gewann der außerhalb des Palastes eingerichtete *Tangzi* das Ansehen einer herausgehobenen, jedoch verborgenen Kultinstitution für den Kaiserklan, *zongshi* 宗室 / *uksun*, und die kaiserliche Großfamilie, *huangzu* 皇族 / *han-i uksun*. Es war vermutlich die einzige, bei der sich der Kaiser allein als Hauptzelebrant hervortat. Der *Tangzi* entsprach in seiner Einrichtung, seinem Tempelbetrieb mit eigener Priester- und Verwaltungshierarchie, seinem Ritenkalendarium etc. der chinesischen Ordnungstradition sakraler Verehrungsstätten.

---

[372] Genannt sei hier z. B. das Mausoleum *Xiaoling* 孝陵/ *Hiyoošungga munggan* des Kaisers SHUNZHI innerhalb der Ost-Grabanlagen, *Dongling* 東陵/ *Dergi ergi munggan*, von *Beijing*, wo in der Halle *Long'en dian* 隆恩殿/ *Baili be ujelere deyen* Relikte einer Schamanenküche zu finden sind (s. Abb. 29 im Anhang). S. a. E. FOUSSAGRIVES, *Si-ling, Étude sur les tombeaux de l'ouest de la dynastie des Ts'ing,* in: Annales du Musée Guimet, t. 31,1, Paris (1907), S. 28-32.

[373] GRUBE (1842), S. 466.

[374] Detaillierte Angaben s. in Teil 4.

In seiner Kombination von alten, indigenen Vorstellungen, imperial gehobenem Himmelskult, chinesischen Ausstattungselementen sonstiger Art und dazu wohl auch buddhistischen und lamaistischen Einflüssen unterscheidet sich der kaiserliche Schamanenkult nicht nur äußerlich vom ursprünglichen Volksschamanismus. Dazu scheinen manche der für die nordöstlichen Schamanenaktionen so charakteristischen Eigenarten in dieser Kombination zu fehlen; hierzu gehören die farbige Kostümierung, die die innere Verwandlung des der Menschenwelt enthobenen Schamanenpriesters Ausdruck verleiht, oder die Tätigkeit des Schamanen, übernatürlich erscheinende Krankenheilungen vorzunehmen.

Bislang wurden z. B. nur wenige Dokumente bekannt, die belegen, daß für die medizinische Versorgung des Kaisers und seiner Familie andere Institutionen als das Medizindepartement des Kaiserlichen Haushaltsamtes, *Taiyi yuan*[375]太醫院, mit seinen etwa 30 Ärzten, *yishi* 醫士, zuständig war. EVELYN S. RAWSKI dokumentiert einige Fälle schamanistischer Heilung, so des 6. KANGXI-Sohnes YINZUO 胤祚 / IN ZO (1680-1685), der jedoch nach fünf Tagen schamanistischer Behandlung am 10. Juni 1685 verstarb.[376] Schon bei HONG TAIJI scheint die schamanistische Krankenheilung nicht in sehr hohem Ansehen gestanden zu haben.[377]

3.4.2 *Kunning gong*[378]

Erbaut im Jahre 1420 und im Jahre 1605 nach mehreren Bränden wiedererrichtet, diente dieser hintere Zentralpalast in der *Ming*-Zeit den Kaiserinnen

---

[375] BRUNNERT-HAGELSTROM, Nr. 233, 240; HUCKER, Nr. 6184, 2997.

[376] RAWSKI (1998), S. 233, S. 369, Anm. 15. – Außerdem sind auch Heilungen von kaiserlichen Familienmitgliedern mit westlicher Medizin durch damalige Jesuiten anzumerken, so z. B. des 8. KANGXI-Sohnes YIN SI 胤禩, genannt AKINA (1681-1726), durch Pater GIUSEPPE DA COSTA (1679-1747) seit ca. 1715; DEHERGNE, No. 211.

[377] JIANG XIANGSHUN (1991), S. 72, nach TZSL, j. 14.

[378] *Aixin jueluo jiazu quanshu*, Bd. 5, S. 352-354 u.ö.; DQHD, j. 92, S. 2a-3a, 831; DQHDSL, j. 1183, S. 1-4; GCGS, j. 6, S. 1a-3b; GCGS-*xubian*, j. 26, S. 1a-8a; *Qingbai leichao*, Bd. 2, S. 508-509, Bd. 3, S. 1378; *Qinding baqi tongzhi*, j. 90, S. 1a, 11b, Neudruck S. 6233, 6256 etc.; *Qinggong shuwen*, j. 4, S. 68a-74b, Nachdruck S. 283-293; *Qinggong shuwen chuxu*, S. 656-679 ; *Qingshi gao*, j. 85, S. 2559-2563; *Rixia jiuwen kao*, j. 14, S 3a, Neudruck, S. 191; *Yangji zhai*, j. 7, S. 65-66, nach MZJS2; *Yanjing suotan*, S. 81-83; ELLIOTT, S. 237, 465; INOUE, S. 81-86; ISHIBASHI, S. 21-53, 90-121; JIANG XIANGSHUN (1995), S. 7-13, 48-49, 198-226 u.ö.; MENG SEN (1934), Bd. 3, S. 1272, (1959), S. 313 u.ö.; MO, S. 195-198; MURATA (1935[ii]), S. 27; PANG (1993); PUJIA, S. 121-122; RAWSKI, S. 238-239, 372-373; ZHUANG YAN, S. 261-272; neuere Aufsätze und Abbildungen in Forbidden City, Jahrgang (1970), S. 143-148, (1983), S. 6-7; *Gugong zhoukan*, Nr. 23 (1930), S. 4, Nr. 52 (1930, S. 4; Nr. 274 (1933), S. 4, S. 9. etc.

als Wohnstätte. Von den Manjuren wurde der Palast umgewidmet und 1653, ein Jahrzehnt nach Errichtung des *Tangzi,* nach dem Vorbild der Halle *Qingning gong*[379]清寧宮 / *Genggiyan elhe gung* des Palastes von *Mukden* umgestaltet und danach mehrfach umgebaut und renoviert. In schamanistischem Zusammenhang wird der *Kunning gong*-Palast in einheimischen Quellen mindestens seit dem III. Monat 1655 genannt; Reparaturen sind für die Jahre 1669, 1743, 1897, 1813 belegt.[380] Eine der frühen europäischen Erwähnungen dieser Palasthalle, noch ohne Bezug auf den Familienkult, verdanken wir 1688 dem Jesuitenmissionar GABRIEL DE MAGALHÃES (1609-1677):

> «Seizième Palais ou huitiéme Occidental, appelé Quen nim cum [*Kunning gong*], ou Palais du lieu du repos. Ces Palais servent au Roy quand il veut se retirer en particulier avec la premiere Reyne»[381]

Das Gebäude besteht aus einer Haupthalle mit charakteristischem Doppeldach von 9 *jian*[382]間 Größe sowie zwei im Osten und Westen angebauten „Wärmeräumen“, *nuange*[383]暖閣. Der östliche größere, zweigeteilte Raum diente gemäß *Ming*-Gebrauch als Hochzeitskammer, *dongfang* 洞房, des Kaisers, wovon heute noch das dort aufgebrachte Schriftzeichen *shuangxi* 囍, „Hochzeit“, kündet. Der westliche Raum, *xi nuange* 西暖閣, diente als Depot für sakrale Gegenstände, wie Schreine, Buddhafiguren, Bilder, Musikinstrumente, Kultpuppen etc., von denen man manche, wie unten vermerkt[384], zu festgelegten Zeiten für den *Tangzi*-Kult verwendete und dorthin transportierte. Daher wurde der Raum auch *foting* 佛亭, „Buddhapavillon“, genannt.

> “The larger western part […] was used as a kind of chapel for the Shaman rites of the Manchus; the utensils and the musical instruments used in these rites are still on view here.”[385]

---

[379] Teil 3.5 (7.)

[380] SHAN SHIYUAN (2009), Bd. 1, S. 23-26, 41, 56 125; Bd. 2, S. 584, 616; Bd. 6, S. 2016.

[381] MAGAILLANS (1688), S. 336.

[382] Zu dieser Flächeneinheit s. in Teil 4.2.1 (1.)

[383] GIMM (2015), S. 44, Anm. 108.

[384] Teil 4.3.2. (1.)

[385] ARLINGTON, S 47. Eine detailliertere Beschreibung findet sich im *Xiaoting zalu*, Nachdruck, S. 377; siehe auch SCHANG, S. 67-73.

Der Palast *Kunning gong* diente dem internen schamanistischen Kult des Kaiserklans, dessen Mitglieder sich auf den an der Nord-, Süd- und Westmauer als Sitzgelegenheiten verwendeten Ofenbetten, *kang* 炕, zu den Zeremonien einfanden, und zwar im Norden Kaiser und Kaiserin, im Süden die Prinzen. An der Nordostseite befand sich der Opfertisch, *changzhuo* 長卓 / *amba dere*, der Herd, *zao* 竈 / *jun*, und die Kessel, *juguozi* 鉅鍋子 / *mucen*, für die Zubereitung der Opferspeisen der Geisterküche, *shenchu* 神廚 / *buda-i boo*. An der Wand hing ein Stoffbeutel, den man *mama koudai* 媽媽口袋 oder *zisun dai* 子孫袋 nannte und dessen Inhalt aus gelben, verknoteten Seilen bestand, die nach einheimischer Sitte die verzweigte Nachkommenschaft versinnbildlichte.

Über den dort praktizierten schamanistischen Kult am 3. Tag des I. Mondmonats und dem 1. Tag eines jeden Monats informiert ein von TATJANA PANG[386] übersetzter Abschnitt aus dem kaiserlichen Ritenbuch, der auch einige Gebetstexte enthält. Nach dem Bericht von JIN YI[387] fanden in der Zeit der Kaiserinwitwe CIXI 慈禧 (1835-1908) an den folgenden Tagen die Hauptkulte statt: 1. II.; 5. V.; 15. VII.; 9. IX. und am Tag des Wintersolstitiums; der erstgenannte Termin galt als wichtigster.

Am Ende der Dynastie, um 1915, waren dort noch 4 verheiratete Schamanenfrauen angestellt[388], die man *saman taitai* 薩滿太太 oder *sama* 薩媽 nannte. Sie genossen besondere Vorrechte, da sie, ähnlich wie im *Tangzi*, die halbjährlichen „großen Opfer", *daji* 大祭, wie die „täglichen Opfer", *riji* 日祭, gestalteten. Bei der ersten Art, die im Frühjahr und Herbst bis zu 9 Tage mit entsprechenden Schweineopfern währte, war stets die Kaiserin anwesend, während die Tageskulte, die viermal täglich, 11 und 14 Uhr sowie 23 und 2 Uhr nachts stattfanden, von den Schamaninnen allein geleitet wurden. Zu den großen Opfern im Februar und Oktober, für die man angeblich 13 Schweine, dazu Zerealien, Früchte usw. verbrauchte, waren auch der Kaiser und die Kaiserin anwesend. Nach Auskunft des letztlebenden Palasteunuchen SUN YAOTING 孫耀庭 (1902-1996), den ich im März 1983 befragen konnte, nahmen daran jeweils etwa 30 Personen, darunter etwa 10 dafür abgestellte Eunuchen, *taijian* 太監 / *taigiyan*, teil. Als besonders feierlich galten die nächtlich dort ausgerichteten Festlichkeiten, *xiji* 夕祭 oder

[386] PANG (1993), S. 58-65, nach MZJS, j. 2

[387] JIN YI, *Mémoires*, S. 105.

[388] SCHANG, S. 68-72.

beideng[389] *ji* 背燈祭, mit ihren komplexen schamanistischen Kulten. Daneben kannte man das zu Monatsbeginn vollzogene Monatszeremoniell, *yueji* 月祭, den jahreszeitlichen Kult, *siji ji* 四季祭, im I., IV., VII. und X. Mondmonat, und das Glücksgebetsopfer, *qiufu yi* 求福儀.

Die zum *Kunning*-Palast gehörende Schamanenopferstange[390], *shen'gan* 神杆 / *somo,* die aus kostbarem *Nanmu*-Holz 楠木 (*Machilus nanmu*) gefertigt und ca. 4,20 m hoch war, befand sich südöstlich davon, an dem in der Nähe gelegenen *Jiaotai*-Palast 交泰殿 / *Giyoo tai diyan.*

> "On the terrace outside is a curious wooden pole, a Sacred Post (Shen Chu 神柱), on which were hung up bones and strips of meat from the sacrifices and around which the worshippers used to dance".[391]

Angeblich verwendete man zeitweilig die in den Jahren 1688/9 erbaute Palasthalle *Ningshou gong* 寧壽宮 / *Nikton* (oder *Elhe*) *jalafungga gurung* nahe dem *Baotai*-Tor 保泰門 für ähnliche Aufgaben, als schamanistische Kultstätte speziell für die Kaiserin.[392]

Die Halle *Kunning gong* diente den kaiserlichen Prinzen unterschiedlichen Ranges in ihren Adelspalästen als Vorbild für die Einrichtung eigener schamanistischer Kultorte. Unter den zahlreichen Prinzenpalästen wurde insbesondere das im Jahre 1777 erbaute, heute als Museum zugängliche Anwesen des Prinzen GONG, *Gong qinwang fu*[393] 恭親王府, in *Beijing* bekannt. Das hinter der Haupthalle errichtete Gebäude, genannt *Jiale tang* 嘉樂堂, war nach diesem Vorbild gestaltet worden und diente ebenfalls zeitweilig als Hochzeitspalast und unterlag ebenso strengen Gebrauchsregeln. Die dazugehörende Schamanenstange war nach üblichem Gebrauch auch hier nach Südosten[394] zu orientiert.

3.4.3 Pferdegeist-Tempel

> "As the conquests of the Manchus were chiefly due to their cavalry, an image of the God of Horses (*Ma Shen*) was given a special place in

[389] Näheres s. Teil 4.3.5 (7.).

[390] Hierzu s. Teil 4.2.1. (6.).

[391] ARLINGTON, S 47.

[392] ISHIBASHI, S. 121-124.

[393] Näheres siehe CHEN und KATES (1940), S. 29-30; ISHIBASHI, S. 130-131.

[394] Teil 1.3.2.

the Hall, and sacrifices were offered up to him, whenever a campaign was about to start and the horses required special care."[395]

Der kleine, heute nicht mehr existierende Tempel, in dem man dem Pferdegeist Opfer darbrachte, *ji mashen*[396] 祭馬神 / *morin-i jalin wecembi*, lag im Nordostteil der ‚Verbotenen Stadt' in einem Gartengelände hinter dem vorgenannten Palast *Ningshou gong* 寧壽宮 / *Nikton* (oder *Elhe*) *jalafungga gurung*. Der Tempel bestand aus zwei Gebäuden. In dem nach Osten ausgerichteten Eingangsbereich befand sich die Opferküche. An der Westwand waren Statuen errichtet, daneben stand ein Pavillon für die Buddhaverehrung mit einem rot-gelben Geistervorhang.[397]

Über eine solche, jedoch im Südwesten der ‚Verbotenen Stadt' gelegenen Kultstätte verfügten bereits die *Ming*-Kaiser.[398] In der *Qing*-Dynastie befand sich ein weiterer Pferdegeisttempel im Westen der ‚Tatarenstadt'.[399] Über den Pferdekult der Manjuren, der schon in den frühen Hauptstädten der Manjurei üblich war, ist bislang wenig bekannt geworden.

3.5 Die Tangzi-Kultstätten vor der Eroberung des chinesischen Kernlandes

Die verschiedenen Stadien wachsender Machtentfaltung unter der Herrschaft des Khans NURHACI im Nordosten des *Ming*-Reiches spiegeln die unterschiedlichen, den jeweiligen Bedürfnissen angepaßten Stammes- und Militärzentren mit ihren Hauptstädten wider. Es ist zu vermuten, daß bei den Manjuren als kriegserfahrenes Reiter- und Hirtenvolk bei der Standortwahl zudem ihre nomadischen Naturanlagen, *youmu* 遊牧 / *nuktembi*, ihr

---

[395] ARLINGTON, S. 118.

[396] CORFF, Nr. 0641,2.

[397] DQHDSL, j. 893, nach MZJS2, S. 28b; *Beijing lishi dituji*, S, 45; *Chenyuan shilue*, j. 2, S. 39, j. 3, S. 49, j. 4, S. 76, j. 10, S. 184; *Qinggong shuwen*, j. 6, S. 36a-b; *Qinggong shuwen, chuxu*, S. 943-944; *Tingyu congtan*, j. 11, S. 220; BIČURIN (1848), H. 4, S. 32; DEIWIKS, S. 289-290; ELLIOTT, S. 465; INOUE, S. 85; ISHIBASHI, S. 124-129; JIANG XIANGSHUN (1995), S. 15-17, 227-232; UENO, S. 336.

[398] *Beijing lishi dituji*, S. 36, E 5.

[399] *Beijing lishi dituji*, S. 44, D 2.

Widerspiel fanden. Man war gewohnt, sich mit wenig Ballast rasch fortzubewegen und wechselte den Wohnort den ‚politischen' Ereignissen entsprechend. Manche der im Zentrum der Gemeinschaft angelegten, leicht abbaubaren ‚Hauptstädte' wird man sich als nur für kalkulierbare Zeitspannen eingerichtete Provisorien vorzustellen haben, in denen man sich bemühte, zunächst eher nach mongolischem, später nach chinesischem Vorbild ein zentralistisches, mit Palisaden, *faisha* / *muzha* 木柵, umgebenes Staatsgebilde mit Militär- und Versorgungsanlagen, Verwaltungsgebäuden, Palästen, Tempeln, Speichern, Gedenkstätten usw. aufzubauen.

Im Unterschied zu den niederen Volksschichten stand der manjurischen Aristokratie schon vor der Einnahme *Beijings* nach alten Vorbildern für religiöse Zwecke ein universell genutzter Haupttempel, *miao* 廟 / *miyoo, juktehen*, innerhalb des Herrschaftsgeländes zur Verfügung.[400] Dieser ist vermutlich als Vorläufer und Vorbild des *Tangzi* anzusehen, in dem der spätere Kaiserklan das überlieferte manjurisch-schamanistische Erbe Jahrhunderte hindurch weiterpflegte.

> "[It] shows how deep a reverence for their past must have inspired the first Manchu rulers when they built a temple to the religion of their forefathers."[401]

In vielen Fällen diente der Stammes- oder Staatstempel der Obrigkeit auch als Beratungs- und Versammlungsstätte. Vermutlich seit der KANGXI-Zeit wurde in nachmaligen Wiedergaben früherer Texte die Allgemeinbezeichnung für einen Tempel, *miao* 廟, öfter durch den Terminus *Tangzi* ersetzt.[402]

Der Schamanenkult mit seiner Verehrung der Vorfahren, des Himmels und der Naturgeister wurde zu einem Symbol manjurischer Einheit und zu einem auch später niemals vernachlässigten Komplement zu der allmählich übernommenen und damit neu zu revidierenden ‚großen Tradition' staatlicher Religionspraxis imperialer Prägung.

Analog zum Herrscher von China hatte meist nur der gewählte Khan das Recht und die Pflicht, den Himmel zu verehren, wichtige Staatsereignisse zu melden, himmlischen Beistand zu erflehen oder feierliche Gelöbnisse abzuleisten, *duishen lishi* 對神立誓 / *gashômbi*.[403] Als Beispiel für die frühe

---

400 FUCHS (1934); MURATA (1944), S. 121.

401 BREDON, S. 182.

402 IMANISHI (1935), S. 489 (139).

403 MSL, j. 1, S. 29-30, 37.

Verwendung des *Tangzi* genannten Staatsheiligtums sei das im IX. Monat 1593 von NURHACI vor einer Militäraktion angeleitete Zeremoniell an den Himmel und die Naturgeister, *yi miao zai bai* 謁廟再拜 / *Tangse de hengkilere,* erwähnt, an dem auch die Prinzen und Würdenträger teilnahmen.[404] Hier erscheint das Wort *Tangse* nur im Manjutext, an paralleler Stelle des chinesischen *Manzhou shilu* dagegen *miao* 廟.

Nur in Sonderfällen, z. B. bei großen Militärerfolgen, fand die Himmelsverehrung auch auf freiem Felde statt. So geschah es, daß NURHACI, als er am 1. X. (24. Okt.) 1612 im Kampf gegen BUJANTAI / BUZHANTAI 布占泰 (gest. ca. 1620) die Stadt *Jinzhou* 金洲 in *Ula* eingenommen hatte,

> „das Militärlager verließ, um [auf freiem Feld] ein Rinderopfer darzubringen und dem Himmel Bericht zu erstatten."[405]

Ähnliches fand auch in späteren Zeiten statt. So ließ Kaiser KANGXI im Jahre 1696 nach seinen militärischen Erfolgen außerhalb des Südtores einen Weihrauchstand errichten, um an der Spitze der Prinzen dem Himmel zu danken.[406]

Zu den frühen Machtzentren der Manjuren und den dort eingerichteten *Tangzi*–Tempeln seien im Folgenden einige Daten zusammengestellt.

(**1.**) ***Fe ala***[407] – um 1550-1603

Ort: Ostteil der Provinz *Liaoning* 遼寧, autonomer manjurischer Kreis *Xinbin* 新宾满族自治县, auf dem Hügel *Šoli ala / Shuli gang* 碩里崗, am Fluß *Suzi he* 蘇子河 / *Suksuhu,* „Fischadler", an der Mündung des *Jiahe*-Flusses 夾哈河 gelegen; südlich des Ortes *Erdao hecun* 二道河村, etwa 8 Meilen südwestlich von *Hetu ala*, 20 Meilen westlich der heutigen Kreisstadt *Xinbin* 新賓, 150 km südöstlich von *Mukden.* – In der Nähe befinden sich die bekannten frühen Mausoleen *Yongling* 永陵.

Name: *Fe ala / Fo ala* 佛阿拉, *Fei ala* 費阿拉, „Alter Höhenzug"; auch *Jiu laocheng* 舊老城 oder *Gucheng* 古城 genannt, spätere Bezeichnung der Siedlung, da am Berg *Hôlan hada / Yantong shan* 煙筒山, „Rauchfang-Felsen", gelegen: *Hôlan hada / Hulan hada* 虎攔哈達.

---

404 MSL, j. 2, S. 90; siehe auch *Manzhou yuanliu kao,* j. 18, S. 2a-4b; MO, S. 190.

405 MSL, S. 147b.

406 DQHDSL, j. 411, S. 4a-b; HUMMEL, S. 17-18.

407 TSL, j. 2, S. 6a u.ö.; *Huang Qing Kaiguo fanglüe,* HAUER (1926), S. 20; *Xingjing xianzhi,* j. 11, S. 55a; FUCHS (1934), S. 101, Anm.; STARY (1981); zu diesem Ort und den folgenden Hauptstädten s. YAN CHONGNIAN (1989).

In dem seit dem 1. Drittel des 16. Jahrhunderts nachweisbaren Ort richtete um 1550 /60 der Khan NURHACI der damals noch *Hou Jin* 後金 /*Amaga aisin* genannten Dynastie seine Hauptstadt ein. Er ließ zu Beginn des Jahres 1587 Bauarbeiten durchführen und hielt sich dort bis 1603 auf. Der befestigte Ort mit einem Umfang von 11 manjurischen Meilen (ca. 6,5 km) bestand aus drei Teilen, einem Palisadenareal des Herrschers, einer inneren und einer äußeren Stadt. Dem koreanischen Gesandten und Archivar SIN CH'UNGIL 申忠一 (1554-1622) verdanken wir eine Beschreibung des Ortes. Sein in den Jahren 1595-1596 entstandener Bericht *Kŏnchu kichŏng toki* 建洲紀程圖記 enthält auch einen schematischen Übersichtsplan der Residenz.[408]

Tangzi: Nach LI GUOJUN[409] wurde der Vorläufertempel, den man damals noch nicht *Tangzi* nannte, schon um 1535 angelegt. Wie auch später üblich befand er sich im Südosten des Zentrums, ca. 2 Meilen außerhalb des östlichen Stadttores der Innenstadt. Nach dem Bericht des genannten koreanischen Gesandte SIN hatte er 5 Säulen und ein Rieddach. Eine der frühen Erwähnungen des Tempels steht in Zusammenhang mit den von NURHAČI am 21. II. (14. März) 1583 in Gegenwart der Prinzen geleisteten himmlischen Schwüren, *shi* 誓 / *gashôn, fafushôn*, für den Kampf gegen den Rebellen NIKAN WAILAN[410]尼堪外蘭 (gest. 1586). Weitere Erwähnungen des Tempels anläßlich anderer wichtiger Ereignisse folgten am 1. VI. (19. Juli) des gleichen Jahres und am 1. IX. (25. September) 1593.[411] Das älteste erhaltene manjurische Gebet um himmlischen Beistand stammt aus diesem Jahr.[412]

(2.) *Hetu ala*[413] – 1603-1619

Ort: Provinz *Liaoning*, autonomer manjurischer Kreis *Xinbin* 新宾满族自治县, etwa 10 km östlich von *Fe ala*, siehe (1.).

---

[408] STARY (1981), S. 106, (1996) mit den dortigen Literaturangaben.

[409] LI GUOJUN, S. 60; CORRADINI (2005), S. 382; über den *Tangzi*-Kult in den frühen Hauptstädten s. a. ZHENG TIANTING (1999) S. 37-41.

[410] TSL, j. 1, S. 11b, 13b; *Huang Qing Kaiguo fanglüe*, HAUER (1926), S. 5; CORRADINI (2005), S. 382; G. A. KENNEDY, in HUMMEL, S. 591-592.

[411] TSL, j. 1, S. 12b, j. 2, S. 13b; CORRADINI (2003/4), S. 20, (2005), S. 382.

[412] Ausführlich bei STARY (2000), S. 401-407; (2009), S. 178.

[413] *Xingjing xianzhi*, j. 11, S. 55a; FUCHS (1934), S. 100, Anm. 2, S. 120; SHIRATORI (1912), S. 478-481.

Name: *Hetu ala* / *Hetu ala* 河(赫)圖阿拉, „waagerechter Höhenzug"; nach der Übersiedlung nach Mukden im IV. Monat 1634 in *Xingjing* 興京 / *Yenden*, „Aufstieg", 1877 in *Xinbin(bao)*新賓堡 umbenannt; heute: *Xingjing laocheng* 興京老城 oder *Laocheng* 老城.

Nachdem *Hetu ala* im Frühjahr 1603 zur neuen Hauptstadt erwählt worden war[414], wuchs der damals auch *Hucheng* 虎城, „Tigerstadt", genannte Ort, der nach neueren Ausgrabungen aus einem bewohnten Zentralareal der Größe von ca. 16 x 23 m bestand, zur Stätte der Machtkonsolidierung heran und erhielt den Ruf, die wichtigste frühe Hauptstadt der Manjuren zu sein.[415] Am 1. Tag des I. Monats (17. Febr.) 1616 verkündete dort der Khan NURHACI die Einführung der Regierungsdevise, *Tianming* 天命 / *Abkai fulingga*, „Vom Himmel begünstigt", der damals noch *Dai Jin* 大金 / *Daijin, Aisin gurun* genannten Dynastie.[416]

Tangzi: Die Stadt, die aus einem inneren und äußeren Teil bestand, verfügte über 7 Tempel[417], von denen der bedeutendste auf dem Herrschaftsgelände unter der chinesischen Namensform *Yuhuang miao* 玉皇廟 oder *Yudi miao* 玉帝廟 / *Ioi hôwang-ni miyoo*, „Tempel des Jadekaisers", bekannt war.[418] Der Name *Yuhuang* oder *Yudi* wird sowohl in taoistischem wie auch schamanistischem (so auch in Korea) Zusammenhang gebraucht.[419] Dieser Tempel ist hier möglicherweise mit der sonst *Chenghuang miao*[420]城隍廟 / *gemun hoton-i enduri muktehun*, „Tempel des Ortsgeistes", genannten Kultstätte für die lokale Schutzgottheit gleichzusetzen. Noch unveröffentlichte

---

[414] TSL, j. 3, S. 7a.

[415] *Shengjing tongzhi* (1736), j. 15, S. 1b; FUCHS (1934), S. 100-101, Anm. 2 mit weiteren Belegen; UENO, S. 320; STARY (2009), S. 177.

[416] TSL, j. 5, S. 1b-2a; CHAN HOK-LAM (1991).

[417] TIE, S. 649.

[418] MWLD, I, S, 43, unter dem Datum IV. Monat 1615: *abkai ioi hôwang miyoo* [*Yuhuang miao* 玉皇廟], „Tempel des himmlischen Jadekaisers"; MSL, j. 4, S. 199b: *Yudi miao* 玉帝廟.

[419] DORÉ, T. 9, S. 9-16; FEUCHTWANG, S. 105-108; WERNER, S. 48-50, 598-601, 603-604.

[420] Der genannte Tempel war dem *Chenghuang shen* 城隍神 genannten Geist der Stadtmauern und Gräben geweiht, der, nach einem seit der *Ming*-Zeit populären Kult, für das Wohlergehen der befestigten Städte zuständig war; DORÉ, Bd. 6, S. 71-88; SEIWERT, S. 29, 56 u.ö. S.a. Teil 4.4.3, *Guan mafa.*

Texte manjurischer Hymnen des Stadttempels aus späterer Zeit haben sich in Handschrift erhalten. In späteren Wiedergaben dieser und ähnlicher Stellen wird seit ca. 1640 dieser Name durch die neugeprägte Bezeichnung *Tangzi* ersetzt.[421]

Möglicherweise laufen hier mehrere Entwicklungslinien zusammen. Nach dem *Manzhou shilu*[422] war dieser Tempel im IV. Monat (April-Mai) 1615, nach anderen schon 1603[423], innerhalb von 3 Jahren zusammen mit buddhistischen Heiligtümern und einer Kultstätte für den Höllenfürsten, vermutlich auf Fundamenten älterer Anlagen[424], auf einem Hügel im Osten der Stadt fertiggestellt worden. Der Tempel *Yudi miao,* später *Tangzi,* der wohl gleichzeitig die Funktion eines Ahnentempels hatte, fungierte dort als Haupttempel für den staatlichen Himmelskult; denn man verfügte vor der Einrichtung der neuen Hauptstadt *Mukden* um 1635 wohl noch nicht über einen separaten Ahnentempel, *Taimiao* 太廟.

Der *Yudi miao* war der Ort, in dem NURHACI am 12. II. (8. März) 1618 unter Anwesenheit der Prinzen und Generäle seine bekannten „Sieben Kümmernisse"[425], *qi hen* 七恨 / *nadan amba koro,* gegen die *Ming*-Herrschaft, begleitet von Militärmusik, an den Himmel richtete, bevor er mit 20.000 Mann gegen das *Ming*-Reich zu Felde zog. Der erste der sieben Anklagepunkte handelt von der Ermordung von NURHACIs Vater und Großvater durch chinesische Soldaten i. J. 1583. Es war eine Aktion, an deren Erfolgen er später den Willlen des Himmels zu erkennen glaubte, ihn zum neuen Herrscher zu erheben.[426] Möglicherweise wurde daselbst im Jahre 1619 auch der koreanische Gesandte YI MINHWAN 李民寏 (1573-1649) empfangen, der

---

[421] IMANISHI (1935), S. 789-790.

[422] MSL, j. 4, S. 170a,

[423] BAI, S. 79; CORRADINI (2005), S. 382.

[424] LI GUOJUN, S. 60.

[425] Der Text ist in JMZD, Bd. 1, S. 181-189, unter dem Datum 13. IV. (7. Mai) 1618 aufgezeichnet; MWLD, I, S. 89; CORRADINI (2003/4), S. 21; CROSSLEY, *Manzhou yuanliu kao and the Formalization of the Manchu Heritage,* in: Journal of Asian Studies, 46, 4 (1987), S. 771; HUMMEL, S. 597; IMANISHI (1936); STARY, *La politica mancese delle 'sette accuse',* in: G. Bellingeri, G. Vercellin (Hg.), Studi eurasiatici in onore di Mario Grignaschi (Eurasiatica, 5), Venedig: Libreria Univ. (1988), S. 43-55 etc.

[426] ISHIBASHI, S. 81-84; MURATA (1935), S. 96-98; RAWSKI, S. 235; UENO, S. 337-338.

den Ort *Nuqiu cheng* 奴酋城, „Stadt des Sklavenhäuptlings [NURHACI]" nannte und den Tempel als mit festen Mauern erbaut charakterisiert.[427]

Der Himmelskult im Tempel *Yüdi miao* von *Hetu ala* bedeutete wahrscheinlich den Beginn der dreihundertjährigen Tradition stammesbezogener Himmelsverehrung in der seitdem *Tangzi* genannten Sakralinstitution, die als Privileg dem jeweiligen Herrscher vorbehalten war.[428]

(**3.**) ***Jaifan***[429] – 1619

Ort: Provinz *Liaoning,* etwa 50 km Luftlinie nordwestlich von *Hetu ala,* am Zusammenfluß der Flüsse *Suksuhu* (s.o.) und *Hunhe* 渾河 / *Hunehe,* östlich von *Mukden.*
Name: *Jaifiyan* / *Jiefan* 界凡(藩), später auch *Tiebei shan* 鐵背山.

Der seit 1585 erwähnte, im II. Monat 1618 als Grenzfestung gegen die *Ming* ausgebaute kleine Ort mit einem Tor nach Osten hin, der in den Quellen oft nur als „Reisepalast"[430], *xinggong* 行宮 / *tatara gurung,* erscheint, wurde seit dem VI. Monat 1619 vorübergehende Hauptstadt.[431]
Tangzi: Näheres bisher nicht bekannt.

(**4.**) ***Sarhô***[432] – 1620-1621

Ort: Provinz *Liaoning,* Kreis *Fushun* 撫順, etwa 10 km westlich von *Jaifan* am Südufer des *Hunhe,* nahe der heutigen Kommune *Lijia gongshe* 李家公社.
Name: *Sarhô* / *Saerhu* 薩爾滸 oder 撒兒胡, „Schüsselgestell".

---

[427] CORRADINI (2003/4), S. 21; v. MENDE (1996), S. 111-155.

[428] RAWSKI, S. 236.

[429] *Huang Qing Kaiguo fanglüe,* HAUER (1926), S. 20; *Shengjing tongzhi* (1736), j. 15; FUCHS (1934), S. 120-121; SHIRATORI (1912), Bd. 2, S. 485; UENO, S. 321.

[430] Die in späteren Jahren insgesamt etwa 60 in Intervallen von Tagereisen (von ca. 15 Meilen), meist in pittoresker Umgebung angelegten Reisepaläste dienten den Kaisern mit ihrem zahlreichen Gefolge zu sicherem Übernachten und Rasten bei ihren sog. südlichen, östlichen oder nördlichen Inspektionen *xunxing* 巡幸/ *baicame tucimbi, nanxun* 南巡, *dongxun* 東巡, *beixun* 北巡; das sind oft mehrere Monate währende Reisen zu den südlich gelegenen Kultur- und Kanalbauregionen, zu den östlichen Buddhakultstätten oder zu den nördlichen Ahnengräbern und Jagdgebieten des Reiches.

[431] FUCHS (1934), S. 120-121; YAN CHONGNIAN, S. 150.

[432] *Huang Qing Kaiguo fanglüe,* HAUER (1926), S. 103; *Shengjing tongzhi* (1736), j. 113, S. 2a; FUCHS (1934), S. 120-122; YAN CHONGNIAN, S. 152-153.

Nach einem im X. Monat 1620 begonnenen und am 11. II. 1621 abgeschlossenen Ausbau des Ortes wählten die frühen Manjuren bis zum III. Monat 1621 aus taktischen Gründen *Sarhô* kurzzeitig zu ihrer Hauptstadt. Der Ort, im ehemaligen Kulturgebiet des koreanischen *Koguryŏ-* 高句麗 Reiches gelegen, war 1583 gegründet worden. Er bestand aus einem inneren, *neicheng* 内城, und äußeren Bereich, *waicheng* 外城, mit 3 bzw. 7 Meilen Umfang und je 4 Stadttoren.
Tangzi: östlich der Stadt gelegen[433]; Näheres bisher nicht bekannt.

(5.) ***Liaoyang*** – 1621-1624

Ort: Provinz *Liaoning,* alte Stadt mit einer langen Geschichte, am linken Ufer des Flusses *Taizi he* 太子河, etwa 80 km südlich von *Mukden.*
Name: *Liaoyang* 遼陽 / *Liyooyang.*

Seit dem 21. Tag des III. Monats (12. Mai), nach anderen Quellen 5. IV. (25. Mai) 1621 war *Liaoyang* für drei Jahre zeitweilige Hauptstadt.[434] In diesem Ort befinden sich bis heute Grabanlagen, *Dongjing ling* 東京陵 / *Dergi hecen munggan,* bedeutender manjurischer Prinzen, nämlich von NURHACIs Brüdern ŠURHACI / SHUERHAQI 舒爾哈齊 (1564-1611) und MURHACI / MUERHAQI 穆爾哈齊(1561-1620), von NURHACIs ältestem Sohn CUYENG / CHUYING 褚英 (1580-1615) und von MURHACIs Sohn DARCA / DAERCHA 達爾察 (gest. 1635).[435]

Tangzi: Ein solcher Tempel wird beim Neujahrszeremoniell des Khans am 1. Tag des I. Monats (10. Febr.) 1622 erwähnt.[436] Dort brachte NURHACI am Morgen von 5 bis 7 Uhr seine Opfer dar, um danach im Palast die Ahnengeister zu verehren. Der *Tangzi* ist vermutlich mit dem – wie im Fall von *Hetu ala* – *Yuhuang miao*[437] 玉皇廟 genannten, außerhalb des Südtores, oder – weniger wahrscheinlich – mit dem sonst als *Chenghuang miao* 城隍廟 bezeichneten Tempel identisch, der am Nordwest-Ende der Stadt lag und im

---

433 UENO, S. 321.

434 *Liaoyang xianzhi,* Beginn, S. 18a, j. 5, S. 19a-21b; FUCHS (1934), S. 95, Kartenskizze; S. 104.

435 *Liaoyang xianzhi,* j. 6, S. 16a-b; G. STARY, *Die mandschurischen Prinzengräber in Liaoyang* 1988, in: Central Asiatic Journal, 33 (1989), S. 108-117.

436 JMZD, Bd. 5, S. 2167; MWLD, II, S. 465.

437 *Liaoyang xianzhi,* j. 5, Nachdruck Bd. 1, S. 251.

Jahre 1657 renoviert wurde.[438] Dort ist auch von einem achteckigen Bauwerk, *Jakôn hošonggo ordo* – dem sog. Rundtempel – des *Tangzi*, die Rede.[439] Am 1. I. (19. Febr.) 1624 vollzog der Khan in Gegenwart der Würdenträger dort ebenfalls den Neujahrskult.[440]

(6.) *Dergi hecen* – 1624

Ort: Provinz *Liaoning*, 8 Meilen östlich von *Liaoyang*, am Fluß *Taizi he* (s. o.).
Name: *Dongjing* 東京 / *Dergi hecen*, „Östliche Stadt", auch *Liaoyang xincheng* 遼陽新城 oder *Xincheng*, „Neue Stadt".

Die in nächster Nähe von *Liaoyang* gelegene, seit dem 1. IV. (17. Mai) 1624 bezogene Hauptstadt wurde 1622 erbaut und danach befestigt. Der Ort hatte einen Umfang von mehr als 6 Meilen (ca. 3,5 km); seine Mauern hatten 8 Tore, je 2 auf jeder Seite.[441] Die Maße der Stadtmauer betrugen in OW-Richtung 280 Ruten (*zhang* 丈), ca. 930 m, in NS-Richtung 262,5 Ruten, ca. 870 m.[442]
Tangzi: östlich der Stadt gelegen[443]; Näheres bislang nicht bekannt.

(7.) *Mukden*[444] – 1625-1644

Ort: Provinz *Liaoning*, große Stadt am rechten Ufer des Flusses *Hunhe* 渾河.
Name: Während der *Ming*-Dynastie und in der heutigen Zeit: *Shenyang* 瀋陽 / *Simiyan*; am 6. IV. (2. Mai) 1634 in *Shengjing*[445] 盛京 / *Mukden*, *Moukedun* 謀克敦, „Erfolg, Gedeihen", umbenannt; um 1930 /40 auch *Fengtian* 奉天 / *Abkai imiyangga*, „Himmelssammlung".

---

[438] MWLD, II, S. 881; *Shengjing tongzhi* (1736), j. 6, S. 4a; *Liaoyang xianzhi*, j. 5, S. 20b-21b, Nachdruck Bd. 1, S. 249-250.

[439] Hierzu Teil 4.2.1. (2.).

[440] MWLD, II, S. 881.

[441] FUCHS (1934), S. 95-96, mit detaillierten Quellengaben.

[442] FUCHS (1934), S. 96, 120; UENO, S. 321; YAN CHONGNIAN, S. 156-157.

[443] UENO, S. 321.

[444] *Huang Qing Kaiguo fanglüe*, HAUER (1926), S. 127; FUCHS (1934), S. 122; YAN CHONGNIAN, S. 157-159 etc.

[445] HONG TAIJI hatte die Stadt als *tianjuan shengjing* 天眷盛京, „vom Himmel favorisierte blühende Metropole", bezeichnet.

Mit der Stärkung ihrer Macht, den militärischen Erfolgen und der fortschreitenden Sinisierung und Bilingualisierung[446] verließen die Manjuren allmählich gebirgiges Gebiet, von *Fe ala* bis *Sarhô*, das ihnen eher eine militärische Rückzugsmöglichkeit bot. Sie bewegten sich in halbbergige Landschaften um *Liaoyang* und ließen sich dann allmählich in ebenen, leichter zu überschauenden Flächenregionen nieder, die ihnen Expansionsmöglichkeiten boten. Im III. Monat 1625 eroberten sie *Mukden*, und am 23. III. (29. April) traf dort NURHACI ein, wo er jedoch nur noch ein Jahr seines Lebens verbrachte und am 11. VIII. (30. Sept.) 1626 verstarb.

Nach dem Muster chinesischer Kaiser begann man mit dem Bau eines Palastes, später *Shenyang gugong* 瀋陽故宮 genannt, der sich bis ca. 1636 hinzog. Als Besonderheit dieser Anlage fügte man im Rückblick auf die eigene Vergangenheit ein benachbartes Terrain hinzu, das in seiner Gestaltung an eine Formation von Nomadenjurten erinnerte. Während der westliche Teil in der Struktur seiner Einzelpaläste durchaus den Grundrissen traditioneller chinesischer Palastanlagen folgte, bestand das östliche Drittel der Palastfläche aus einem Ensemble von 10 etwa gleichgroßen zeltartigen Gebäuden für die Prinzen und Vorsteher der Acht Banner, genannt *wangting* 王亭, die sich um einen größeren, achteckigen Pavillon am oberen Ende, *Da zhengdian* 大政殿 oder *Dugong dian* 篤恭殿 / *Amba (dasan-i) yamun*, scharten, in dem der Khan (Kaiser) bei offiziellen Audienzen und vor militärischen Aktionen seine zeremoniellen Befehle erteilte.

Bereits im Jahre 1631 begann NURHACIs Sohn und Nachfolger, HONG TAIJI (reg. 1626-1643), nach chinesischem Vorbild eine Verwaltung mit Sechs Ministerien[447] aufzubauen, er gründete im Jahre 1636 die neue *Qing*-Dynastie und bereitete sich für weitere Militäraktionen vor.

Auch nach der Okkupierung Chinas wurde die Stadt *Mukden*, dann *Peidu* 陪都 oder *Liudu* 留都, „subsidiäre Hauptstadt" genannt, mit ihrer Palastanlage, seitdem *Jiugong* 舊宮, „alter Palast", oder *Liudu gongdian* 留都宮殿, „Paläste der bewahrten Hauptstadt", genannt, in Ehren gehalten. So wurde *Mukden* – neben dem Sommerpalast, *ligong* 離宮, von *Jehol*, *Bishu shanzhuang* 避暑山莊 / *Halhôn be jailara gurung*, „Ausweichpalast vor der [Pekinger]

[446] In offizieller Umgebung wurde die Zweisprachigkeit allmählich Standard, so trugen nach *Liubian jilue*, j. 1, S. 2a, die Stadttore von *Mukden* außen die manjurische und innen die chinesische Namensinschrift; dies im Unterschied zum späteren Standard der Holztafeln, *bian'e* 匾額/ *iletulehen*, über Toren kaiserlicher Bauwerke und Gebäudeeingängen mit den einzelnen zwei- bis fünfsprachigen Inschriften auf der Eingangsseite.

[447] *Huang Qing Kaiguo fanglüe*, HAUER (1926), S. 258-260.

Hitze" – zu einem der wichtigen kaiserlichen Machtzentren außerhalb der Metropole *Beijing*.

Tangzi: Der Khan HONG TAIJI ließ ganz nach chinesischem Vorbild im Jahre 1634 oder 1636 sowohl einen Himmelstempel, *Tiantan* 天壇 / *Abka wecere tan, Abkai tan,* sowie einen Tempel für die Erde, *Ditan* 地壇 / *Boihon-i tan,* und einen Ahnentempel[448], *Taimiao* 太廟 / *Taimiyoo,* anlegen. Von diesen Symbolen imperialer Macht war insbesondere die Institution des Himmelstempels von Bedeutung, da er der Tradition gemäß als eine der das Kaisertum konstituierenden Komponenten galt.

Trotz aller Anpassung an das chinesische Modell war die einheimische manjurische Tradition nicht außer Acht gelassen worden; denn die Existenz eines *Tangzi* ist bereits ein Jahrzehnt zuvor, seit ca. 1626, dem Todesjahr des NURHACI, nachweisbar, und dieses traditionelle Heiligtum wurde in seiner hiesigen Anlage den Nachfolgebauten von *Beijing* zum Vorbild. Möglicherweise hatten nach diesem Muster auch die Fürsten anderer bedeutender Manjuklans entsprechende *Tangzi* erbaut; denn eine solche Eigenmächtigkeit soll HONG TAIJI verboten haben.[449] Vermutlich basierte die Anordnung der Gebäude des *Tangzi* auf einem älteren, dem Dynastiegründer NURHACI eigenen, jedoch nicht mehr erhaltenen Modell.

Der Schamanentempel *Tangzi* in *Mukden* befand sich drei Meilen außerhalb des *Fujin*-Tores[450]撫近門 / *Hanjiki be hairandara duka.* Dieses zweite südliche Tor im Osten der Stadtmauer war auch unter dem Namen „großen Osttor" bekannt. Am 14. XII. (21. Jan.) 1636 wird in einer Eingabe des Banneroffiziers LIU XUECHENG 劉學城 von diesem außerhalb der Tore errichteten *Tangzi* berichtet.[451] Eine Abbildung des Tempelgrundrisses hat

---

[448] Ähnlich wie in *Beijing* im Südosten der Palastmauer gelegen; siehe Abbildung bei NAITÔ, pl. 10; *Qingchao wenxian tongkao,* j. 107, S. 5785-5786.

[449] QLSL, j. 201, nach JIANG (1995), S. 146; ELLIOTT, S. 239 u.ö; ISHIBASHI, S. 139-141. –HONG TAIJI schien ein Gegner illegaler Tempelbauten gewesen zu sein, wie ein Eintrag in *Huang Qing Kaiguo fanglüe* vom Jan. 1632 bezeugt; HAUER (1926), S. 289. In manchen Fällen hatte er sogar bestimmte schamanistische Praktiken verboten; s. die von CH'EN (1993), S. 33-40, ausgesprochenen Vermutungen.

[450] *Qingchao tongjian,* j. 43, S. 2261; *Qingshi gao,* j. 85, Bd. 10, S. 2553; *Shen gu,* j. 4, S. 1a; *Shengjing tongzhi* (1736), j. 26, S. 1b , hier ist das etwas nördlicher gelegene Tor *Neizhi men* 內治門 angegeben; FU TONGQIN, S. 275; MURATA (1935), S. 101, (1944), S. 123 (Lageplan), 309.

[451] Das Datum ist vermutlich in 28. XII. (4. Febr.) 1636 zu berichtigen; TZSL j. 21, S. 24a; IMANISHI, S. 790; UENO, S. 23, Anm. 2.

sich im *Shengjing tongzhi* (mehrere Ausgaben) erhalten.[452] Wie bei anderen Hauptstädten auch trug der *Tangzi* früher, vor ca. 1638, den Namen *Chenghuang miao* oder wurde manchenorts auch nur *miao*, „Tempel", genannt.

Frühe Zeremonien im *Tangzi* sind mehrfach nachweisbar. So flehte NURHACI am 21. V. (14. Juni) 1626 den Himmel bei militärischen Aktionen um Beistand an.[453] Am 1. I. (16. Febr.) 1627 fand dort das Neujahrszeremoniell des HONG TAIJI an der Spitze der Fürsten, der Vorsteher der Acht Banner und hoher Zivil- und Militärbeamter mit dreifacher Verbeugung und neunfachem Kniefall statt.[454] Am 15. IV. (29. Mai) des gleichen Jahres 1627 dankte dieser im *Tangzi* den Geistern für den militärischen Erfolg, nachdem der Heerführers AMIN 阿敏(gest. 1640) – ein Neffe NURHACIs – von seinem siegreichen Feldzug gegen Korea heimgekehrt war. [455] Der Herrscher besuchte am 20. IV. (3. Mai) 1627 den *Tangzi*, um dort vor dem Sarkophag seines Vaters das Trauerritual zu vollziehen.[456] Es folgen Dutzende weiterer Belege für die Jahre 1627 bis 1643.[457] Einige Details über die seit 1636 eingerichteten Zeremonien mit den traditionellen Opferstangen[458], *shen'gan* 神竿,

---

[452] *Shengjing tongzhi* (1715), j. 1, S. 12b-13a, (1736), j. 19, S. 8a-b, siehe MURATA (1944), S. 123, und in neueren Sammelwerken; siehe Abb. 3 im Anhang.

[453] MSL, S. 401c: *ye miao* 謁廟/ *Tangse de hengkilefi.*

[454] MWLD, IV, S. 1.; TZSL, j. 2, S. 1b; j. 3, S. 12b; MWLD, IV, S. 1. Näheres s. in Teil 4.3.2. (1.).

[455] *Shengjing tongzhi* (1715), j. 19, S. 8a-11b; UENO, S. 320-321, mit den dortigen Quellenangaben.

[456] TZSL, j. 3, S. 12b.

[457] So am 1. I., 11. IV., 25. V., 9. X. 1628, 1. I., 2. X. 1629, 1. I., 3. VII. 1631, 1. IV. 1632, 1. I., 19. VI. , 5. VIII., 17. IX. 1633, 1. I., 19. V. 1634, 1. I, 26. II., 28. VIII., 24. IX. 1635, 1. I., 18. und 29. VI., 28. IX., 2. X. , 2. XII. 1636, 21. II. 1637, 1. I. , 4. II., 27. VIII., 4. IX. , 10. X., 4. XII. 1638, 1. I., 2. II., 20. V. , 1639; 1. I., 24. II. 1640, 1. I., 11. VIII. 1641, 1. I., 11. III., 14. X. 1642, 1. I. , 11. VI., 10. VII., 7. VIII. 1643; nach folgenden Quellen: TZSL, j. 3, S. 12a, j. 4, S. 1b, 12a, 14a, 22b, j. 5, S. 1b, 22a, j. 8, S. 1b, j. 9, S. 18b, j. 11, S. 21b, j. 13, S 1b-2a, j. 14, S. 29b, j. 15, S. 5b, 16b, j. 17, S. 1b, j. 18, S. 34a, j. 22, S. 1a, j. 22, S. 35a, j. 24, S. 24a, j. 25, S. 10b, 27, S. 1b, j. 31, S. 8b, 10a, j. 32, S. 19b, j. 34, S. 12b, j. 40, S. 1b, 22a, j. 43, S. 20b, 25b, j. 44, S. 9a, 25b, j. 45, S. 1b, 14a, j. 46, S. 16b, j. 50, S. 1b, j. 51, S. 12a, j. 54, S. 1b, j. 57, S. 17a, j. 59, S. 1b, 14a, j. 63, S. 14a, j. 64, S. 1b, j. 65, S. 2b, 20b, 37b; hierzu die Parallelquellen, in: MWLD, IV, S. 68, 180, 230, V, S. 829, 1092 etc.; *Huang Qing Kaiguo fanglüe*, HAUER (1926), S. 422 etc.

[458] Teil 4.2.1. (6.)

für die Adelsträger des Kaiserklans finden sich im *Baqi tongzhi*[459]. Aus diesem Jahr stammt auch das älteste, in den Altmanjurischen Akten erhaltene Schamanengebet, datiert 29. IV. (31. Juli) 1636.[460] Unter demselben Jahr 1636, XI. Monat, findet sich in den Altmanjurischen Akten unter dem Titel *Abka wecehe bithe*, „Aufzeichnung für das Himmelsopfer", ein Grundrißplan für die ritengerechte Aufstellung der Teilnehmer.[461] Vor dem Aufbruch der Manjuren in Richtung *Beijing* am 9. IV. (14. Mai) 1644 erfolgte am 1. I. (8. Febr.) die letzte Nennung des *Tangzi* in Verbindung mit dem Neujahreszeremoniell[462] des sechsjährigen Kaisers FULIN / SHUNZHI.[463] Über die nachfolgende Verwendung des *Tangzi* in *Mukden*, die sodann als zweite, subsidiäre Metropole des Reiches galt, ist wenig bekannt. Eine letzte Reparatur fand im X. Monat des Jahres 1893 statt.[464] Danach verfiel die Tempelanlage und wurde um 1900 vollends zerstört.[465] Eine Rekonstruktion nach alter Vorstellung ist heute im *Manchu Folk Customs Museum* nahe *Shenyang* / *Mukden* zu besichtigen.[466]

Kaiser QIANLONG[467] vollzog seine Geisterverehrung am 28. und 30. IX. (13.-15. Nov.) 1743 bei einem Besuch in *Mukden* nicht im *Tangzi*, sondern in der Halle *Qingning gong* 清寧宮 / *Genggiyan elhe boo* des Palastes, die in

---

[459] *Baqi tongzhi*, j. 55, S. 3b, Nachdruck Bd. 10, S. 3546, dass., 2. Sammlung, j. 81, S. 3b (fast identisch).

[460] JMZD, Bd. 10, S. 4925; MWLD, VI, S. 1151; siehe hierzu ausführlich STARY (1992).

[461] JMZD, Bd. 10, S. 5321, auch in MWLD, VII, S. 1461, an beiden Stellen auf den XI. Monat 1636 datiert.

[462] SSL, j. 3, S. 1b.

[463] *Qingchao tongdian*, j. 43, S. 2262; SSL, j. 4, S. 9b; *Yangji zhai*, j. 7, S. 65.

[464] SHAN SHIYUAN (2009), Bd. 2, S. 573.

[465] Einige Photos der Ruinen aus den Jahren 1907-1908 finden sich bei NAITÔ, Abb. 51-55. Heute erinnern nur noch Straßennamen wie *Tangzi jie* 堂子街 und *Tangzi miao xiang* 堂子廟巷 an die Einrichtung. – In der umfangreichen Monographie *Fengtian tongzhi* des Jahres 1934 fehlt ein Abschnitt über den *Tangzi*. Man findet lediglich eine Stelle über die historische Situation, in j. 98, S. 38-41, nach einem Beleg im *Manzhou yuanliu kao*.

[466] *Shenyang manzu minsu bowuguan* 瀋陽滿族民俗博物館; STARY (2009), S. 177 und Abb. 14b.

[467] Über QIANLONGs Beziehung zu diesem Palast in dieser Zeit s. JIANG XIANGSHUN und TONG YONGGONG (1991).

Akten auch unter dem Namen *Han-i boo*, „Gebäude des Kaisers", erscheint. Die im Norden der Mittelachse der Palastanlage gelegene, in den Jahren 1664, 1760, 1775 und 1804 renovierte Halle, die zeitweise auch der Kaiserin als Residenz diente, wurde in ihrer Funktion und Inneneinrichtung als schamanistische „Geisterhalle", *Shentang* 神堂, mit ihren täglich, nächtlich oder monatlich auszuführenden Kulten das Vorbild für den in *Beijing* später entsprechend umgestalteten Palast *Kunning gong*[468]. Die männlichen Schamanen dieser Institution wurden meistens aus dem *Jakôta*-Klan, die weiblichen aus dem *Šumuru*-Klan ausgewählt.[469] Eine dazugehörige Schamanenstange, *shengan* 神杆, ist für das Jahr 1640 bezeugt.

3.6 Der Tangzi in der Hauptstadt Beijing und danach

(**8.**) ***Beijing*** I - 1644-1901
Ort: damals Provinz *Zhili* 直隸, Stadt *Beijing* 北京 / *Gemun hecen, Beging, Beiging.*

Nachdem die Manjuren unter Führung des Regenten und kaiserlichen Oheims DORGON[470] (1612-1650) am 2. V. (6. Juni) 1644 *Beijing* besetzt und sich dort eingerichtet hatten, plante man alsbald den Bau eines kaiserlichen *Tangzi*-Kultstätte. Dies geschah bereits vier Monate später, am 14. IX. (14. Oktober) des genannten Jahres[471], und zwar noch 4 Tage vor dem Eintreffen des jungen Kaisers FULIN / SHUNZHI. Soweit bisher erkennbar, favorisierte FULIN im Unterschied zu anderen Kaisern den *Tangzi* später jedoch nur selten mit seinem Besuch.[472]

Für die nach dem Vorbild des *Tangzi* in *Mukden*[473] gestaltete Anlage im Südosten der Kaiserstadt, *Huangcheng* 皇城 / *Dorgi hoton*, wählte man ein

---

[468] Teil 3.4.2.

[469] Abbildung in STARY (1995), S. 21; DQHDSL, j. 895, nach MZJS2, S. 35b; *Zhuyeting zaji*, j. 3, S. 63; *Manzhou yuanliu kao*, j. 18, S. 1a; MURATA (1931), S. 22-25, 62-71 und ders. (1935[II]); NAITÔ, Abb. 7, 8; TIE und WANG (1982), S. 69-74. Über die in den 1930er Jahren dort vorgefundenen Kultgeräte informiert MURATA (1935[iii]).

[470] Teil 1.1.4.

[471] SSL, j. 8, S. 13a; siehe auch *Tôdô meishô zue*, j. 3, S. 19b; *Pekin shi*, S. 38-39; HAN SHIYUAN, Bd. 1, S. 9; MO DONGYIN, S. 189-190; MURATA (1935), S. 100; UENO, S. 320, 322-323.

[472] SZSL, j. 105, S. 89.

[473] Grundrißplan in *Shengjing tongzhi*, Ausgabe 1715; FU YUGUANG und Meng HUIYING, S. 55.

Areal östlich der Brücke über den ‚Jade-Fluß', *Yuhe qiao*[474] 玉河(auch 御河)橋, am nördlichen Ende der Straße *Taijichang (dajie)* 台基廠大街 außerhalb des Palasttores *Chang'an zuomen* 長安左門 /*Enteheme elhe duka*, Westseite – ein Gelände, an das im Nordwesten der Prinzenpalast *Xian qinwang fu* 顯親王府, auch *Su qinwang fu* 肅親王府 genannt, angrenzte.[475] Nach dem *Qianlong*-Atlas, befand sich damals auch die *Hanlin*-Akademie in der Nähe.[476] Es war die Region der im Südosten, am Rand der Inneren Stadt stationierten Garnison des Einfachen blauen Banners, *Zhenglan qi* 正藍旗. Nach heutiger Orientierung handelte es sich um ein Gebiet südlich der *Chang'an dajie* 長安大街 genannten großen Ostwest-Straße, etwa gegenüber dem späteren, um 1900 von Frankreich finanzierten «Grand Hôtel de Pékin», Peking-Hotel, früher *Beijing fandian* 北京飯店, neuerdings Fünf Sterne-Hotel *Guibin lou fandien* 貴賓樓飯店 genannt.[477]

Bezüglich des Areals ist zu bemerken, daß beide *Tangzi*-Kultstätten, *Beijing* I und II, wie auch diejenigen mancher früherer Hauptstädte, wie *Fe ala, Hetu ala, Mukden*, bis *Changchun*, außerhalb der Palastmauer – in *Beijing* aber noch innerhalb der sog. ‚Tatarenstadt', *neicheng* 內城 - lagen. Dazu befanden sich diese, ebenso wie der Himmelstempel, in einer, von der ‚Verbotenen Stadt' her gesehen, südöstlichen Region.[478]

In der Mitte des 19. Jahrhunderts charakterisierte SAMUEL WELLS WILLIAMS[479] (1812-1884) den *Tangzi* recht vordergründig als Ahnentempel:

> „Opposite to the Colonial Office is the *Tang Tsz'* [*Tangzi*], where the remote ancestors of the reigning family are worshipped by his majesty together with the princes of his family; when they come in procession to this temple in their state dresses, the Emperor, as high-priest of the family, performs the highest religious ceremony before his deified

---

[474] SSL, j. 8, S. 7b-8a; *Rixia jiuwen kao*, j. 43, Neudruck S. 674.

[475] Atlas *Beijing lishi dituji*, S. 41 B2 (Qianlong-Zeit); *Chenyuan shilue*, j. 5, S. 88; UENO, S. 328. Später war dort die Botschaft des Kaiserreichs Japan, heute Gebäude der Stadtverwaltung.

[476] *Qianlong*-Atlas, pai 排 10, Blatt 4.

[477] Adresse: Nr. 35, *East Chang An Avenue*, Beijing.

[478] Über die symbolische Bedeutung der Südostlage s. Teil 1.3.2.

[479] WILLIAMS (1848), hier Ausgabe (1900), Bd. 1, S. 72.

> ancestors, viz., three kneelings and nine knockings. […] The temple itself is pleasantly situated in the midst of a grove of fir and other trees, and the large enclosure around it is prettily laid out."

Detaillierter verfuhren ARLINGTON und LEWISOHN[480], vermieden jedoch auch, auf den Bezug zum kaiserlichen Schamanismus hinzuweisen:

> "Immediately opposite the Austrian Legation, on what is now the north-east corner of the Italian Legation and the adjoining part of the glacis, lay the *T'ang Tzu* (Ancestral Hall). This is a most important temple, as it was the family shrine of the Manchu dynasty, whose emperors used to worship there on the 8th day of the 4th Moon. It was one of the few buildings in this part of the town what suffered little damage during the Siege, the Boxers and Chinese soldiery probably sparing it, because of its close connection with the Imperial House. But after the Siege, despite all the efforts of the Chinese plenipotentiaries to save it, the Powers insisted on its being razed to the ground, as it lay within the area mapped out for the new Quarter. The Ancestral Hall was therefore transferred to a new site in the south-east corner of the Imperial City where it now stands."

Nachdem die Tempelanlage die Boxer-Wirren von 1899-1901 relativ unbeschadet überdauert hatte und noch eine Reparatur[481] im VIII. Monat 1901 angeordnet war, mußte die Anlage am Jahresende 1901 dem Gesandtschaftsviertel, *Shiguan ju* 使館區, zunächst der japanischen und dann der dort etablierten italienischen Gesandtschaft, weichen.[482] Die Einrichtung von festen Gesandtschaften hatten die acht europäischen Staaten aufgrund des Vertrages *Xinchou tiaoyue* 辛丑條約 vom 25. VII. (7. Sept.) 1901 durchgesetzt.

Offenbar sind nur sehr wenige Photographien des Tempelgeländes erhalten geblieben.[483]

---

480 ARLINGTON, S. 13. – Einige zeitgenössische Informationen bietet auch ALPHONSE FAVIER, S. 320-322; weiterhin FU YUGUANG (1988); INOUE, S. 87; Cl. MADROLLE, *Madrolle's Guide Books: Northern China*, Paris: Hachette (1912). Peking – Legation Quarter, S. 16, Plan S. 15; MENG SEN (1934), S. 1279-1281; MURATA, S. 99-103 etc.

481 SHAN SHIYUAN (2009), Bd. 2, S. 605.

482 SHAN SHIYUAN (2015), S. 217.

483 GUAN und GONG, S. 33, Bild 13a.

(9.) ***Beijing*** II – 1901-1912
Ort: damals Provinz *Zhili* 直隸, Stadt *Beijing* 北京.

Aus den angeführten Gründen wurde um 1901 ein neuer, etwas kleinerer *Tangzi*-Tempel in etwa 500 m Entfernung von dem früheren erbaut, und zwar auf dem Gelände des Fürstenpalastes *Xia gongfu* 霞公府, nördlich der heute *Chang'an dajie* genannten Straße, unmittelbar westlich des vorgenannten Peking Hotels.

> "About a hundred yards to the west of the Peking Hotel, inside the south-east corner of the old wall of the Imperial City, lies a small building with yellow-tiled roofs. This is the *T'ang Tzu* (Imperial Hall), a modern building erected in 1901, after the enforced removal of the original hall from its former site in the present Italian Legation."[484]

Eine Eingabe, in der die Neuerrichtung des Tempels angemahnt wird, ist auf den 19. VII. (1. Sept.) 1901 datiert.[485] Der Bau dieser neuen, etwas kleineren Anlage, die – bis auf einige Zusatzgebäude – nur unwesentlich von ihrem Vorbild abwich, war bereits im XI. Monat 1901 abgeschlossen.[486] Die Ausführung entsprach dem Original, die Anordnung der Gebäude war jedoch leicht verändert.[487]

Der allmähliche Abbruch dieser zweiten Serie der Tempelgebäude, von denen im Verfallsstadium um 1905 der japanische Sinologe NAITÔ KONAN (TORAJIRÔ) 內藤湖南 (1866-1934) glücklicherweise noch einige Photographien anfertigen konnte, begann nach Dynastieende um 1926.[488] Um 1930 diente das Gelände einer Munitionsfabrik und wurde danach von der Kommission zur Ordnung der Kulturgüter des Palastes, *Beiping wenwu chengli weiyuanhui* 北平故宮文物整理委員會, als Amtssitz verwendet.[489] Die letzten Ruinen mußten um 1985 einer Erweiterung des Peking Hotels weichen.[490]

---

[484] ARLINGTON, S. 118.

[485] *Gugong zhoukan,* Nr. 244 (1933), S. 4.

[486] INOUE, S. 82.

[487] Plan im Anhang, Abb. 17; ISHIBASHI, S. 60-61.

[488] ARLINGTON, S. 119.

[489] BREDON, S. 181-182; MO, S. 189; MURATA (1931), S. 11; UENO, S. 7; Atlas *Beijing lishi dituji,* S. 47 C2, S. 59 C2, S. 61 D4.

[490] *Shiqu de jianzhu,* S. 32.

Auch von diesem Kultobjekt sind keine Reste mehr vorhanden. AUGUST CONRADY (1864-1925), Mitbegründer der Leipziger Schule der Sinologie, vermerkte in Endzeitstimmung: „Was zerfallen will, zerfällt, und was fällt, bleibt liegen."[491]

(10.) *Changchun* – 1934-1945

Ort: Provinz *Jilin* 吉林, Stadt *Changchun* 長春, damals Hauptstadt des Kaiserreichs *Manzhou guo* 滿洲國, auch *Xinjing* 新京, „neue Hauptstadt", genannt.

Der letzte *Qing*-Herrscher PUYI 溥儀 / PU i (7. Febr. 1906-17. Okt. 1967) regierte vom 1. I. (22. Jan.) 1909 bis 30. XII. (17. Febr.) 1912 als Kindkaiser unter der Regierungsdevise *Xuantong* 宣統 / *Gehungge yoso*, „Erleuchtete Prinzipien", (1909-1912) in *Beijing*, wo er im Febr. 1912 abdankte. Die chinesische Republik schaffte den traditionellen Mondkalender, *yinli* 陰曆, ab und führte nach europäischem Vorbild den Sonnenkalender, *yangli* 陽曆, ein; 13. XI. *Xuantong* 3. Jahr = 1. Januar 1912.[492] Nach einem Restaurationsversuch im Juli 1917 und seiner Vertreibung aus dem Palast im November des Jahres 1924 wurde PUYI nach mehreren Zwischenstationen unter japanischer Regentschaft am 1. März des Jahres 1932 zum Präsidenten, *zhizheng* 執政, des neu gegründeten Staates *Manzhouguo* 滿洲國 / *Manshūkoku* (1932-1945) mit der Ärabezeichnung *Datong* (1932-1933) 大同 / *Amba uhe*, „Große Gemeinschaft", eingesetzt. Am 1. März des Jahres 1934 bestieg er unter der Regierungsdevise *Kangde* (1934-1945) 康德 / *Elhe erdemungge*, „Heil und tugendsam", in der neuen Hauptstadt *Changchun* den Thron des Kaiserreiches *Manzhou diguo* 大滿洲帝國 / *Manshū teikoku*, das bis zum 17. August 1945 existierte.

In dieser seiner letzten Tätigkeitsperiode als Herrscher und gleichzeitig Stammeschef, *zuchang* 族長 / *mukôn-i da*, des *Aixin gioro*-Klans[493] begann er dort, unter japanischer Ägide eine chinesische Verwaltung *en miniature* aufzubauen, wozu als erstes die Einrichtung eines Palastes als Administra-

---

[491] A. CONRADY, *Acht Monate in Peking*, Halle: Schwetschke (1905), S. 6.

[492] Obwohl damit die traditionelle Datierung abgeschafft war, verwendeten einige Kaisertreue diese weiterhin; so trägt das Vorwort zu dem dreisprachigen Wörterbuch *Sanhe leibian* 三合類編 das Datum VI. Monat *Xuantong* 4, d. i. Juli-August 1912.

[493] PUYI war vom 2. Febr. 1912 bis zu seinem Tod am 17. Okt. 1967 Stammeschef. Nachfolger bis in die unmittelbare Gegenwart wurde sein vierter Bruder PUREN 溥任 (1918-2015).

tivzentrum sowie die Errichtung eines Himmelstempels, *Tiantan* 天壇, für den Staatskult gehörte. Dieser lag laut einer im Jahre 2003 vor Ort erhaltenen mündlichen Auskunft nach chinesischer Tradition wie in *Beijing* im Südosten des Stadtgebietes.[494] Es ist bislang ungewiß, ob sich der junge Kaiser an die autochthonen Überlieferungen gebunden fühlte, in der neuen Hauptstadt einen *Tangzi*-Tempel zu errichten. Über einen solchen Nachklang der Tradition ist mir bis heute nichts bekannt.[495]

[494] Im Bereich des heutigen Parks *Xinghua cun* 杏花村, *Changchun*, *Chaoyang*-Distrikt.

[495] Möglicherweise wurde in *Changchun* eine Straße nach dem früheren Tempel benannt, *Xi tangzi hutong* 西堂子胡同. Nach Ausweis von TATJANA PANG (2015), S. 159, befand sich in einem Saal des Regierungssitzes in *Changchun* eine Opferstelle für die schamanistischen Geister.

4. Die Institution des Tangzi in Beijing

4.1 Von den beiden leider nicht erhaltenen *Tangzi*-Tempeln in *Beijing* ist der erstere, *Beijing* I, naturgemäß als der ursprünglichere, den alten Traditionen stärker entsprechende einzuschätzen. Im Unterschied zur Bedeutung des *Tangzi* in den Hauptstädten der Frühzeit, in der der Tempel insbesondere für Regierungs- und Militärangelegenheiten, z. B. für das Segnungs- und Hilfeerbitten des Khans bei bevorstehenden Staats- und Kriegsaktionen, Verwendung fand, durchlief der *Tangzi* nach der Erringung der Macht in *Beijing* eine etwas veränderte Entwicklung. Er wurde zu einer fast ausschließlich schamanistischen Verehrungsstätte des imperialen Klans, die „wichtigste ihrer Art"[496] für den zu festgelegten Zeiten auf privater Basis auszuführenden Geister- und Himmelskult und damit zu einer der bedeutendsten Bewahrungsorte autochthoner manjurischer Überlieferung inmitten panchinesischer Umgebung. Die im Laufe der Entwicklung sich verstärkende Anpassung an das Chinesentum, was sich z. B. an der allmählichen Verdrängung manjurischer heiliger Texte durch chinesische Übersetzungen ablesen läßt, bewirkte jedoch, daß die Bedeutung des *Tangzi* im Laufe der Dynastiegeschichte immer mehr zurückging. Er wurde allmählich zu einem erstarrenden Denkmal einer sich verlierenden Tradition.

4.2 Anlage

Die Tempelanlage des *Tangzi* umfaßte nach festgelegtem Grundriß[497] mehrere Gebäude, deren Dächer zwar nach chinesischem Muster mit gelb-ocker glasierten Majolika-Ziegeln, *huang liuli wa* 黃琉璃瓦, ausgestattet waren, die jedoch die übliche kaiserliche Monumentalität vermissen ließen. Mit der Anlage in der neuen Umgebung versuchte man, den drei Jahrzehnte zuvor

[496] *Jiameng xuan*, S. 188.

[497] Es haben sich mehrere Ausführungsarten der Grundrißpläne erhalten, die jedoch auf eine Vorlage zurückzugehen scheinen; zu nennen sind: DQHD*tu*, j. 5, Nachdruck, Bd. 2, S. 1.117; *Tôdô meishô zue*, j. 3, S. 20a; MZJS, hierzu s. *(Chongding) Manzhou jishen jitian dianli*, Heft 3, S. 2 (vorletzte Seite). Siehe auch *Gugong zhoukan*, Nr. 242 (1933), S. 4; ISHIBASHI, S. 174-175.

in *Mukden* errichteten *Tangzi* getreulich zu kopieren, um in gewohnter Umgebung und mit der wahrscheinlich von dort mitgeführten Personalausstattung die dynastische Geister- und Himmelsverehrung unterbrechungsfrei weiterführen zu können.

Für die im Folgenden genannten Namen und Fakten wird der ausführliche chinesisch-manjurische Grundriß[498] von 1747 zugrundegelegt. Wie aus diesem ersichtlich, war das Areal in zwei Bereiche aufgeteilt, in einen größeren Hauptteil mit drei Kultstätten und Nebengebäuden sowie einen kleineren Eingangsteil mit drei Bauwerken. Nach überkommenen Vorbildern war die Kultstätte auf der Frontseite mit einer Mauer gesichert und auf den Rückseiten mit Kiefern- und Zypressenbäumen abgeschirmt.[499] Nach seiner Erbauung im Jahre 1644 erfuhr der *Tangzi* wohl erst in der QIANLONG-Zeit wesentliche Ergänzungen und Reparaturen. Solche sind für die Zeiten X. Monat 1737, XII. Monat 1754, VII. Monat 1774 (größere Erweiterungen), XII. Monat 1778, und später im XI. Monat 1821 und X. Monat 1825 nachzuweisen.[500] Wie aus einem undatierten Plan[501] erkennbar, handelt es sich bei den Umgestaltungen der QIANLONG-Zeit meist um zusätzliche militärische Einrichtungen, *bingfang* 兵房, längs der westlichen Mauer des Eingangsareals.[502] Außerdem wurde hinter dem Eingang der angegliederten Fläche gleichzeitig mit dem Gebäude für die rituelle Reinigung[503] eine ‚Schattenmauer', *yingbi* 影壁, errichtet, die nach üblichem Glauben den Eintritt böser Geister verhindern soll; denn diese können sich nur auf geraden Strecken bewegen. Auch wurden manche Bezeichnungen im *Tangzi* leicht verändert.

---

[498] In *(Chongding) Manzhou jishen jitian dianli* (= MZJS2), Heft 3, S. 2, vorletzte Seite; s. Abb. 9 im Anhang.

[499] *Tianzhi ouwen*, j. 2, nach MZJS2, S. 47a.

[500] SHAN SHIYUAN, Bd. 1, S. 107, 168, 238, 296, Bd. 2, S. 390, 396.

[501] Siehe Abb. 11 im Anhang.

[502] Über Militäraktionen in Zusammenhang mit kaiserlichen Besuchen im *Tangzi* informiert ein Kapitel des DQHDSL, j. 411, S. 1a-18b.

[503] Siehe hier Gebäude (11.).

4.2.1 Hauptareal[504]

Hauptgebäude:

(1.) ***Jishen dian***[505] 祭神殿 / *Wecere deyen*

weitere Namen[506]: *Xiang dian* 饗殿, *Shendian* 神殿, *Zhengdian* 正殿, *Dadian* 大殿.

Die nach Süden ausgerichtete Hauptopferhalle war mit 6 Säulen, 5 Bodeneinheiten[507] ausgestattet und hatte eine Größe von ca. 17,10 x 9,7 m und eine Höhe von ca. 4 m.[508] Vor ihrer Südwand befand sich ein Vorplatz mit Umgang. Im Inneren an der Nordmauer, dem Eingang gegenüber, war der Opfertisch, Altar, *zhuo* 桌 / *dere*, plaziert. Einen Anordnungsplan der Kultgegenstände überliefert das Handbuch *Da Qing huidian tu*.[509]

Die Haupthalle *Jishen dian* war großenteils Ort für die Verehrung der lokalen sowie auch buddhistischen Geister, eine Gruppe, die man zu den *enduri*[510], *shen* 神 oder *shenxian* 神仙, zählte. Bei den Kulthandlungen[511] unterschied man zwischen den morgendlichen, *chaoji* 朝祭 / *erde wecen*, und abend- oder nächtlichen, *xiji* 夕祭 / *yamji wecen*, Aktionen, die zu Jahresbeginn nach Westen und zu Jahresende nach Osten hin ausgerichtet wurden. Zur ersten Art gehörte die Verehrung der Buddhas *Fucihi* / *Buddha Śākyamuni* und *Fusa* / *Bodhisattva Avalokiteśvara* sowie des *Guwan mafa* / *Guan*

[504] *Libu zeli*, j. 112, S. 1a flg.; INOUE, S. 85; MENG SEN (1934), Bd. 3, S. 1273; UENO, S. 336-338; RAWSKI, S. 235.

[505] Einen Einblick in die Innenausstattung mit den Einrichtungs- und Ritualgegenständen vermittelt die Skizze in MZJS2, Heft 3, S. 4; siehe Abb. 14 im Anhang.

[506] Die abweichenden Benennungen der Gebäude beruhen auf dem Grundriß von 1747 oder anderen Quellen.

[507] *jian* 間, „Zwischenraum", Säulenabstand, Modulareinheit, – eine Raumeinheit nicht festgelegter Größe – bezeichnet das Bodenquadrat zwischen 4 dachtragenden Säulen. Diese liegt „zwischen 2,50 – 5,00 m. Die Norm soll 9 – 11,5 Fuß sein"; RUDOLF KELLING, *Das chinesische Wohnhaus*, Tokyo: Deutsche Gesellsch. f. Natur- und Völkerkunde Ostasiens (1935), S. 13. Gebäude verfügen normaliter über eine ungerade Zahl von *jian*.

[508] Größe 5 Ruten (*zhang* 丈) 3 Fuß (*chi* 尺) 5 Zoll (*cun* 寸) x 3 Ruten 2 Zoll; Höhe: 1 Rute 2 Fuß 6 Zoll; umgerechnet, wenn 1 Fuß = 32 cm. TZSL, j. 8, S. 11-12, Datum 14. IX. (14. Okt.) 1644.

[509] DQHUtu, j. 5, Nachdruck, Bd. 2, S. 1123.

[510] Teil 2.2.2

[511] DQHD (1822), j. 74, nach MZJS2, S. 23a; ISHIBASHI, S. 21-38, 149-152; MENG SEN (1934), Bd. 3, S.1270; ŌYAMA, S. 163-164

shengdijun.[512] Dabei befand sich im Westteil der Halle die Kultstätte für *Fucihi,* im Mittelteil die für *Fusa* und im Osten die für den Lokalgeist *Guwan mafa.* Zur Gruppe der am Abend zu verehrenden Geister zählten *Muriha, Niruhan weceku* und *Monggo weceku* etc. In dieser Haupthalle des *Tangzi* fand auch das Himmelsopfer, der Kult des Buddhabadens, *yüfo*[513] 浴佛 / *Fucihi oboro dorolon,* wie auch die vorbereitenden Zeremonien für das Aufrichten der Schamanenstangen, *ligan daji*[514]立桿大祭 / *siltan tukiyembi* statt.

(**2.**) ***Huandian*** 圜殿 / *ordo*

Tingshi dian 亭式殿 / *(Tangse-i) ordo*[515], *Baitian huandian*[516]拜天圜殿, *Yuandian* 圓殿, *Bajiao ting* 八角亭, *Yingshen ting* 迎神亭.

Es handelt sich hier um einen achteckigen (nicht runden) Pavillon, *bajiao dian* 八角殿 / *jakôn hošonggo ordo,* der, nach Norden ausgerichtet, etwa in der Mitte der Fläche positioniert war. Offenbar hegte man eine besondere Vorliebe für eine solche Bauform, die man als ‚rund' – in der Literatur auch ‚quasi-rund', *bajiaoyuan* 八角圓 – bezeichnete. Auch bei buddhistischen Pagoden ist diese oktogonale Bauweise bekannt, die sämtliche acht Himmelsrichtungen, Nord, Süd, Ost, West sowie NO, SO, SW, NO – und damit die Universalität der Herrschaft – symbolisiert.[517] Schon in der alten (5.) Hauptstadt *Liaoyang*[518] verfügten die Manjuren über einen polygonalen Zentralpalast, *Bajiao dian* 八角殿, den sie *Amba yamun,* „große Halle", nannten. Ebenso ist ein solcher, *Jakôn hošonggo ordo,* i. J. 1626 in der (6.) Hauptstadt *Dergi hecen* (bei *Liaoyang*) und an anderen Orten belegt.[519] Als bekanntestes Beispiel ist die Zentralhalle, *Da zhengdian* 大政殿 / *Amba (dasan-i) yamun,* des

---

[512] Zu den Geisternamen siehe Teil 4.4.3. ŌYAMA, S. 163-164, nennt noch weitere Namen.

[513] Teil 4.3.2 (2.)

[514] Teil 4.3.3 (3).

[515] So auch in der manjurischen Version von MZJS, S. 43b u.ö.; *ordo,* „Rundzelt des Fürsten, Rundhalle, Palast", < mongol. *ordu(n).*

[516] *Tôdô meishô zue,* j. 3, S. 19b.

[517] Siehe z. B. in *Zhongguo gudai jianzhu jishu shi* 中國古代建築技術史, verschiedene Verfasser, Beijing: Kexue chubanshi (1985), S. 191-203.

[518] Teil 3.5. (5.)

[519] MWLD, III, S. 1104.

Ostteils im Palast von *Mukden* zu erwähnen, die auch in achteckiger Bauweise angelegt wurde.[520]

Die „Rundhalle" des *Tangzi* hatte einen Umfang von ca. 8,50 m und eine Höhe von ca. 3,50 m.[521] In diesem Gebäude war auch eine Zeremonialküche untergebracht.[522] Die etwas sparsam erscheinende Innenausstattung mit den Ritualgegenständen ist in MZJS2, Heft 3, S. 5, skizziert. Das Gebäude diente dem Kult für die spezifisch manjurischen, mit Adelsattributen ausgestatteten Geister *Niohon taiji* und *Uduben beise,* die man zur Gruppe der Hauptgeister[523], *zhushen* 主神, des *Tangzi* zählte, sowie für den Pferdegeist.

In dem Freiraum zwischen diesem und dem vorgenannten Gebäude befanden sich die Gestelle, *jiazi* 架子 / *tehe,* für die Zeremonialschnüre, *huansuo sheng* 換索繩 / *siren futa,* an denen bei Feierlichkeiten bunte Papiere, *zhitiao* 紙條 / *ilgari,* und Stoffstreifen oder -beutel aufgehängt wurden. Ein Anordnungsplan der Kultgegenstände findet sich im *Da Qing huidian tu.*[524]

(3.) ***Shangshen dian*** 尚神殿 / *Šangsi enduri-i ordo*

Shangxi shenting 尚錫神亭 / *Šangsi enduri-i ordo, Jishen bajiao ting* 祭神八角亭, *Shangshen dian* 上神殿, *Shangshen ting* 上神亭.

Ein weiteres, nach Süden ausgerichtetes oktogonales Hauptgebäude mit 6 Säulen und 3 *jian* Größe befand sich etwas abgelegen an der Südost-Ecke des *Tangzi*-Geländes. Nach obengenannter Quelle hatte es einen Umfang von ca. 7,50 m und eine Höhe von ca. 3 m.[525] Das mit einem separaten Zugang ausgestattete Tempelgebäude war dem besonderen Himmelskult für den Geist *Šangsi enduri / Shangxi shen*[526] sowie landwirtschaftsbezogenen Gottheiten gewidmet, die man am 1. Tag eines jeden Monats verehrte.[527]

---

[520] Teil 3.5. (7.); TIE (1982), S. 65, 654; TIE und WANG, S. 52-71.

[521] Umfang 2 Ruten 6 Fuß 5 Zoll; Höhe: 1 Rute 7 Zoll; nach SZSL, j. 8, S. 11-12, datiert 14. IX. (14. Okt.) 1644.

[522] SZSL, j. 8, S. 11-12.

[523] MENG SEN (1934), Bd. 3, S. 1276.

[524] DQHUtu, j. 5, Nachdruck, Bd. 2, S. 1121.

[525] 2 Ruten, 2 Fuß, Höhe 9 Fuß 4 Zoll; nach SZSL, j. 8, S. 11-12, datiert 14. IX. (14. Okt.) 1644.

[526] Teil 4.4.3.

[527] INOUE, S. 60-63; MURATA (1935), S. 102-106; RAWSKI, S. 237, 371.

Nebengebäude:

(**4.**) ***Fanshi qianshi*** 幡紙錢室 / *Jiha be asarara boo*

Das abgelegene, kleine Gebäude an der Nordostecke, das unter QIANLONG unter dem Namen *Deng kufang* 燈庫房, „Speicher der Lampen", bekannt war, diente als Vorratsspeicher für Kultflaggen, -girlanden und Opfergeld, daher auch *Lakiyaha girdan hoošan jiha be asarara boo* genannt, und später wohl auch der Laternen. Näheres bisher nicht bekannt.

(**5.**) ***Gongmen*** 宮門 / *Duka*

Dianmen 殿門.

Torhalle, Haupteingang, von Westen her zu betreten, mit 3 Portalen; Größe ca. 3,4 x 4,8 m, Höhe 3,3 m.[528]

Südbereich:

(**6.**) **Ort der Schamanenstangen** *shen'gan* 神杆 / *somo*

ganzi 桿子, *shenshu* 神樹; *siltan moo, solo;*
somo < nur manjurisch, * *sori,* „Opfer" + *moo,* „Holz"; cf. *sorombi,* „scheuen, tabuieren", *soroki, sorki,* „tabu", *sorokô,* „Amulett", *soca,* „Opfergetreide"; in chinesischen Texten auch ungenau *suoluo* 索羅 / *solo,* manjurisch *solo,* eigentlich „Ginseng(ranke)"[529].

Südlich des ‚Rundpavillons' *Huandian,* etwa in der Mitte, befand sich das Freilandareal der 73 Geisterstangen[530] mit dem dazugehörigen Depot, *li shen'gan jia* 立神杆架 / *siltan moo be sindaha tehe.* Ungenau bei ARLINGTON und LEWISOHN[531]:

> "There is a mast about nine feet high standing in the courtyard called *Tsu Tsung Kan Tzu* (Ancestor's Pole). At the top is a bronze Plate or bowl in which food for birds was placed."

---

[528] Größe 1 Rute 3 Fuß 5 Zoll mal 1 Rute 5 Fuß, Höhe: 1 Rute 1 Fuß 2 Zoll; nach SZSL, j. 8, S. 11-12, datiert 14. IX. (14. Okt.) 1644.

[529] Nach einer Erklärung in *Hulan fuzhi,* j. 10, S. 13, angeblich Name eines Gerätes der manjurischen Ginsengsammler.

[530] Siehe Abb. 16 im Anhang.

[531] ARLINGTON, S. 119.

Die aus kostbarem *Nanmu*holz[532], *nanmu* 楠木 / *anahôn moo*, oder Kiefernholz, *songmu* 松木 / *jakdan moo*, gefertigten, in den Himmel weisenden Opfermasten galten als Symbol der „Weltachse" und dienten der Himmelsverehrung in freier Natur. Ursprung und Geschichte der Schamanenstangen, für die sich Vorläufer etwa bis zu den ‚Hunnen', *Xiongnu* 匈奴, nachweisen lassen, sind bislang nicht umfassend geklärt.[533]

Die nach Norden ausgerichteten Masten hatten eine Höhe von ca. 4,20 m.[534] Nach der Flächenerweiterung der QIANLONG-Zeit war dieser Bereich neu geordnet, von West nach Ost in zwei quadratische Felder von je 36 (6 x 6) eingeteilt worden, in deren Mitte zusätzlich das dem Kaiser vorbehaltene Exemplar aufgerichtet war. Die 1. Reihe war dem Thronfolger, *huangzi*[535] 皇子 / *age*, die 2. Reihe den Prinzen ersten Ranges, *qinwang* 親王 / *hošoi cin wang*, die 3. Reihe den Prinzen zweiten Ranges, *qunwang* 群王 / *doroi giyôn wang*, die 4. Reihe den Prinzen dritten Ranges, *beile* 貝勒 / *beile*, die 5. Reihe den Prinzen vierten Ranges, *beizi* 貝子 / *beise*, und die 6. Reihe den Prinzen fünften bis achten Ranges, *guogong* 國公 / *gurun-i gung*, zugeordnet. Je nach Würde konnten die Familien der Adligen über je 1 bis 3 Masten verfügen.[536]

Auf manchen Darstellungen[537] ist hinter diesem Bereich noch eine Reihe von 8 aufrechtstehenden hölzernen Planken, genannt „Gerüste von Geisterbäumen", *shenshu jia* 神樹架, zu erkennen, von denen die beiden mittleren etwas größer waren. Ihr Verwendungszweck ist bislang unklar.

Das beim Himmelskult an der Spitze der Stangen eingebrachte Speiseopfer[538], *jirou* 祭肉, *liao* 膋 / (*oyo*[539] *gaiha) amsun*, bestand meist aus zerkleinertem Eingeweide schwarzborstiger Schweine. Die dazu verwendete

[532] *Machilus nanmu Hems*l., früher *Phoebe nanmu Gamble* genannt, eine Art Lorbeergewächs.

[533] DQHDSL, j. 1181, S. 3b flg.; *Qinggong yiwen*, j. 2, S. 35; *Zhuye ting zaji*, j. 3, S. 60-62; ISHIBASHI, S. 187-194; KÖRNER (1955), S. 181; MENG SEN (1934), Bd. 3, S. 1280; MURATA (1931), S. 71, 99; UENO, S. 327-329; URA, S. 122 etc.

[534] 1 Rute und 3 Fuß.

[535] Zu den folgenden Adelstiteln siehe BRUNNERT-HAGELSTROM, Nr. 13, 16-23.

[536] *Tianzhi ouwen*, j. 2, nach MZJS2, S. 47a; *Baqi tongzhi*, j. 55, S. 3b flg.; *Qinding Baqi tongzhi* j. 81, S. 3b.

[537] *Gugong zhoukan* Nr. 244 (1933), S. 4.

[538] Siehe Teil 4.3.6.

[539] eigentlich „Zeltdach".

metallene Opferschale, *yuandou* 圓斗, *xidou* 錫斗, *xipan* 錫盤 / *(muheliyan) hiyase*, hatte einen Durchmesser von ca. 27 cm (7 Zoll). An der Oberseite war oft ein Rutenbündel, *caoba* 草把 / *furgi*, befestigt.

Das Freigelände um die Schamanenstangen war ausschließlich dem hohen kaiserlichen Himmelskult, auch *shenxiang* 神享 genannt, vorbehalten.[540]

Dieses Opferzeremoniell wurde meist mit dem Kult um die als Hilfsgeister herbeigerufenen „himmlischen Elstern[541]", *shenque* 神鵲, auch Geistervögel", *shenniao* 神鳥 / *šengge saksaha*, genannt, in Verbindung gebracht, für deren Verehrung eine Legende aus NURHACIs Leben ins Feld geführt wird. Danach soll dieser auf der Flucht vor Feinden von Elstern vor dem Tode bewahrt worden sein, als diese sich auf seinem Kopf niedersetzten, so daß die Feinde irregeführt wurden und ihn für einen verdorrten Baumstamm hielten.

Diese in mehreren Varianten überlieferte Sage fand ihre erste Ausprägung in der europäischen Literatur bei P. ADAM SCHALL von BELL (1592-1666) aus Köln, von dem zu vermuten ist, daß er seine Informationen von dem jugendlichen Kaiser FULIN / SHUNZHI erhalten hatte, der mit ihm eine Zeitlang wohlwollenden Kontakt pflegte.[542] Nach SCHALL konnte der Dynastiegründer NURHACI

> „vor Mattigkeit nicht mehr weiter [und] war gezwungen, sich auf die Erde niederzusetzen und die nachkommenden Feinde zu erwarten. Damit er jedoch nicht erkannt und gefangen würde, flog auf Anordnung der göttlichen Vorsicht [Vorsehung] eine Aelster [Elster] herbei und setzte sich auf seinen Kopf; worauf die Feinde auf die Meinung kamen, es sei nicht ein Mensch sondern ein Baumstamm, auf dem eine Aelster sitze, und so getäuscht wurden."[543]

---

[540] Teil 4.3.3. (3.); MENG SEN (1959), Bd. 2, S. 318.

[541] Teil 2.3.4 und 3.2.2. Die totemistische Mythe von den himmlischen Elstern geht auf alte Vorbilder zurück, die schon bei den *Jürchen* zu finden sind; *Zhuye ting zaji*, j. 3, S. 62 etc.

[542] Hierzu siehe Teil 1.1.6.

[543] SCHALL, *Historica Narratio* (1665), S. 102, hier nach der deutschen Übersetzung von MANNSEGG (1834), S. 213; hierzu s.a. GIMM (2006). Von dieser Legende sind auch abweichende Überlieferungen nachweisbar; so soll es sich nach anderer Lesart nicht um NURHACI, sondern um FANCA 凡 (oder 范) 察 (gest. 1451 oder 1462), einen Bruder seines Vorfahren MÖNGKE TEMÜR, gehandelt haben.

Bezüglich der „himmlischen Elstern" ist auch auf die bereits früher erwähnte sog. Stammesmythe[544] der Manjuren hinzuweisen, nach der eines der im Himmelssee, *tianchi* 天池 / *Bulhôri omo*, badenden „himmlischen Mädchen" namens FEKULEN[545] / FOKULUN 佛庫倫 durch eine von einer himmlischen Elster gespendete rote Frucht geschwängert wurde und danach den Stammvater des *Aixin gioro*-Geschlechtes gebar.

Später wurden ersatzweise auch Krähen, *(wu)ya* 烏鴉 / *gaha, keru,* oder Dohlen, *da wuya* 大烏鴉 / *holon gaha,* als heilige Tiere verehrt, zumal sie *in praxi* auch meist die Nutznießer der Opfergaben waren.

(7.) **Utensilien für den Weidenzweigkult** *liuzhi ji* 柳枝祭 / *fodo wecen*

Südlich der erwähnten Schamanenstangen befanden sich in einem kleineren Areal, ähnlich in 6 Reihen aufgeteilt, 42 Steinsockel[546], *shen shudun* 神樹墩, *shizuo* 石座, die man als Opfertische für den sog. Weidenzweigkult verwendete.

Die Weide wurde oft beim Glücksgebetsopfer, *qiu fu* 求福 / *hôturi baimbi,* eingesetzt; sie gilt als eine für den Hausgebrauch gedachte, kleine ‚Himmelsleiter', die dem Opfermast entspricht.[547] Nach Vorstellung der Manjuren, nach der die Weide die erste, aus dem Wasser entstandene Pfanze war, wird diese auch mit der Schöpfung des ersten Menschen – einer Frau, *tiannü* 天女, *shennü* 神女 / *abkai hehe* – in Verbindung gebracht.

> "The willow gave birth to humankind. Manchu legends say that originally heaven had no form. Its earliest embodiment was a pregnant woman shaped like a willow. Manchus revere the willow, which represents fecundity; they say that humans emerged out of the willow, which grows without exhaustion."[548]

Man pflegte den Weidenzweigkult bei den Manjuren, indem man bunte Papierstreifen an die Zweige hing, *liuzhi shang gua zhitiao* 柳枝上掛紙條 / *ilgari tucibumbi.*

---

[544] Hierzu siehe in Teil 3.2.2.

[545] Teil 3.2.2.

[546] Nach einer, vermutlich unzutreffenden Erklärung sollen die steinernen Sockel die Erinnerung an das Lange weiße Gebirge, *Changbo shan* 長白山 / *Golmin šanggiyan alin,* die Herkunftsregion der Manjuren, wachrufen.

[547] I. R. MEYER (1989), S. 234-235; URAY-KÖHALMI, S. 149; WANG HONGGANG (1992).

[548] RAWSKI, S. 232.

Der Weidenbaum scheint bei den nördlichen Völkerschaften eine besondere Rolle gespielt zu haben; so pflegten die *Khitan* / *Qidan* im 10.-11. Jahrhundert, nachweisbar zwischen 928 und 1108, einen Regenbittkult[549], *qi yu* 祈雨, den sie nach chinesischer Transkription *sisiyi* 瑟瑟儀 nannten. Man schoß mit dem Bogen in Weidenzweige, *sheliu* 射柳, um so den Regen herbeizurufen.[550]

4.2.2 Eingangsareal

Dieses nur etwa ein Fünftel der Hauptfläche umfassende Gebiet, das großflächig mit Bäumen bepflanzt war, diente der Vorbereitung auf die Opferhandlungen.

(8.) ***Damen*** 大門 / *Amba duka*

Eingangspforte, Haupteingang zur Tempelanlage; Größe ca. 12,8 x 6,4 m, Höhe ca. 3,6 m[551], mit einem vorgelagerten, wahrscheinlich der Sicherheit dienenden „Gatter", *zhashu* 柵樹 / *hiyatari*. Über dem Eingang war zeitweilig ein zweisprachiges Torschild angebracht: *Huang Tangzi* 皇堂子 / *Han-i tangse*, „Kaiserlicher *Tangzi*".[552]
– Am Eingang sorgte ein Brunnen[553], *jing* 井 / *hôcin* für die Wasserversorgung des Tempels.

(9.) ***Duizi fang*** 堆子房 / *Juce-i boo*

Rechts neben dem Eingang befand sich das nach Norden ausgerichtete Gebäude für die Wachmannschaft.

(10.) ***Jishen fang*** 祭神房 / *Wecere boo*

Shenchu fang 神廚房.
Das Opferungs- oder Geisterküchenhaus befand sich am rückwärtigen Ende des Vorplatzes; Größe ca. 11,2 x 6,4 m, Höhe 3,2 m.[554] Es diente der Zubereitung und Aufbewahrung der benötigten Opferspeisen.

---

[549] Teil 2.3.4.

[550] *Liaoshi*, j. 116, S. 1536 u.ö.; MWLD, VI, S. 990.

[551] Größe 4 Ruten mal 2 Ruten, Höhe: 1 Rute 2 Fuß; SZSL, j. 8, S. 11-12, datiert 14. IX. (14. Okt.) 1644.

[552] Von diesem kursiert eine Abbildung unbekannter Quelle im Palastmuseum Beijing.

[553] Ein weiterer Brunnen befand sich im Zentrum des Hauptareals.

[554] Größe 3 Ruten 5 Fuß mal 2 Ruten, Höhe: 1 Rute; SZSL, j. 8, S. 11-12, datiert 14. IX. (14. Okt.) 1644.

(11.) ***Jingshi*** 淨室 / *Horho boo*[555]

Das kleine Gebäude mit separatem Eingang, außerhalb des Geländes in südlicher Richtung gelegen, diente vermutlich der rituellen Purifikation oder der Hygiene der Teilnehmer.

4.3 Kulthandlungen[556]

4.3.1 Über die Gesamtheit schamanistischer Aktionen und Institutionen für den Herrscherklan, sowohl in der Palasthalle *Kunning gong* wie in der Tempelanlage *Tangzi,* unterrichtet detailliert das oben (Teil 3.3) näher besprochene kaiserliche Ritenkompendium *Manzhou jishen jitian dianli* von 1747. Innerhalb dieses Werkes, das im Hauptteil aus Abschnitten mit Anwendungsbeschreibungen sowie Gebetstexten besteht, beziehen sich ausgewählte Teile auf Zeremonien im *Tangzi*[557], und zwar: 1.) in der runden Halle *Huandian,* 2.) bei den Feiern für den Pferdegeist daselbst, 3.) im *Shangxi-*

---

[555] *horho,* „Pferch, Abtritt".

[556] *Qingshi gao,* j. 85, S. 2555-2559; *Tôdô meishô zue,* j. 3, S. 19b; und die frühere genannten Quellenwerke; HARLEZ (1887), S. 31-50; INOUE, S. 84-85; ISHIBASHI, S. 53-56; JIANG XIANGSHUN (1995), S. 22-31 etc.

[557] Es handelt sich um die folgenden Texte – Reihenfolge hier: (1.) chinesische Version, nach der *Siku quanshu*-Ausgabe, *juan-* und Abschnitt-Nr; (2.) manjurische Version nach dem Originaldruck 1747, Heft, Seitenzahl, (3.) französische Übersetzung nach HARLEZ (1887):

J. 1, 5, *Tangzi tingshi dian yuandan xingli yizhu* 堂子亭式殿元旦行禮儀注 / I. S. 42b-43a / HARLEZ, S. 79-80.
J. 1, 6, *Tangzi tingshi dian jisi yizh* 堂子亭式殿祭祀儀注 / I. S. 43b-46a / HARLEZ, S. 80.
J. 1, 7, *Tangzi tingshi dian jisi zhuc* 堂子亭式殿祭祀祝辭 / I. S. 46b-47a / HARLEZ, S. 81.
J. 1, 8, *Shangxi shen ting jisi yizhu* 尚錫神亭祭祀儀注 / I. S. 47b-48a / HARLEZ, S. 82.
J. 1, 9, *Shangxi shen ting jisi zhuci* 尚錫神亭祭祀祝辭 / I. S. 48b / HARLEZ, S. 82.
J. 1, 10, *Gongqing shenwei ji yu Tangzi yizhu* 恭請神位祭於堂子儀注 / S. I. 49b-51a / HARLEZ, S. 82-83.
J. 2, 5, *Yufo yizhu* 浴佛儀注 / II. S. 36b-43b / HARLEZ, S. 112-115.
J. 2, 6, *Yufo zhuci* 浴佛祝辭 / II. S. 45a-b / HARLEZ, S. 115-116.
J. 3, 3, *Tangzi ligan daji yizhu* 堂子立杆大祭儀注 / III. S. 32b-44b / HARLEZ, S.120-125.
J. 3, 4, *Tangzi ligan daji zhuc* 堂子立杆大祭祝辭 / III. S. 45b-46b / HARLEZ, S. 125.
J. 4, 9, *Tangzi tingshi dian ji mashen yizhu* 堂子亭式殿祭馬神儀注 / IV. S. 25-28 / HARLEZ, S. 141.
J. 4, 10, *Tangzi tingshi dian ji mashen zhuci* 堂子亭式殿祭馬神祝辭 / IV. S. 29a / HARLEZ, S. 142.

Gebäude *Shangshen dian*, 4.) in der Haupthalle *Jishen dian*, beim ‚Buddhabaden' und 5.) beim Aufrichten der Opferstangen.

In der Schilderung der Ausführungsvorschriften des komplexen Kultkalendariums weichen die offiziellen und privaten Quellen oft voneinander ab, da diese in unterschiedlichen Zeiten entstanden sind und die jeweils gültigen Usancen widerspiegeln.[558] Manche der rituellen Prozeduren mit ihren unterschiedlichen Ausstattungen, Abdunkelungen, Schamanentänzen und -gesängen, Beschwörungen, ihren Opferungen von Schweine- und Wildfleisch, von Fischen und anderen Tieren und Gegenständen, wie Seidenstoffe, Gold- und Silbersachen etc. lassen sich anhand erhaltener Texte in Einzelfällen nachverfolgen.[559] Im Folgenden seien die wichtigsten Kulthandlungen des *Tangzi* zusammengestellt.

4.3.2 Jährlich einmal stattfindende Kulte

(**1.**) ***yuandan li*** **元旦禮** / *aniyai inenggi dorolon*

yuandan baitian 元旦拜天 / *aniyai inenggi dorolore dorolon.*

Die bedeutendste Aktion war zweifellos der von dem Khan NURHACI seit ca. 1622 begründete, von HONG TAIJI 1627 regelmäßig eingeführte und von allen Kaisern als religiöse Verpflichtung übernommene Neujahrskult im *Tangzi*. Wie bereits oben vermerkt, berichten die verschiedenen „Wahrhaftigen Aufzeichnungen", *Shilu*, und sonstige Annalenwerke ausführlich über das jährlich etwa zwei Jahrhunderte hindurch regelmäßig vom Kaiser praktizierte Neujahrsritual, bei dem insbesondere der Himmelsgeist, *Abkai enduri* / *Tianshen* 天神, als höchste Instanz Verehrung fand.[560]

---

[558] Die unterschiedlichen Zeitumstände und Ereignisse von 1641 bis ca. 1800 sind ausführlich im DQHDSL, j. 892-893, nach MZJS2, S. 25a-36a, zu verfolgen. Einen Einblick in die verschiedenen, monatlich zu absolvierenden Kult- und Tieropferhandlungen mit den benötigten Utensilien in der Zeit um 1796 bietet *Manzhou sili ji*, Teil (1).

[559] Die japanische Monographie von ISHIBASHI (1934), S. 142-143, führt 18 unterschiedliche Ritualien an, die täglich, monatlich oder jahreszeitlich auszuführen sind. S.a. JIANG XIANGSHUN (1991), S. 74-75; RAWSKI, S. 239, 372.

[560] Beispiele hierzu: unter HONG TAIJI, am 1. I. 1627, TZSL, j. 2, S. 1b; unter Kaiser KANGXI, am 1. I. 1672, *Kangxi qiju zhu*, Bd. 1, S. 15; am 1. I. des Jahres 1692, KXSL, j. 154, S. 1b; unter Kaiser QIANLONG, am 1. I. 1735, QLSL, j. 10, S. 1b; unter Kaiser JIAQING, am 1. I. 1797, *Da Qing Renzong rui huangdi shilu*, j. 13, S. 1b. – DQHD (1734), j. 92, nach MZJS2, S. 21a-22b; S. 18a-19b; DQHD (1822), j. 74, n. MZJS2, S. 23b-24b; DQHDSL (1822), j. 411, j. 892, n. MZJS2, S. 27a-28a; *Da Qing tongli*, j. 3, n. MZJS2, S. 16a-17a; *Jiaolang cuolu*, j. 1, S. 2a; *Libu zeli*, j. 107, n. MZJS2; *Manzhou midang*, S. 69, 95; *Manzhou sili ji* (1.), S. 1a-b; *Shuntian fuzhi*, nach CHEN ZONGFAN, S. 179; *Xiaoting zalu*, j. 8, S. 221-222; DEIWIKS, S. 243; UENO, S. 324-326; siehe

In vielgestaltiger Weise wurde der Himmelsgeist, durch himmelwärts zu verbrennende Beschwörungstexte, *shi* 誓 / *gashôn*, ausgedehnte Niederwerfungsriten usw. angebetet. Dabei symbolisierte der Brauch der Prosternation, die der Kaiser *in persona* nur dann ausführte, wenn es sich um eine Referenz an das höchste Wesen, den Himmel, handelte, die totale religiöse Unterwürfigkeit unter eine irrationale Allmacht. In seiner vollen Form, genannt *sangui jiukou* 三跪九叩 / *ilan jergi niyakôrafi uyun jergi hengkilembi*, „dreifaches Niederwerfen und neunmaliger Stirnaufschlag", deutet die Zahl Neun, die größte der einstelligen Zahlen, die Höchststufe der Ehrenbezeugung an.[561] Ein solches Zeremoniell war im sonstigen Hofleben besonders aus kaiserlichen Audienzen bekannt, bei denen jeder Untertan sich vor dem Kaiser niederzuwerfen hatte – eine Vorschrift, die auch ausländische Gesandte zu beachten hatten.[562] – Dieser seit dem Mittelalter nachweisbare, devotionale Usus, der auch bei den *Jürchen* oder z. B. bei dem Khan HONG TAIJI um 1638 belegt ist, fand unter dem Stichwort *Kotow, Kowtow* – heute meist ungenau *Kotau*, d.i. *koutou* 叩頭 – in der europäischen Literatur Erwähnung.[563]

---

auch die detaillierte Beschreibung bei HARLEZ (1893), S. 181-184. – Von den Kaisern bedachte FULIN den *Tangzi* nur selten mit seinem Besuch SZSL, j. 105, S. 89. In der Nach-QIANLONG-Ära besuchten die Kaiser den *Tangzi* unterschiedlich oft, so am häufigsten die Kaiser DAOGUANG (reg. 1822-1850) etwa 30-mal und Kaiser GUANGXU (reg. 1875-1908) 24-mal, dagegen die Kaiser XIANFENG (reg. 1851-1862) etwa 10-mal und TONGZHI (reg. 1862-1875) nur 2-mal.

[561] Die abgeschwächte Form, *sangui sankou* 三跪三叩 / *ilan jergi niyakôrafi ilan jergi hengkilembi*, setzte sich aus jeweils dreimaligem Knien und Stirnaufschlagen zusammen.

[562] E. H. PRITCHARD, *The kotow in the Macartey Embassy to China in 1793*, in: Far Eastern Quaterly, 2,2 (1943), S. 163-203.

[563] JULIUS KLAPROTH (1783-1835) vermerkt in seinem *Archiv für asiatische Litteratur*, Bd. 1 (1810), S. 223, hierzu: „Knieverbeugungen gegen Fürsten und Generale werden zu dreien malen wiederholt, indem man jedesmal etwas näher vorrückt. Bei einem Monarchen oder Chan geschieht die Verbeugung neunmal, in drei Pausen." Erinnert sei auch an eine Stelle in dem Reisebericht des Arztes der russischen Gesandtschaft JOHN BELL (1691-1780), der die Begegnung mit Kaiser KANGXI um 1720 schildert. Die Befehle bei dem obligaten dreifachen Kniefall und neunfachen *koutou* wurden indes auf Mongolisch erteilt, nämlich *morgu*, d.i. *mörgükü*, „verbeugen!" und *boss*, d.i. *bosqü*, „aufstehen!"; s. DENIS SINOR, *Linguistic Remarks Pertinent to John Bell's Journey from St. Petersburg to Peking (1719-1722)*, in: Acta Orientalia, Kopenhagen, 32 (1970), S. 233. DQHD, j. 92, S. 1a-2a, 830-831; DQHDSL, j. 411, S. 2b, j. 1181, S. 8a; *Manzhou sili ji* (1.), S. 1b; C. FRIEDRICH, *Kotau*, in: Der Ferne Osten, hgg. v. C. Fink, Bd. II, Shanghai (1904), S. 71-82; HÜTTNER, S. 79; INOUE, S. 80, 93; LORENZ LANGE (ca. 1690-1752), S. 37; SCHMIDT, S. 594; UENO, S. 324, 337; WILKINSON, S. 106; ZHENG TIANTING, S. 38.

An einem solchen Neujahrstag erschien der Kaiser im Ritualgefährt noch vor Sonnenaufgang, zur Doppelstunde *yin* 寅, 3 bis 5 Uhr, in dem mit gelben Fahnen und bunten Stoffen festlich ausgestatteten *Tangzi,* um das komplexe Hochzeremoniell auszuführen. Geleitet wurde er von engeren Sippenangehörigen, später auch von manjustämmigen zivilen und militärischen Beamten des ersten Ranges[564]. Für einem solchen Anlaß waren bereits zuvor, am 26. Tag des XII. Monats des Vorjahres, die benötigten buddhistischen Kultfigurinen *Fucihi* und *Fusa* aus dem Buddhaschrein[565], *foting* 佛亭, des *Kunning gong*-Palastes von Beamten des Palastzeremoniells, *sizu guan*[566] 司俎官, herübergebracht und in der Haupthalle *Jishen dian* plaziert worden.

Dieser Neujahrskult im *Tangzi,* für dessen Durchführung das Staatshandbuch *Da Qing huidian tu*[567] einen eigenen Aufstellungsplan bietet, war stets die erste und vorrangigste Aktion des Kaisers zu Jahresbeginn.[568] Das Zeremoniell begann in der Haupthalle *Jishen dian* und endete mit den Verbeugungen in der Rundhalle *Huandian.* Erst danach folgte der Kult für die Ahnen, dem sich sonstige höfische Audienzen und Festlichkeiten anschlossen.

(2.) ***yufo***[569]浴佛 / *Fucihi oboro dorolon*

Am 8. Tag des IV. Monats, zu Buddhas Geburtstag, praktizierte man seit 1636 den Kult des „Buddhabades", Sanskrit *Buddhasnāna,* mit seinen Speiseopfern. Wie beim Neujahrskult (s. o.) wurden an diesem Tag bronzene Buddhastatuen, die im Depot des *Kunning gong*-Palastes eingeschreint waren, in die Haupthalle *Jishen dian* gebracht und dort aufgestellt. Nach entsprechenden Anbetungen durch die Schamaneninnen wurden die Figurinen mit speziellem, im Palast hergestelltem Honigwasser übersprüht, ausgiebig verehrt und später wieder zurückgebracht. Für die Musik der Buddhaverehrung in der Haupt-

---

564 *Libu zeli,* j. 112, S. 3a; INOUE, S. 89-90; ausführlich bei SHIROKOGOROFF (1935), S. 219-233, und SCHMIDT, S. 638-644; s. a. RAWSKI, S. 239, 371-372.

565 Teil 3.4.2.

566 HUCKER, Nr. 5794.

567 DQHUtu, j. 5, Nachdruck, Bd. 2, S. 1.119.

568 *Renhai ji,* j. 2, S. 75; ISHIBASHI, S. 48-52.

569 *Jiaolang cuolu,* j. 1, S.2a; *Shuntian fuzhi,* nach CHEN ZONGFAN, S. 179; DQHUSL, j. 1182, S. 1a flg.; *Xiaoting zalu,* j. 8, S. 232; DEIWIKS, S. 244; ISHIBASHI, S. 76-78; LESSING (1959); SHI GUANGWEI (2003), S. 221-222; UENO, S. 335-336.

halle sowie der anschließenden Fürbitten an die Geister *Niohon taiji* und *Uduben beisi* im Rundtempel *Huanian* standen je ein Spieler der Lauteninstrumente *pipa* und *sanxian*[570] zur Verfügung. – Weitere jährlich einmal auszuführende, hier nicht näher beschriebene Kulte sind für den 2. Tag des I. Monats (Opfer an die Vorfahren), und den 26. des XII. Monats verbürgt.[571]

4.3.3 Halbjährliche Kulte

(3.) *ligan daji*[572]立桿大祭 / *siltan tukiyembi*

Im Frühling, im II. oder IV. Monat, und Herbst, im VIII. oder X. Monat, am 1. und 2. Tag des Neumonds, *yueshuo* 月朔, fand das hochgeachtete, große Opfer an den Schamanenstangen[573] statt, das man auch Frühlingsopfer, *chunji* 春祭 / *niyengniyeri amsun*, bzw. Herbstopfer, *qiuji* 秋祭 / *bolori amsun*, nannte. Es war eine Festzeit mehrtägiger Ritualien, genannt *diji* 禘祭 / *ambarame wecen*, das an den Himmelsgeist mit Einschluß der Ahnengeister gerichtet war und – nach einleitenden Aktionen in der Haupthalle *Jishen dian* – an den Schamanenstangen des *Tangzi* vollzogen wurde Diese Zeremonien, die auch *Buddha* und *Guandi* einschlossen, mit der Opferung mehrerer Schweine vollführte meist der Kaiser als oberster Herrscher mit Familienangehörigen allein ohne Mitwirkung von Schamanen. Für die jeweils neu zu errichtenden Schamanenstangen stellte das Hofverwaltungsamt, *Neiwu fu* 內務府 / *Dorgi baita be uheri kadalara yamun,* einen Monat vorher neue Baumstämme bereit, die am Vortag auf die vorbereiteten Steinsockel aufgepflanzt und mit gelben Stoffen drapiert wurden. Bei der Begleitmusik verwendete man je eine Laute *pipa* und *sanxian* sowie 10 Holzklappern, *poban* / *carki.*

---

[570] Zu den hier und im Folgenden genannten Geistern und Musikinstrumenten siehe Teile 4.4.3 und 4.7.

[571] DQHDSL, j. 893, nach MZJS2, S. 28a-b; *Xiaoting zalu,* j. 8, nach MZJS2, Heft 1, S. 51b, (1980), S. 231-232; siehe die japanische Beschreibung in *Tôdô meishô zue,* j. 3, Bildtext, S. 20a; DU JIAYI, S. 47; HARLEZ, S. 32; SHI GUANGWEI (2003), S. 222; UENO, S. 335 etc.

[572] DQHDSL, j. 1181, S. 12; *Da Qing tongli,* j. 3, nach MZJS2, S. 16a-b; *Libu zeli,* j. 107, nach MZJS2, S. 19b-20b; MZJS, j. 3, S. 18b-19a; HARLEZ (1893), S. 180, 185-187; ISHIBASHI, S. 66-75, 153-158; MENG SEN, Bd. 3, S. 1275, 1281; MEYER (1989), S. 230; SHIROKOGOROFF (1935), S. 144, 219-221, 308-314; UENO, S. 326-327; URA, S. 121. Zu den Zeremonialdaten s. a. JIANG (1995), S. 18-19.

[573] Teil 4.2.1 (6.)

(**4.**) ***dao ma***[574]*禱馬 / morin-i jalin wecembi,*

ji ma(shen) 祭馬神.

Ein weiteres Zeremoniell, das zweimal im Jahr, im Frühling, am 22. II., und Herbst, am 28. VIII., praktiziert wurde, war das Opfer an den Pferdegeist. Zu diesem Behufe wurden vom Kaiserlichen Gestüt, *Shangsi yuan*[575]上駟院, 10 bis 40 mit bunten Bändern geschmückte Schimmel, *mawei shuan choutiao* 馬尾拴綢條 / *sorihalambi,* vor der runden Halle *Huandian,* plaziert. Im Innenraum beschworen Schamanen vor grüner Ausstattung den Pferdegeist, indem sie Schweineopfer darbrachten. Dies geschah etwa gleichzeitig und mit größerem Aufwand im Pferdetempel beim Palast *Kunning gong.* Auch hier verwendete man zur Musikbegleitung je eine *pipa* und *sanxian* sowie eine unbestimmte Zahl von Holzklappern, *poban / carki.*

4.3.4 Monatliche Kulte

(**5.**) ***yueji***[576]月祭

shangxi shenting yueji 尚錫神亭月祭.

Zu Monatsbeginn[577], *shuori* 朔日, fand, vom Kaiserlichen Haushaltsamt, *Neiwu fu,* geleitet, ein besonderer Himmelskult in der Rundhalle *Huandian* und im Nebentempel *Shangshen dian* statt, bei dem auch die Geister der Feldfrüchte Verehrung fanden. Bei der Zeremonialmusik kamen auch je eine *pipa* und *sanxian* sowie Holzklappern, *poban / carki,* und dazu noch Geisterschwerter, *shendao / halmari,* zum Einsatz.

4.3.5 Unregelmäßig veranstaltete Kulte

(**6.**) ***zhengtao dashi*** 征討大事 und ***gaocheng li*** 告成禮

Nach alter Sitte besuchten seit der Frühzeit die manjurischen Herrscher, meist begleitet von zahlreichen Angehörigen unterschiedlicher Truppenformationen, den *Tangzi,* um bei den Geistern einen erfolgreichen Verlauf ihrer

---

[574] *Rixia jiuwen kao,* j. 65, S. 4b; *Tingyu congtan,* j. 11, S. 220; *Qingshi gao,* j. 85, S. 2557; *Xiaoting zalu,* j. 8, S. 230; GCGS, j.19, S. 4b-5a; DQHDSL, j. 1182, S. 5a-b; DEIWIKS, S. 289; ISHIBASHI, S. 78-80; UENO, S. 336.

[575] Eine Unterabteilung des Kaiserlichen Haushaltsamts, *Neiwu fu*; HUCKER, Nr. 5064.

[576] *Xiaoting zalu,* j. 8, S. 231; DEIWIKS, S. 244; MURATA (1935), S. 102-106; INOUE, S. 60-63; RAWSKI, S. 237, 371; SHI GUANGWEI (2003), S. 221; UENO, S. 329-330.

[577] Im I. Monat jedoch erst am 3. Tag.

militärischen Aktionen zu erflehen oder Danksagungen nach Siegesfeiern abzustatten.[578] Hierzu gehörte auch die *jidao* 祭纛 / *turun-i wecen* genannte Flaggenweihe der Acht Militärbanner. Der Kult fand unter entsprechender Kriegsausstattung mit den Drachenfahnen des kaiserlichen Lagers vorwiegend in oder vor der Rundhalle *Huandian* statt, und zwar begleitet von Militärmusik, die von einem Dutzend Musikern mit mongolischen Schalmeien, *huajiao* 畫角, und Hunderter Muschelhörner, *hailuo* 海螺, gestaltet wurde. Hieran nahmen ausschließlich hohe Militärpersonen teil. Im Unterschied zu den sonstigen Kulten, bei denen der Kaiser im jahreszeitlich wechselnden Ritualgewand[579], *lifu* 禮服 oder dem Festornat, *gunfu* 袞服, auftrat, erschien er hier in Kriegskleidung[580], *wu bianfu* 武弁服, mit dem charakteristischen eisernen Spitzhelm mit weißem Haarbusch und vollzog auch hier den dreimaligen Kniefall und neunmaligen *Koutou* vor dem Himmelsherrscher.

Aus solchem Anlaß besuchte z. B. Kaiser FULIN / SHUNZHI[581] am 1. X. (18. Nov.) 1645 den *Tangzi*, ebenso Kaiser KANGXI[582] vor seinem Feldzug gegen den mongolischen Oiratenfürsten GALDAN[583] 噶爾丹 (1644?-1697) am 30. II. (1. April) des Jahres 1696 sowie Kaiser YONGZHENG[584] am 9. IX. (7. Okt.) 1723 und Kaiser QIANLONG[585] am 3. des XI. Monats (22. Dez.) 1748 und am 29. IV. (13. Juni) des Jahres 1749 anläßlich seines Sieges über das tibetische Goldstromland[586], *Jinchuan* 金川.

---

[578] *Xiaoting zalu*, j. 8, S. 222; *Shuntian fuzhi*, n. CHEN ZONGFAN, S. 179; BRUNNERT-HAGELSTROM, Nr. 573 C; DEIWIKS, S. 244-245; ISHIBASHI, S. 81-90; RAWSKI, S. 337, 371; UENO, S. 336-338; hierzu siehe auch Kapitel „Militärrituale", in DQHDSL, j. 411, S. 1a-18b, sowie die oben in Teil 3.5 angeführte Belege.

[579] DQHD (1904), j. 26, S. 240.

[580] ZHOU XIBAO 周錫保, *Zhongguo gudai fushi shi* 中國古代服飾史, Beijing: Zhonghua xiju (1984), S. 378.

[581] SZSL, j. 21, nach TIE (1991), S. 737.

[582] *yi Tangzi xingli* 詣堂子行禮, KXSL, j. 171, S. 22b; weitere Besuche Kaiser KANGXIs im *Tangzi*: IV. Monat 1644; I. Monat 1674; V. Schaltmonat 1675; XI. Monat 1718.

[583] HUMMEL, S. 265-268; WOLFGANG ROMANOWSKY, *Die Kriege des Qing-Kaisers Kangxi gegen den Oiratenfürsten Galdan*, Wien: Verlag d. Österr. Akademie d. Wissenschaften (1998).

[584] SSL, j. 11, nach TIE (1991), S. 738.

[585] *Qingchao tongdian*, j. 43, S. 2262; QLSL, j. 328, S. 420.

[586] DQHD, j. 45, S. 21a-22a, j. 65, S. 2a-b; *Qingchao wenxian tongkao*, j. 99, S. 5719a; *Xiaoting zalu*, j. 10, S. 59; ERICH HAENISCH, *Das Goldstromland im chinesisch-tibetischen Grenzgebiete,*

(7.) *beideng ji*[587]背燈祭 / *tuibumbi*

tuibumbi, eigentlich „aufstellen, zur Schau stellen", hier wohl nach älterer Bedeutung wie < jürchenisch *tuibun,* „bitten, einladen, beten". [588]

Als Besonderheit ist das auch im Palast *Kunning gong*[589] ausgeführte „Opfer nach dem Löschen der Laternen" zu nennen, dessen Hintergründe bislang nicht sicher geklärt sind. Ursprünglich scheint der Kult Astralgeistern, den Göttern der nächtlich leuchtenden Sterne, gegolten zu haben, daher manchmal auch *ji jixing* 祭七星 / *amasi bumbi,* „nach Norden [an den Polarstern] opfern", genannt. Manche Autoren führen auch weibliche Gottheiten, *Omosi mama*[590] etc., an und deuten die Handlung als eine Art Fruchtbarkeitskult, bei dem man aus Schamhaftigkeit[591] die mitternächtliche Zeit wählte und „die Laternen löschte".[592] Es wäre nicht auszuschließen, daß die für diese Kulte vorgeschriebene Dunkelheit auch damit zusammenhängt, daß für

---

in: SVEN HEDIN, Southern Tibet, Bd. 9, Teil 4, Stockholm: Gen. Staff Swedish Army (1922), S. 67-130; HAENISCH, *Die Eroberung des Goldstromlandes in Ost-Tibet,* in: Asia Major, 10,2 (1935), S. 262-313; MO, S. 194.

[587] *Langqian jiwen sibi,* S. 97; *Qingshi gao,* j. 85, S. 2557-2558; ISHIBASHI, S. 20, 152 u.ö.; LIU HOUSHENG (1992), S. 135, (1992[II]), S. 210; SHI GUANGWEI (2003), S. 226-227; STARY (1993), mit Texten und Interpretationen von 7 *tuibumbi*-Gebeten; WANG HONGGANG, S. 90-91.

[588] JIN (1984), S. 89: *qing* 請, wohl ohne Äquivalent in tungusischen Sprachen.

[589] SCHANG, S. 69, vermerkt nach dem Kenntnisstand von ca. 1915, daß dieser Kult im *Kunning gong* zum Nachmittagsopfer um 14 Uhr gehörte, bei dem die Vorhänge zugezogen wurden, so daß eine mystische Atmosphäre entstand.

[590] Teil 4.4.3.

[591] G. STARY (1993), S. 27, führt eine Variante der unten in Teil 4.4.3, *Wali mama,* skizzierten Legende um NURHACI und General LI CHENGLIANG 李成梁 (1526-1618) in der Volksüberlieferung an, nach der NURHACI, der durch bestimmte Körpermerkmale als Held der Geschichte auserlesen war, durch Verrat einer Konkubine vor der Ermordung durch LI CHENGLIANG bewahrt wurde. Als diese danach im Schlaf von Schergen unbekleidet überwältigt und mit dem Tode bestraft worden war, befahl NURHACI, daß die zukünftigen Opferzeremonien für die Verstorbene in Dunkelheit zu geschehen hätten. Eine weitere Variante dieser Legende ist dort angefügt.

[592] Nach der Definition im ‚Wörterspiegel', s. MEYER (1982), S. 178: „Nach Beendigung der Opfer am Abend die Lampen auslöschen und darauf noch einmal beten."

> „die Völker Nordasiens die andere Welt ein umgekehrtes Bild der unseren“ ist; „wenn es auf Erden Tag ist, ist es im Jenseits Nacht.“[593]

An Musikinstrumenten verwendete man neben mehreren Holzklappern, *poban / carki*, eine Faßtrommel, *gu / tungken*, und kleine Hüftschellen, *yaoling / siša*, jedoch keine Saiteninstrumente.

Eine kurze Schilderung dieses Zeremoniells nach BIČURIN, ohne den Namen dieses Kults zu nennen, findet sich bereits bei WILLHELM SCHOTT[594]:

> „[…] Ist dieser Ritus [der Schamanin] viermal vollzogen, so zieht man den Vorhang wieder auf, entriegelt die Pforte der Halle, zündet die Laternen wieder an, trägt das Opferfleisch fort und nimmt die Bilder der *Ongot* [Geister] herunter.“

4.3.6 Opferhandlungen

Seit Beginn der *Qing*-Dynastie unterschied man bei den staatlichen Opfern, die man sich im Ursprungsstadium als Präsentation von Beuteerträgen an die Geister und damit Dank für deren Hilfe vorstellen kann, zwischen drei Kategorien[595], den „großen“, *dasi* 大祀, den „mittleren“, *zhongsi* 中祀, und den „gewöhnlichen“, *qunsi* 群祀, Opfern.

Der Kult am Himmelstempel, *nanjiao dasi* 南郊大祀, den der *Qing*-Kaiser FULIN am 1. X. (30. Okt.) 1644, bereits etwa eine Woche nach seinem Eintreffen in *Beijing* zum ersten Mal zelebrierte, um sich als neuen Herrscher ‚anzumelden‘, zählte zusammen mit dem Dienst im kaiserlichen Ahnentempel zu den „großen Opferungen“. Diese waren mit einer dreitägigen Fastenvorbereitung[596] bei dreizehn Gelegenheiten im Jahr unter persönlicher Beteiligung des Kaisers auszuführen. In welcher Weise sich die in schamanistischer Umgebung darzubringenden Himmelsopfer von denen des großen Himmelstempels unterschieden, bleibt noch festzustellen.

---

[593] ELIADE (deutsch), S. 199.

[594] SCHOTT (1842), S. 466.

[595] *Qingshi gao*, j. 82, S, 2485; DQHUSL, j. 129-165.

[596] Die Fastenvorschriften verboten das Verzehren von Fleisch und Gewürztem. Weiterhin waren Bankette, Musikvorführungen, Kontakte zu Frauen, zu Kranken und Sterbenden sowie Enthauptungen untersagt. – Aus solchem Anlaß trugen die Beteiligten zur Mahnung kleine, meist kunstvoll gestaltete Plaketten am Gürtel mit der Aufschrift *zhaijie* 齋戒 / *bolgomi targa*, „Faste und meide!“ Siehe die Abbildung auf dem Umschlag.

Die schamanistischen Opferungen, *sheng* 牲, bei den Geisterbeschwörungen, *wecembi*[597] / *ji shen* 祭神, hier oft *yaoqing* 邀請 / *solimbi*, „zum Essen einladen“, *jijiu* 祭酒 / *cacumbi*, „Trankopfer darbringen“, *sajiu* 洒酒 / *hithembi*, „Trankopfer versprengen“, auch *wecembi, desihimbi* u.a. genannt, ähnelten denen der chinesischen Totenriten. Zu unterscheiden sind:

(**1.**) Blutopfer von Tieren, meist von Schweinen, seltener von Rehen, Dachsen, Hunden, Schafen, Hühnern, Enten, Fischen; beim Himmelsopfer auch von Ochsen. – Blut als Lebensträger galt als besonders wirkungsvoll.

(**2.**) Opfer von gekochtem Fleisch, vorwiegend von besonders gezüchteten und gefütterten Schweinen, selten auch von Fischen oder Wild, oft genannt *zhu bobo huanyuan* 豬餑餑還愿 / *jailama balhambi*, volkstümlich auch *suwayan bumbi*, „Gelbes opfern“, wobei die Portionen, *sori*, meist in neun Teilen präsentiert wurden, *jiujiu bagong* 九九擺供 / *sori sahambi*. Dabei schloß das Ritual ein genaues Zerteilungsverfahren ein, bei dem „kein Knochen auch nicht nur die geringste Spur von Beschädigung zeigen darf.“[598]

(**3.**) Opfer von Vegetabilien, Getreideprodukten, Gebackenem, darunter einer Art Weizen- oder Hirsegebäck, *bobo* 餑餑, *gao* 餻 / *efen*, das sonst für Neujahrsspeisen charakteristisch war, oder einer Art Kornbrei, *nian fan* 粘飯 / *doboro lala*, oder auch von Backwerk aus Mehl von Weizen, Bohnenmehl etc.

(**4.**) Opfer von alkoholischen Getränken, die meist unmittelbar im Tempel oder im ‚Geisteramt‘, *Shenfang*[599] 神房, aus Hirse (*Panicum miliaceum L.*), *shumi* 黍米 / *fisihe*, hergestellt wurden und vorzugsweise für die Ahnengeister in der Unterwelt gedacht waren.

(**5.**) In zweiter Linie ist auch das Opfer von Gegenständen, Seidenstoffen, Haaren, Blüten oder sogar Schriftstücken zu erwähnen.

Zu den Tieropfern ist zu vermerken, daß man für die Zeremonien im *Tangzi* wohl kaum mehr als eine Hundertzahl von Tieren pro Jahr verbrauchte, während sich die für den Himmelstempel benötigte Anzahl auf etwa viertausend belief.[600]

Als Ordal, als Zeichen, daß die Geister die Opfer angenommen haben, galt u.a., daß das geschlachtete Tier sein Ohr bewegte, wenn der Schamane

---

[597] unklare Etymologie; CINCIUS, Bd. 1, S. 132.

[598] RADLOFF, S. 26. FINDEISEN, S. 38, spricht von einem „Zerstückelungsritual“ in Zusammenhang mit den magischen Jagdriten.

[599] Teil 4.6.1.

[600] Teil 1.3.3.

den Opferwein in dessen Ohr goß. Die Opferhandlung endete meist mit einem Mahl für die Anwesenden. Die Speisen wurden dabei nicht mit Stäbchen, sondern in antiker Weise mit den Fingern gegessen.[601]

4.4 Im Tangzi zu verehrende Geister

4.4.1 Die Geistervorstellungen der Manjuren und die Gestalten ihres Pandaimonions schließen historisch an die ihrer Vorläufer der *Jin-* und *Yuan*-Dynastie sowie an nordasiatische Traditionen an und umfassen bezüglich der Verehrung von Natur- und auch Ahnengeistern zusätzlich einen wenn auch kleinen Anteil der chinesischen Überlieferung. Die einheimischen Namen haben indes meist keine Entsprechung im Bereich der chinesischen Volksreligion. Ab einem höheren Entwicklungsstadium, insbesondere nach der Eroberung des Reiches, spielte unter chinesischem Einfluß die dem Schamanismus ursprünglich recht fremde buddhistische Glaubensvorstellung eine nicht unbedeutende Rolle. SHIROKOGOROFF betont den starken Einfluß des Buddhismus auf die manjurische Religion in der Frühzeit.[602] WILHELM SCHOTT[603] hatte 1842 dazu bemerkt:

> „Durch Aufnahme der drei letztgenannten Intelligenzen [d.i. *Fucihi, Fusa* und der unten genannte Lokalgeist *Guwan mafa*] unter ihre nationalen *Ongot* [Geister] haben die Mandju also den Chinesen und ihren budd'istischen Unterthanen sich gefällig bewiesen."

SCHOTT stellt indes auch ein Merkmal der Unvereinbarkeit beider Glaubensrichtungen heraus, indem er auf die gegensätzliche Haltung der Buddhisten und Schamanen bezüglich der Opferung von Tieren hinweist, das die Buddhismusanhänger als

> „schwerste Todsünde" betrachten; „denn eine solche ist das Tödten und Schlachten jeder lebendigen Creatur".

[601] *Heilongjiang waiji*, S. 20b; *Xiaoting zalu*, j. 8, S. 280 j. 9, S. 279-280; *Zhuye ting zaji*, j. 3, S. 61; zwei chinesische Ritualtexte dazu finden sich in *Jiameng xuan congchu*, S. 250, 252; DEIWIKS, S. 355; HARLEZ (1893), S. 31; ISHIBASHI, S. 203-208; JIANG XIANG-SHUN (1995), S. 31-42; MO, S. 205; RAWSKI, S. 234; SHIROKOGOROFF (1935), S. 199-201; SCHMIDT, S. 635-639; SONG HEPING (1993), S. 23, 392.

[602] SHIROKOGOROFF (1935), S. 282-285. Wahrscheinlich spielte der tibetisch-lamaistische Einfluß, der unter Kaiser QIANLONG einen Höhepunkt erreichte, eine wichtige Rolle.

[603] SCHOTT (1842), S. 467-468.

Obwohl die in folgender Liste 4.4.3 genannten beiden Buddha-Inkarnationen, *Fucihi* und *Fusa*, in schamanistischem Zusammenhang ursprünglich fremd waren, verwendete man sie *more sinico* vor allem als Wächtergeister entlang des „Weges", *lu* 路 / *jugôn*, und auch als Helfer bei Krankheiten. In letzterem Gebrauch waren sie in der Lage, auch Schaden zu verursachen, so daß die Schamanen mit ihnen zu kämpfen hatten. Offenbar versuchte man im Zuge der Anpassung, den Koryphäen anderer Glaubensrichtungen auch Gelegenheit zu bieten, ihre Wirkkraft zu beweisen. Es entstand ein Verwirrspiel der anzubetenden Gestalten, deren Herkunft und Umkreis für Außenstehende ohnehin undurchschaubar war.

„Welche Namen deren Geister auch haben, niemand kennt sie."[604]

So ergab sich, daß man im 19. Jahrhundert bei entsprechenden Beschreibungen den manjurisch-schamanistischen Anteil unterbewertete oder ganz übersah und fast ausschließlich der traditionell-chinesischen Elemente erinnerte. Charakteristisch hierzu erscheint eine überlieferte Sammlung von Beispielen in der Lokalmonographie *Heilong jiang zhigao,* die den zu Beginn des 20. Jahrhunderts in den chinesischen Nordost-Provinzen gebräuchlichen Grundwortschatz (chinesisch, manjurisch, mongolisch, dagurisch, solonisch, orochonisch) zusammenfaßt. Unter der Rubrik „Geister und Gespenster", *shenguai lei* 神怪類, finden sich Einträge, die fast ausschließlich volksreligiösen Quellen entstammen und die die schamanistische Tradition kaum mehr berühren:[605]

shen 神 / *enduri* [Geist], *fo* 佛 / *fucihi* [Buddha], *pusa* 普薩 / *fusa* [Bodhisattva], *tudi* 土地 / *banaji* [Schutzgeist des Bodens], *chenghuang* 誠隍 / *ceng hôwang* [Stadtgott], *zaojun* 竈君 / *jun-i ejen* [Herdgeist], *longwang* 龍王 / *muduri han* [Drachenkönig], *huoshen* 火神 / *tuwai enduri* [Feuergeist], *caishen* 財神 / *ulin enduri* [Geist des Reichtums], *xishen* 喜神 / *urgun enduri* [Segensgeist], *guishen* 貴神 / *wesihun enduri* [Wohlstandsgeist], *fushen* 福神 / *hôturi enduri* [Glücksgeist), *shouxing* 壽星 / *jalafun enduri* [Geist des langen Lebens], *gui* 鬼 / *hutu* [Dämon], *guai* 怪 / *ganio* [Omen, Wunder], *mo* 魔 / *ari* [böser Geist], *hanba* 旱魃 / *yeca* [Yaksha, Dämon], *yaoqing* 妖精 / *ibagan* [Kobold].

[604] *Qinggong yiwen*, j. 2, S. 34.

[605] *Heilong jiang zhigao*, j. 7, S. 40b-41a; hier sind nur die chinesischen und manjurischen Anteile wiedergegeben.

4.4.2 Charakteristisch für die ältere schamanistische Volksüberlieferung sind die unterschiedlichen, meist segenbringend gedachten Geisterwesen, die mit vertrauenerweckenden Respektstermini, wie *Mama*[606], „Großmutter", oder *Mafa*[607], „Großvater", versehen sind. Zu bemerken ist hier, daß man bei der Namenswahl auch manche Geister, um sie gewogen zu stimmen, in menschlich höflicher Weise mit entsprechenden Adelstiteln oder Höflichkeitsanreden belegte, wie *beise*[608], „kaiserlicher Prinz"; *janggin*, „Banneroffizier, General"; *katun*, „Prinz"; *noyan*, „Prinzessin"; *taiji*, „Kronprinz", *ahôn*, „älterer Bruder" etc. [609]

Bei der großen Zahl der bisher nachweisbaren Namen sind die Eigenschaften und Hintergründe, die den schier unentwirrbaren Synkretismus dieser religiösen Konfiguration widerspiegeln, noch weitgehend ungeklärt. GIOVANNI STARY[610] konnte aus 20 Quellentexten insgesamt etwa 850 Geisternamen der Manjuren zusammenstellen. Reiches Material bietet auch das bisher kaum ausgeschöpfte Werk von SHIROKOGOROFF[611], der die Geister, von denen auch viele zu den Klan- oder Ahnengeistern gehören, in 12 Untergruppen einteilt; in seinem *Index of Spirits* verzeichnet er ca. 500 Namen von Geistern bei den tungusischen Völkerschaften. Im Unterschied zu diesem volksnahen Schamanismus, dessen Kult eine unermessliche, landschaftlich stark wechselnde Vielzahl von Geistern umfaßt, scheint sich

---

[606] *mama*, manjurisch, solonisch, orokisch, nanaisch etc., „Großmutter", auch „Pocken"; CORFF, Nr. 2655, 3. – Interessant zu bemerken ist, daß auch südamerikanische Völker der Anden über Geisternamen verfügen, die auf *mama* enden, wie *Pachamama*, *Yacumama* etc.

[607] *mafa*, Plural *mafari*, orochonisch, nanaisch etc. *mapa*, „alter Mann, Großvater".

[608] Der jürchenisch-manjurische Adelstitel *beise* – später kaiserlicher Prinz 4. Ranges – geht auf *beile* – kaiserlicher Prinz 3. Ranges – zurück; *beile* < jürchen. *bəgilə*, JIN, S. 210, orhontürkisch *boila*, cf. türkisch *bäg*, „Chef"; wolga-bulgarisch *bogle*, altbulgarisch *boljarin*, russisch *bojarin*, „Bojar" etc.; K. H. MENGES, *Problemata etymologica*, in: Studia Sino-Altaica, Festschrift für Erich Haenisch zum 80. Geburtstag, Wiesbaden: Harrassowitz (1961), S. 130-139 etc.

[609] Teil 4.4.3.

[610] STARY (1998), S. 115-139.

[611] SHIROKOGOROFF (1935), S. 122-176, Index S. 452-455 u.ö.; ders. (1935), S. 143-147, 160-167, (1935[II]), S. 64-66; SCHMIDT, S. 632-633. Die Textsammlung von SONG HEPING (1993), S. 366-368, registriert 47 Geisternamen. Namenslisten finden sich auch in *Qingshi*, j. 86, S. 1077; *Qinding baqi tongzhi*, j. 91, S. 11b, 6256; *GCGS-xubian*, j. 26, S. 1a-b u.ö.; weiterhin BIČURIN (1848), Ausgabe 1912, H. 4, S. 28; CINCIUS, S. 132; de HARLEZ (1887), S. 13-16; JIANG XIANG-SHUN (1995), S. 43-61; MENG SEN (1959), S. 316-318.

die kaiserliche, ‚gehobene' Spielart des *Tangzi*-Schamanismus auf eine übersehbare Anzahl bewährter, mächtiger Geister beschränkt zu haben, deren Auswahl wahrscheinlich aus historischen Traditionen der großen Familienklans abzuleiten ist.

Bei den Erklärungsversuchen ist zu bemerken, daß es sich hier um eine mehrhundertjährige Überlieferung handelt, für die kaum ergiebige schriftliche Aufzeichnungen existieren. Man kann zudem vermuten, daß die in der Frühzeit nur mündlich weitergegebenen Kenntnisse um die Geister im Laufe zunehmender Sinisierung und Beeinflussung durch den Ahnenkult immer mehr verblaßten und schließlich fast ganz erloschen; denn zu Dynastieende

> „kannte sie niemand mehr."[612]

Unter den letzten Kaisern war der überkommene Schamanismus vermutlich zur Nebensache herabgesunken, und man versuchte, ‚es allen recht zu machen'. Nach der Aussage von PUJIA[613]溥佳 / PU GIYA (1908-1949), eines nahen Verwandten des letzten Kaisers PUYI 溥儀 / PU I (1906-1967), pflegte das Herrscherhaus in der Spätzeit nicht nur halbherzig den Traditionskult weiter, sondern auch – angepaßt an die chinesische Lebensart –

> „Buddhismus, Taoismus, Lamaismus, Guan Yu, Sonne, Mond und Gestirne"; denn „sie glaubten an alles."[614]

Zweifel an der Klarheit religiöser Ausrichtung der Manjuren hatte schon der Gutsherr und Amateurhistoriker GEORG AUGUST v. BREITENBAUCH (1731-1817) ausgedrückt:

> „Die Mandschu bekennen sich weder zur Lehre des Fo [Buddhismus], noch zur sinesischen (des Konfutsee), doch scheinen sie ihre gottesdienstlichen Grundsätze aus beiden zusammen gesezt zu haben."[615]

---

612 *Manqing waishi,* j. 1, S. 2a; *Jiaolang cuolu,* j. 1, S. 1b etc. Siehe auch *Qingshi gao,* j. 85, S. 2570; KÖRNER (1955), S. 175-193; MO, S. 199; SHIROKOGOROFF (1935), S. 219-224.

613 PUJIA war der älteste Sohn von PUYIs Onkel ZAITAO 载涛 (1887-1968); HUMMEL, S. 386; JOHNSTON, S. 81, 384-389; GIMM (1987), S. 37.

614 PUJIA, S. 121.

615 BREITENBAUCH (1788), S. 143.

Die imperiale Religion und Religiosität, die der staatliche Konfuzianismus[616] ignorierte oder zumindest restringierte, war in institutionalisierter Form zu einem weitgefächerten, mit buddhistischen, lamaistischen und anderen Elementen vermischten Polydämonismus geworden, der sich maßgeblich von seinen Wurzeln, dem volksnahen manjurischen wie auch nordasiatischen Schamanismus, unterschied und einem pragmatischen Nutzenkalkül gehorchte.

Im Folgenden sei versucht – nach Ordnung der manjurischen Bezeichnungen – eine Liste der wichtigssten, mit dem *Aisin gioro*-Klan verbundenen Geisternamen des kaiserlichen Schamanenkultes mit einigen ergänzungsbedürftigen Erklärungen zusammenzustellen.[617]

4.4.3 Geister des *Tangzi*[618]

Abkai enduri[619] / *Tianshen* 天神 – KN[620],

---

[616] Die Lehre des KONFUZIUS / KONGZI 孔子 (551-479 v. Chr.) und seiner Nachfolger ist primär als eine Art Morallehre der Menschlichkeit, *ren* 仁, mit festen Verhaltens- und Ritualvorschriften für Staat, Obrigkeit und Volk anzusprechen. KONFUZIUS hatte sich in seinen Schriften kaum über religiöse oder transzendentale Fragen geäußert; hierzu s. z. B. in den ‚Gesprächen', *Lunyu* 論語, die Stelle 6.22:

> „Man ehre Dämonen und Geister, aber bleibe ihnen fern", *jing guishen er yuan zhi* 敬鬼神而遠之; s. RICHARD WILLHELM, *Kung Futse Gespräche,* Jena (1914), S. 57;

oder *Lunyu* 7.21:

> „Der Meister sprach nie über Außergewöhnliches, Gewaltsames, Rebellisches oder Übernatürliches", *zi bu yu guai li luan shen* 子不語怪力亂神; s. JAMES LEGGE, vol. 1, S. 201.

– Bereits ARTHUR SCHOPENHAUER (1788-1860) schien ‚Defizite' in der Lehre erkannt zu haben und äußerte sich dazu:

> „die Weisheit des Konfuzius, der besonders die Gelehrten und Staatsmänner zugethan sind [... ist] eine breite, gemeinplätzige und überwiegend politische Moralphilosophie, ohne Metaphysik [...], die etwas ganz specifisch Fades und Langweiliges an sich hat."

Die buddhisische Religion bezeichnet er dagegen

> „wegen ihrer innern Vortrefflichkeit und Wahrheit [...] als die vornehmste auf Erden".

SCHOPENHAUER, *Ueber den Willen in der Natur* (1854), in: Kleinere Schriften von Arthur Schopenhauer, Zürich: Haffmann (1991), S. 306-307.

[617] Im Ritenkompendium *Manzhou jishen jitian dianli* finden sich die Geisternamen vorwiegend innerhalb der Gebetstexte, *zhuci* 祝辭 / *forobure gisun*, und zwar ohne jegliche Erläuterung.

[618] Zusätzliche Tiergeister siehe in Teil 2.2.2.

[619] BÄCKER, S. 74, 91-92; CINCIUS, S. 100; HERMANNS, S. 449, 451, 463; INOUE, S. 9; ISHIBASHI, S. 168-175; MENG SEN (1934), Neudruck (1966), Bd. 3, S. 1270; MURATA (1931), S. 3-12;

andere Namen und Anredeformen: *Abka, Abka han*[621], *Abka mafa, Amba abka, Dergi abka, Niohon abka, Niowanggiyan abka* / *(Haotian) shangdi* 昊天上帝, *Haocang* 昊蒼, *Huangtian* 皇天, *Shangtian* 上天, *Zuzong* 祖宗.
– *abka*, „Himmel"; *amba*, „groß"; *dergi*, „oben"; *han*, „Khan, Kaiser", *niohon, niowanggiyan*, „grünblau".[622]

Oberster Herrscher, Gott der Welt und aller Geister, von anthropomorpher Gestalt, Schöpfer der Welt und der Menschen, der jedoch selten in Menschenschicksale eingreift, Überbringer des Feuers, in seiner Konzeption mit der chinesischen Vorstellung vom Himmelsherrscher, *Tianshen* 天神, oder mit tungusisch *Buga*[623] vergleichbar, in der Spätzeit von manchen Autoren mit *Šangsi enduri* gleichgesetzt. – *Abkai enduri* ist den Menschen meist wohlgesinnt, sendet aber bei Straffälligkeit Krankheiten oder Mißerfolge. Sein Wohnort ist im Himmel, in grüner, wohlgestalteter Umgebung, in einer Art Garten Eden. Seine drei Töchter sind Sonne, Mond und Wolken.[624] Er wird bei wichtigen Staats- und Klanereignissen angerufen, z. B. bei bevorstehenden Militäraktionen, bei feierlichen Schwüren, einschneidenden Ereignissen, auch bei Hochzeiten etc. Zeremonien zu seinem Ehren werden sowohl im *Tangzi* wie im Palast *Kunning gong* abgehalten, in ersterem meist in der Mitte des Innenhofes, und zwar vor dem Haupttempel *Jishen dian* an einer Geisterwand, *yingbi* 影壁 / *daldangga* zu morgendlicher Stunde.

Für die Ausübung des Himmelskultes verwendeten die Manjuren ein eigenes Verbum: *metembi*, solonisch *meite-*, udiheisch *meteu*, unklare Etymologie[625]; auch *abka wecembi*, „dem Himmel opfern", *julesi bumbi*[626], „nach Süden geben", entsprechend chinesisch *baitian* 拜天, *jitian* 祭天, *huanyuan* 還愿.

OSHIBUCHI (1966); SHIROKOGOROFF (1935), S. 123-126, 226-227 u.ö.; ders. (1935^II), S. 50-51; SCHMIDT, Bd. 10, S. 521-526, 535, 629-631, Bd. 12, S. 226; URAY-KÖHALMI, S. 29; *Zhongguo ge minzu*, S. 397.

[620] Zur Markierung der nachweislich auch im internen Kult der Palasthalle *Kunning gong* festgestellten Geisternamen ist hier die Abkürzung KN angefügt; MO, S. 195-196.

[621] So im Wörterspiegel, CORFF, Nr. 2653.

[622] Diese Rubrik enthält einige Erklärungen zu den vorgenannten manjurischen Wörtern.

[623] DOERFER-KNÜPPEL, Nr. 1601; negidalisch *boγa*, orochisch *boá*, ewenkisch *buga*, „Himmel, Gottheit", mongolisch *boγda*, „heilig".

[624] Nach anderer Tradition hatte er sieben Töchter; SHIROKOGOROFF (1935), S. 123; SCHMIDT (1952), S. 526, 630.

[625] CINCIUS, Bd. 1, S. 565.

Abkai juse[627] / *Shangtian zhi zi* 上天之子,
Tianzi beizi 天子貝子.
– *abka*, „Himmel"; *juse*, „Kinder, Söhne".

Möglicherweise ist hiermit eine Gruppe von Geistern aus den Himmelsregionen zu verstehen. Was sich dahinter verbirgt, ist unklar. Im ältesten erhaltenen, auf den 29. VI. (31. Juli) 1636 datierten Schamanengebet[628] werden die *Abkai juse* sowie der Himmelsgeist *Šangsi enduri* gleichzeitig angerufen. Für die Kulte der beiden Geistergruppen ist das am Südostende des *Tangzi* gelegene Gebäude *Shangshen dian* vorgesehen.

Ahôn-i niyansi[629] / *Ahun nianxi* 阿琿年錫 – KN.
– *ahôn*, „älterer Bruder"; *niyansi* < chines. *niyangzi* 娘子 (?).

Vermutlich ein Geist des Ackerbaues.

Ancun ayara[630] / *Anchun ayala* 安春阿雅喇 – KN.
– *ancun*[631], jürchenisch „Gold", manjurisch „Ohrgehänge", steht vielleicht für *Ancuhu* / *Anchuhu* 安出虎, *Ashe he* 阿十河, d. i. *Jinshui* 金水, ein anderer Name für den Fluß *Amur*; *ayara*, cf. mongolisch *ajraγ*, türkisch *ajran*, „gegorene Milch, Kumys."

Ahnengeist des Klans WANGGIYA / WANYAN 完顔, des Herrscherklans der *Jürchen*.

Baiman janggin[632] / *Baiman zhangjing* 拜滿章京 – KN.
– *janggin*, „Banneroffizier" < chinesisch *jiangjun* 將軍.

Geist der Krieger (?).

Bigan-i mafa siehe ***Murigan.***

---

[626] Dies im Unterschied zu *amasi bumbi*, „nach Norden [d.h. an den Polarstern] geben", was man auch *jugembi* nannte.

[627] Hiermit ist nicht der Pural von *abkai jui*, chinesisch *tianzi* 天子, „Himmelssohn, Kaiser", gemeint, sondern „himmlische Kinder", d. h. „Fürsten".

[628] JMZD, Bd. 10, S. 4925; MWLD, VI, S. 1151; STARY (1992).

[629] GCGS-*xubian*, j. 26, S. 1a; BIČURIN (1840), S. 320; HARLEZ (1887), S. 16-17; LIU HOUSHENG (1992), S. 211; MENG SEN (1934), Bd. 3, S. 1273; SHIROKOGOROFF (1935), S. 146.

[630] BQTZ-II, j. 91, S. 15a; GCGS-*xubian*, j. 26, S. 1a; BIČURIN (1840), S. 320; LIU HOUSHENG, S. 211; MENG SEN, Bd. 3, S. 1273.

[631] *Manzhou yuanliu kao*, j. 18, S. 23b.

[632] BIČURIN (1840), S. 320; HARLEZ (1887), S. 18; MENG SEN (1934), Bd. 3, S. 1273.

Coohai janggin[633] / *Jundui zhangjing 軍隊章京.*
– *cooha,* „Militär, Krieger"; *janggin,* „Banneroffizier".

Geist des Krieges.

Endu monggolo[634] / *Endou meng'ele 恩都蒙鄂樂* – KN.
– *endu* < *enduri,* „Geist"; *monggolo,* < *monggo,* mongol. *mongγol,* „mongolisch".

Ein mongolischer Geist.

Enduri senggu[635] / *Enduli senggu 恩都哩僧固* – KN.
– *enduri, „Geist"; senggu* < *sengge,* „Igel".

Theriomorpher Astralgeist in Igelgestalt, Hilfsgeist des Himmelsherrschers.

Fisun[636] / *Feisun 斐孫.*
– *fisihe,* „Hirse".

Geisterbegleiter.

Foli fodo[637] / *Foli foduo 佛立佛多* – KN,
Fodo mama, Fodo omosi mama[638], *Foli fodo omosi mama / Foduo emoxi mama 佛多鄂謨錫瑪瑪, Folifoduo emoxi mama 佛立佛多鄂謨錫瑪瑪, Fotou mama 佛頭媽媽, Fotuo mama 佛托媽媽; Liumu shen 柳母神, Liushi mu 柳始母.*
– *foli,* nicht nachgewiesen, cf. *fere,* „Grund, Boden, ursprünglich (?)"; *fodo / liutiao 柳條,* „Weidenzweige"; *mama,* „Großmutter, alte Frau", *futa / suosheng 索繩,* „Geisterschnur".

Weiblicher Geist, der die Kinder in die Welt bringt und deren Seelen behütet, vergleichbar oder identisch mit *Omosi mama.*

Fucihi[639] / *Fo 佛,*– KN,
Rulai 如來.

---

[633] SHIROKOGOROFF (1935), S. 146, 169 u.ö.; URAY-KÖHALMI, S. 48.

[634] BIČURIN (1840), S. 320; HARLEZ (1887), S. 18; SHIROKOGOROFF (1935), S. 143.

[635] BQTZ-II, j. 91, S. 15a; BÄCKER, S. 92, 95; BIČURIN (1840), S. 320; HARLEZ (1887), S. 18; MENG SEN (1934), Bd. 3, S. 1273; LIU HOUSHENG, S. 211; *Zhongguo ge minzu,* S. 402.

[636] HARLEZ (1887), S. 18.

[637] TA NA (1994), ZHANG DEYU u.a. (1996). Zum Weidenzweigkult Teil 4.2.1. (7.)

[638] So im Palast von *Mukden* nachgewiesen; TIE und WANG (1982), S. 72. Zum Weidenzweigkult Teil 4.2.1. (7.)

[639] HARLEZ (1887), S. 15; HERMANNS, S. 519; ISHIBASHI, S. 172; SHIROKOGOROFF (1935), S. 120, 123, 148-149, 157-158, 281 u.ö., (1935^{II}), S. 55; SCHMIDT, S. 634. Näheres s. in Teil 4.4.1.

Fusa[640] / *Pusa* 菩薩– KN,

Pusa, Bodisatu, Jilan-i bulekušere fusa.

Die beiden hier genannten Buddhainkarnationen *Fucihi (Buddha Śākyamuni / Shijiamouni fo* 釋迦牟尼佛*)* und *Fusa* (*Bodhisattva Avalokiteśvara / Guan(shi)yin pusa* 觀世音菩薩) wurden im Haupttempel *Jishen dian* auf Rollbildern dargestellt und in morgendlichem Kult, *xiji* 夕祭, verehrt. *Fucihi* war in einer vergoldeten Statue an der Südseite dieses Tempels repräsentiert.

Gu-i songkon[641] / *Guyi shuangkuan* 古伊雙寬.

– *gu-i songkon,* „kostbarer Adler".

Theriomorpher Geist in Adler- oder Raubvogelgestalt.

Guwan mafa[642] / *Guan mafa* 關瑪法,

Guwan-i beise, Guwan enduri, Guandi 關帝, *Guansheng dijun* 關聖帝君.

– *mafa,* „Großvater"; *beise* / *beizi* 貝子, „Prinz 4. Ranges".

Schutzgeist der Familie, des Ortes und der Dynastie; ursprünglich ein in der *Ming*-Zeit populärer chinesischer Lokalgeist, auch als Kriegs- und Jagdgott verehrt, dem im Haupttempel *Jishen dian* im Abendkult, *xiji* 夕祭, geopfert wurde.

Hôturi mama siehe ***Omosi mama***

Je irehu[643] / *Zheyilehu* 哲伊呼呼.

– cf. *irge,* „Widder".

Wohl ein theriomorpher Geist in Ziegen- oder Schafsgestalt.

Jorgon junggi[644] / *Zhuoerhuan zhongyi* 卓爾歡鍾伊.

---

[640] HARLEZ (1887), S. 15; ISHIBASHI, S. 172-173; SHIROKOGOROFF (1935), S. 146-147, 281. Näheres s. in Teil 4.4.1.

[641] HARLEZ (1887), S. 18.

[642] Zu diesem in der Volksreligion oft nachweisbaren Lokalgeist, dem eine historische Person, der General GUAN YU 關羽 (gest. 220) aus der Zeit der Drei Reiche zugrunde liegen soll, siehe DIESINGER; DORÉ (engl.), Bd. 6, S. 71-88; DUARA; FEUCHTWANG, S. 108; HARLEZ (1887), S. 14, 16; ISHIBASHI, S. 173-174; SHIROKOGOROFF (1935), S. 132, 145, 158, 234 u.ö., (1935[II]), S. 55; SCHMIDT, S. 633-634; WERNER, S. 227-230 etc. – Für den in China und Korea weitverbreiteten Schutzpatron der Soldaten, Literaten, Kaufleute waren in nördlichen Regionen *Guandi*-Verehrungsstätten außerordentlich beliebt; z. B. sind für Orte des Kreises *Shenyang* allein 37 *Guandi*-Tempel bezeugt; *Fengtian tongzhi*, j. 92, S. 24-26.

[643] GCGS-xubian, j. 26, S. 1a; HARLEZ (1887), S. 18.

[644] HARLEZ (1887), S. 18.

– *jorgon,* „12. Monat; Bohnenbrei"; *junggin,* „*Goldbrokat*".
(Näheres bisher nicht bekannt).

Juru juktehen[645] / *Zhulu zhuketeheng* 珠嚕珠克特亨.
– *juru juktehen,* „doppelter Tempel".
(Näheres bisher nicht bekannt).

Katun noyan[646] / *Ketun nuoyan* 喀屯諾延 – KN.
– *katun* < mongolisch *qatun* < sogdisch *xwt'ynh,* „Prinzessin, Königin, Lady"; *noyan* < mongolisch *nojan,* ewenkisch *nojon,* „Chef, Prinz, Herr, Fürst".

Mongolisches Geisterpaar, das die Verdienste der Vorfahren belohnt und als Beschützerpaar wirkt. Das Zeremoniell für diese oft in Gestalt zweier Stoffpuppen verehrten Geister findet an der Ostseite der Nordwand des Haupttempels *Jishen dian* bei nächtlichem Kult, *xiji* 夕祭, statt.

Monggo weceku[647] / *Menggu shen* 蒙古神 – KN.
– *monggo,* „mongolisch"; *weceku,* „Geist".

Schutzgeist mongolischen Ursprungs, oft in weiblicher Gestalt vorgestellt, der möglicherweise auf mongolische Kriegshelden der Antike zurückgeht. Er fand Verehrung in abendlichem Zeremoniell, *xiji* 夕祭, im Zentrum des Haupttempels *Jishen dian* östlich des Geistes *Nirugan weceku,* und wurde manchmal in Form von zwei weiblichen Figuren mit 2 Fuß Größe dargestellt, die man volkstümlich auch *Mama shen* 媽媽神 nannte.

Morin-i enduri[648] / *Mashen* 馬神 – KN,
Morin-i weceku, Mazu 馬祖.
– *morin,* „Pferd"; *enduri, weceku* „Geist".

Geist der Pferde.

Muri muriha[649] / *Muli muliha* 穆哩穆哩哈 – KN.

---

645 HARLEZ (1887), S. 18.

646 GCGS-xubian, j. 26, S. 1a; BICURIN (1840), S. 320; HARLEZ (1887), S. 18; LIU HOUSHENG, S. 211; MENG SEN (1934), Bd. 3, S.1273; MITAMURA, S. 392-393; SHIROKOGOROFF (1935), S. 174.

647 HARLEZ (1887), S. 14, 16; ISHIBASHI, S. 170-171; RAWSKI, S. 239.

648 ISHIBASHI, S. 174; SHIROKOGOROFF (1935), S. 132, 174. Zum Pferdekult s. Teil 3.4.1.

649 BQTZ-II, j. 91, S. 15a; BIČURIN (1840), S. 320; HARLEZ (1887), S. 18; LIU HOUSHENG, S. 211; MENG SEN (1934), Bd. 3, S. 1273; SHIROKOGOROFF (1935), S. 130.

– *murimbi,* „ziehen, drehen“.

Geist der Pferde und der Nutztiere.

Murigan[650] ***(weceku)*** / *Mulihan* 穆里罕 – KN.

– *murihan,* „Biegung, Wegekrümmung“.

Theriomorpher Berggeist[651] mit gestreiftem Fell, nach *Jürchen*-Tradition eine Art Schutzgeist, auch als ***Bigan-i mafa,*** „Herr der Wildnis“, bezeichnet. Diesem gilt ein besonderes Zeremoniell, das an der Westseite der Nordwand des Haupttempels *Jishen dian* bei nächtlichem Kult, *xiji* 夕祭, ausgeführt wird.

Nadan daihôn[652] / *Nadan daihun* 納丹岱琿 – KN.

– *nadan,* „sieben“, *daihôn* < chinesisch *dai* 大 + *hong* 鴻 (?).

Astralgeist des Weltalls, Geist des Siebengestirns, der sieben Sterne des Großen Wagens, *Beidou qixing shen* 北斗七星神 / *Nadan usiha enduri,* oder der Sieben Sternenmädchen, *Qi xingnü* 七星女 / *Nadan usiha sargan.* Ähnliche Geister sind auch bei anderen Tungusenstämmen, z. B. bei *Hezhe* oder *Orochonen,* populär.

Nadan weihuri[653] / *Nadan weihuli* 納丹威瑚哩 – KN.

– *nadan,* „sieben“, *weihun,* „lebendig“.

Geist der Boote und Meere oder der Gestirne. Vielleicht liegt die jürchenische Vorstellung von den Sieben weiblichen Bootsgeistern, *Qi jiemei chuanshen* 七姊妹船神, zugrunde.

Narhôn hiyancu[654] / *Naerhun xuanchu* 納爾琿軒初 – KN.

– *narhôn,* „fein, dünn, vertraut“; *hiyancu* < chines. *xianzhu* 仙主 (?).

Ein Astralgeist.

---

[650] GCGS-xubian, j. 26, S. 1a; HARLEZ (1887), S. 14, 16; ISHIBASHI, S. 169-170; LIU HOUSHENG (1992), S. 211; RAWSKI, S. 239; SHIROKOGOROFF (1935), S. 130; SCHMIDT, S. 632; *Zhongguo ge minzu,* S. 398.

[651] HARLEZ (1887), S. 14, 16, hält ihn für einen Ahnengeist.

[652] BQTZ-II, j. 91, S. 15a; GCGS-xubian, j. 26, S. 1a; BIČURIN (1840), S. 320; FU YUGUAN s. u.; HARLEZ (1887), S. 18; LIU HOUSHENG, S. 211; MENG, S. 223-240; MENG SEN (1934), Bd. 3, S. 1273.

[653] BIČURIN (1840), S. 320; HARLEZ (1887), S. 18; LIU HOUSHENG, S. 211; MENG SEN (1934), Bd. 3, S. 1273.

[654] BQTZ-II, j. 91, S. 15a; GCGS-xubian, j. 26, S. 1a; BIČURIN (1840), S. 320; HARLEZ (1887), S. 18; LIU HOUSHENG, S. 211; MENG SEN (1934), Bd. 3, S. 1934; SHIROKOGORFF (1935), S. 146.

Niohon taiji[655] / *Niuhuan taiji* 紐歡台吉,
Niohon beise, Tianqiong 天穹.
– *niohon,* „grünblau", „himmlisch", symbolisch für die Lebenskraft der Natur[656]; *taiji* < *taizi* 太子, mongolisch *taiji,* „Kronprinz"; *beise* / *beizi* 貝子, „Prinz 4. Ranges".

Ein Himmelsgeist, der meist beim Glücksgebetsopfer, *qiufu* 求福, angerufen wird. Vielleicht ist *niohon* auch von *niohe,* „Wolf", abzuleiten, und es handelt sich ursprünglich um einen Tiergeist.[657]

Nirugan weceku[658] / *Huaxiang shen* 畫像神 – KN,
Niruha-i weceku.
– *nirugan,* „Bildnis", *weceku,* „Geist".

Weiblicher Geist der Ahnentafeln, der oft auf Rollbildern dargestellt wird; nach anderen Quellen weiblicher Geist des Langen weißen Gebirges, *Changbai shan shen* 長白山神, des mythischen Ahnengebietes der Manjuren; wird in nächtlichem Kult, *xiji* 夕祭, verehrt.

Niyansi enduri[659] / *Nianxi shen* 年錫神.
– *niyansi,* cf. *niyanci,* Gebirgspflanze; *niyanciha,* „Rasen"; *niyanciri, Artemisa capillaris* (Medizinpflanze); ultschaisch, nanaisch *nyajaha,* „Gras".

Ein Pflanzengeist (?).

Omosi mama[660] / *Emoxi mama* 鄂謨錫瑪瑪 - KN,
Hôturi mama, Fushen 福神, *Zisun niang* 子孫娘.
– *omosi,* „Kinder und Enkel, Nachkommen"; *mama, „Großmutter"; hôturi,* „Glück".

---

655 *Yangji zhai conglu,* j. 7, S. 65; BIČURIN, H. 4, S. 31; HARLEZ (1887), S. 18; HUCKER, Nr. 6239; ISHIBASHI, S. 174-175; LIU HOUSHENG, S. 211-212; MENG SEN (1934), Bd. 3, S. 1276; MITAMURA, S. 391; POZZI (1992), S. 83, Anm. 45, S. 187; SHIROKOGOROFF (1935), S. 147; STARY (1992), S. 455-456; *Zhongguo ge minzu,* S. 398.

656 Manjurisch *niohon abka,* „der blaue Himmel", vergleichbar mit mongol. *köke möngke tengri,* „der blaue ewige Himmel".

657 STARY (1992), S. 456.

658 HARLEZ (1887), S. 14, 16; ISHIBASHI, S. 170; LIU HOUSHENG (1992), S. 211; RAWSKI, S. 239; SCHMIDT, S. 632; *Zhongguo ge minzu,* S. 398.

659 BQTZ-II. j. 91, S. 14b; HARLEZ (1887), S. 17; SHIROKOGOROFF (1935), S. 147. Siehe *Ahôn-i niyansi.*

660 GCGS-xubian, j. 26, S. 1a; HARLEZ (1887), S. 19; LIU HOUSHENG, S. 211; MENG SEN (1934), Bd. 3, S. 1273; Rawski, S. 232; SHIROKOGOROFF (1935), S. 128; SCHMIDT, S. 550; im Wörterspiegel, CORFF, Nr. 2655,3 aufgeführt.

Zentraler weiblicher Geist, der auf Befehl des Himmelsherrn, *Abkai enduri*, die Verteilung der Seelen, *unenggi fayangga*, an die Kinder verwaltet und so für gute Nachkommenschaft sorgt. Er wird von Frauen bei Geburten, Kinderkrankheiten usw. angerufen und als weibliche Gottheit vorgestellt, von der man auch Reichtum erbittet. Wahrscheinlich ursprünglich kein spezifisch schamanistischer Geist; von manchen auch mit *Foli fodo (omosi mama)* gleichgesetzt.

Šangsi enduri[661] / *Shangxi shen* 尚錫神,
Šangšen[662].
– *šangsi* < chinesisch *shangshi* 上師, *shangshen* < 上神; *enduri*, „Geist".

Ein Himmelsgeist, der von manchen mit *Abkai enduri* gleichgesetzt wird; auch als Geist des Ackerbodens und der Reispflanzungen, *Tianmiao shen* 田苗神[663] aufgefaßt. „Gottheit, der im Südostpavillon [*Shangshen dian*] der T'ang-tze geopfert wurde"[664], und zwar im monatlichen Kult, *yueji* 月祭, mit Glücksgebeten.

Senggu enduri.
– *senggu*, „Scheu"; *enduri*, „*Geist*".
(Näheres bisher nicht bekannt).

Siren-i niyansi[665].
– *siren*, „Zweig, Leine"; *niyansi*, s. o. *Ahôn-i niyansi*.
(Näheres bisher nicht bekannt).

Sure mama[666] / *Douzhen shen*[667]痘疹神.
– *sure*, „klug", *mama*, „Großmutter, Pocken".

---

661 BIČURIN, Heft 4, S. 31; HARLEZ (1887), S. 14-15; ISHIBASHI, S. 73, 171; MO DONGYIN, S. 182; SHIROKOGOROFF (1935), S. 123, 124; UENO, S. 329-330.

662 So in einem Schamanengebet von 1636, dort in altmanjurischer Form nach JMZD: *Šang jin* < *shangshen*; G. STARY (2009), S. 175; ders. (1992), S. 455.

663 *Yangji zhai conglu*, j. 7, S. 65.

664 HAUER (2007), S. 441.

665 HARLEZ (1887), S. 17.

666 HARLEZ (1887), S. 19.

667 So im Wörterspiegel; CORFF, Nr. 2655,2.

Weibliche Gottheit, die die Kinder beschützt und von der man Nachwuchs erfleht; gleichzeitig Geist gegen die Pockenkrankheit.

Uduben beise[668] / *Wuduben beizi* 武篤本貝子,
Wuzhu beizi 烏朱貝子.
– *udu*, „mehrere"; *uduben* < **uju*, „Kopf", + chines. *ben* 本 (?); *beise*, „Prinz vierten Ranges".

Ein Ahnen- oder Astralgeist. In einem Schamanengebet von 1636 in der Form *Udu bai beise*, eigentlich „Prinz mehrerer Orte", nachweisbar.[669] Vielleicht besteht auch ein Zusammenhang mit chinesisch *wudou* 五斗, „fünf Scheffel", d. i. die Geister der fünf Himmelsrichtungen[670], oder mit manjurisch *uduwen* / *pi* 貔 (eine Bärenart), und es handelte sich ursprünglich um einen Tiergeist.

Usin-i enduri / *Tianmiao shen* 田苗神.
– *usin*, „Feld, Ackerland"; *enduri*, „Geist".

Geist der Feldfrüchte, der im Gebäude *Shangshen dian* des *Tangzi* Verehrung findet. Manche Autoren bringen diesen Kult mit dem *Ming*-General DENG ZILONG 鄧子龍 (1531-1598) in Verbindung, der als angeblicher Freund des Dynastiegründers NURHACI (1559-1626) bereits früh Verehrung genoß.[671] Gleichzeitig galt DENG als Schutzgeist des Ackerbaus und als Helfergeist bei Pockenerkrankung, *Douchuang shen* 痘瘡神. Die historischen Quellen sind widersprüchlich und die Identifizierung unsicher.[672]

Wali mama / *Wali mama* 瓦立媽媽,
Wanli mama 萬曆瑪瑪, 完立瑪瑪.

---

[668] *Yangji zhai conglu*, j. 7, S. 65; BIČURIN, H. 4, S. 31; HARLEZ (1887), S. 18; HUCKER, Nr. 4546; ISHIBASHI, S. 174; LIU HOUSHENG (1992), S. 212; MENG SEN (1934), Bd. 3, S. 1276; *Zhongguo ge minzu*, S. 399.

[669] STARY (1992), S. 456.

[670] DORÉ, T. XII, S. 1224-1227; WERNER, S. 576.

[671] Ein Tempel für General DENG, *Deng jiangjun miao* 鄧將軍廟, hatte bereits im Südteil der 5. Hauptstadt *Liaoyang* existiert; *Liaoyang xianzhi*, j. 6 a, Nachdruck S. 274. Siehe a. die Ausführungen in Teil 3.1.2, Ende.

[672] *Liubian jilue*, j. 3, S. 9b; *Tianzhi ouwen*, j. 2, n. MZJS2, Heft 1, S. 47a; *Xiaoting zalu*, j. 8, nach MZJS2, Heft 1, S. 51; *Yongxian lu*, j. 1, S. 15; Biographie siehe *Mingshi*, j. 247, *Kaiming*-Ed., S. 7679d; GOODRICH, S. 171; ISHIBASHI, S. 73-74; JIANG (1995), S. 46; MENG SEN (1934), Bd. 3, S. 1268-1287, und (1959), Bd. 2, S. 311-323; MO, S. 191; STARY (2009), S. 174; UENO, S. 332-334; WANG ZONGYAN, S. 197; XIAO YISHAN, Bd. 1, S. 63-64, 5. Ausg., S. 69.

– *wali*, „Kunstgriff, Geheimnis"; *mama*, „Großmutter"

Weiblicher Schutzgeist, der oft beim Weidenzweigkult[673] verehrt wird, auch Behüterin der Kinder und der Speisen. Manche Autoren setzen *Wali mama* mit *Omosi mama* oder *Foli fodo omosi mama* gleich. – Nach einer Erklärung wird – vermutlich wegen der Namensgleichheit – in diesem Geist die Mutter des *Ming*-Kaisers WANLI 萬曆, SHENZONG (reg. 1573-1620), Kaiserin CISHENG 慈聖, geb. LI 李 (gest. 1614) verehrt. Diese hatte nach der Legende den Khan NURHACI, der in seiner Kindheit angeblich dem *Ming*-General LI CHENGLIANG 李成梁 (1526-1618) als Sklave diente, davor bewahrt, von diesem getötet zu werden.[674] Die Erklärungen der Belegstellen weichen voneinander ab.

4.4.4 Zu den Geistern der Palasthalle *Kunning gong*

Von der oben aufgeführten, für den schamanistischen Kult des *Tangzi* charakteristischen Gruppe von Geistern sind im internen Kult des *Kunning gong*-Palastes etwa die Hälfte der Namen ebenfalls nachweisbar. Diese sind in obiger Liste mit dem Zusatz KN markiert. Es ist anzunehmen, daß es sich bei den an zwei Orten verehrten Gestalten um die traditionell für wichtig gehaltenen Geister handelt. Über die Auswahl und die Hintergründe ist bislang nichts bekannt. Zusätzlich scheinen im Kult des *Kunning gong* zeitweilig noch eine Anzahl anderer Naturgeister[675], eine Rolle gespielt zu haben, z. B.:
Buhô enduri / *Gongu shen* 公鹿神, Geist des Hirsches,
Erhe enduri / *Xiama shen* 蝦蟆神, Geist des Frosches,
Tuwa enduri / *Huoshen* 火神, Geist des Feuers
sowie der vorerwähnte Pferde- und Elstergeist.

4.5 Grundlegende Texte[676]

Einblicke in das System und die Kulthandlungen bietet in erster Linie das vorgenannte kaiserliche Ritenbuch[677] des manjurischen Herrscherklans, das

[673] Teil 4.2.1. (7.)

[674] *Qinggong yiwen*, j. 2, S. 35; *Xiaoting zalu, xülu*, j. 4, (1980), S. 476; AKIBA, S. 114; DEIWIKS, S. 359-360; HUMMEL, S. 450-452; JIANG XIANGSHUN und TONG, S. 278; LIU HOUSHENG, S. 120-122, 230; MENG SEN (1934), Bd. 3, S. 1274; MO, S. 196; SONG HEPING (1993), S. 16, 256-264; STARY (1989), S. 363; *Zhongguo ge minzu*, S.403.

[675] *Qinggong yiwen*, j. 2, S. 29. Teil 2.3.4

[676] ISHIBASHI, S. 182-186.

[677] Teil 3.3.

genau ein Jahrhundert nach der Tempeleinrichtung i. J. 1747 entstand. Von den sonstigen erhaltenen Ritualtexten allgemeiner, klanbezogener oder volkstümlicher Art, die heute zu den großen Seltenheiten zählen, sei im Folgenden eine vorläufige, noch unvollständige Liste angefügt.

4.5.1 Traktate

Gemiao sitang zhuwen 各廟祠堂祝文,
Gebetstexte für verschiedene Tempel,
2 Hefte, manjurisches Manuskript, Konzeptschrift, undatiert, unveröffentlicht,
Sammlung: Australia National University, Sign. M55 IA.

Hôturi jalafun toloro bithe,
manjur. Hs., 1 Heft,
russische Sammlung; Näheres unbekannt.

Jisi quanshu wuren yongnian quanlu[678] 祭祀全書巫人詠念全錄 (Titel auf S. 8),
Aktionen und Gebete, des Klans *Šušu gioro / Shushu jueluo* 舒舒覺羅, deklariert als schamanistisches Handbuch,
aufgezeichnet von dem *Zhongzheng*-Schamanen 中正撒莫, CHANG QING 常青 im Jahre 1771 (s. in Heft 2, S. 27a),
bebildertes manjurisch-chinesisches Mskr., 2 Hefte,
– Diese Handschrift wurde vermutlich nach der Vorlage des unten genannten Werkes *Manjusa-i wecere jukten-i nirugan gisun* gestaltet; Bilder und Texte sind jedoch z.T. abweichend und weniger detailreich.
Sammlung: *Tôyô bunka kenkyūsho* 東洋文化研究所, Tokyo University, Sign. 2774; Neuausgaben mit Bearbeitung: POZZI (1992); HUANG QIANG und SEYIN (2002).
Das Exemplar der Staatsbibliothek *Beijing*[679], Format 22,8 x 15,4 cm, trägt den Titel *Manjusai wecere metere yongkiyaha bithe / Manzhou jisi quanshu* 滿州祭祀全書.

Majia shi jisi liyi qingce[680] 馬佳氏祭祀禮儀清冊,

[678] MITAMURA, S. 536-550.

[679] Die *National Library of China / Zhongguo guojia tushuguan* 中國國家圖書館 wurde 1912 als Hauptstädtische Bibliothek, *Guoli jingshi tushuguan* 國立京師圖書館 gegründet.

Ritenbuch des MAJIA-Klans,
Kompilator: MA SHIFU 馬世福, Näheres unbekannt,
Sammlung: Privatbesitz in *Mukden* (1933).

Manjusa-i wecere jukten-i nirugan suhe gisun-i bithe / Manzhou jisi tushuo 滿洲祭祀圖說 (ursprünglich ohne Titel),
Darstellung des Schamanisierens in verschiedenen Aktionsbildern, bebildertes manjurisch-chinesisches Mskr. mit ausführlicher Beschreibung, 2 Hefte, 9 Kapitel, 18x21 cm, ca. 70 unpagin. Doppelseiten, Sammlung: Staatsbibliothek *Beijing*, Sign. 0187, 540.1 / 343.

Manzhou jitian jishen dianli 滿洲祭天祭神典禮 (ursprünglicher Titel unbekannt),
Ritualbuch des *Niohuru / Niuhulu* 鈕祜祿-Klans,
Teilwiedergabe in: *Manzhou jishen jitian dianli*, MZJS2, Heft 1, S. 41a.

Manzhou shipu shiyang tu 滿洲世僕 (Innentitel: korrigiert in 譜) 式樣圖,
andere, unsorgfältige chinesische Version des obengenannten Werkes *Manjusa-i wecere jukten-i nirugan gisun*,
Randtitel: *Manzhou diguo zhengfu* 滿洲帝國政府,
unpagin. chines. Mskr., ohne Bilder, 1 Heft, 2 juan, 18 Seiten, aus der Zeit des Staates *Manzhouguo*, ca. 1935,
Sammlung: *Tôyô Bunko*, Tokyo, Sign. Religion za 15.

Saman somo-i jakade jalbarire bithe / Saman nian'gan biaowen 薩滿念杆表文,
1 Heft, manjur.-chines. Mskr.,
Sammlung: Staatsbibliothek *Beijing*.

Sishi kongming[681] 祀事孔明,
Ritualvorschriften des *Yehe nara*-Klans,
Randtitel: *Yehe nala shi* 葉赫納喇氏 / *Yehe nara hala wecere tanjuraha bithe*,
1 Heft, manjur.-chines., Format 17,7 x 11 cm.
Incipit: *urgun sain-i wesindumbi: Badarangga doro-i juwan uyuci aniya* [1893], unterzeichnet von J'I SUN [ZHI SUN] 穉蓀, MING DUN 铭敦.

[680] Erwähnt bei AKAMATSU, S. 224 u.a.

[681] FUCHS (1936), S. 100, und ders., *Neue Beiträge*, in: Monumenta Serica, 7 (1942), S. 16; POPPE u.a. (1965), Nr. 435; STARY (1980), S. 28.

Anhang, 3 unpag. Seiten: bilinguer Text einer manjurischen Ritualhymne[682] mit chinesischer Transkription und Übersetzung für den Himmelskult mit Schweineopfer,
chinesischer Druck, 10 paginierte Doppelseiten,
Sammlung: *Tôyô Bunko,* Tokyo, Sign. VIII 73; Stadtbibliothek von *Dairen, Dalian tushuguan* 大連圖書館, Sign. M 2252-1 (vollständig?).

Targabun tolon ehe sain juwan ilmun han-i bithe,
manjur. Hs., 1 Heft,
russische Sammlung; Näheres unbekannt.

Wecere juktere sain ehe be tuwara bithe,
manjur. Hs.,
russische Sammlung; Näheres unbekannt.

Wecere metere kooli bithe / Jisi tiaogui 祭祀條規,
Ritualvorschriften,
3-sprachige Hs., manjur., mongol., chines., 1 Heft,
Sammlung: Staatsbiliothek *Beijing,* Sign.?

Yehe bade ilari hala-i samšame wecere kooli bithe / Yehe Ilali shi tiaoshen dianli 鄴河伊拉里氏跳神典禮,
Ritualbuch des *Yehe ilari*-Klans,
chinesisch-manjurisches Mskr., 1 Heft, 18,5x35 cm,
nach der Vorlage *Jisi quanshu wuren yongnian quanlu,* wie von POZZI (1992) veröffentlicht,
Sammlung: Staatsbibliothek *Beijing,* Sign. 0825.

Yehe nara hala wecere tanjuraha bithe, siehe *Sishi kongming.*

Zhuli liezhuan 祝禮列傳 [kaschierender Außentitel, nicht original],
laut Katalog: *Wecere gisun be isabume sarkiyaha bithe / Zhuban huichao* 祝版匯抄,

[682] Beginn:
Yehe nara hala. wecere juktere tanjuraha bithe.
ainci
abka abka donji hala. Yehe nara hala.
tasha aniyangga. mikei sei. wesihun beye jai…

manjurische Handschrift mit chinesischem Inhaltsverzeichnis, Tempelnamen, Gebetstexte für 61 Tempel und Aktionen,
Verf.: ZHUPOGUANG 竹坡廣, Abschrift, datiert 1893;
4 *juan*, 4 Hefte, *yuan* 元 bis *zhen* 貞, 78 unpagin. Seiten, 12,6 x 20,5 cm.
– Das bisher nicht bearbeitete Manuskript enthält im Anhang: mehrere Texte über den mongolischen Kult und das Himmelsopfer sowie Gebete, 58 unpag. Seiten; S. 63-109, lt. Endzeile betitelt *Yehe Ilali shi tiaoshen dianli* 鄴河伊拉里氏跳神典禮; bebildeter Teil mit den Schamanisierungsaktionen, nach der Vorlage *Jisi quanshu wuren yongnian quanlu*, wie von POZZI (1992) veröffentlicht, jedoch in anderer Anordnung; dazu S. 111-154 manjurischer und chinesischer Text anderer Hand.
Sammlung: Staatsbibliothek *Beijing*, Sign. 5009, 0190, 540.2/362.

(Ohne Titel),
Ritualbuch des *Gôwalgiya* / *Guerjia* 瓜爾佳-Klans, Provinz *Liaoning*,
Mskr. mit 25 einfachen Zeichnungen zu rituellen Handlungen aus der Zeit um 1850, mit einem Schamanengebet,
herausgegeben von G. STARY (1998[II]).

(Unbetiteltes Druckfragment),
Incipit: *tugi noho suje-i hašahan-i hašambi,*
Enddatum 1814, 1 Heft mit roter Umrandung, 17 unpaginierte Doppelseiten, wohl unvollständig, noch unbearbeitet,
Sammlung M. GIMM.

(Unbetitelte manjurisch-chinesische Handschrift),
Incipit: *anji belhefi / DERGI abka de sukjiburengge. Wanggi halai. enen Booking* [d. i. WANGGI BOOKING / WANGJI BAOQING 汪吉氏保慶] *niowanggiyan indahôn aniyangga banjiha,*
datiert 12. II. Monat 1863, 4 unpaginierte Seiten,
Sammlung: Staatsbibliothek *Beijing*, ohne Signatur.

4.5.2 Gebets- und Ritualtexte

Die in feierlicher Sprache konzipierten Ritualtexte bieten in ihrem Informationsgehalt außer Geisternamen für den Außenstehenden oft nur wenig Erhellendes. Den nachzuweisenden manjurischen und chinesischen Texten dieser Art scheint ein altes, noch näher zu untersuchendes Formschema mit nur wenigen Varianten zugrunde zu liegen. Die Texte waren von Anfang an manjurisch konzipiert, wurden aber wahrscheinlich seit der *Qianlong*-Zeit immer mehr durch chinesische Versionen oder chinesische Lauttranskriptionen ersetzt.

In den veröffentlichten Publikationen hat sich eine beträchtliche Anzahl von untersuchenswerten Gebetestexten erhalten – allein im MZJS etwa 120, von denen jedoch viele in Teilen gleichlautend sind.

In dem Memoirenwerk *Jiameng xuan congzhu* verzeichnet ein eigenes, bislang unbearbeitetes Kapitel, betitelt *Gezhang zhuci jilu*[683]歌章祝詞輯錄, ca. 40 chinesische Gebetstexte, darunter solche für den Morgen- und Abendkult der beiden Haupttempel des *Tangzi, Jishen dian* und *Huandian,* für das Buddhabaden, den Weidenzweigkult, für *Beideng ji* 背燈祭 / *Tuibumbi* und den Pferdegeistkult des *Tangzi* und dazu einige für die Riten des Palastes *Kunning gong.*

In dem Musikkompendium *Lülü zhengyi houbian*[684]律呂正義後編 von 1746 haben sich neben Musiktiteln für Feiern im Himmelstempel und sonstige kaiserliche Aktionen auch 8 Texte der für den *Tangzi* bestimmten Stücke erhalten, beginnend mit *Yinsi longyong* 禋祀隆永 und endend mit *Zhaode xiang* 昭德響. Näheres dazu bleibt noch zu untersuchen. Dagegen fehlt in den die Ritualhymnen betreffenden Teilen dieses Werkes, j. 45 bis j. 51, jeglicher Hinweis auf den *Tangzi.*

Handschriftlich überlieferte Ritualtexte aus der *Qianlong*-Zeit, darunter Gebetstexte an die Geister *Katun noyan, Monggo weceku, Niohon taiji* und zum *Beideng ji* / *Tuibumbi*-Ritual, sind in der Bibliothek *Tôyô Bunko,* in Tokyo, erhalten.[685]

Daneben finden sich in den z. T. noch unpublizierten Sammlungen von Ethnologen einige frühe Ritualtexte.

Zu erwähnen sind hier ANDREJ RUDNEV[686] (1878-1958), der seine Texte 1907 von einem manjurischen Schamanen aus der Nähe von Chabarovsk bezog, der sich damals in St. Petersburg aufhielt. Weiterhin hervorzuheben sind Textsammlungen von NIKOLAJ N. KROTKOV (1868-1919), aufgenommen 1908 in der Provinz *Xinjiang,* und von ALEKSANDR V. GREBENŠČIKOV[687] (1880-

---

[683] S. 201-272, Texte des *Tangzi* ab S. 249.

[684] Heft 35, j. 57, S. 3672-3673.

[685] MITAMURA, S. 532-544, manjurischer Text mit japanischer Übersetzung und Analyse.

[686] Die z. T. schwer erklärbaren Fragmente wurden von DIOSZEGI (1960) bearbeitet.

[687] PANG (1998), S. 33-34.

1919), gesammelt um 1910 in der Manjurei, u.a. in *Butcha* / *Buteha* 布特哈 / *Zalantun* am *Yalu*-Fluß.

Weitere Texte dieser Art findet man in japanischen Veröffentlichungen seit den 1930er Jahren, z. B. bei AKAMATSU (1941), S. 220-233 (chinesische Übersetzung); ISHIBASHI, S. 182-186; MITAMURA, S. 381-399, 536-550, etc. und neuerdings in mehreren Arbeiten von GIOVANNI STARY (1980), (1985^II), (1993^II), (2000), (2005) sowie in einer beträchtlichen Zahl neuerer chinesischer Veröffentlichungen[688] und Übersetzungen von diversen Volkserzählungen ins Chinesische, von denen die Sage von der *Nishan*-Schamanin[689] in der Neuzeit besondere Beachtung gefunden hat.

Zur Illustration sei hier als Probe ein sehr einfach strukturierter Gebetstext aus dem Jahre 1796 angefügt[690] :

anje

amba abka donji. Hasure hala. halai Giyoro. Niohuru hala. tere aniyangga. haha-i beye. tere aniyangga hehe-i beye-i jalin. basan jafafi baime. ulin jafafi udame. baitangga ulgiyan bahafi emu gala tukiyefi. tugi de gama. juwe gala tomosofi

amba abka de aliburengge. tere aniyangga hahai beye tere aniyangga hehe-ibeyebe angga weihe sorotolo. uju funiyehe šaratala ninju aniya nimerakô tanggô aniya gasha akô. enteheme sain-i banjibufi sakdabuki:

Freie Übersetzung:

„Bitte, Grosser Himmel erhöre uns! Alle Männer und Frauen des *Hasure* / *Hasule* 哈蘇勒-Klans, der zum *Gioro* / *Jueluo* 覺羅-Klan gehört, und des *Niohuru* / *Niohulu* 鈕祜祿-Klans ergreifen dieses Jahr die Opferbüschel, um zu bitten, und präsentieren Kostbarkeiten, um zu flehen. Wir bieten ein Opferschwein an und heben es mit einer Hand empor. Nimm es hinauf in die Wolken! Mit beiden Händen aufgenommen, sei es dem GROSSEN HIMMEL übereignet. Allen Männern und Frauen dieses Jahres sei bis zum

[688] NALAN ERXI, (1992) mit umfangreichen chinesischen, chines.-transkribierten und manjurischen Texten; GUO SHUYUN und WANG (2001), S. 45-64, 100-101, mit Dokumentationen der Klans *Nimacha, Sikteri, Usu Gôwalgiya* und der *Sibe*-Minorität; JIANG XIANGSHUN (1995), S. 62-87; SONG HEPING (1993) und zahlreiche andere.

[689] Teil 2.1.1.

[690] Text siehe Abb. 23 im Anhang; *Manzhou sili ji*, Teil (1.), Anhang S. 45 a-b; textidentisch in dem Ritualkodex des NIOHURU-Klans / NIUHULU 鈕祜祿, *Manzhou jitian jishen dianli* 滿洲祭天祭神典禮. Auch bei YAJIMA NAOCHI 矢島值一, in: Manshū minzoku gakkai kaihô 滿洲民族學會會報, 1,2 (1943), S. 44.

Vergilben der Zähne im Mund, bis zum Ergrauen der Haare auf dem Kopf sechzig Jahre kein Leiden, hundert Jahre keine Heimsuchung und ein fortwährend gutes Leben bis ins hohe Alter beschieden."

4.5.3 Gesänge und Tänze

Soweit erkennbar, setzten sich die akustisch wahrnehmbaren Äußerungen der Schamanen aus zwei Elementen zusammen:

(**1.**) aus einer Art von gesprochenen, relativ verständlichen Bitten, Befehlen oder Kommandos an die um Hilfe ersuchten Geister, die von korrespondierenden Bewegungsaktionen und Tänzen, *shenwu* 神舞, *mangshi* 莽勢 < manjurisch * *maksin*, „Tanz", begleitet wurden;

(**2.**) aus einem periodisch unterbrochenem, formelhaften, meditativen oder beschwörenden Sprechgesang, *nian shenge* 念神歌 / *jarime ucun jalbarimbi; – jarimbi,* volkstümlich auch *jakimbi, jandambi,* „den Sprechgesang ausführen". In der chinesischen Übersetzung des MZJS[691] sowie in mancher Sekundärliteratur wird dieser Gesang des Schamanen auch mit der Phrase *elele* 鄂囉囉 umschrieben. Es handelt sich hier wohl nicht um die Wiedergabe der Füllsilben, Expletiva, die sich aus der Spontaneität des improvisierten Singens ergeben, sondern um die Imitation der den Außenstehenden unverständlichen Beschwörungsäußerungen.[692]

Die Gesänge der Schamanen waren, soweit heute feststellbar, durch eine sehr einfache, eingängige pentatonische Melodik charakterisiert, die aus wenigen, oft nur 3 bis 6 Tonstufen bestand und in unterschiedlicher Ausführung verwendet wurde.[693] Von den Melodien der Schamanen in neuerem Volksgebrauch ist eine Anzahl in musikalischer Zahlennotation in Veröffentlichungen zugänglich.[694]

Aus kaiserlicher schamanistischer Tradition sind jedoch bislang hierzu kaum Quellen erschlossen worden. Eine Ausnahme bildet hier die Musik-

---

[691] j. 2, S. 3b u.ö.

[692] Über die Einschaltung sinnloser Silben beim Absingen religiöser Texte, s. E. GERSON-KIWI, *Der Sinn des Sinnlosen in der Interpretation religiöser Texte,* in: Festschrift für Walter Wiora, Kassel: Bärenreiter (1967), S. 520-528.

[693] In *Heilongjiang waiji,* j. 6, S. 12b, wird eine schamanistische Krankenbehandlung geschildert, bei der der Kranke auf den Refrain des beschwörenden Schamanengesangs respondierte, *he zhi geci* 和之歌詞.

[694] FU YUGUANG (2000), S. 314-321.

aufzeichnung von ca. 20 Gesängen für den *Kunning gong*-Palast nach Texten aus dem Ritenkompendium MZJS, die ein Nachfahre des Kaiserklans angeblich aus dem Gedächtnis, nach den Angaben seiner Großmutter, reproduzieren konnte.[695] Es handelt sich um YINGSHENG aus dem AIXIN JUELUO-Klan 愛新覺羅瀛生 / AISIN GIORO INGŠENG (1922-2013), den ich im Oktober 2004 in *Beijing* noch interviewen konnte. Er war ein Nachkomme 13. Generation des Dynastiegründers NURHACI und Urenkel des Prinzen und Heerführers LEKDEHUN[696] / LEKEDEHUN 勒克德渾 (gest. 1652). Ob man YINGSHENS Wiedergabe vertrauen kann, darf bezweifelt werden.

Aus relativ frühen europäischen Aufzeichnungen seien hier einige charakteristische Proben von Musiktranskriptionen aus der Zeit um 1910 angeführt, die die Ehefrau des hier oft genannten Ethnologen SERGEJ SHIROKOGOROFF einst veröffentlichte.[697]

[695] WAN YI und HUANG HAITAO (1997); auch in AIXIN JUELUO YINGSHENG (2004), S. 853-880.

[696] HUMMEL, S. 443-444.

[697] ELIZABETH N. SHIROKOGOROFF, *Folk Music in China*, in: The China Journal of Science & Arts, Shanghai (1924), März, S. 119. – ELIZAVETA NIKOLAEVNA ŠIROKOGOROVA (1884-1943), die als Ethnologin ihren Ehemann auf seinen Forschungen begleitete, überlebte diesen um 4 Jahre.

4.6 Verwaltung und Personal des kaiserlichen Schamanismus[698]

4.6.1 Verwaltung

Für das gesamte schamanistische Hofwesen – sowohl für den externen *Tangzi* wie für den Palast *Kunning gong* – war nach gültiger Verwaltungsordnung das in Teil 3.2.5 erwähnte „Geisterbüro", *Shenfang* 神房 oder *Jishen fang* 祭神房 / *Enduri yamun* (?), zuständig, das als Unterabteilung der Zeremonialverwaltung, *Zhangyi si* 掌儀司– später *Zhangli si* 掌禮司 genannt – auch für die Registratur der buddhistischen und daoistischen Mönche und die Verwaltung der Sakralmusik und der Archive verantwortlich war. Es war eine Behörde des öfter erwähnten, für die Interna des Palastes zuständigen Hofverwaltungsamtes, *Neiwu fu*[699] 內務府 / *Dorgi baita be uheri kadalara yamun*.

Für die Sicherheit der zu Beginn der *Qing*-Dynastie neu eingerichteten *Tangzi*-Institution stand bereits 1646 eine Schutzwache, *shouwei* 守衛, von je 2 Mann im 7. und 8. Beamtenrang zur Verfügung, die dem Ritenministerium, *Libu* 禮部, unterstand.[700] Die Wachtbesatzung wurde um 1818 auf 8 Mann, 4 zusätzliche Personen im 8. Rang aus den manjurischen Acht Bannern, erweitert. Im Jahre 1736 verfügte man über ein Reinigungspersonal, *sasao ren* 灑掃人, von 12 Personen, die das vorgenannte kaiserliche Hofverwaltungssamt, *Neiwu fu*, ausgewählt hatte.

4.6.2 Kultpersonal

Während in der Frühzeit vor der Eroberung des chinesischen Reichsgebietes, wie noch heute in Resten bei manjustämmigen und tungusischen Nordasiaten, sowohl männliche wie weibliche Schamanen tätig waren, bevorzugte man nach der Besitznahme von *Beijing* aus bisher nicht geklärten Gründen allmählich nur noch weibliche Kultpersonen. Diese genossen zudem meist ein höheres Ansehen als die männlichen Kollegen.[701] Dies galt auch für die schamanistische Priesterschaft des *Tangzi*. Die dort wirkenden etwa 10 bis 12

---

[698] BIČURIN (1848), Ausgabe 1912, H. 4, S. 27-28; *Zhonghua baike*, Bd. 4, S. 726; BRUNNERT-HAGELSTROM, S. 210; DI COSMO, S. 378-379.

[699] HUCKER, Nr. 4291.

[700] DQHDSL (1818), j. 893, Auszug in MZJS2, S. 32a-b; DI COSMO, S. 379; JIANG XIANG-SHUN, S. 99-105.

[701] TAO LIFAN, S. 194.

Schamaninnen, die man offiziell chinesisch als *sizhu*[702] 司祝, „Gebeteverwalter", manjurisch aber traditionell als *saman* bezeichnete, hatte man angeblich unter den Ehefrauen[703] kaiserlicher Leibwächter der drei höchsten manjurischen Banner[704] ausgewählt. Manche von ihnen gehörten wohl auch dem kaiserlichen *Aixin gioro*-Klan an, von denen die ersten wahrscheinlich bei der Eroberung des chinesischen Reiches aus den manjurischen Heimatregionen mitgeführt worden waren. Diese Schamaninnen wurden von 2 Vorsteherinnen, *sizhu chang* 司祝長 / *saman-i da*, angeleitet.

Für die mittleren und niederen Dienste standen weitere Kultangestellte zur Verfügung.[705] Zu erwähnen sind etwa 30 bis 37 Opferpriesterinnen, *sizu*[706] 司俎, früher auch *sizuo* 司胙 / *amsun-i urse*, die für die Aufbereitung und Präsentation der Opfergaben zuständig waren, und zu denen etwa 6 Leiterinnen, *sizu chang* 司俎長 / *amsun-i da*, gehörten. Etwa 19 Opferköchinnen, *sicuan*[707] 司爨 / *mucen-i urse*, mit etwa 3 Leiterinnen, *sicuan chang* 司爨 長 / *mucen-i da*, waren für das Zerlegen der Opfertiere und die Zubereitung des Opferfleisches zuständig. Weiterhin gab es etwa 20 bis 30 Personen für die Besorgung des Weihrauches, *sixiang*[708] 司香 / *hiyan-i urse*, und 6 Leiterinnen, *sixiang chang* 司香長 / *hiyan-i da*, dazu etwa 37 Personen, die für das Zermahlen der Weihrauchingredienzen zu sorgen hatten, *sidui*[709] 司碓 / *ufan-i urse*, und 6 Leiterinnen, *sidui chang* 司碓長 / *ufan-i da*. Beim Himmelskult der

---

[702] HUCKER, Nr. 5600. Wie bereits oben erwähnt, vermied man in offiziellen chinesischen Texten die Bezeichnung „Schamane", *saman*, und ersetzte es durch ein neu geschaffenes Kunstwort.

[703] Sie wurden auch *sizhu furen* 司祝夫人 genannt; BRUNNERT-HAGELSTROM, Nr. 573 c; LI PENGNIAN, S. 106.

[704] Gemeint ist der Einfache Weiße Banner, *zhengbai qi* 正白旗, sowie die beiden Gelben Banner, *huang qi* 黃旗, die dem Kaiser unmittelbar unterstanden; s. unter DORGON, in: HUMMEL, Bd. 1, S. 218. INOUE, S. 75-77; RAWSKI, S. 238, 372.

[705] Zu diesen s. a. *Qingshi gao*, j. 85, S. 2554.

[706] *Xiaoting zalu*, j. 8, nach MZJS2, Heft 1, S. 51b, (1980), S. 231; HUCKER, Nr. 5794, 5793.

[707] HUCKER, Nr. 5795.

[708] HUCKER, Nr. 5630. – Im Plan für das Himmelsopfer in *Mukden* von XI. Monat 1636, s. in Teil 3.5(7.), *hiyan jafara niyalma*, „Menschen, die den Weihrauch bereithalten", genannt. Eine Frau für das Räucherwerk, *sixiang fu* 司香婦, wird auch im *Xiaoting zalu*, j. 8, S. 280, erwähnt.

[709] HUCKER, Nr. 5803.

Frühzeit waren zudem noch „Rezitationsbeamte“, *huan guan* 喚官 / *hôlara hafan*, tätig.

So ergab sich für die im Tempeldienst Beschäftigten – durchweg Frauen – eine Anzahl von etwa 150 Personen. Hinzu kamen nach palastinternem Gebrauch noch ca. 30 Eunuchen, *taijian* 太監 / *taigiyan*[710], die Hilfsdienste leisteten. All diese Beschäftigte wurden je nach Rang mit einem halben bis zwei Tael[711] Silber und einem Deputat von einem Sack Reis pro Monat entlohnt.[712]

Vergleichbare Umstände scheinen im Palast *Kunning gong*, dessen religiöse Aktivität primär der Kaiserin unterstand, jedoch manchmal auch vom Kaiser geleitet wurde, geherrscht zu haben. Auch dort waren „Schamaninnen“, *samo taitai*[713]薩嫫太太, Kurzform: *sama* 薩媽 / *saman hehe*, die Protagonistinnen. Um 1920 waren noch vier verheiratete Schamanenfrauen am Hof angestellt.[714]. Weiter sind hier die Eunuchen für die Opferspeisen, *sizu taijian* 司俎太監 / *amsun-i taigiyan*, erwähnenswert. Die Verantwortlichen für den Weihrauch wurden *sixiang* 司香 / *hiyan-i da*, diejenigen für das Opferfleisch auch *sizu jiangjun* 司俎將軍/ *amsun-i janggin*, „Offiziere“, genannt.[715] SCHANG TSCHENG-TSU, der den Ausklang der schamanistischer Praxis am Kaiserhof in den 1920er Jahren noch erlebt hatte, überliefert einige Details hierzu. PUJIA (1908-1949), der Vetter des letzten Kaisers PUYI, erinnerte sich an einige Besonderheiten, an die Ritualtänze der Schamaninnen, an ihre bunte Kleidung, Musikinstrumente etc.[716] Ähnliche Erinnerungen teilte mir der letzte

[710] Eunuchen waren überall in kaiserlicher Umgebung eingesetzt. So vermerkt LI GUANG, S. 157, für die *Qianlong*-Zeit: 2.866 Eunuchen an 127 Orten; für die *Jiaqing*-Zeit: 2.638 Eunuchen an 102 Orten; für die *Guangxu*-Zeit: 1.989 Eunuchen an 63 Orten; bei der Abdankung des Kaisers PUYI gab es noch 800 bis 900 Eunuchen an 40 bis 50 Orten des Palastes.

[711] 1 Tael, *liang* 兩, damals ca. 37,3 Gramm Silber.

[712] BRUNNERT-HAGELSTROM, S. 210.

[713] HUCKER, Nr. 4827.

[714] SCHANG, S. 67.

[715] MZJS, chinesisch, j. 2, S. 2a, manjurisch, j. 2, Beginn; PANG, S. 59.

[716] *Wan Qing gongting shenghuo jianwen*, S. 121.

lebende Palasteunuch SUN YAOTING 孫耀廷 (1901-1996) mit, den ich bei einem Besuch im März 1983 befragen konnte.[717]

4.7 Ausstattung und Musikinstrumente des kaiserlichen Schamanismus

Die beim kaiserlichen Schamanenkult verwendeten Utensilien und Gerätschaften unterschieden sich bis auf die kostbarere Ausführungsart wahrscheinlich kaum von denen des Volksschamanismus. Über die Ausstattung und Kostümierung der kaiserlichen Schamaninnen, die sich wahrscheinlich von der bekannten ‚Patchwork'-Schamanentracht des Volksschamanismus abhob, ist jedoch bislang wenig bekannt geworden. JIN YI[718] spricht in seinem Bericht von ihren roten Kleidern.

Das mit der Schamanentradition eng verbundene Musikinstrumentarium ist mit den oben genannten[719] Glocken- und Trommelgeräten, Idio- und Membranophonen, des Volksschamanismus im Wesentlichen gleich. Nach den Aufzeichnungen im Ritenkompendium MZJI ist jedoch in einigen Punkten auf eine vom Volksgebrauch etwas abweichende Verwendungsweise zu schließen. So kamen bei sämtlichen kaiserlichen Aktionen Kastagnetten, *poban* 拍板 / *carki*, häufiger als im Volksschamanismus zum Einsatz. Diese schienen in ihrer markanten Signalgebung das ungestüme Trommeln mit der einfelligen Rahmentrommel, *shengu* 神鼓 / *imcin*, das im Volk als integrierter Bestandteil des Schamanentanzes empfunden wird, ersetzt zu haben. Der Gebrauch der Schamanentrommel sowie der Faßtrommel, *gu* 鼓 / *tungken*, war vermutlich auf den Kult im *Kunning gong* und im Pferdegeisttempel konzentriert, und zwar besonders bei den dort praktizierten nächtlichen Zeremonien, *xiji* 夕祭.

In kaiserlicher Umgebung fand zusätzlich zu den oben in Teil 2.5 genannten Instrumentenkategorien der (A.) Idiophone und (B.) Membranophone eine weitere Klasse Anwendung, und zwar (C.) die der Chordophone. Die Instrumente dieser Bauart gehörten nach chinesischer Ordnung zum Instrumentarium der „Bankettmusik", *yanyue* 燕樂, die der geselligen

[717] GIMM (1987), S. 55, Anm. 55 und Abb. 7b.

[718] JIN YI, *Mémoires*, S. 108: « La robe était rouge, le visage doré ».

[719] Abschnitt 2.5.

Unterhaltung diente und viele ausländische, ‚barbarische', *hu* 胡, Elemente enthielt.

Bemerkenswert ist, daß man es nicht wagte, auf den Bestand der – konfuzianischen – „Ritual- oder Sakralmusik", *yayue*[720] 雅樂, zuzugreifen und etwa die feierlichen Bronzeglocken, *zhong* 鐘, oder die klassischen Wölbbrettzithern, *se* 瑟 oder *qin* 琴, in den kaiserlichen Schamanenkult einzubeziehen. Dennoch kann man hinter dieser Auswahl die Absicht vermuten, den Schamanenkult aus der volksnahen in eine höhere, kaiserliche Umgebung einzupassen und auf ein erlauchteres Niveau zu heben, ohne dabei die Tiefen antiker chinesischer Sakraltradition zu berühren. Eine solche Aufwertung hatte vermutlich schon in der früheren Hauptstadt *Mukden* begonnen; denn auf einer Abbildung des damaligen Instrumentariums des *Qingning gong* des Palastes von *Mukden*, findet sich neben der Schamanentrommel und den Hüftglocken auch die Saiteninstrumente *pipa* und *sanxian*.[721]

Im Unterschied zum Volksgebrauch, in dem der Schamane als einzelner sowohl das Zeremoniell wie die dazugehörige Musikbegleitung ausführte, ist in kaiserlicher Umgebung – allein wegen der Vielzahl der verwendeten Instrumente – von einem den Kult begleitenden Ensemblespiel unterschiedlicher Musikanten auszugehen. Dieses ähnelte in seiner Struktur möglicherweise der der buddhistischen oder lamaistischen religiösen Musikensembles. Hierbei waren wahrscheinlich die Lauten als Melodieträger mit den Kastagnetten – und nicht wie in der Volkstradition Schamanentrommel und Hüftglocken – die führenden Instrumente. Nähere Angaben hierzu sind jedoch noch zu erschließen.

---

[720] Unter *ya yue*, eigentlich „vornehme, edle Musik" – eine der sechs Künste, *yi* 藝, die eines Edlen würdig sind – versteht man die angeblich auf KONFUZIUS und die Westliche *Zhou*-Zeit zurückzuführende ehrenvolle, wahrscheinlich getragen vorzutragende Hofmusik mit speziellem Instrumentarium und Repertoire, deren Ausläufer – da mit KONFUZIUS verbunden – allmählich zur Ritualmusik wurde, wie sie z. B. noch heute im Konfuziuskult in *Taiwan* praktiziert wird. Hintergrund ist die Vorstellung von der Musik als

> „mathematisches Abbild des Kosmos. […] Indem sie sinnlich wirkt, ist ihr eine Unmittelbarkeit eigen, die auf keine andere Weise gegeben ist. […] was im Gemüt des Spielers ist, überträgt sich resonanzartig auf das Gemüt des Hörenden. […] Die M. kann und soll sittigend wirken."

Nach ULRICH UNGER, *Grundbegriffe der altchinesischen Philosophie,* Darmstadt: Wissenschaftl. Buchgesellschaft (2000), S. 73. Zum Umkreis der Ritualmusik s.a. WAN (1985) etc.

[721] NAITÔ (1935), Nr. 9.

(C.)[722] Chordophone / Gruppe ‚Seide', *si* 絲

(6.) Laute[723], *pipa* 琵琶 / *fifan*

– *pipa,* manjurisch *fifan,* mongolisch *biba,* japanisch *biwa;* cf. mittelpersisch *barbut, barbud, barbat,* Hindi *barbat,* griechisch βάϱβιτος.

Schalenkurzhalslaute chinesischer Bauart, meist viersaitig. – Das in der unterhaltenden Musik Chinas vorherrschende, meist von Frauen gespielte Instrument, ist mindestens seit der *Han*-Zeit nachweisbar. Es wurde in der *Tang*-Dynastie zum beliebtesten Zupfinstrument gepflegten höfischen und familiären Amüsements und zu einem Hauptinstrument der Hofdamen erhoben. Entlang der Handelsrouten und der sog. Seidenstraßen fanden Frühformen aus Mittel- und Vorderasien und Indien Eingang in China. Die in *Qing*-Umgebung verwendete *pipa,* eine Knickhalslaute üblicher Konstruktion, mit seitenständigen Wirbeln und einer Länge von 3 Fuß 4 Zoll (ca. 110 cm) hatte 14 Bünde, *zhu* 柱, und 4 Saiten, *xian* 弦. Wie aus den Einträgen im MZJS zu erschließen, verwendete man das Instrument bevorzugt bei den monatlichen Zeremonien, *yueji* 月祭, im *Tangzi.*

(7.) **Spießlaute**[724], *sanxian* 三弦 / *tenggeri,*
sanxianzi, xianzi 弦子

- negidalisch, orochisch *tengkere;* türkisch *čögür,* mongolisch *šiduryu.*

Dreisaitige Spießlaute chinesischer Bauart. – Das volkstümliche Zupfinstrument mit einer Länge von ca. 100-110 cm besteht aus einem kleinem, ovalen Resonanzkorpus aus Holz, der beidseitig meist mit Schlangenhaut bespannt war. Durch diesen führt das Griffholz mit den Saiten und den Stimmwirbeln. Es ist etwa seit der *Qin*-Zeit in nördlichen Regionen nachweisbar und wurde zu einem von den Manjuren favorisierten Saiteninstrument. JOHANN CHRISTIAN HÜTTNER (1766-1847), bezeichnet das Instrument „Sammjinn" unrichtig als „eine Art Theorbe mit vier [!] Saiten." [725]

---

[722] Fortsetzung von Teil 2.5.

[723] MZJS, Abbildungsteil; zeitgenössische Abbildungen in *Huangchao liqi tushi,* j. 9, S. 41a, 54a, 85a; DQHD*tu,* j. 41, S 1694-1695 etc.; GIMM (2015), S. 68-69; ISHIBASHI, S. 196; JIANG (1995), Abb. S. 7; LIU GUITENG (1999), S. 97-98; SHI GUANGWEI (2003), S. 270.

[724] DQHD*tu,* j. 41, S 1696; *Qingbai leichao,* Bd. 10, S. 4993-4994; eine zeitgenöss. Abbildung in *Huangchao liqi tushi,* j. 9, S. 83a; GIMM (2015), S. 69; ISHIBASHI, S. 166-167; LIU GUITENG (1999), S. 96-97; SHI GUANGWEI (2003), S. 269.

[725] HÜTTNER (1797), S. 176.

Zusätzlich zu den genannten, im kaiserlichen Kompendium MZJS belegten Saiteninstrumenten scheinen in manchen Kulten höherer Kreise gelegentlich auch andere, nicht zum Schamanismus gehörende Instrumente verwendet worden zu sein. So belegt, ganz ungewöhnlich, das *Xiaoting zalu*[726] die Verwendung auch der volkstümlichen Brettzither, *zheng* 箏, und der ‚Mondgitarre', *yueqin* 月琴, im Schamanenkult.

[726] *Xiaoting zalu*, j 9, (1980), S. 279.

5. Epilog

Das Ende der Schamanenpraxis kaiserlicher Prägung in *Beijing* wurde mit der Abdankung des letzten Kaisers PUYI 溥儀 / PU I (1906-1967) am 12. Februar 1912 eingeläutet. Jahre zuvor hatte mit PUYIs Erlernen des Klavier- und Golfspiels und der Installation eines Telephons[727] in der Halle *Chuxiu gong* 儲秀宮 / *Cu sio gung* im Jahre 1910 die Modernisierung des Palastes begonnen, die mit der Räumung in den Jahren 1924 bis 1925 ihren Abschluß fand.[728] Es blieben nur Erinnerungen und einige Überlebende. Der Vetter des letzten Kaisers, PUJIA[729] 溥佳 / PU GIYA (1908-1949), wußte noch über die kaiserlichen Schamanenriten zu berichten und erinnerte sich an einige wenige beim Kult verwendete Redewendungen, wie

hengkile, „verbeugen!",
ili, „aufstehen!"[730]

Was anderes ist unser Leben, als eine
Reihenfolge von Präludien zu jenem
unbekannten Gesang, dessen erste
feierliche Note der Tod anstimmt?

FRANZ LISZT (1811-1886),
Geleitwort zu seiner symphonischen
Dichtung *Les Préludes* von 1854.
(Übersetzung von PETER CORNELIUS).

---

[727] JOHNSTON, S. 271, 384.

[728] Inventarlisten der zwischen dem 24. II. 1924 und 9. II. 1925 durchgeführten Palasträumung, *Gugong wupin diancha baogao* 故宮物品點查報告, z. B. Teil *Daji gong* 大極宮, Beijing: Gugong bowuyuan (1925-1930), S. 23, Nr. 527: *gangqin* 鋼琴, „Klavier". Siehe auch SCHANG TSCHENG-TSU (1934), S. 66-79; NA ZHILIANG (1980); GIMM (1987), S. 56. Nach SCHANG, S. 66, soll über die Ausräumung der bewohnten Palastteile im Jahre 1933 ein Film gedreht und dem Historischen Museum von *Beijing* übereignet worden sein.

[729] Teil 4.4.2.

[730] PUJIA, S. 121. Ähnliches gilt für den letzten Kaiser PUYI; s. GIMM (1987), S. 81, Anm. 115, sowie für dessen Bruder PUJIE 溥傑 / PU GIYAI (1907-1994), den ich im Febr. 1983 befragen konnte. Letzterer erinnerte sich an Einzelheiten und an einige manjurische Floskeln des Schamanenkultes bei Hofe, er verstand jedoch die Ritualtexte nicht.

Quellen- und Literaturverzeichnis

Vorbemerkung:

Chinesische Quellenwerke werden in traditioneller Weise nach dem Beginn des Haupttitels (in *Kursive*), neuere Literatur hingegen nach Verfassernamen (in KAPITÄLCHEN) aufgeführt. Im Text nur einmalig verwendete Literatur- und Quellenhinweise sind allein innerhalb der Anmerkungen zitiert und hier nicht nochmals aufgenommen. – Hinweise auf Einträge in diesem Verzeichnis erfolgen im Text verkürzt, meist nur mit Verfassernamen oder Titel(beginn), evt. Erscheinungsjahr, Seitenzahlen. – Unter ‚Nachdrucke' sind photomechanische Reproduktionen alter Vorlagen, unter ‚Neudrucke' neu gesetzte (oft interpunktierte) Ausgaben zu verstehen. – Die sog. ‚Vortitel' (*guanming* 冠名) bei kaiserlichen Kommisionswerken – meist *Qinding*... 欽定„vom Kaiser sanktioniert" – sowie das Wort „Verlag", *chuban she* 出版社, am Ende der chinesischen Verlagsangaben sind fortgelassen. Von den überaus zahlreichen chinesischen Beiträgen der Neuzeit konnte hier nur eine Auswahl angeführt werden. Die darin verwendeten Kurzzeichen wurden aus technischen Gründen durch die entsprechenden Langzeichen ersetzt. Bei allgemein bekannten chinesischen Zeitschriftennamen wurden die Schriftzeichen weggelassen.

Abkürzungen:

Hg. :	Herausgeber
j. :	*juan* 卷 , Heft, Kapitel
Komp. :	Kompilator (meist bei kaiserlichen Kommissionswerken)
Verf. :	Verfasser

Öfter zitierte Quellenwerke:

BQTZ :	*Baqi tongzhi* (I. und II. Sammlung)
DQHD :	*Da Qing huidian*
DQHDSL :	*Da Qing huidian shili*
GCGS :	*Guochao gongshi*
JMZD :	*Jiu Manzhou dang*
KXSL :	*Kangxi shilu*
MSL :	*Manzhou shilu*
MWLD :	*Manwen lao dang*
MZJS :	*Manzhou jishen jitian dianli*
MZJS2 :	*Manzhou jishen jitian dianli*, Neubearbeitung *Chongding…*
QLSL :	*Qianlong shilu*
SSL :	*Shizong shilu*
SZSL :	*Shizu shilu*
TSL :	*Taizu shilu*
TZSL :	*Taizong shilu*

ADAMI, NORBERT R. :
Schamanismus-Bibliographie, Teil 1: Allgemeine Literatur,
in: Bochumer Jahrbuch zur Ostasienforschung, 6 (1983), S. 98-186.

Aixin jueluo jiazu quanshu 愛新覺羅家族全書,
Teil 5: *Jiafa liyi* 家法禮儀,
Hg.: LIU HOUSHENG 劉厚生,
Shenyang: Jilin renmin (1997).

AIXIN JUELUO PUJIA, siehe PUJIA.

AIXIN JUELUO YINGSHENG 愛新覺羅瀛生 / AIXIN GIORO INŠENG :
Manyu zazhi 満語雜識 *Manju gisun-i suwaliyata sarisu,*
Beijing: Xueyuan (2004).

Aixin jueluo zongpu 愛新覺羅宗譜 / *Aisin gioro da sekiyen mafa ejen bithe,*
Komp.: CHANGLIN 常林,
Fengtian (Mukden) (1938), 8 Bde., Nachdruck Beijing: Xueyuan (1997), 30 Bde.

AKAMATSU CHIJÔ 赤松智城 [1886-1960] :
Manshu kijin no kasai 満洲旗人の家祭,
in: Minzokugaku kenkyū 民族學研究, 1, 2, (1935), S. 223-231.

—— *Man Mô no minzoku to shūkyô* 満蒙の民族と宗教,
Sammelband,
Tokyo: Ōsaka yagô shoten (1941) , S. 43-53, 199-219,
Nachdruck Tokyo: Ōzorasha (1996).

AKIBA TAKASHI 秋葉隆 :
Manshū shamankyô no kasai 満洲薩満教の家祭,
in: Shūkyô kenkyū, 11, Tokyo (1934), S. 112-128.

AMIOT, P. JEAN JOSEPH MARIE S. J. :
Rituel des Tartares Mantchous déterminé et fixé par l'Empereur comme Chef de sa Religion,
in : Journal des sçavans, Amsterdam, 65 (März 1773), S. 112-130.

ARLINGTON, L. C. und WILLIAM LEWISOHN :
In Search of Old Peking,
Peking: Vetch (1935), mehrere Nachdrucke.

BÄCKER, JÖRG :
Mandschurische Göttinnen und iranische Teufel
(Shamanica manchurica collecta, *4),*
Wiesbaden: Harrassowitz (1997).

BAI HONGXI 白洪希:
Qing gong tangzi jisi yanjiu 清宮堂子祭祀研究,
in: Minzu yanjiu, 1996, 4, S. 78-83.

Baqi tongzhi 八旗通志,
[I. Sammlung] *chuji* 初集,
Komp.: ORTAI / E'ERTAI 鄂爾泰(1680-1745) u.a.
250+2+1 j., befohlen 1727, Vorwort v. 27. IV. 1739, Druck von 1739.
– Manjur. Übersetzung:
Jakôn gôsai tung j'i-i sucungga weilehe bithe,
Hg.: MACI 馬齊 (1652-1739) u.a.
[II. Sammlung] *Qinding baqi tongzhi* [*erji*] 欽定八旗通志[二集],
Komp.: TIEBAO 鐵保 (1752-1824) u.a.,
342+12+2 j., befohlen 1786, vollendet 1796, Druck von 1799, auch Ausgabe *Siku quanshu* 四庫全書.
– Nachdrucke beider Sammlungen:
Baqi tongzhi,
Serie *Zhongguo shixue congshu* 中國史學叢書,
Taipei: Xuesheng (1968), 40 Bde., Beijing: Xueyuan (2000), 54 Bde.
– Neudruck nur der I. Sammlung: *Baqi tongzhi,*
Changchun: Dongbei shifan daxue (1986), 8 Bde.

BARROW, JOHN :
John Barrow's Esqus. vormahligen Privatsekretärs des Grafen von Macartney [1737-1801], jetzigen Sekretärs der Admiralität, Reise durch China von Peking nach Canton im Gefolge der Groß-brittannischen Gesandtschaft in den Jahren 1793 und 1794. Aus dem Englischen übersetzt und mit einigen An-merkungen begleitet von JOHANN CHRISTIAN HÜTTNER, Herausgeber der englischen Miscellen, [...]; 1.-2. Theil, (Bibliothek der neuesten und interessantesten Reisebeschreibungen, 23. - 24. Band),
Weimar: Idustrie-Comptoir (1805).

BASILOV, VLADIMIR N. :
The "Shamanic Disease" in Uzbek Folk Beliefs,
in: Shaman, an International Journal for Shamanistic Research, Szeged, Ungarn, 3, Heft 1 (1995), S. 3-13.

——— *Chosen by the Spirits,*
in: Marjorie M. Balzer (ed.), Shamanic Worlds: Rituals and Lore of Siberia and Central Asia,
Armonk N.Y.: Sharpe (1997), S. 3-48.

Beijing lishi ditu ji 北京歷史地圖集,
Verf.: HOU RENZHI 侯仁之 u.a.,
Beijing: Beijing chubanshe (1988).

BERTHELOT, RENÉ :
La pensée de l'Asie et l'astrobiologie,
Paris: Payot (1938); Nachdruck (1972).

BIČURIN, JAKINF (HYACINTH) [NIKITA JAKOVLEVIČ] :
O šamanstve,
in: Otečestvennye zapiski, t. VI, 11, otd. 2 (1839), S. 73-81.

—— *Kitaj, ego žiteli, pravy, obyčaj, prosveščenie,*
Sanktpeterburg: Imperat. Akademii Nauk (1840).

—— *Statičeskoe opisanie kitajskoj imperii v dvuch častjach,*
Sanktpeterburg (1842),
Ausgabe Pekin: Tip. Usp. Monastyrjapri Russkoj Duchovnoj Missii (1910).

—— *Kitaj v graždanskom i nravstvennom sostojanii sočinenie monacha Iakinfa Bičurin,*
Sanktpeterburg (1848), 4 Hefte,
Neuausgabe Pekin: Izd. Pekinskoj Duchovnoj Missii (1912).

BIOT, EDOUARD :
Le Tcheou-Li ou Rites des Tcheou, traduit pour la première fois du chinois,
Paris : L'imprimerie nationale (1851), 3 Bde.

BOGORAS, WALDEMAR (VLADIMIR GERMANOVIČ) :
Chukchee Mythology,
The Jesup North Pacific Expedition, Franz Boas (Hg.), Bd.VIII,
Memoirs of the American Museum of Natural History, Bd. XII, 1,
Leiden u. New York (1910).

BOL, PETER K. :
Seeking Common Ground: Han Literati under Jurchen Rule;
in: Harvard Journal of Asiatic Studies, 47,2 (1987), S. 461-538.

BOUILLARD, GEEORGE :
Le Temple du Ciel (Péking et ses environs, 4. sér.),
Pékin: Albert Nachbaur (1923).

BREDON, JULIET :
Peking. A historical and intimate description of the chief places of interest,
Shanghai etc.: Kelly & Walsh (1922).

BREITENBAUCH, GEORG AUGUST v. :
Lebensgeschichte des jüngst verstorbenen Sinesischen Kaisers Kienlong nebst einer Beschreibung der Sinesischen Monarchie,
Leipzig: Beer (1788).

Breuis [*Brevis*] *Relatio eorũ, quæ spectant ad Declarationem Sinarũ Imperatoris Kam Hi circa Cæli, Cumfucij, et Auorũ cultũ, datam anno 1700. Accedunt Primatũ, Doctissimorũq˜ virorũ, et antiquissimæ Traditionis testimonia. Operâ PP Societ. Jesu Pekini pro Euangelij propagatione laborantium,*
latein., manjur., chines. Text, Manuskriptdruck, zus. 122 Seiten (mit unterschiedl. Paginierung); unterzeichnet von 10 Jesuitenpatres A. THOMAS, PH. GRIMALDI, Th. PEREIRA, J. F. GERBILLON, J. SUARES, J. BOUVET, K. STUMPF, B. REGIS, L. PERNON, D. PARRENIN,
[Beijing], Enddatum: 29. Juli 1701.

– Zweiter Druck:
rein latein., 85 pagin. Seiten, mit leicht verändertem Text,
Augusta Vindelicorum [Augsburg] etc.: C. Bencard (1703).

BRUNNERT, H. S. und V. V. HAGELSTROM :
Present Day Political Organization of China,
Revised by N. Th. Kolessoff, tranlated from the Russian by A. Beltchenko, E. E. Moran,
Shanghai: Kelly & Walsh; Nachdruck Taipei (1961).

CHAN HOK-LAM [CHEN XUELIN 陳學霖] :
Monarchie und Regierung: Ideologien und Traditionen im kaiserlichen China,
in: Saeculum, 31 (1980), S. 1-26.

——— *Legitimation in Imperial China. Discussions under the Jurchen-Chin Dynasty (1115-1234),*
Seattle, London: Univ. of Washington Press (1984).

—— *"Ta Chin" (Great Golden): The Origin and Changing Interpretations of the Jurchen State Name,*
in: T'oung Pao, 77, 4-5 (1991), S. 253-297.

CH'EN CHIEH-HSIEN [CHEN JIEXIAN 陳捷先] :
The Decline of the Manchu Language in China during the Ch'ing Period (1644-1911),
in: W. Heissig (ed.), Altaica Collecta. Berichte und Vorträge der XVII. Permanent International Altaistic Conference 3.-8. Juni 1974 in Bonn/Bad Honnef,
Wiesbaden: Harrassowitz (1976), S. 137-154.

——— *Analysis of the Reasons of Manchu Emperor Hong Taiji's Restriction of Shamanism,*
in: Ch'en Chieh-hsien(Hg.), Proceedings of the 35th Permanent International Altaistic Conference, September 12-17, 1992 Taipei, China,
Taipei: Center of Chinese Studies Materials (1993).

CH'ÊN, H. S. und G. N. KATES :
Prince Kung's Palace in Peking,
in: Monumenta Serica, 5 (1940), S. 1-80.

CHEN YUEHONG 陳躍紅 u.a. :
Zhongguo nuo wenhua 中國儺文化,
Beijing: Zhongyang bianyi (2008).

CHEN ZONGFAN 陳宗蕃 :
Yandu congkao 燕都叢考,
Beijing: Beijing guji (1991).

Chenyuan shilue 宸垣識略,
Verf.: WU CHANGYUAN 吳長元,
16 j., Vorwort 1788,
Neudruck Beijing: Beijing guji (1983).

CHENG JIANJUN 程建軍 :
Zhongguo gudai jianzhu yu Zhouyi zhexue 中國古代建築與周易哲學,
Changchun: Jilin jiaoyu (1991).
Chongding Manzhou jishen jitian dianli, siehe *Manzhou jishen jitian dianli.*

CINCIUS, VERA I. :
Sravnitel'nyj slovar' tunguso-man'čžurskich jazykov,
Leningrad: Nauka (1977), 2 Bde.

CLAUSON, Sir GERARD :
An Etymological Dictionary of Pre-Thirteenth-Century Turkish,
Oxford: Clarendon Press (1972).

COMTE siehe LE COMTE.

CORFF, OLIVER, KYOKO MAEZONO, WOLFGANG LIPP u.a. :
Auf kaiserlichen Befehl erstelltes Wörterbuch des Manjurischen in fünf Sprachen, „Fünfsprachenspiegel" [*Yuzhi wuti qingwen jian* 御製五體清文鑑],
Wiesbaden: Harrassowitz (2013), 2 Teile und 5 Indexbände.

CORRADINI, PIERO :
The Worship of Heaven and of Earth during the Qing Dynasty,
in: Ming Qing yanjiu (edited by Paolo Santangelo),
Napoli (2003-2004), S. 17-61.

—— *Sull'ubicazione delle Tangzi mancesi,*
in: M. Scarpari u. T. Lippiello (Hg.), Caro Maestro… Scritti in onore di Lionello Lanciotti per l'ottantesimo compleanno,
Venezia: Cafoscarina (2005), S. 381-392.

COSMO, NICOLA DI :
Manchu shamanic ceremonies at the Qing court,
in: Joseph P. McDermott (Ed.), State and Court Ritual in China,
Cambridge: Cambridge University Pr. (1999), S. 352-398.

CROSSLEY, PAMALA KYLE und EVELYN S. RAWSKI :
A Profile of the Manchu Language in Ching History,
in: Harvard Journal of Asiatic Studies, vol. 53, 1 (1993), S. 63-102.

Da Qing Gaozong chun huangdi shilu 大清高宗純皇帝實錄,
‚Wahrhaftige Aufzeichnungen' für die Zeit 1735 bis 1795,
Komp.: QINGGUI 慶桂(1735-1816), DONG GAO 董誥(1740-1818) u.a., 1500 j.,
Eingabe von 1807,
Nachdruck in: *Da Qing lichao shilu*, Taipei: Huawen (1964), 30 Bde., 22.258 S.

Da Qing huidian 大清會典,
Kommissionswerk,
5 Bearbeitungen:
1690 (162 j., begonnen 1684, Druck 1690);
1734 (250 j., begonnen 1724, vollendet 1733, Druck 1734);

1768 (100 j., begonnen 1747, vollendet 1764, Druck 1768);
1822 (80 j., begonnen 1801, vollendet 1818, Druck 1822);
1904 (s.u.).
– Verwendete Ausgabe 1904:
Komp.: KUNGANG 崑岡 (gest. 1907) u.a.,
100 j., befohlen 1886, Vorwort 1899, Palastdruck 1904,
Nachdruck Beijing: Zhonghua (1991), 1 Bd.
– Textauszüge:
– Ausgabe von 1734: Textauszug, j. 92, in MZJS2, Heft 1, S. 21a-22b;
– Ausgabe von 1822: Textauszug, j. 74, in MZJS2, Heft 1, S. 23a-b.

Da Qing huidian shili 大清會典事例,
Kommissionswerk,
3 Bearbeitungen:
1734 (180 j., 1763); 1822 (920 j., 1818); 1904 (1.220 j., 1899).
– Verwendete Ausgabe: 1904,
Komp.: KUNGANG 崑岡 (gest. 1907) u.a.,
1.220 j., befohlen 1886, Vorwort 1899, Palastdruck 1904,
– Ausgabe von 1822: Auszug, j. 892-895, in MZJS2, Heft 1, S. 25a-36a.

Da Qing huidian tu 大清會典圖,
Kommissionswerk,
2 Bearbeitungen: 1822 (132 j.), 1904 (270 j.).
– Verwendete Ausgabe:
Komp.: KUNGANG 崑岡 (gest. 1907) u.a.,
270 j., befohlen 1886, Palastdruck 1899,
Nachdruck Taipei: Xinwen feng (1963), 5 Bde.

Da Qing lichao shilu 大清歷朝實錄,
chines. Fassung der „Wahrhaftigen Aufzeichnungen" (manjur. u. mongol. Versionen nicht nachgedruckt),
Beijing (1933-1936), Tokyo (1937, 1938),
Nachdrucke Taipei: Huawen (1964-1969), insgesamt 4.485 j.; auch Beijing: Zhonghua shuju.
– Siehe unter den Einzeltiteln.

Da Qing Manzhou shilu 滿洲實錄 / *Manju-i yargiyan kooli*,
manjur.-chines.-mongol. Parallelversion, bebildert,
Kommissionswerk, 10 j., 1. Fassung von 1635, Revision der *Qianlong*-Zeit,
Nachdruck in: *Da Qing lichao shilu,* Bd. 1, Taipei: Huawen (1969); Beijing: Zhonghua (1986).

Da Qing Shengzu ren huangdi shilu 大清聖祖仁皇帝實錄,
‚Wahrhaftige Aufzeichnungen' für die Zeit 1661 bis 1721,
Komp.: MACI / MAQI 馬齊 (1652-1739), ZHANG TINGYU 張廷玉 (1672-1755) u.a.,
Revision 1732,
300 j., Vorwort von 1744,
Nachdruck in: *Da Qing lichao shilu*, Taipei: Huawen (1964), 6 Bde.

Da Qing Shizong xian huangdi shilu 大清世宗憲皇帝實錄,
‚Wahrhaftige Aufzeichnungen' für die Zeit 1723 bis 1735
Komp.: ORTAI / E'ERTAI 鄂爾泰(1680-1745) u.a.,
159 j., Vorwort von 1741,
Nachdruck in: *Da Qing lichao shilu*, Taipei: Huawen (1964), 3 Bde.

Da Qing Shizu zhang huangdi shilu 大清世祖章皇帝實錄,
‚Wahrhaftige Aufzeichnungen' für die Zeit 1644 bis 1662,
Komp.: BATAI 巴泰 u.a.,
144 j., Vorwort von 1672, Revision von ORTAI / E'ERTAI 鄂爾泰(1680-1745) u.a., 1739,
Nachdruck in: *Da Qing lichao shilu*, Taipei: Huawen (1964), 3 Bde.

Da Qing Taizong wen huangdi shilu 大清太宗文皇帝實錄,
‚Wahrhaftige Aufzeichnungen' für die Zeit 1627 bis 1645,
Komp.: TUHAI 圖海 (gest. 1682), JUELUO LEIDEHONG 覺羅勒德洪 u.a., Vorwort von 1682;
Revision von ORTAI (1680-1745) u.a., 1739, 65 j.,
Nachdruck in: *Da Qing lichao shilu*, Taipei: Huawen (1964), 2 Bde.
– Von der manjurischen Übersetzung, betitelt *Daicing gurun-i taizung genggiyen šu hôwangdi-i yargiyan kooli*, befinden sich große Teile in Bibliotheken von *Beijing* und *Mukden*, kleinere auch in *Taipei*.

Da Qing Taizu gao huangdi shilu 大清太祖高皇帝實錄,
‚Wahrhaftige Aufzeichnungen' für die Zeit 1616 bis 1626,
Komp.: JUELUO LEIDEHONG 覺羅勒德洪 u.a., 10 j.,
Bearbeitung der Zeit 1682-1686,
Revision von ORTAI (1680-1745) u.a., Vorwort von 1739; 10 j.,
Nachdruck in: *Da Qing lichao shilu*, Bd. 1, Taipei: Huawen (1969).

Da Qing tongli 大清通禮,
Komp.: MUKDENGGE / MUKEDENG'E 穆克登額,
50 j., befohlen 1736, vollendet 1756, Palastdruck 1759,
Auszug in MZJS2, Heft 1
– erweiterte Ausgaben:
54 j., Palastdruck 1824, 75 j., Verlagsdruck 1883.

DEHERGNE, JOSEPH S. J. :
Répertoire des Jésuites de China de 1552 à 1800
(Bibliotheca Instituti Historici S. I ., XXXVII),
Roma: Institutum Histor., Paris: Letouzey (1973).

DEHNHARDT, RENE :
Schamanismus und Schizophrenie,
Bern u.a.: P. Lang (2003).

DEIWIKS, SHU-JYUAN [HUANG XUJUAN 黃漵娟] :
Zum Xiaoting zalu des Zhaolian (1776-1830), einem Werk der historischen biji-Literatur der Qing-Dynastie ,
Diss. phil., Universität Köln 1997, Druck (1999).

DI COSMO, NICOLA siehe COSMO.

DIESINGER, GUNTER :
Vom General zum Gott – Kuan Yü (gest. 220 n. Chr.) und seine ‚posthume' Karriere
(Heidelberger Schriften zur Ostasienkunde, Bd. 4),
Frankfurt a. M.: Haag u. Herchen (1984).

Dijing jingwu lüe 帝京景物略,
Verf. LIU TONG 劉侗 (1594-1637) und YU YIZHENG 于奕正 (1597-1636), 1. Druck 1635, Vorworte von 1643,
in: *Biji xiaoshuo daguan* 筆記小說大觀 1, Taipei (1984), Serie 13, Bd. 6, S. 3297-3928; Beijing: Zongguo (1982).

DIÓSZEGI, VILMOS :
Tunguso-man'čžurskoe zerkalo šamana,
in: Acta Orientalia Hungarica, 1 (1950), S. 359-383.

—— *Schamanenlieder der Mandschu,*
in: Acta Orientalia Hungarica, 11 (1960), S. 89-104.

DOERFER, GERHARD :
Türkische und mongolische Elemente im Neupersischen
(Akademie der Wissenschaften und Literatur Mainz, Veröffentl. der Oriental. Kommission, Bd. 16, 19-21),
Wiesbaden: Harrassowitz (1963-1975), 4 Bände.

DOERFER, GERHARD und MICHAEL KNÜPPEL :
Etymologisch-Ethnologisches Wörterbuch tungusischer Dialekte (vornehmlich der Mandschurei),
Hildesheim: G. Olms (2004).

DORÉ, HENRI S.J. :
*Récherches sur les superstitions en Chine (*Varietés sinologiques*),*
Chang-hai: Imprimerie de la Mission catholique (1911-1929, 1934-1966), 18 Bde.
T. XI (1916), XII (1918).
– Englische Ausgabe:
Researches into Chinese Superstitions,
Shanghai: T'usewei (1914-1938), vol. I-X, XIII.
Vol. VI, ed. M Kennelly S.J. (1920), vol. IX, ed. D. J. Finn S.J. (1931),
Nachdruck Taipei: Ch'eng-wen (1966), 5 Bde.

DUARA, PRASENJIT :
Superscribing Symbols: The Myth of Guandi, Chinese God of War,
in: Journal of Asian Studies, 47, 4 (1988), S. 778-795.

DURRANT, STEPHEN :
Sino-Manchu Translations at the Mukden Court,
in: Journal of the Amerrican Oriental Society, 99, 4 (1979), S. 653-661.

EDWARDS, EVANGELINE DORA :
Notes on the Temple of Heaven at Moukden,
in: Bulletin of the School of Oriental Studies, London Institution, 5 (1928-1930), S. 787-795.

EICHHORN, WERNER :
Die Religionen Chinas (Die Religionen der Menschheit, *21),*
Stuttgart usw.: Kohlhammer (1973).

ELIADE, MIRCEA :
Le Chamanisme et les techniques archaïques de l'extase,
Paris: Payot (1951) ; zahlreiche Übersetzungen.
– Deutsche Ausgabe: *Schamanismus und archaische Ekstasetechnik,* Zürich: Rascher o. J. [1957],
Nachdruck Frankfurt a. M.: Suhrkamp (1994) u.ö.
– Englische Ausgabe: *Shamanism: Archaic Techniques of Ecstasy,*
Princeton: Princeton University Pr. (1964).

——— *Das Mysterium der Wiedergeburt. Versuch über einige Initiationstypen,*
Frankfurt a.M.: Insel (1988).

ELLIOTT, ALAN J. A. :
Chinese Spirit-Medium Cults in Singapore,
London: School of Economics and Political Science (1955).

ELLIOTT, MARK C. :
Manchu Language and Ethnicity in the Qing,
in: Qingzhu Wang Zhonghan jiaoshou bashiwu…huadan xueshu lunwen heji 慶祝王鍾翰教授八十五…華誕學術論文合集,
Hefei: Huangshan, S. 211-225.

——— *The Manchu Way. The Eight Banners and Ethnic Identity in Late Imperial China,*
Stanford: Stanford University Pr. (2001).

ENDERWITZ, ULRICH :
Schamanismus und Psychoanalyse,
Wiesbaden: Heymann (1977).

ERKES, EDUARD :
Das "Zurückrufen der Seele" (Chao-hun) des Sung Yüh,
Text, Übersetzung und Erläuterungen,
Diss. phil. Leipzig: Drugulin (1914).

Ershiwu shi 二十五史,
25 offzielle Dynastiegeschichten,
Shanghai: Kaiming 開明 (1934), 9 Bde.

FARQUHAR, DAVID M. :
The Origin of the Manchus' Mongolian Policy,
in: J. L. Fairbank (Ed.), The Chinese World Order,
Cambridge/Mass.: Harvard University Pr. (1968), S. 198-205.

——— *Emperor as Bodhisattva in the Governance of the Ch'ing Empire,*
in: Harvard Journal of Asiatic Studies, 38,1 (1978), S. 5-34.

FAVIER, ALPHONSE C. M. :
Péking Histoire et Description, nouvelle édition,
Paris : Desclée, de Brouwer (1902).

Fengtian tongzhi 奉天通志,
Komp.: DI WENXUAN 翟文選 und ca. 60 Mitarbeiter,
begonnen 1927, Vorwort und Druck 1934,
10 Tao, 100 Hefte, 260 j.
Nachdruck Shenyang: Gujiu shudian (1982), 5 Bde., 5575 S.

FEUCHTWANG, STEPHAN :
The imperial metaphor. Popular religion in China,
London: Routledge (1992).

FEUERWERKER, ALBERT :
State and Society in Eighteenth Century China: The Ch'ing Empire in its Glory
(Michigan Papers in Chinese Studies, 77),
Ann Arbor: Michigan Univers. Pr. (1976).

FINDEISEN HANS und HEINO GEHRTS :
Die Schamanen,
Jagdhelfer und Ratgeber, Seelenfahrer, Künder und Heiler,
Köln: Diederichs (1983).

Forbidden City,
Hongkong, bebilderte Zeitschrift.

FRANKE, HERBERT :
Chinese Texts on the Jurchen. A Translation of the Jurchen Monograph in the San-ch'ao pei-meng hui-pien,
in: Zentralasiatische Studien, 9 (1975), S. 119-186.

——— *Some Folkloristic Data in the Dynastic History of the Chin (1115-1234),*
in: S. Allan, A. P. Cohen (eds.), Legend, Lore, and Religion in China. Essays in Honor of Wolfram Eberhard on His Seventieth Birthday, San Francisco: Chinese Materials Center (1979), S. 135-153.

FU TONGQIN 傅同欽 :
Qingdai de ji tangzi 清代的祭堂子,
in: Ming Qing guoji xueshu taolunhui lunwen ji 明清國際學術討論會論文集, Tianjin: Tianjin renmin (1982), S. 269-285 und in: Beijing wenwu yu kaogu 北京文物與考古, 1, Beijing (1983), S. 188-196.

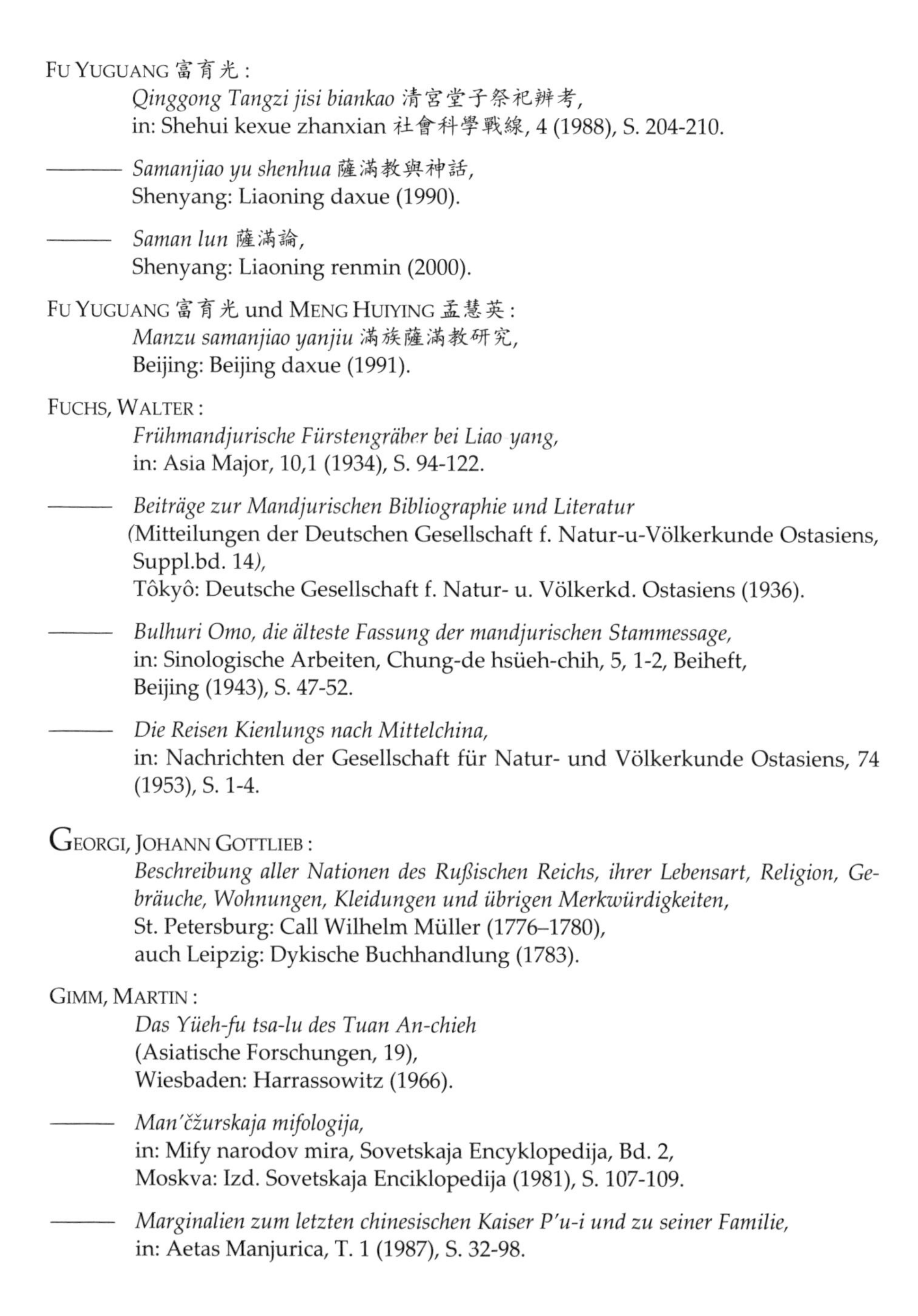

FU YUGUANG 富育光:
Qinggong Tangzi jisi biankao 清宮堂子祭祀辨考,
in: Shehui kexue zhanxian 社會科學戰線, 4 (1988), S. 204-210.

——— *Samanjiao yu shenhua* 薩滿教與神話,
Shenyang: Liaoning daxue (1990).

——— *Saman lun* 薩滿論,
Shenyang: Liaoning renmin (2000).

FU YUGUANG 富育光 und MENG HUIYING 孟慧英:
Manzu samanjiao yanjiu 滿族薩滿教研究,
Beijing: Beijing daxue (1991).

FUCHS, WALTER:
Frühmandjurische Fürstengräber bei Liao yang,
in: Asia Major, 10,1 (1934), S. 94-122.

——— *Beiträge zur Mandjurischen Bibliographie und Literatur*
(Mitteilungen der Deutschen Gesellschaft f. Natur-u-Völkerkunde Ostasiens, Suppl.bd. 14),
Tôkyô: Deutsche Gesellschaft f. Natur- u. Völkerkd. Ostasiens (1936).

——— *Bulhuri Omo, die älteste Fassung der mandjurischen Stammessage,*
in: Sinologische Arbeiten, Chung-de hsüeh-chih, 5, 1-2, Beiheft,
Beijing (1943), S. 47-52.

——— *Die Reisen Kienlungs nach Mittelchina,*
in: Nachrichten der Gesellschaft für Natur- und Völkerkunde Ostasiens, 74 (1953), S. 1-4.

GEORGI, JOHANN GOTTLIEB:
Beschreibung aller Nationen des Rußischen Reichs, ihrer Lebensart, Religion, Gebräuche, Wohnungen, Kleidungen und übrigen Merkwürdigkeiten,
St. Petersburg: Call Wilhelm Müller (1776–1780),
auch Leipzig: Dykische Buchhandlung (1783).

GIMM, MARTIN:
Das Yüeh-fu tsa-lu des Tuan An-chieh
(Asiatische Forschungen, 19),
Wiesbaden: Harrassowitz (1966).

——— *Man'čžurskaja mifologija,*
in: Mify narodov mira, Sovetskaja Encyklopedija, Bd. 2,
Moskva: Izd. Sovetskaja Enciklopedija (1981), S. 107-109.

——— *Marginalien zum letzten chinesischen Kaiser P'u-i und zu seiner Familie,*
in: Aetas Manjurica, T. 1 (1987), S. 32-98.

——— *Kaiser Qianlong (1711-1799) als Poet,*
(Sinologica Coloniensia, 15),
Stuttgart: Fr. Steiner (1993).

——— *Zum mongolischen Mahākāla-Kult und zum Beginn der Qing-Dynastie – die Inschrift Shisheng si beiji von 1638 –,*
in: Oriens Extremus, 42 (2000-2001), S. 69-103.

——— *Zum Schamanismus des Qing-Kaiserhofes – ein kaiserliches Auftragswerk aus dem Jahre 1747,*
in: Neder, Christina, H. Roetz, I.-S. Schilling (Hg.), China in seinen biographischen Dimensionen, Gedenkschrift für Helmut Martin,
Wiesbaden: Harrassowitz (2001), S. 577-588.

——— *Hans Conon von der Gabelentz und die Übersetzung des chinesischen Romans Jin Ping Mei* (Sinologica Coloniensia, 24),
Wiesbaden: Harrassowitz (2005).

——— *Die früheste Erwähnung der manjurischen Stammessage von den „Drei himmlischen Mädchen" in der europäishen Literatur,*
in; H.-R. Kämpfe u. C. Näher (Hg.), Ultra paludes Maeoticas, Zentralasienwissenschaftliche und linguistische Studien für Michael Weiers, 1 (Tunguso Sibirica, 23), Wiesbaden: Harrassowitz (2006), S. 22-37.

——— *Shijia rulai yinghua shiji, ein von Adligen des Qing-Kaiserhauses initiiertes Abbildungswerk zu Leben und Wirken Buddhas,*
in: Oriens extremus, 53 (2014), S. 217-259.

——— *Ein Monat im Privatleben des chinesischen Kaisers Kangxi.*
Gao Shiqis Tagebuch Pengshan miji aus dem Jahre 1703
(Sinologica Coloniensia, 34),
Wiesbaden: Harrassowitz (2015).

GOBIEN siehe LE GOBIEN.

GOODRICH, L. CARRINGTON, CHAOYING FANG (Eds.):
Dictionary of Ming Biography 1368-1644 明代名人傳,
New York: Columbia University Press (1976), 2 Bde.

GRESLON, ADRIEN S.J. :
Histoire de la Chine sovs la domination des Tartares,
Paris: J. Henavlt (1671).

de GROOT, JAN JACOBUS MARIA :
The Religious System of China,
Leiden: Brill (1892-1919), 6 Bde.

——— *Universismus. Die Grundlage der Religion und Ethik, des Staatswesens und der Wissenschaften Chinas,*
Berlin: Reimer (1918).

GROOTAERS, WILLEM A. :
The Hutu god of Wan-ch'üan (Chahar) a Problem of Method in Folklore,
in: Studia Serica, 7 (1948), S. 41-53.

GRUBE, WILHELM :
Die Sprache und Schrift der Jučen,
Leipzig: Kommissions-Verlag O. Harrassowitz (1896).

——— *Das Schamanentum bei den Golden,*
in: Globus, 71,1 (1897), S. 89-93.

GUAN JIXIN 關紀新 und GONG TIANFU 龔田夫:
Zhongguo manzu 中國滿族,
Beijing: Zhongyang minzu xueyuan (1993).

Gugong 故宮,
zahlreiche Verfasser,
Reihe: *Beijing wenwu jianzhu daxi* 北京文物建築大系,
Beijing: Beijing chuban (2011).

Gugong cidian 故宮辭典,
Verf.: WAN YI 萬依 u.a.,
Beijing: Wenhui (1996),
Beijing: Gugong (2016), erweiterte Ausgabe, *zengding ben* 增訂本.

Gugong zhoukan 故宮週刊, Zeitschrift,
Beijing: Gugong bowuyuan, Jg. 1930, 1933.

GUO SHUYUN 郭淑云 :
Yuanshi huotai wenhua samanjiao toushi 原始活態文化薩滿教透視,
Shanghai: Renmin (2001).

——— *Analysis of the Grandfather God of the Manchu Shi Clan,*
in: Shaman, an International Journal for Shamanistic Research, Szeged, Ungarn, 17, Heft 1-2 (2009), S. 29-52.

GUO SHUYUN 郭淑云 und WANG HONGGANG 王宏剛 (Hg.) :
Huozhe de saman – Zhongguo saman jiao 活着的薩滿 – 中國薩滿教,
Shenyang; Liaoning renmin (2001).

Guochao gongshi 國朝宮史,
Komp.: YU MINZHONG 于敏中 (1714-1780) u.a.,
36 j. , befohlen 1742, Vorwort 1769,
Tianjin: Boai (1925), Nachdruck Taipei: Xinxing (1965), 2 Bde.

Guochao gongshi xubian 國朝宮史續編,
Komp.: QINGGUI 慶桂 (1735-1816) u.a.,
100 j., Vorwort 1806,
Beijing: Gugong bowu yuan (1932),
Nachdruck Taipei: Xinxing (1965), 3 Bde.

GUY, KENT:
The Emperor's Four Treasures, Scholars and the State in the Late Ch'ien-lung Era,
Cambridge, Mass.: Harvard (1987).

HAPPEL, EBERHARD WERNER:
Thesaurus Exoticorum Oder eine mit Außländischer Raritäten und Geschichten Wohlversehene Schatz-Kammer […],
Hamburg: Th. v. Wiering (1688).

HARLEZ, CHARLES-JOSEPH DE:
La religion nationale des Tartares orientaux : Mandchous et Mongols comparée à la religion des anciens Chinois, d'après des textes indigènes, avec le rituel Tartare de l'empereur K'ien-long, traduit pour le première fois
(Mémoires couronnés et autres mémoires publiés de l'Académie Royale des sciences, des lettres et des beaux-arts de Belgique, T. 40, 2),
Bruxelles: Hayez (1887), S. 61-172.

——— *Tà Ts'īng tsí lì 大清祭禮 La religion et les cérémonies impériales de la Chine moderne d'après le cérémonial et les décrets officiels*
(Mémoires, s. o., T. 52), Paris : Hayez (1893 /4), S. 1-556.

HARNER, MICHAEL:
The Way of Shamans,
San Francisco: HarperCollins (1980);
– deutsche Übersetzung:
Der Weg des Schamanen. Das praktische Grundlagenwerk zum Schamanismus,
München: Wilhelm Heyne (2013).

HARVA, UNO:
Die religiösen Vorstellungen der altaischen Völker
(FF Communications Nr. 125),
Helsinki: Söderström (1938).

HAUER, ERICH:
皇清開國方略 Huang-Ts'ing K'ai-kuo Fang-lüeh. Die Gründung des mandschurischen Kaiserreiches,
Berlin, Leipzig: de Gruyter (1926).

——— *Das Mandschurische Kaiserhaus, sein Name, seine Herkunft und sein Stammbaum,*
in: Mitteilungen d. Seminars f. Oriental. Sprachen zu Berlin, Ostasiatische Studien, 29 (1926[II]), S. 1-39.

——— *Handwörterbuch der Mandschusprache,* 2., durchgesehene und erweiterte Auflage, herausgegeben von OLIVER CORFF,
Wiesbaden: Harrssowitz (2007).

HECKEN, J. L van C.I.C.M. and W. A. GROOTAERS C.I.C.M :
The Half ACRE Garden; Pan-mou yüan 半畝園, A Manchu residence in Peking,
in: Monumenta Serica, 18 (1959), S. 360-387.

Heilongjiang waiji 黑龍江外紀,
Verf.: XIQING 西清,
Nachdruck in: Xiaofanghu zhai yudi congchao, Slg. 1, S. 379-412.

Heilongjiang zhigao 黑龍江志稿,
Komp.: ZHANG BOYING 張伯英,
62 j., Druck 1932,
Nachdruck Taipei (1966), 9 Bde.

HERMANNS, P. MATTHIAS SVD:
Schamanen – Pseudoschamanen Erlöser und Heilbringer,
eine vergleichende Studie religiöser Urphänomene,
Wiesbaden: Steiner (1970), 3 Teile.

HERZER, RUDOLF :
Zur Frage der ungesetzlichen Opfer Yin-szu 淫祀 *und ungesetzlich errichteten Kultstätten Yin-tz'u* 淫祠,
Diss. phil., Freie Universität Berlin, Hamburg (1963).

Hesei toktobuha, siehe unter dem folgenden Wort.

HO PING-TI 何炳棣:
The Significance of the Ch'ing Period in Chinese History,
in: Journal of Asan Studies, 26 (1967), S. 189-195.

Hong taiji shilu, siehe *Da Qing Taizong wen huangdi shilu*.

Hongxue yinyuan tuji 鴻雪因緣圖記,
Verf.: LINQING 麟慶 vom Wanggiya-Klan (1791-1846),
autobiographisches Holzschnittalbum mit Erklärungen,
3 Serien, 6 Hefte, Druck (1847-1850);
später mehrere Nachdrucke und Nachahmungen; auch Auszug in MZJS2, Heft 1, S. 59a-b.

HOPKINS, L. C. :
The Shaman or Chinese Wu: His inspired dancing and versatile character,
in: Journal of the Royal Asiatic Society, 1 (1945), S. 3-16.

HOPPÁL, MIHÁLY (Ed.) :
Shamanism in Eurasia,
Göttingen: Edition Herodot (1984), 2 Bde.

——— *Ethnographic Films on Shamanism,*
in: Siikala, Anna-Leena, M. Hoppál, (Eds.) Studies on Shamanism (Ethnologica Uralica, 2),
Helsinki, Budapest: Akademiai Kiado (1992), S. 193-195.

——— *Das Buch der Schamanen, Europa und Asien,*
München: Econ Ullstein List (2002).

Hs..., siehe unter *X...*

HUANG QIANG 黃強色 und SEYIN 色音:
Saman jiao tushuo 薩滿教圖說,
Beijing: Minzu (2002).

Huang Qing Kaiguo fanglüe 皇清開國方略,
Kommissionswerk,
Komp.: AGUI 阿桂 (1717-1797),
32 + 1 j., 16 Hefte, befohlen 1774, Vorwort 1786, Druck von 1789, Ausgabe von 1887,
Nachdruck Taipei (1968), Reihe *Zhongguo fanglue congshu 中國方略叢書;*
– manjurische Version:
Daicing gurun-i fukjin doro neihe bodogon-i bithe (sehr selten),
– mongolische Version:
Tulγur törö negegsen bodolγa-yin bičig.
– Übersetzung der chinesischen Version: E. HAUER (1926).

Huangchao liqi tushi 皇朝禮器圖式,
Kommissionswerk,
Hauptkomp. YUNLU 允祿 (1695-1767), 16. Sohn KANGXIS,
18 + 1 j.
kaiserl. Vorwort 1759, vollendet 1766,
Palastdruck 1766; Nachdruck Taipei (1976).

Huangchao wenxian tongkao 皇朝文獻通考,
Kommissionswerk, Komp.: ZHANG TINGYÜ 張廷玉 (1672-1755) u.a., 300 j., 1785,
Nachdruck Taipei: Taiwan Shangwu (1987).

Huangchao zhengdian leizuan 皇朝政典類纂,
Komp.: XI YUFU 席裕福, 500 j.
Druck Beijing (1903).

HUBRECHT, ALPHONSE C.M.:
Grandeur et suprématie de Péking,
Péking: Impr. des Lazaristes (1928).

HUC, REGIS EVARISTE und JOSEPH GABET:
Wanderungen durch die Mongolei und Thibet zur Hauptstadt des Tale Lama. Von Huc und Gabet. In deutscher Bearbeitung herausgegeben von Karl Andree,
Leipzig: Lorck, 1855; neue Ausgabe Leipzig: Senf (1865).

HUCKER, CHARLES:
A Dictionary of Official Titles in Imperial China,
Stanford: Stanford Univers. Pr. (1985).

Hulan fuzhi 呼蘭府志,
Komp.: HUANG WEIHAN 黃維翰,
Druck von 1910, Nachdruck Taipei : Chengwen (ca. 1990).

HULTKRANTZ, ÅKE:
Shamanic healing and ritual drama,
New York: Crossroad (1992),
– deutsch: *Schamanische Heilkunst und rituelles Drama,*
(Übers. K. Dietzelbinger),
München: Diederichs [2](1996).

HUMMEL, ARTHUR W. (Ed.), verschiedene Verfasser:
Eminent Chinese of the Ch'ing Period (1644-1912),
Washington: United States Government Printing Office (1943 /44),
2 Bde.

HÜTTNER, JOHANN CHRISTIAN:
J. C. Hüttners Nachricht von der Brittischen Gesandtschaftsreise durch China und einen Theil der Tartarei.
Herausgegeben von C. B. [Carl Böttiger],
Berlin: Vossische Buchhdlg. (1797).

IMAI HIDENORI 今井秀周:
Kindai jōjin no shinkô 金代女真の信仰,
in: Mori Mikisaburô hakushi shôju kinen Tôyôgaku ronshū 森三樹三郎博士頌壽紀念東洋學論集, Tokyo (1979), S. 773-790.

IMANISHI SHUNJÛ 今西春秋:
Shin sanchô jitsuroku no sanshû 清三朝實錄の纂修,
in: Shirin 史林, 20 (1935), Nr. 3, S. 455-500; 20, Nr. 4, S. 777-824.

——— *Nuruhaci shichi daikon ron* ヌルハチ七大恨論,
in: Tôyôshi kenkyū 1, 4 (1936), S. 11-36.

——— *Jušen guoyu kao* Jušen 國域考,
in: Tôhôgaku kiyô, 2, Tenri (1967), S. 1-172.

In und um Peking während der Kriegswirren 1900-1901,
nach photographischen Aufnahmen von den Herausgebern Marine-Stabsarzt Dr. WANG und Leutnant Freiherr von MEERSCHEIDT-HÜLLESSEM,
Berlin-Schöneberg: Meisenbach Riffarth (1902).

INOUE ICHII 井上智為:
Shinchô kyūtei shamankyô shiden ni tsuite 清朝宮廷薩満教祠殿に就いて,
in: Haneda hakushi shôju kinen Tôyôshi ronsô 羽田博士頌壽紀念東洋史論集, Asiatic Studies in Honour of Toru Haneda, Kyoto (1950), S. 75-94.

ISHIBASHI, USHIO 石橋丑雄:
Peipin no shamankyô ni truite 北平の薩満教に就て,
Tokyo, Beijing: Gaimushô bunka (1934).

JANHUNEN, JUHA:
Manchuria an Ethnic History,
(Mémoires de la Société Finno-Ougrienne, 222),
Helsinki: Finno-Ugrian Society (1996).

Jiameng xuan congzhu 佳夢軒叢著,
Verf.: YIGENG 奕賡 (geb. um 1760, geadelt 1771),
Aufzeichnungen der Zeit 1831-1836, 11 Kapitel, Druck 1935,
Neudruck Beijing: Beijing chubanshe (1994).

Jiamo Qianlong jingcheng quantu 加摹乾隆京城全圖
Atlas der *Qianlong*-Zeit, um 1750, 51 Hefte, wiederentdeckt 1935,
Nachdruck der japan. Ausgabe (1940), Indexband,
Beijing: Beijing yanshan (1996).

JIANG XIANGSHUN 姜相順:
Qingchu gongting de saman jisi 清初宮廷的薩滿祭祀,
in: Beifang wenwu 北方文物, 2 (1991), S. 72-75.

——— *Shenmi de Qing gong saman jisi* 神祕的清宮薩滿祭祀,
Shenyang: Liaoning renmin (1995).

JIANG XIANGSHUN 姜相順 und TONG YUE 佟悅:
Qianlong di dongxun Shengjing yu Qingning gong jishen 乾隆帝東巡盛京與清寧宮祭神,
in: Manzu yanjiu, 1991, 1, S. 40-47.

JIANG XIANGSHUN 姜相順, TONG YUE 佟悅 und WANG JUN 王俊:
Liaoning ta manzu jiaji 遼寧塔滿族家祭,
Shenyang: Lioningminzu (1991).

Jiaolang cuolu 蕉廊脞錄,
Verf.: WU QINGZHI 吳慶坻 (1848-1924),
6 j., Vorwort 1868 (?),
Nachdruck Beijing: Zhonghua (1990).

JIN LIANG 金梁:
Guangxu xiao ji 光宣小記,
Vorwort von 1933,
in: Jindai baihai 近代稗海, Chengdu: Sichuan renmin (1988), Sammlung 11.

JIN QICONG 金啟孮:
Nüzhen wen cidian 女真文辭典,
Beijing: Wenwu (1984).

——— *Lun jindai de nuzhen wenxue* 論金代的女真文學,
in: Neimenggu daxue xuebao 內蒙古大學學報(shihui kexue), (1984[II]), 4, S. 1-15.

——— *Jin Qicong tan Beijing de manzu* 金啟孮談北京的滿族,
Beijing: Zhonghua (2009).

JIN YI 金易:
Gongnü tanwang lu 宮女談往錄,
Beijing: Zijin (1991);
französ. Übersetzung:
Mémoires d'une dame de cour dans la cité interdite. Traduit du chinois par Dong Qiang [董強],
Paris: Ph. Picquier (1996).

Jinshi 金史,
Komp.: TUOTUO (TOKTAGA)脫脫 (1313-1355) u.a.
135 j., vollendet 1344,
Ed. *Ershiwu shi*, Shanghai: Kaiming (1934), Bd. 7.

Jiu Manzhou dang 舊滿洲檔 / *Tongki fuka akô hergen-i dangse,*
manjurische Aktensammlung, betitelt *Ejehe dangse* („Aufzeichnungsakten", so in Bd. 1, S. 2) etc. konzipiert in altmanjurischer Schrift ohne diakritische Zeichen, umfaßt die Jahre 1607-1616/7;
Grundlage der Sammlung *Manwen laodang;*
nach dem Original des Palastmuseums *Taipei*, 37 Hefte,
Nachdruck Taipei: Gugong bowuyuan (1969), 10 Bände, 5378 Seiten;
– japanische Ausgabe (Transkription und japan. Übersetzung):
Chiu man chou tang 舊滿洲檔, *The Old Manchu Archives,*
Hg.: KANDA NOBUO 神田信夫 u. a.
(The Toyo Bunko Publication Series, C, No.18),
Tokyo (seit 1973, 1975), 2 Bände.
– chinesische Bearbeitungen (Transkription, Übersetzung, Anmerkungen):
Qing Taizu chao Lao manwen yuandang 清太祖老滿文原檔,
hgg. v. GUANG LU 廣祿 und LI XUEZHI 李學智,
Taipei: Zhongyang yanjiuyuan, Lishiyuyan yanjiusuo (1970, 1971), 2 Bde., – umfaßt die Jahre 1607-1620;
Jiu manzhou dang yizhu 舊滿洲檔譯註,
Taipei: Guoli gugong bowuyuan (1977, 1980), 2 Bde., – umfaßt die Jahre 1627-1631.

JOHNSTON, REGINALD FLEMING :
Twilight in the Forbidden City,
London: Golliancz (1934).

Jueyu jilue 絕域紀略,
Verf.: FANG GONGQIAN 方拱乾,
Ausg. *Xiaofanghu zhai yudi congchao.*

Kaiguo fanglüe, siehe *Huang Qing kaiguo fanglüe.*

Kangxi qiju shu 康熙起居注,
Tagebücher der kaiserlichen Aktionen,
Teilausgabe der Jahre 1671-1689, 1706, 1714-1718,
hgg. *Zhongguo diyi lishi dang'an guan* 中國第一歷史檔案館,
Beijing: Zhonghua (1984), 3 Bde.

Kangxi shilu, siehe *Da Qing Shengzu ren huangdi shilu*.

Kangxi zidian 康熙字典,
Zeichenwörterbuch der Kangxi-Zeit,
Komp.: ZHANG YUSHU 張玉書 (1642-1711) u.a.,
befohlen 1710, Vorwort 1716;
Neubearbeitung: *Xinxiu Kangxi zidian* 新修康熙字典,
Taipei: Qiye shuju 啟業書局 (1981).

KIRCHER, ATHANASIUS :
China monumentis, qua Sacris quà Profanis, Nec non variis naturæ et artis spectaculis, […] illustrata,
Amstelodam: J. à Meurs (1667).

KLAPROTH, JULIUS :
Bemerkungen über die chinesisch-russische Gränze gesammelt auf einer Reise an derselben, im Jahre 1806,
in: Archiv für asiatische Litteratur, Geschichte und Sprachkunde, 1. Band, St. Petersburg (1810), S. 157-224.

——— *Lettres sur la littérature mandchou, traduites du russe de M. Afanasii Larionowitch Leontiew*,
Paris: L'imprimerie de Fain (1815),
– auch unter dem Titel: *Grand exécution d'automne, No. II, Langlès*,
Moukden, Vingtième année Saitchounga Fengchen, neuvième lune, jour malheureux.

——— *Mémoires relatifs a l'Asie contenant des recherches historiques, géographiques et philologiques sur les peuples de l'orient*, Tome 3,
Paris: Libr. Orient. Dondey-Dupré (1828).

KLEY, EDWIN J. van :
News from China; Seventeenth-Century European Notices of the Manchu Conquest,
in: Journal of Modern History, 45 (1973), S. 561-582.

KLOUBERT, RAINER :
Peking. Verlorene Stadt,
Berlin: Elfenbein ²(2016).

KÖRNER, BRUNHILD :
Der Ahnenkult der Mandschu in Peking,
in: Baessler-Archiv, N.F. Bd. 3 (1955), S. 175-193.

——— *Die religiöse Welt der Bäuerin in Nordchina* (Reports from Scientific Expedition to the North-Western Provinces of China under Leadership of Dr. Sven Hedin, The Sino-Swedish Expedition, Publ. 43, VIII Ethnography), Stockholm (1959).

KÓSA, GÁBOR :

The Jurchen Shamaness. An Analysis of the First Written Reference to the Word ‚Shaman',
in: Shaman, an International Journal for Shamanistic Research, Szeged, Ungarn, 15 (2007), S. 118-127.

KROTKOV, NIKOLAJ NIKOLAEVIČ, siehe G. Stary (1985).

KYČANOV, EVGENIJ IVANOVIČ :

Kočevye gosudarstva ot gunnov do man'čžurov,
Moskau: Vostočnaja literatura (1997).

LANGE, LORENZ :

Reise nach China, mit einem Nachwort von Conrad Grau,
Berlin: Akademie-Verlag (1986), Lizenzausgabe Weinheim: VCH (1986).

LANGLÈS, LOUIS M. :

Recueil Des Usages (et cérémonies) établis pour les Offrandes et les Sacrifices des Mantchoux, par ordre de l'Empereur,
in: Notices et extraits des manuscrits de la Bibliothèque du Roi, 7 (1804), S. 241-308 – dazu J. KLAPROTH (1828), S. 66-80.
– Weiterer Druck mit identischem Inhalt:
Rituel des tatars-mantchoux, rédigé par l'ordre de l'empereur Kien-long, Et précédé d'un Discours préliminaire composé par ce Souverain; avec Les Dessins des principaux Utensiles et Instrumens du culte chamanique: Ouvrage traduit par Extraits du tatâr-mantchou, et accompagné des Textes en caratères originaux,
Paris: Imprimerie de la République An XII. (1804), mit 10 Abb.

Langqian jiwen sibi 郎潛紀聞四筆,
Verf.: CHEN KANGQI 陳康祺 (19. Jh.) ,
11 j., Vorwort 1886,
Neudruck Beijing: Zhonghua (1990).

LATTIMORE, OWEN :

Manchuria, Cradle of Conflict,
New York: Macmillan (1932).

LAUFER, BERTHOLD :

Origin of the Wort Shaman,
in: American Anthropologist, N.S. 19, 3 (1917), S. 361-371.

LE COMTE, LOUIS S. J. :

Das heutige Sina, von dem berühmten Königl. Frantzösischen Mathematico R. P. Louis le Comte […],
Franckfurt : Riegel (1699, 1700), 3 Bde.

LE GOBIEN, CHARLES :

Histoire de l'edit de l'empereur de la Chine, en faveur de la Religion Chrestienne: Avec un eclaircissement sur les honneurs que les Chinois rendent à Confucius & aux Morts,
Paris: J. Anisson (1698).

LEGGE, JAMES :
The Chinese Classics,
London: Trübner [2](1869-1895),
Nachdruck Hongkong: Hongkong University Pr. (1969), 5 Bände.

LEIBNIZ, GOTTFRIED WILHELM :
Novissima Sinica historiam nostri temporis illustratura,
[Hannover: Förster] (1697), [2](1699).

LESSING, FERDINAND :
The Structure and Meaning of the Rite Called the Bath of the Buddha According to Tibetan and Chineses Sources,
in: S. Egerod, E. Glahn (Eds.), Studia Serica Bernhard Karlgren Dedicata, Copenhagen: Munksgaard (1959), S. 159-171.

——— *Mongolian-English Dictionary* (mehrere Mitarbeiter),
Berkeley u. Los Angeles: University of California Press (1960), mehrere Nachdrucke.

LI GUANG 李光 :
Qingji de taijian 清季的太監,
in: *Wan Qing gongting shenghuo jianwen* (1982), S. 157-172.

LI GUOJUN 李國俊 :
Nuerhachi shiji saman tangzi wenhua yanjiu 努爾哈赤時期薩滿堂子文化研究,
in: Manzu yanjiu (Shenyang), 2002, 4, S. 60-78.

LI PENGNIAN 李鵬年 u. a. :
Qingdai zhongyang guojia jiguan gaishu 清代中央國家機關概述,
Harbin: Heilong jiang (1988).

Liaohai congshu 遼海叢書,
Sammelwerk,
Komp.: JIN YUFU 金毓黻 (1887-1962) u.a.,
10 Sammlungen, 6 Hefte,
Shenyang: Liaohai shushe (1931-1934);
Nachdruck Shenyang: Liao Shen shushe (1984), 5 Bde.

Liaoshi 遼史,
offizielle Geschichte der *Liao*-Dynastie,
Komp.: TUOTUO (TOGTAGA) 脫脫 (1313-1355),
116 j. , vollendet 1343-1344,
Neudruck Beijing: Zhonghua (1983).

Liaoyang xianzhi 遼楊縣志,
Komp.: FEI HUANXING 裴煥星 u.a.,
40 j., Druck von 1928,
Nachdruck: *Zhongguo fangzhi congshu 中國方志叢書*, Dongbei Nr. 12,
Taipei: Chengwen (1973).

Libu zeli 禮部則例,
Palastdruck 1759,
Textauszug, j. 107, in MZJS2.

LIGETI, LOUIS :
Mots de civilisation de Haute Asie en transcription chinoise,
in: Acta Orientalia hungarica, 1 (1950), S. 141-188.

——— *A propos de l'écriture mandchoue,*
in: Acta Orientalia hungarica, 2 (1952), S. 235-301.

LINKE, BERND-MICHAEL :
Zur Entwicklung des mandjurischen Khanats zum Beamtenstaat. Sinisierung und Bürokratisierung der Mandjuren während der Eroberungszeit (Sinologica Coloniensia, Bd. 12),
Wiesbaden: Harrassowitz (1982).

LIU GUITENG 劉桂騰 :
Samanjiao yu Manzhou tiaoshen yinyue de liubian 薩滿教與滿洲跳神音樂的流變,
in: Manxue yanjiu, 1 (1992), S. 239-253.
– Engl. Übers.: *Musical Instruments in the Manchurian Shamanic Sacrificial Rituals,*
in: Tae-gon Kim, Mihály Hoppál (Ed.), Shamanism in Performing Arts (Bibliotheca Shamanistica,1), Budapest: Akadémiai Kiadó (1995), S. 103-122.

——— *Shamanism and the Musical Instruments Used in the Manchurian Shamanistic Sacrificial Rituals (tiao shen) – An Ethnomusicological Examination of Shengu (Shamanic Drum) and Yaoling (Waistbell),*
in: ACMR Reports, Journal of the Association for Chinese Music Research, 9, 2 Pitsburgh (1996), S. 1-20.

——— *Manzu saman yueqi yanjiu* 滿族薩滿樂器研究,
Shenyang: Liaoning minzu (1999).

LIU HOUSHENG 劉厚生:
Qingdai gongting saman jisi yanjiu 清代宮廷薩滿祭祀研究,
(Changbai congshu yanjiu xilie 長白叢書研究系列, 14),
Changchun: Jilin wenshi (1992).

LIU HOUSHENG 劉厚生 und SHI GUANGWEI 石光偉:
Manzu saman tiaoshen yanjiu 滿族薩滿跳神研究
(Changbai congshu yanjiu xilie 長白叢書研究系列, 8),
Changchun: Jilin wenshi (1992[II]).

LIU XIAOMENG 劉小萌 und DING YIZHUANG 定宜庄 :
Samanjiao yu dongbei minzu 薩滿教與東北民族,
Changchun: Jilin jiaoyu (1990).

Liubian jilue 柳邊紀略,
Verf.: YANG BIN 楊賓 (1650-1720),
5 j.,
Nachdruck Liaohai congshu, Bd. 1, S. 235-272.

LOT-FALCK, ÉVELINE :
A propos du terme chamane,
in : Études mongoles et sibériennes, 8 (1977), S. 7-18.

LOVADINA, MICHELA :
Manchu Shamanic Material Rediscovered.
A Photographic Documentation from the 1932 Sven Hedin Expedition
(Shamanica manchurica collecta, 6),
Wiesbaden: Harrassowitz, (1998).

Lülü zhengyi houbian 律呂正義後編,
Fortsetzungswerk zu dem von Kaiser KANGXI initiierten Musikkompendium
des Jahres 1723,
Komp.: YINLU 胤祿 (1695-1767), 16. Sohn des Kaisers KANGXI u.a.,
120+2 j., kaiserl. Vorwort 1746; Palastdruck mit bewegl. Kupfertypen 1746;
Nachdruck *Wanyou wenku* 萬有文庫, Ser. 2,
Shanghai: Shangwu yinshuguan (1934).

MAGAILLANS, GABRIEL de [GABRIEL de MAGALHÃES] :
Nouvelle Relation de la Chine Contenant la description des particularités les plus considérables de ce grand empire, composée en l'année 1668,
Paris: Cl. Barbin (1688).

Manjusai wecere metere kooli bithe[731] / *Manzhou jishen jitian dianli* 滿洲祭神祭天典禮,
kaiserlich initiiertes Ritenkompendium des Schamanismus,
Kommissionswerk, unter Oberaufsicht des 16. KANGXI-Sohnes, YIN LU 胤祿
(1695-1767), 25 Mitarbeiter,
1 tao, 6 j., vollendet 1747, Format 23,3 x 17 cm,
einsprachiger manjurischer Palastdruck 1747 (oder 1750).

— Chinesische Version:
Manzhou jishen jitian dianli,
Kommissionswerk, unter Leitung von AGUI 阿桂 (1717-1797), YU MINZHONG
于敏中 (1714-1780),
Komp.: JI YUN 紀昀 (1724-1805) und LU XIXIONG (1734-1792) 陸錫熊,
Übersetzung, für die kaiserliche Bibliothek *Siku quanshu* 四庫全書
bestimmt, 6 Hefte, Mskr.,
befohlen 1777, Vorwort vom 23. VII. Monat (22. August) 1780.
Nachdruck dieser Ausgabe

[731] Die manjurische Druckausgabe ist in mehreren Bibliotheken der Welt, darunter in *Beijing* ca. 10-mal, vorhanden. Bemerkenswert ist der in der Nationalbibliothek *Paris*, Sign. Mandchou 233, zugängliche Druck auf weißem Papier mit gelben Seideneinbänden, der den frühen europäischen Bearbeitern, AMIOT, LANGLÈS, de HARLEZ, zur Verfügung stand. Dieser enthält in Handschrift auch Teile der chinesischen Version. Weitere bibliographische Angaben siehe in Kap. 3.3.1.

in: *Wenyuan ge Siku quanshu* 文淵閣四庫全書, Taipei: Shangwu yinshuguan, Bd. 657, S. 619-764.[732]
— Weitere 5 Ausgaben der chinesischen Version:
– *Manzhou jishen jitian dianli,*
in: (*Qinding*) *Baqi tongzhi* (1799), j. 83-93 (ohne Abbildungen), Nachdruck (1968), Bd. 16;
– *Manzhou jishen jitian dianli,*
verkleinerte Sonderausgabe, 6 Hefte; s. FUCHS (1936), S. 100;
– *Manzhou jishen jitian dianli,*
in: *Liaohai congshu,* hier nach der *Wensu ge*-Kopie 文溯閣 des *Siku quanshu,* Serie 9, Nr. 12; Nachdruck, Bd. 5, S. 3102-3191;
– *Manzhou jishen dianli,*
hier nach der *Wenlange*-Handschrift 文瀾閣 des *Siku quanshu* aus Hangzhou, in: LOU TSU-K'UANG, W. EBERHARD (Hg.), *Asian Folklore and Social Life Monographs,* vol. 207), Taipei: The Chinese Association for Folklore (1985), 3 Bde.;
– *Manzhou jishen jitian dianli,*
Neuausgabe, interpunktiert,
in: LIU HOUSHENG (1992), S. 41-209.

— Veränderte chinesische Übersetzung:
– *Manzhou tiaoshen huanyuan dianli* 滿洲跳神還愿典禮,
Komp.: PUNIAN 普年 vom *Gioro*-Klan,
Druck Beijing, Liuli chang: Fugu zhai 復古齋(1828); 1 Exemplar in der Bibliothek der Tokyo-Universität; Neuausgabe, interpunktiert, verkürzt, in: LIU HOUSHENG (1992), S. 369-395.
— Verkürzte, z. T. abweichende chinesische Übersetzung,
bisher nicht bearbeitet, siehe GIMM (2000), S. 586;

— Neubearbeitungen der chinesischen Version:
– *Chongding Manzhou jishen jitian dianli* 重訂滿洲祭神祭天典禮,
Komp.: JIN YUFU 金毓紱 (JIN JIUJING 金九經),
1 tao, 3 Hefte, Mukden: Jiangyuan jingshe 薑園精舍 (1935),
Inhalt: Heft 1, *wenxian pian* 文獻篇: ca. 22 Texte zum Thema aus anderen offiziellen und privaten Quellen: Heft 2: chines. Text in anderer Reihenfolge, geordnet in Ausführungsvorschriften, *yizhu pian* 儀注篇, und Gebetstexte, *zhuci pian* 祝辭篇; letztere mit zugefügtem manjur. Text in Lateinschrift; Heft 3: Abbildungsserie mit chines. und manjur. Text aus beiden oben genannten Ausgaben;
– *Chongding Manzhou jishen jitian dianli,*
Neuausgabe, interpunktiert, z. T. verkürzt,
in: LIU HOUSHENG (1992), S. 215-367.

— Zweisprachige, chines.-manjur. kombinierte Fassung:
– *Manhan hebi Manzhou jishen jitian dianli* 滿漢合璧滿洲祭神祭天典禮,
wie vorgenannte Ausgabe, mit lateinischer Transkription des manjurischen Textes,

---

[732] Wenn nichts Näheres angegeben, im Text nach dieser Ausgabe zitiert.

Komp.: JIN JIUJING 金九經 (s. o.), nur der erste, vorläufige Teil, Beginn des 1. Heftes, erschienen; in: *Manshû kokuritsu Hôten toshokan kikan* 滿洲國立奉天圖書館季刊, Nr. 1, Mukden (1934), S. 1-34.

Manqing beishi 滿清稗史,
anonym, Vorwort 1912,
Nachdruck Beijing: Zhongguo shudian (1987), 3 Bde.

Manqing waishi 滿清外史,
anonym, 2 j.,
in: *Manqing beishi*, Bd. 1,

Manqing yeshi 滿清野史,
Komp.: HU YUNYU 胡蘊玉,
Taipei: Xinxing (1983), 5 Bde.

MANNSEGG, siehe SCHALL.

Manwen laodang 滿文老檔 / *Tongki fuka sindaha hergen-i dangse* / *Manbun rôtô,*
Altmanjurische Akten, bearbeitet 1607-1637 auf der Grundlage der *Jiu manzhou dang*, umfaßt Aufzeichnungen für die Jahre 1607-1632 sowie I. Monat 1636 bis XII. Monat 1636 /7; Originalmanuskripte in *Mukden* und *Beijing;* nach kaiserlichem Dekret von 1741 revidiert unter ORTAI / E'ERTAI 鄂爾泰 (1680-1745), 1775 bis 1778 unter ŠUHEDE / SHUHEDE 舒赫德(1711-1777) neu geordnet und kopiert; 26 tao, 180 Hefte;

– *Tongki fuka sindaha hergen* i *dangse,*
neue japanische Ausgabe, manjur. Transkription mit japan. Übersetzung, Anmerkungen und Indizes, nach dem Mskr. von *Mukden,*
Hg.: KANDA NOBUO 神田信夫 u. a.,
Tongki fuka sindaha hergen i *dangse, The Secret Chronicles of the Manchu Dynasty, Mambun rōtō* 滿文老檔 (The Toyo Bunko Publication Series, C, No.12),
Tôkyô: Tôyô Bunko (1955-1963), 7 Bände;
– *Mambun rōtō* 滿文老檔,
alte japanische Ausgabe (Teilübersetzung nach dem handschriftlichen Entwurf des Übersetzers),
Hg.: KATSUJI FUJIOKA 藤岡勝二, Vorwort von 1939,
Tôkyô (1939);

– *Manwen laodang* 滿文老檔,
chinesische Neuausgabe mit Übersetzung der in *Beijing* befindlichen Reinschrift, 180 Hefte, für denselben Zeitraum, dazu Personen- und Ortsnamenindizes, herausgegeben vom Ersten Aktenarchiv *Diyi lishi dang'anguan* 第一歷史檔案館, Beijing: Zhonghua (1990), 2 Bde.

Manzhou jishen jitian dianli, siehe *Manjusai wecere metere kooli bithe.*

Manzhou jitian jishen dianli 滿洲祭天祭神典禮,
Ritualkodex des NIOHURU / NIUHULU 鈕祜祿-Klans, manjurischer Titel unbekannt,
Komp.: SUNINGGA / SUONING'AN 索寧安,
in: *Manzhou sili ji,*
Teile in: MZJS2, Heft 1, S. 41a.

Manzhou jiudang 滿州舊檔 / *Tongki fuka akô hergen-i dangse,*
siehe *Jiu Manzhou dang.*

Manzhou midang 滿洲秘檔,
Komp. und Nachwort: JIN LIANG 金梁 (geb. 1878),
Nachdruck Taipei: Wenhai (1966).

Manzhou shilu, siehe *Da Qing Manzhou shilu.*

Manzhou sili ji 滿洲四禮集,
Komp.: SUNINGGA / SUONING'AN 索寧安,
Vorwort v. 1796, enthält 4 Teile:
(1.) *Manzhou jitian jishen yizhu* 滿洲祭天祭神儀注, 1796,
(2.) *Manzhou hunli jiugui* 滿洲婚禮舊規 1796,
(3.) *Shenzhong ji* 慎終集, 1737,
(4.) *Manzhou sangzan zhuiyuan lun* 滿洲喪葬追遠輪, 1796,
9+46+31+4+45+4+21 pagin. Seiten,
Beijing: Shengfei tang (1801).

Manzhou yuanliu kao 滿州原流考 / *Manjusai da sekiyen-i kimcin,*
Komp.: AGUI 阿桂 (1717-1797) u.a.,
20 j., chines.-manjur., vollendet 1777,
Neudruck der chines. Version Shenyang: Liaoning minzu (1988).

Manzu lishi yu wenhua 滿族歷史與文化,
Hg.: WANG ZHONGHAN 王鍾翰, Sammelband,
Beijing: Zhongyang minzu daxue (1996).

MARTINI, P. MARTIN S. J.:
Historische Beschreibung deß Tartarischen Kriegs in Sina, in welcher Was massen zu vnsern zeiten das Sinische Keyserhum von den Tartarn angefallen vnd bey nahe ganz erobert worden / kürtzlich erzehlt; Wie auch dero Sitten gründlich beschriben worden […],
München: Johann Wagner (1654).
– Engl. Ausgabe:
Bellum Tartaricum or the Conquest of The Great and most renowned Empire of China, By the Invasion of the Tartars, who in these last seven years […],
London: J. Crook (1654).

MASPERO, HENRI:
Le Ming-t'ang et la crise religieuse chinoise avant les Han,
in: Mélanges chinois et bouddhiques, 9,
Bruxelles: Peeters (1948-1951), S. 1-71.

MAYERS, WILLIAM FREDERICK :
The Chinese Government,
3th edition, revised by G. M. H. PLAYFAIR,
Shanghai: Kelly & Walsh (1897), Nachdruck Taipei (1966).

MCDERMOTT, JOSEPH P. :
State and Court Ritual in China,
Cambridge: Cambridge Univ. Pr. (1999).

MENDE, ERLING V. :
Chaekchong illok, Tagebuch aus der Gefangenschaft von Yi Minhwan,
in: G. Stary (Hg.), Materialien zur Vorgeschichte der Qing-Dynastie,
Wiesbaden: Harrassowitz (1996), S. 111-155.

MENG SEN 孟森 :
Ming yuan Qing xi tongji 明元清系通紀
(1934),
Neudruck Taipei: Xuesheng (1966), 4 Bde.

——— *Ming Qing shi lunzhu jikan* 明清史論著集刊,
Beijing: Zhonghua (1959), 3 Bde.

MENGES, KARL HEINRICH :
Zum sibirischen Šamanismus,
in: Central Asiatic Journal, 25, 3-4 (1981), S. 260-309.

——— *Zu einigen šamanistischen Ausdrücken im Altajischen und Nachbargebieten,*
in: Ural-Altaische Jahrbücher, N. F., 7 (1987), S. 164-170.

——— *Aus dem animistisch-schamanistischen Wortschatz der Altaier,*
in: W. Heissig, K. Sagaster (Hg.), Gedanke und Wirkung. Festschrift zum 90. Geburtstag von Nikolaus Poppe,
Wiesbaden: Harrassowitz (1989), S. 221-251.

MENTZEL, CHRISTIAN :
Kurtze Chinesische Chronologia oder Zeit-Register Aller Chinesischen Kayser [...],
Berlin: J. M. Rüdiger (1696).

MEYER, IBEN RAPHAEL :
Das schamanistische Begriffsinventar des manjurischen Wörterspiegels von 1708
(Beiträge zum Schamanismus der Manjuren, I),
in: Oriens Extremus, 29 (1982), S. 173-208.

——— *Zum Terminus uyun jafambi im manjurischen Schamanismus,*
in: K. Sagaster (Hg.), Religious and Lay Symbolism in the Altaic World and Other Papers (Asiatische Forschungen, 105),
Wiesbaden: Harrassowitz (1989), S. 225-238.

MEYER, JEFFREY F. :
The Dragons of Tiananmen: Beijing as a Scred City,
Columbia: University of South Carolina Pr. (1991).

MITAMURA, TAISUKE 三田村泰助:
Shinchô zenshi no kenkyū 清朝前史の研究 (Sammelband),
Kyôto: Tôyôshi kenkyūkai (1965), [2](1972).

MO DONGYIN 莫東寅:
Manzushi luncong 滿族史論叢,
Beijing: Renmin (1958).

MURATA JIRÔ 村田治郎:
Ten wo matsuru kenchiku 天を祭る 建築,
in: Manshū kenchiku zasshi 満洲建築雜誌, 14, 3 (1931), S. 3-12.

——— *Man Mô fushi* 満蒙巫史,
in: Mammô 満蒙, 15, 11-12 (1934), S. 118-123

——— *Dôshi* 堂子,
in: Mammô, 16, 1 (1935), S. 95-110.

——— *Shinneiku to Konneiku* 清寧宮と坤寧宮,
in: Mammô, 16, 2 (1935[II]), S. 22-31.

——— *Shinneiku no saiki* 清寧宮の祭器,
in: Mammô, 16, 3 (1935[III]), S. 61-72.

——— *Manshū no shiseki* 満洲の史蹟,
Tôkyô: Zayūhô kankôkai (1944).

MUERCHA / MURCA 穆尔察 und ZHAN KUN 占堃:
Manzu de "mama koudai" ji "kaisuo" 滿族的"媽媽口袋"及"開鎖",
in: Manzu yanjiu, 1989, 1, S. 77-79, 55.

MURR, CHRISTOPH GOTTLIEB V.:
Mantschu-tatarische Litteratur,
in: Journal zur Kunstgeschichte und zur allgemeinen Litteratur, 4. Theil, Nürnberg: Zeh (1777), S. 249-261.

MUTH, JUTTA:
Die Tracht der solonischen Schamanin im Übersee-Museum Bremen,
in: Veröffentlichungen aus dem Übersee-Museum in Bremen,
Reihe B, Bd. 2, Heft 2 (1969), S. 105-123.

NA ZHILIANG 那志良:
Xuantong huangdi chugong qianhou 宣統皇帝出宮前後,
in: Zhuanji wenxue 傳記文學, 36,1 Nr. 212 (1980), S. 91-96.

NAITÔ KONAN (TORAJIRÔ) 內藤湖南:
Zôho manshū shashinchô 増補滿洲寫真帖,
Kyôto: Kobayashi shashin seihanjo shuppanbu 小林写真製版所出版部 (1935)
– enthält 180 Photoreproduktionen der Jahre 1905-1908.

NALA ERXI 納拉二喜 und YONG ZHIJIAN 永志堅:
Saman shenge 薩滿神歌,
Tianjin: Tianjin guji (1992).

NAQUIN, SUSAN:
Peking. Temples and City Life, 1400-1900,
Berkeley: University of California Press (2000).

NEEDHAM, JOSEPH und WANG LING:
Science and Civilisation in China,
vol. 2: History of Scientific Thought,
Cambridge: Cambridge University Pr. (1956).

NEUMANN, CHARLES FRIED. [KARL FRIEDRICH]:
The Catechism of the Shamans; or, the Laws and Regulations of the Priesthood of Buddha, in China,
London: Oriental Translation Fund (1831).

NING CHANGYING 寧昶英:
Lun ‚beideng ji' Manzu de xing chongbai ji qi yanbian 論「背燈祭」滿族的性崇拜及其演編,
in: Manzu wenhua, 18 (1993).

Ningguta jilue 寧古塔紀略,
Verf.: WU ZHENCHEN 吳振臣 (geb. 1664), vollendet 1721;
Ausgabe Xiaofang hu zhai yudi congchao, S. 697-701.

OSHIBUCHI HAJIME 鴛淵一:
Shinsho manshūzoku no tenchi no sūhai to sono saishi ni tsuite: Mambun rôtô o tsūjite 清初滿洲族の天地の崇拜とその祭祀に就いて. 滿文老檔 を通じて,
in: Kôbe yamate johi tanki daigaku kiyô 神戶山手短期大學紀要, 9 (1966), S. 1-8.

ŌYAMA HIKOICHI 大山彥一:
Shamankyô to manshūzoku no kazuko seido 薩滿教と滿洲族の家族制度,
in: Minzokugaku kenkyū 民族學研究, 7, 2 (1941), S. 157-189.

PANG, TATJANA ALEKSANDROVNA:
"Der Schamanenhof". Die sibemandschurische Handschrift Saman kūwaran-i bithe aus der Sammlung N. Krotkov,
(Shamanica manchurica collecta, 2),
Wiebaden: Harrassowitz (1992).

——— *The Kun-ning-gong Palace in Peking: The Manchu Dynasty's Shaman Centre in the "Forbidden City",*
in: Shaman, an International Journal for Shamanistic Research, Szeged, Ungarn, 1, Heft 2 (1993), S. 57-70.

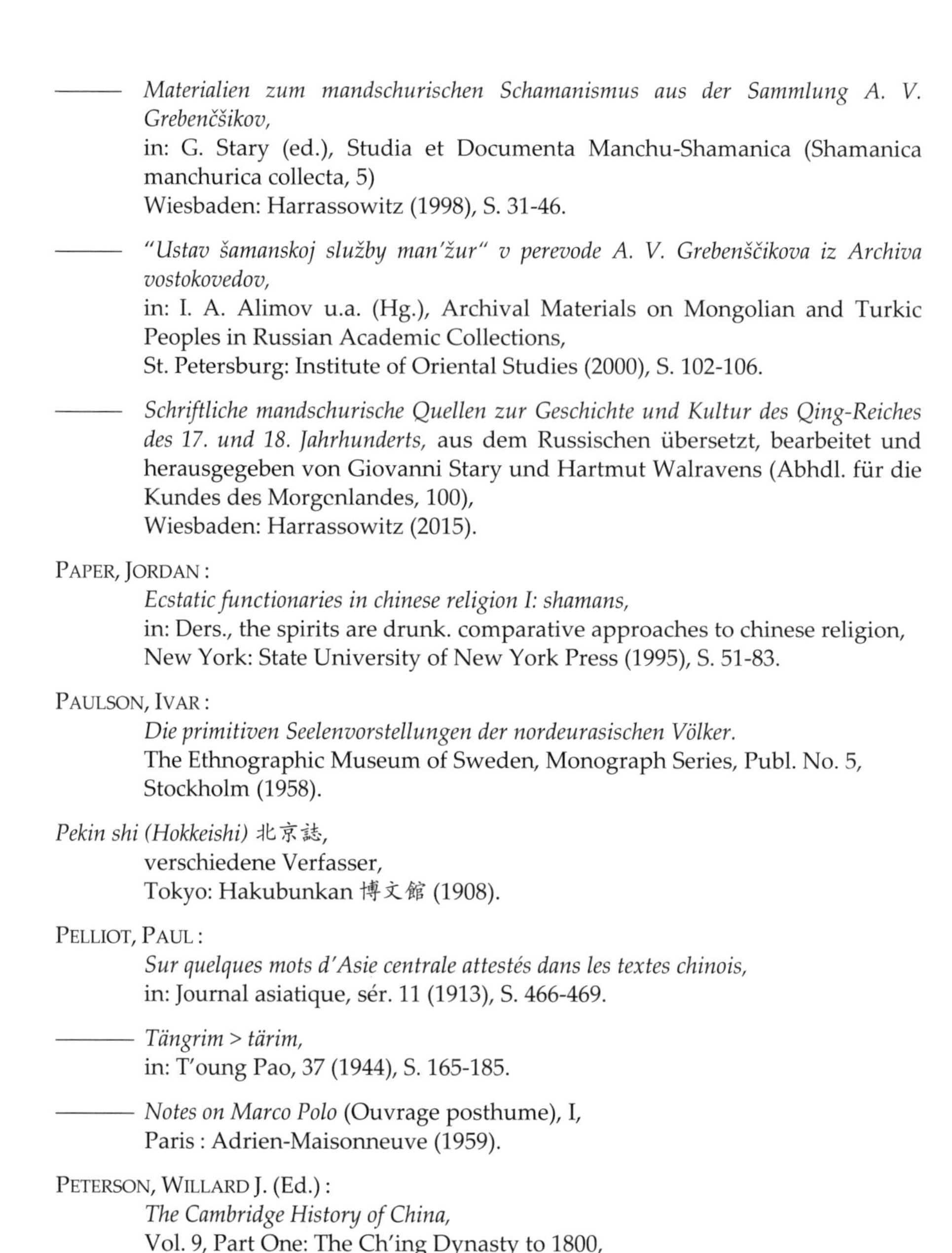

——— *Materialien zum mandschurischen Schamanismus aus der Sammlung A. V. Grebenčšikov,*
in: G. Stary (ed.), Studia et Documenta Manchu-Shamanica (Shamanica manchurica collecta, 5)
Wiesbaden: Harrassowitz (1998), S. 31-46.

——— *"Ustav šamanskoj služby man'žur" v perevode A. V. Grebenščikova iz Archiva vostokovedov,*
in: I. A. Alimov u.a. (Hg.), Archival Materials on Mongolian and Turkic Peoples in Russian Academic Collections,
St. Petersburg: Institute of Oriental Studies (2000), S. 102-106.

——— *Schriftliche mandschurische Quellen zur Geschichte und Kultur des Qing-Reiches des 17. und 18. Jahrhunderts,* aus dem Russischen übersetzt, bearbeitet und herausgegeben von Giovanni Stary und Hartmut Walravens (Abhdl. für die Kundes des Morgenlandes, 100),
Wiesbaden: Harrassowitz (2015).

PAPER, JORDAN :
Ecstatic functionaries in chinese religion I: shamans,
in: Ders., the spirits are drunk. comparative approaches to chinese religion,
New York: State University of New York Press (1995), S. 51-83.

PAULSON, IVAR :
Die primitiven Seelenvorstellungen der nordeurasischen Völker.
The Ethnographic Museum of Sweden, Monograph Series, Publ. No. 5,
Stockholm (1958).

Pekin shi (Hokkeishi) 北京誌,
verschiedene Verfasser,
Tokyo: Hakubunkan 博文館 (1908).

PELLIOT, PAUL :
Sur quelques mots d'Asie centrale attestés dans les textes chinois,
in: Journal asiatique, sér. 11 (1913), S. 466-469.

——— *Tängrim > tärim,*
in: T'oung Pao, 37 (1944), S. 165-185.

——— *Notes on Marco Polo* (Ouvrage posthume), I,
Paris : Adrien-Maisonneuve (1959).

PETERSON, WILLARD J. (Ed.) :
The Cambridge History of China,
Vol. 9, Part One: The Ch'ing Dynasty to 1800,
Cambridge: Cambridge University Press (2002).

PICARD, WINFRIED :
Schamanismus und Psychotherapie,
Ahlerstedt: Param (2006), (2014).

POPPE, NICHOLAS, LEON HURWITZ, HIDEHIRO OKADA :
Catalogue of the Manchu-Mongol Section of the Toyo Bunko,
Tokyo: The Toyo Bunko, Washington: The Univ. od Washington Pr. (1964).

POTTER, JACK M. :
Cantonese Shamanism,
in: A. P. Wolf (ed.), Studies in Chinese Society,
Stanford: Stanford University Pr. (1978), S. 321-345.

POZZI, ALESSANDRA :
Manchu-Shamanica Illustrata. Die mandschurische Handschrift 2774 der Tôyôbunka Kenkyūsho Tôkyô (Shamanica manchurica collecta, 3),
Wiesbaden: Harrassowitz (1992).

PUJIA 溥佳 :
Ji Qinggong de qingdian, jisi he jingshen 記清宮的慶典,祭祀和敬神,
in: Wan Qing gongting shenghuo jianwen 晚清宮廷生活見聞, Beijing: Wenshi ziliao (1982), S. 118-123.

PUYRAIMOND, JEANNE MARIE u. a. :
Catalogue du fonds mandchou,
Paris: Bibliothèque nationale (1979).

Qianlong-Atlas, siehe *Jiamo Qianlong jingcheng quantu.*

Qianlong shilu, siehe *Da Qing Gaozong chun huangdi shilu.*

Qinding, siehe unter dem folgenden Wort.

Qingbai leichao 清稗類鈔,
Sammlung historischer Texte nach Sachgruppen (ohne Quellenangaben),
Komp.: XU KE 徐珂, Vorwort 1916,
Shanghai: Shangwu yinshu guan (1917), 48 Hefte,
Neuausgabe Beijing: Zhonghua (1997), 13 Bde.

Qingchao tongdian 清朝通典,
Komp: JI HUANG 嵇璜 (1711-1794) u.a.,
126 j., betrifft die Zeit 1644-1785, Vorwort 1787,
Shanghai: Shangwu yinshuguan, Serie Wanyou wenku (1936),
Nachdruck Taipei: Xinxing (1958), 2 Bde

Qingchao wenxian tongkao 清朝文獻通考,
Komp.: ZHANG TAIYU 張廷玉(1672-1755) u.a.,
300 j., betrifft die Zeit 1644-1785, befohlen 1747, Vorwort 1787,
Shanghai: Shangwu yinshuguan, Serie Wanyou wenku (1936),
Nachdruck Taipei: Xinxing (1958), 8 Bde.

Qingchao yeshi daguan 清朝野史大觀,
Verf.: XIAOHENG XIANGSHI ZHUREN 小横香室主人(Pseudonym),
Beijing: Zhonghua (1936),
Nachdruck Shanghai: Shanghai shudian (1981), 5 Bde.

Qingdai gongting shi 清代宮廷史,
Verf.: WAN YI 万依, WANG SHUQING 王樹卿, LIU LU 劉潞,
Shenyang: Liaoning renmin (1990).

Qingdai shisan chao gongwei mishi 清代十三朝宮闈秘史,
Verf.: YANBEI LAOREN 燕北老人 (Pseudonym), ca. 1910,
in: *Qinggong miwen,* Bd. 5, S. 2488-2509.

Qinggong mishi 清宮秘史,
Komp.: HAISHANG PINGSHENG 海上萍生 (Pseudonym),
Jinan: Ji Lu yinxiang (2004).

Qinggong miwen 清宮秘聞,
Komp.: SUN XITAO 孫希濤 u.a.,
Beijing: Dazhong wenyi (2001 /3), 5 Bde.

Qinggong shuwen 清宮述聞,
Verf.: ZHANG NAIWEI 章乃煒 (geb. 1880),
6 j., Vorwort 1937, 3 Hefte,
Beijing: Gugong bowuyuan (1941),
Nachdruck Beijing: Beijing guji (1988).

Qinggong shuwen 清宮述聞, *chuxu bian hebian ben* 初續編合編本,
Verf.: ZHANG NAIWEI 章乃煒 (geb. 1880),
mit Ergänzungsteil,
Neudruck Beijing: Xinhua (1990).

Qinggong yiwen 清宮遺聞,
Verf.: XIAOHENG XIANGSHE ZHUREN 小橫香室主人(Peudonym),
Anfangsteil von Qingchao yeshi daguan (1936),
Nachdruck Qingchao yeshi daguan, Shanghai (1981), Bd. 1, j. 1-2.

Qingshi gao 清史稿,
offizielle Geschichte der *Qing*-Dynastie,
Komp.: ZHAO ERSUN 趙爾巽(1844-1927) u. a.,
529 j., Vorwort v. 1927, Erstdruck 1927-1928, mehrere Versionen, Beijing (1928), (1934), Shanghai (1942), Hongkong (1960),
– Neuausgaben:
Neudruck Beijing: Xinhua (1976), [5](1996), 45 Hefte – verwendet;
kritische Ausgabe, *Qingshi gao jiaozhu* 清史稿校注,
Taipei: Guoshi guan (1986-1990), [2](1999), 15 Bde.

QIUXIN 秋心 [LI DE 李德]:
Manzu chuantong fengsu 滿族傳統風俗,
in: Manzu yanjiu, 2 (1987), S. 82-95.

RADLOFF, WILHELM :
Aus Sibirien. Lose Blätter aus dem Tagebuche eines reisenden Linguisten, anderer Band,
Leipzig: Weigel (1884).

Ramstedt, G. J. :
Studies in Korean Etymology,
Helsinki: Suomalais-Ugrilainen Seura (1949), Bd. 1.

Rawski, Evelyn S. :
The Last Emperors. A Social History of Qing Imperial Institutions,
Berkeley etc.: University of California Pr. (1998).

Renhai ji 人海記,
Verf.: Cha Shenxing 查慎行 (1650-1727),
2 j., Druck von 1851,
Nachdruck Beijing: Guji (1989).

Rhoads, Edward J. M. :
Manchus & Han. Ethnic Relations and Political Power in Late Qing and Early Republican China, 1861-1928,
Seattle, London: University of Washington (2000).

Richtsfeld, Bruno J. :
Der Schamanismus der Tungusen und Daghuren in China unter Ausschuß der Mandschu
Diss. phil. München 1988 (Völkerkundliche Arbeiten Band 5),
Bonn: Holos (1996).

Rixia jiuwen kao 日下舊文考,
Komp.: Zhu Yizun 朱彝尊(1629-1729), 42 j., 1687 /8,
erweitert von Yu Minzhong 于敏中(1714-1780),
160 j., befohlen 1774, Druck von 1782-1783,
Nachdruck, Taipei (1968, 1972), 20 Bde.,
Neudruck Beijing: Beijing guji (1981, 1985), 8 Bde.

Rossochin, Ilarion Kalinovič :
Obstojatel'noe opisanie proischoždenija i sostojanija man'džurskago naroda i vojska v osmi znamenach sostojaščago,
Sankt-Peterburg (1784), 16 Teile.

Rougemont, Francisco de S. J.:
Historia Tartaro-sinica nova,
Lovani: M. Hullegaerde (1673).

Rudnev, Andrej :
Novyja dannyja po živoj mandžurskoj reči i šamanstvu,
in: Zapiski Vostočnago Otdelenija Imperatorskago Russkago Archeologičeskago Obščestva, t. 21, S.- Peterburg (1911-1912), S. 047-083.

Sanwang shilue 三岡識略,
Verf.: Dong Han 董含(1624- ca. 1700),
12 j., Vorwort 1708,
in *Qingchao yeshi daguan,* Bd. 4, Nr. 22.

SCHALL v. BELL, P. JOHANN ADAM S. J.:
Historica Narratio, de initio et progressu missionis societatis Jesu Apud Chinenses, Ac præsertim in Regia Pequinensi,
Ex litteris R.P. Joannis Adami Schall [...] collecta
[verfaßt von JOHANNES FORESI S. J.],
Wien: M. Cosmerovius (1665).
– Deutsche Version:
Geschichte der chinesischen Mission unter der Leitung des Pater Johann Adam Schall, Priesters aus der Gesellschaft Jesu.
Aus dem Lateinischen übersetzt und mit Anmerkungen begleitet von Ig. Sch. von MANNSEGG [Ignaz Mannsegg v. Schumann];
Wien: Mechitaristen-Congregations-Buchhandlung (1834).

SCHANG TSCHENG-TSU :
Der Schamanismus in China. Eine Untersuchung zur Geschichte der chinesischen "wu",
Diss. phil., Hamburg (1934), 81 S.
– SHANG CHENGZU 商承祖(geb. 1899) war 1931-1933 Lektor an der Universität Hamburg.

SCHMIDT, P. WILHELM SVD :
Der Ursprung der Gottesidee.
Eine historisch-kritische und positive Studie, 12 Bde. (1912-1955),
Bd. X: *Die asiatischen Hirtenvölker,* Abt. 3, Die sekundären Hirtenvölker der Mongolen, der Burjaten, der Yuguren sowie der Tungusen und der Jukagiren,
Münster i. W.: Aschendorff (1952).

SCHOTT, WILHELM :
Über den Doppelsinn des Wortes Schamane und über den tungusischen Schamanen-Cultus am Hofe der Mandju-Kaiser,
in: Abhandlungen d. Königlichen Akademie d. Wisssenschaften zu Berlin, Philos.-histor. Klasse 1842, Berlin (1844), S. 461-468.

SCHRÖDER, DOMINIK SVD :
Zur Struktur des Schamanismus,
in: Anthropos, 50 (1955), S. 848-881.

SCHULTZ, ARVED :
Das Ussuri-Land
(Veröffentlichung d. Geograph. Instituts d. Albertus Universität zu Königsberg i. Pr., N.F., Geographie, 5),
Königsberg: Gräfe Unzer (1932).

SEIWERT, HUBERT :
Volksreligion und nationale Tradition in Taiwan
(Münchner Ostasiatische Studien, 28),
Wiesbaden: Harrassowitz (1985).

SEMLER, JOHANN SALOMON :
Uebersetzung der Algemeinen Welthistorie die in England durch eine Geselschaft von Gelehrten ausgefertiget worden, 24. Theil,
Halle: J. J. Gebauer (1762).

SHAN SHIYUAN 單士元 :
Qingdai jianzhu nianbiao 清代建築年表
(*Shan Shiyuan ji* 單士元集 Nr. 3),
Beijing: Zijincheng (2009), 6 Bde.

——— *Gugong yingzao* 故宮營造,
Aufsatzsammlung,
Beijing: Zhonghua (2015).

Shen gu 瀋故,
Verf.: YANG TONGGUI 楊同桂 (gest. 1886), 4 j.,
Nachdruck in: *Liaohai congshu,* Bd. 1, S. 283-312.

Shengjing tongzhi 盛京通志,
– 6 unterschiedliche Kompilationen (1684, 1715, 1734, 1736, 1748, 1784);
hier verwendete Ausgaben:
– *(Qinding) Shengjing tongzhi,*
Komp.: LÜ YAOZENG 吕耀曾, SONG YUN 宋筠 (1681-1760) u.a .,
48 j., Vorwort v. 1736,
Nachdruck Taipei: Wenhai (1965), Reihe *Zhongguo bianjiang congshu* 中國邊疆叢書, Ser. 1, 1; 3 Bände;
– *(Qinding) Shengjing tongzhi,*
Komp.: AGUI 阿桂 (1717-1797), YU MINZHONG 于敏中 (1714-1780) u.a.,
130 j., 56 Hefte; befohlen 1705, Vorwort und Druck 1715, Ausgabe nach *Siku quanshu* 四庫全書.

SHI GUANGWEI 石光偉, LIU GUITENG 劉桂騰, LING RUILAN 凌瑞蘭 :
Manzu yinyue yanjiu 滿族音樂研究,
Beijing: Renmin (2003).

Shi shen 釋神,
Verf.: YAO DONGSHENG 姚東升,
10 j., Vorwort 1812, Nachdruck nach dem Manuskript,
Beijing: Shumu wenxian (1985).

Shiqu de jianzhu 失去的建築 (erweiterte Ausgabe),
hgg. v. Luo Zhewen 羅哲文 und Yang Yongsheng 楊永生,
Beijing: Zhongguo jianzhu (2002).

SHIRATORI, K. (Hg.) :
Beiträge zur historischen Geographie der Mandschurei,
von H. Matsui, W. Yanai, I. Inaba,
Tokio: Verlag d. Südmandschurischen Eisenbahn (1912), 2 Bde.

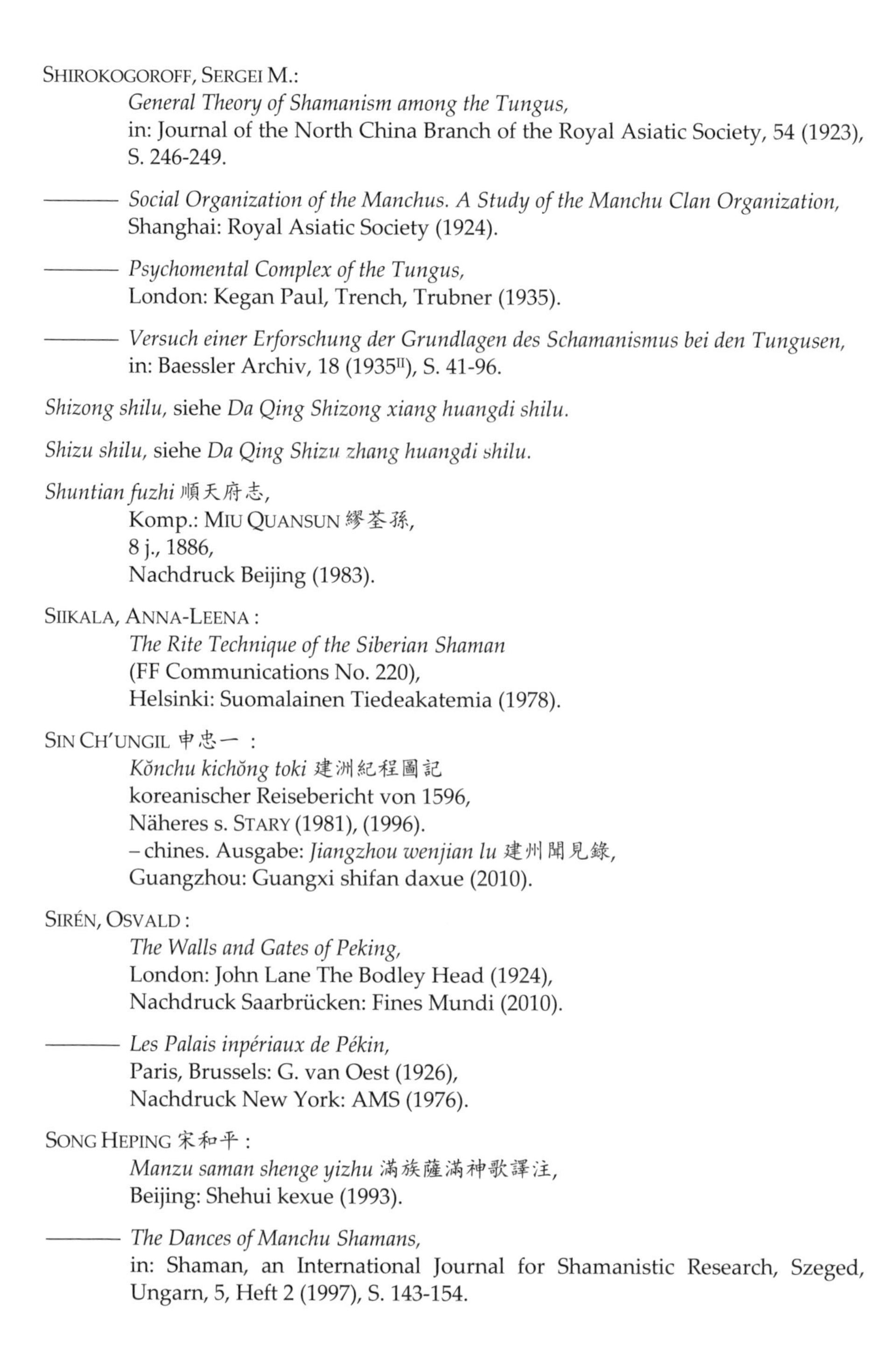

SHIROKOGOROFF, SERGEI M.:
General Theory of Shamanism among the Tungus,
in: Journal of the North China Branch of the Royal Asiatic Society, 54 (1923), S. 246-249.

——— *Social Organization of the Manchus. A Study of the Manchu Clan Organization,*
Shanghai: Royal Asiatic Society (1924).

——— *Psychomental Complex of the Tungus,*
London: Kegan Paul, Trench, Trubner (1935).

——— *Versuch einer Erforschung der Grundlagen des Schamanismus bei den Tungusen,*
in: Baessler Archiv, 18 (1935[II]), S. 41-96.

Shizong shilu, siehe *Da Qing Shizong xiang huangdi shilu.*

Shizu shilu, siehe *Da Qing Shizu zhang huangdi shilu.*

Shuntian fuzhi 順天府志,
Komp.: MIU QUANSUN 繆荃孫,
8 j., 1886,
Nachdruck Beijing (1983).

SIIKALA, ANNA-LEENA :
The Rite Technique of the Siberian Shaman
(FF Communications No. 220),
Helsinki: Suomalainen Tiedeakatemia (1978).

SIN CH'UNGIL 申忠一 :
Kŏnchu kichŏng toki 建洲紀程圖記
koreanischer Reisebericht von 1596,
Näheres s. STARY (1981), (1996).
– chines. Ausgabe: *Jiangzhou wenjian lu* 建州聞見錄,
Guangzhou: Guangxi shifan daxue (2010).

SIRÉN, OSVALD :
The Walls and Gates of Peking,
London: John Lane The Bodley Head (1924),
Nachdruck Saarbrücken: Fines Mundi (2010).

——— *Les Palais inpériaux de Pékin,*
Paris, Brussels: G. van Oest (1926),
Nachdruck New York: AMS (1976).

SONG HEPING 宋和平 :
Manzu saman shenge yizhu 滿族薩滿神歌譯注,
Beijing: Shehui kexue (1993).

——— *The Dances of Manchu Shamans,*
in: Shaman, an International Journal for Shamanistic Research, Szeged, Ungarn, 5, Heft 2 (1997), S. 143-154.

SOOTHILL, WILLIAM EDWARD :
The Hall of Light. A Study of Early Chinese Kingship,
London: Lutterworth (1951).

SPENCE, JONATHAN D. und JOHN E. WILLS Jr. (eds.) :
From Ming to Ch'ing, Conquest, Region, and Continuity in Seventeenth-Century China,
New Haven und London : Yale University Pr. (1979).

STARY, GIOVANNI :
L'origine della dinastia impriale mancese: realitá e leggenda di un mito,
in: Annali dell'Istituto Universitario Orientale di Napoli, N. S. XXI (1971), S. 263-275.

——— *Mandschurische Schamanengebete,*
in: Zentralasiatische Studien, 14, 2 (1980), S. 7-28.

——— *Die Struktur der ersten Residenz des Mandschukhans Nurhaci,*
in: Central Asiatic Journal, 25, 1-2 (1981), S. 103-109.

——— *Mandschurische Miszellen* I: *Über die Fälschung des Ursprungs-Mythos des mandschurischen Kaiserhauses,*
in: G. Stary, M. Weiers (Hg.), Florilegia Manjurica (Asiatische Forschungen, 80), Wiesbaden: Harrassowitz (1982), S. 76-86.

——— *N. Krotkovs „Notizen über die Lage des Schamanismus bei den Sibe zur Jahrhundertwende",*
in: Central Asiatic Journal, 29, 3-4 (1985), S. 266-291.

——— *Schamanentexte der Sibe-Mandschuren aus Sinkiang,*
in: Zentralasiatische Studien, 18 (1985[II]), S. 165-191.

——— *Nurhacis Kindheit: Das größte Geheimnis der Ch'ing-Dynastie,*
in: K. Sagaster (Hg.), Religious and Lay Symbolism in the Altaic World and Other Papers (Asiatische Forschungen, 105),
Wiesbaden: Harrassowitz (1989), S. 361-364.

——— *Recurring Elements in Manchu Shaman Prayers,*
in: Proceedings of the 35th Permanent International Altaistic Conference September 12-17, 1992 Taipei, China, ed. Chieh-hsien Ch'en, Taipei: Center for Chinese Studies Materials (1992), S. 453-462.

——— *Das"Schamanenbuch" der Sibe-Mandschuren*
(Shamanica manchurica collecta, 1),
Wiesbaden: Harrassowitz (1992[II]).

——— *'Praying in the Darkness': New Texts for a Little-known Manchu Shamanic Rite,*
in: Shaman, an International Journal for Shamanistic Research, Szeged, Ungarn, 1, Nr. 1 (1993), S. 15-30.

——— mit N. di COSMO, T. A. PANG, A. POZZI, *On the Tracks of Manchu Culture 1644-1994. 350 Years after the Conquest of Peking,*
Wiesbaden: Harrssowitz (1995).

——— *Das Kŏnchu kichŏng toki des Sin Ch'ungil,*
in: G. Stary (Hg.), Materialien zur Frühgeschichte der Qing-Dynastie,
Wiesbaden: Harrassowitz (1996).

——— *Versuch eines Indexes des mandschurischen Pantheon,*
in: G. Stary (Hg.), Studia et Documenta Manchu-Shamanica
(Shamanica manchurica collecta 5),
Wiesbaden: Harraowitz (1998), S. 115-139.

——— *Lo schema mancese di un „Sacrificio al Cielo" del 1636,*
in: M. Gimm, G. Stary, M. Weiers (Hg.), Beiträge zur Geschichte, Sprache und Kultur der Mandschuren und Sibe (Aetas Manjurica, 6),
Wiesbaden: Harrassowitz (1998), S. 123-131.

——— *Einige textkritische Überlegungen zum ältesten manjurischen Schamanengebet von 1593,*
in: Lutz Bieg, E. v. Mende, M. Siebert (Hg.), Ad Seres et Tungusos, Festschrift für Martin Gimm,
Wiesbaden: Harrassowitz (2000), S. 401-407.

——— *Ein Fallbeispiel zur Interpretationsproblematik neuentdeckter mandschurischer Schamanengebete,*
in: A. C. Oelschlägel, I. Nentwig, J. Taube (Hg.), „Roter Altai, gib dein Echo!" Festschrift für Erika Taube zum 65. Geburtstag,
Leipzig: Leipziger Universitätsverlag (2005)

——— *The Manchu Imperial Shamanic Complex Tangse,*
in: Shaman, an International Journal for Shamanistic Research, Szeged, Ungarn, 17, 1-2 (2009), S. 171-180, 5 Abb.

STRUVE, LYNN A.:
Voices from the Ming-Qing Cataclysm. China in Tigers' Jaws,
New Haven: Yale University Press (1993).

Suowen lu 所聞錄,
anonymer Verf. (ca. 1910),
in: *Manqing baishi* 滿清稗史, Heft *xia* 下, 27 S.

SUSŁOV, I. M.:
Materialien zum Schamanismus der Ewenki-Tungusen an der mittleren und unteren Tunguska, gesammelt und aufgezeichnet von I. M. Susłov 1926/1928, eingeleitet, übersetzt, mit Anmerkungen, etymologischem Glossar und Indices versehen von KARL H. MENGES
(Studies in Oriental Religions, 8),
Wiesbaden: Harrassowitz (1983).

TA NA 塔哪:
Manzu shizu nüshen "Fotuo mama" xintan 滿族始祖女神 "佛托媽媽" 新探,
in: Neimenggu shehui kexue 內蒙古社會科學 1994, 2, S. 37-42.

Taizong shilu, siehe *Da Qing Taizong wen huangdi shilu.*

Taizu shilu, siehe *Da Qing Taizu gao huangdi shilu.*

TAO JING-SHEN [TAO JINSHENG 陶晉生]:
The Jurchen in Twelfth-Century China. A Study in Sinicization,
Seattle: Univ. of Washington Pr. (1976).

TAO LIFAN 陶立璠:
Qingdai gongting de saman jisi 清代宮廷的薩滿祭祀,
in: Xibei minzu yanjiu 西北民族研究, 1 (1992), S. 221-232.

THIEL, P. JOSEPH:
Schamanismus im alten China,
in: Sinologica 10, 2-3 (1968), S. 149-204.

THOMAS, NICHOLAS und CAROLINE HUMPHREY (eds.):
Shamanism, History and the State,
Ann Arbor: University of Michigan Pr. (1994).

Tianzhi ouwen 天咫偶聞,
Verf.: MANSHU JUNTIAN 曼殊鈞天 (1857-1920),
10 j., 1894, Druck 1907,
Nachdruck Beijing: Beijing guji (1982),
Auszug, j. 2, in MZJS2, Heft 1, S. 47a-50b.

TIE YUQIN 鐵玉欽:
Qing shilu jiaoyu kexue wenhua shiliao jiyao 清實錄教育科學文化史料輯要,
Shenyang: Liaoshen shushe (1991).

TIE YUQIN 鐵玉欽 und WANG PEIHUAN 王沛環:
Guanyu Shenyang Qing gugong zaoji jianzhu de kaocha 關於沈陽清故宮早期建築的考察,
in: Jianzhu lishi yu lilun 建築歷史與理論, II (1982), S. 51-82.

Tingyu congtan 聽雨叢談,
Verf.: FUGE 福格 (19. Jh.),
12 j., Mskr., Vorwort 1856,
Neudruck Beijing: Zhonghua (1984).

Tôdô meishô zue (Morokoshi meishô zue) 唐土名勝圖繪,
Verf.: OKADA GYOKUSAN 岡田玉山 (1737-1808 oder 1812) u.a.; 6 j., Vorworte v. 1804, 1805, 6 Hefte,
Osaka: Itamiya [1805 oder später].

TONG KELI 佟克力 :
Xibezu lishi yu wenhua 錫伯族歷史與文化,
Urumqi: Xinjiang renmin (1989).

UENO SANEYOSHI 上野實義 :
Dôshi saishi kô 堂子祭祀考,
in: Shigaku kenkyû kinen ronsô 史學研究紀念論叢, Hiroshima (1950), S. 317-341 (3-25).

URAY-KÖHALMI, KÄTHE :
Die Mythologie der mandschu-tungusischen Völker
(Wörterbuch der Mythologie, hgg. v. E. Schmalzriedt, H. W. Haussig, Bd. VII, 1), Würzburg: Klett-Cotta (1997).

VÄTH, ALFONS S. J. :
Johann Adam Schall von Bell S. J.
Missionar in China, kaiserlicher Astronom und Ratgeber am Hofe von Peking 1592-1666,
Köln: J. P. Bachem (1933),
Neue Auflage mit einem Nachtrag und Index (Monumenta Serica, Monogr. Ser., Monogr. 25), Nettetal: Steyler Verlag (1991).

VAJDA, LASZLÓ :
Zur phaseologischen Stellung des Schamanismus,
in: Uralaltaische Jahrbücher, 31 (1959), S. 456-485.

VOLKOVA, MAJA PETROVNA :
Nišan samani bithe (predanie o nišanskoj šamanke),
(Pamjatniki literatury narodov vostoka, teksty malaja serija, VII), Leningrad: Izdatel'stvo vostočnoj literatury (1961).

VOROB'EV, MICHAIL VASIL'EVIČ :
Kul'tura čžurčžęnej i gosudarstva Czin',
Moskau: Nauka (1983).

WAKEMAN, FREDERIC Jun. :
The Great Enterprise.
The Manchu Reconstruction of Imperial Order in Seventeenth-Century China,
Berkeley: University of California (1985), 2 Bde.

Wan Qing gongting shenghuo jianwen 晚清宮廷生活見聞,
Sammelwerk von Aufsätzen verschiedener Autoren,
Beijing: Wenshi ziliao (1982).

WAN YI 萬依 :
Qingdai gongting yinyue 清代宮廷音樂,
Beijing: Gugong bowuyuan, Hongkong: Zhonghua (1985).

WAN YI 萬依 und HUANG HAITAO 黃海濤 :
Qingdai zijincheng kunning gong sishen yinyue 清代紫禁城坤寧宮祀神音樂,
in: Gugong bowuyuan yuankan, 1997, 4, S. 68-78.

WANG HONGGANG 王宏剛 :
Manzu samanjiao de sanzhong xingtai ji qi yanbian 滿族薩滿教的三種形態及其演變,
in: Shehui kexue zhanxian 社會科學戰線, 1 (1988), S. 87-193.

——— *Shilun saman jiao liu chongbai* 試論薩滿教柳崇拜,
in: Minjian wenxue luntan 民間文學論壇, 1992, 2, S. 19—24, 75.

——— *Manzu yu samanjiao* 滿族與薩滿教
(Innentitel: *Manzu yu saman wenhua* 滿族與薩滿文化),
Beijing: Zhongyang mizu daxue (2002).

WANG ZHONGHAN 王鍾翰 :
,Guoyu qishe' yu manzu di fazhan ‚國語騎射'與滿族的發展,
in: *Gugong bowuyuan yuankan* 故宮博物院院刊, 1982, 2, S. 19-25.

——— *Qing Shengzu yizhao kaobian* 清聖祖遺詔考辨,
in: Shehui kexue jikan 社會科學輯刊, Nr. 48 (1987), 1, S. 47-57.

WANG ZONGYAN 汪宗衍 :
Du Qingshi gao zhaji 讀清史稿札記,
Hongkong (1977).

(Jingyin) Wenyuan ge Siku quanshu 景印文淵閣四庫全書,
Nachdruck der Reinschrift der kaiserlichen Bibliothek *Wenyuan ge* in der ‚Verbotenen Stadt',
Nachdruck Taipei: Shangwu yinshuguan (1981-1983), 1092 Bde.

WECHSLER, HOWARD J. :
Offerings of Jade and Silk. Ritual and Symbol in the Legitimation of the T'ang Dynasty,
New Haven: Yale Universiy Press (1985).

WERNER, E[DWARD] T[HEODORE] C[HALMERS] :
A Dictionary of Chinese Mythology,
Shang-hai: Kelly and Walsh (1932),
Nachdruck New York: Julian Press (1961), Taipei o. V. (1962).

WILKINSON, ENDYMION :
Chinese History. A Manual, Revised and Enlarged,
Cambridge Mass.: Harvard (2000).

WILLIAMS, SAMUEL WELLS :
The Middle Kingdom 中國總論
A Surey of the Geography, Government, Literature, Social Life, Arts, and History of the Chinese Empire and ist Inhabitants,
New York: Ch. Scribner's Sons [1](1848), (1900).

——— *The State Religion of China during the Manchu Dynasty,*
in: Journal of the North China Branch of the Royal Asiatic Society, 44 (1913), S. 11-45.

WILLIAMSON, ALEXANDER :
Journeys in North China, Manchuria, and Eastern Mongolia, vol. 2,
Cambridge: Cambridge University Pr. (1870); Nachdruck (2012).

WU, SILAS H. L. [WU XIULIANG 吳秀良]:
Emperors at Work, The daily schedules of the K'ang-hsi and Yung-cheng emperors, 1661-1735,
in: Tsing Hua Journal of Chinese Studies, New Ser., 8, 1-2, Taipei (1970), S. 210-227.

WITTFOGEL, KARL A. und FÊNG CHIA-SHÊNG:
History of Chinese Society Liao (907-1125)
(Transactions of the American Philosophical Society, N.S. 36),
Philadelphia: American Philosophical Society (1949).

WU YUNPENG 吳雲鵬:
Wujia jisi 吾家祭祀,
in: Manzu wenhua 滿族文化, 2, Taipei (1981), S. 3-4.

XIAO YISHAN 蕭一山:
Qingdai tongshi 清代通史,
Vorwort 1923,
Shanghai: Shangwu yinshu guan (1927), (1932), (1935), 2 Bde.,
5. erweit. Ausg. Taipei: Taiwan shangwu (1962-1963), 5 Bde.,
Nachdruck Beijing: Zhonghua (1985).

Xiaofanghu zhai yudi congchao 小方壺齋輿地叢鈔,
Komp.: WANG XIQI 王錫祺, (1855-1913), Vorwort von 1877,
Shanghai: Zhuyi tang, Nachdruck Taipei: Guangwen (1960).

Xiaoting zalu 嘯亭雜錄 und *xulu* 續錄,
Verf.: ZHAOLIAN 昭槤 (Prinz Li 禮親王) (1776-1830), Enkel 7. Generation des NURHACI,
10, 5 j., 1814-1826, Druck 1880,
Nachdruck Taipei: Hongwen guan (1986),
Auszug, j. 8-9, in MZJS2, Heft 1, S. 5a-53a,
Neudruck Beijing: Zhonghua (1980).

Xingjing xianzhi 興京縣志,
Verf.: SHEN GUOMIAN 沈國冕 u. a.,
Druck 1925,
Nachdruck Taipei: Chengwen (1974).

YAN CHONGNIAN 閻崇年：
Qingchu sanjing yu ducheng san qian 清初三京與都城三遷,
in: Zhongguo gudu yanjiou 中國古都研究, Ser. 4, Yangzhou: Zhejiang renmin (1989), S. 146-170.

——— *Qingdai gongting yu saman wenhua 清代宮廷與薩滿文化*,
in: Gugong bowuyuan yuankan, 1993, 2, S. 55-64.

Yanjing suotan 燕京瑣談,
Verf.: HE HAI 賀海,
Beijing: Renmin (1983).

Yangji zhai conglu 養吉齋叢錄,
Verf.: WU ZHENYU 吳振棫 (1792-1870),
26+10 j., Vorwort 1896,
Auszug in MZJS2, Heft 1, S. 54a-55b,
Neudruck Beijing: Beijing guji (1983).

YIN YUSHAN 尹郁山：
Jilin manzu yanjiu 吉林滿俗研究
(Changbai congshu yanjiu xilie 長白叢書研究系列, 7),
Shenyang: Jilin wenshi (1991).

Yongxian lu 永憲錄,
Verf.: XIAO SHI 蕭奭(18. Jh.),
4 + 1 j., Vorwort 1752, Bericht über Ereignisse der Zeit 1722-1728,
Neudruck Beijing: Zhonghua (1959).

YU YING-SHIH 余英時：
"O Soul, Come Back!" A Study in the Changing Conceptions of the Soul and Afterlife in Pre-Buddhist China,
in: Harvard Journal of Asiatic Studies, 48, 2 (1987), S. 363-395.

YUE SHENG 樂聲 ：
Zhongguo shaoshu minzu yueqi 中國少數民族樂器,
Beijing: Minzu (1999).

ZHANG DEYU 張德玉, SHAN LING 單鈴, CAI YAWEN 蔡雅文：
"Fotuo mama" xingbie kaobian "佛托媽媽"性別考辯,
in: Manzu yanjiu, 1996, 3, S. 49-52.

ZHAO APING 趙阿平：
Elements of Saman Culture in Manchu Words,
in: Saksaha, 2 (1997), S. 39-46.

ZHENG TIANTING 鄭天廷：
Qingshi tanwei 清史探微,
Taipei (1983); Beijing: Yunlong (1999).

Zhongguo ge minzu zongjiao yu shenhua da cidian 中國各民族宗教與神話大詞典,
Kommissionswerk verschiedener Verfasser,
Beijing: Xueyuan 學苑 (1993).

Zhongguo gudai jianzhu jishu shi 中國古代建築技術史,
Verf.: YU ZHIHUA 余志華 u.a.,
Beijing: Kexue (1985).

Zhongguo shaoshu minzu yueqi zhi 中國少數民族樂器志,
Verf.: YUAN BINGCHANG 袁炳昌 u.a.,
Beijing: Xin shijie (1986).

Zhonghua wenhua baike quanshu 中華文化百科全書,
Verf.: DENG HAIXIANG 鄧海翔 u.a. ,
Taipei: Limin wenhua (1984), Bd. 1.

ZHUANG JIFA 莊吉發 :
Saman xinyang de shihui gongneng 薩滿信仰的社會功能,
in: Proceedings of the Interantional Conference on China Border Area Studies, April 23-30, 1984, Taipei: Chengchi University, S. 223-259.

——— *Saman xinyang de lishi kaocha* 薩滿信仰的歷史考察,
Taipei: Wenshi zhexue (1996).

ZHUANG YAN 莊巖 :
You Kunning gong zhuandao de jizhong manwen jiu fengsu 由坤寧宮傳到的幾種滿文舊風俗,
in: Symposium in Honour of Dr. Chiang Fu-tsung on his 70th Birthday (National Palace Museum Quaterly, Special Issue, Nr. 1), Taipei: Gugong (1969), S. 261-272.

Zhuye ting zaji 竹葉亭雜記,
Verf.: YAO YUANZHI 姚元之 (1776-1852),
8 j., Druck 1893,
Neudruck Beijing: Zhonghua (1982);
Auszug in MZJS2, Heft 1, S. 56a-58b.

ZITO, ANGELA ROSE :
Grand Sacrifice as Text / Performance: Ritual Writing in Eighteenth Century China,
Ph. D. diss., University of Chcago (1989).

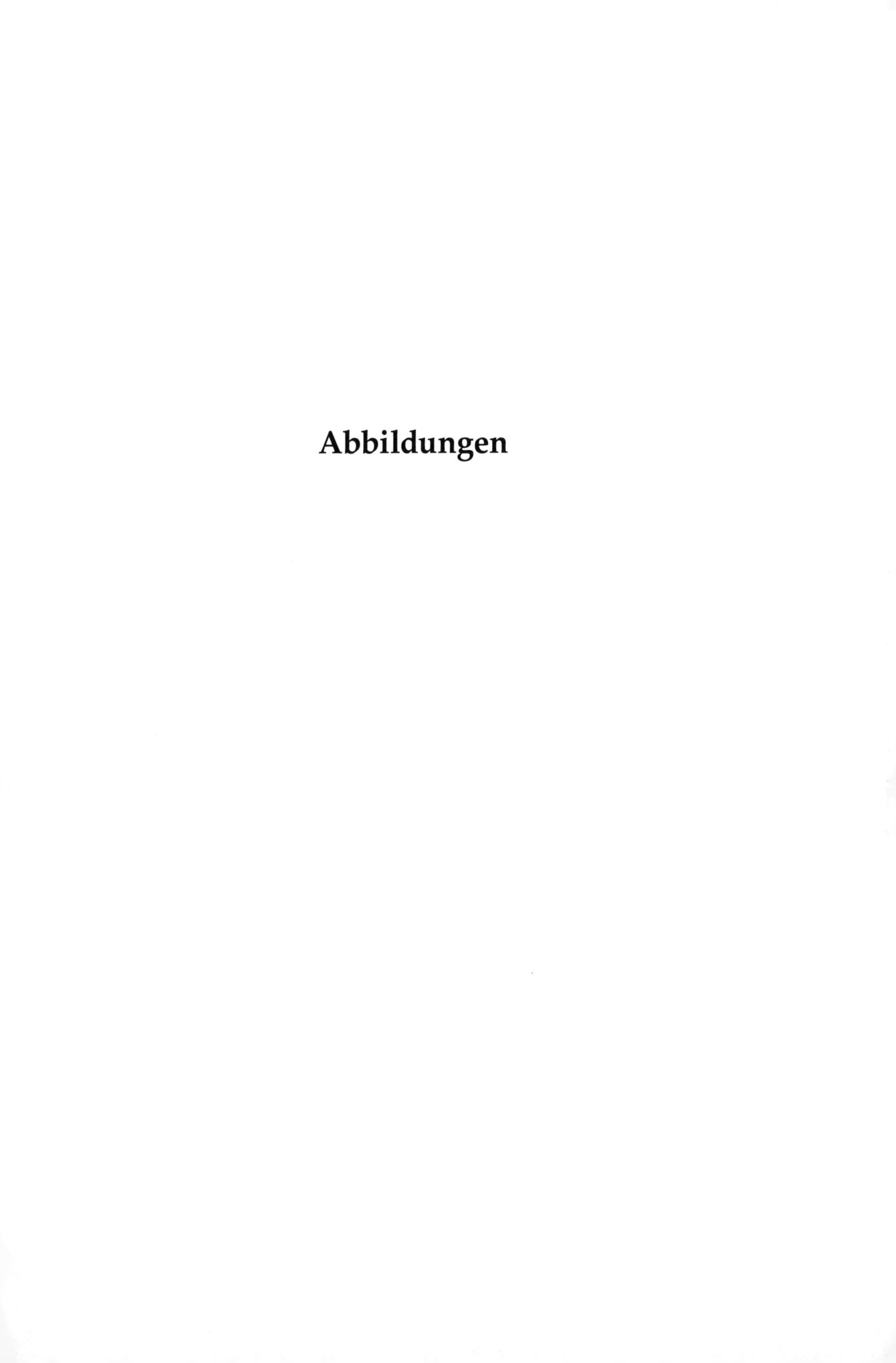

Abbildungen

(1.) Relikte der beiden Hauptstädte *Hetu ala* und *Sarhô*, um 1905, aus NAITÔ (1935), Abb. 124, 100.

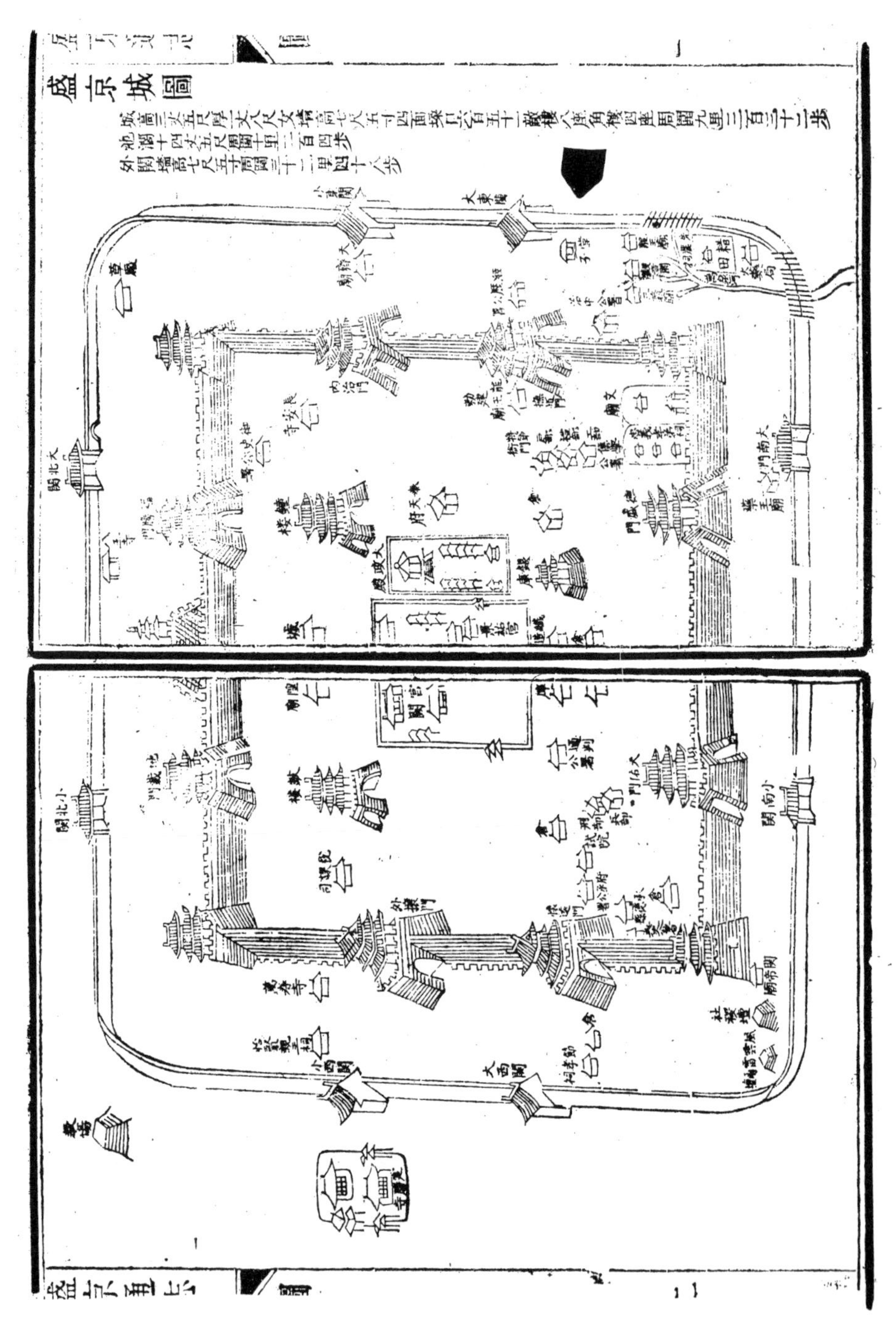

(2.) *Tangzi* in der Hauptstadt *Mukden,* Plan der Stadtanlage aus der Zeit um 1625 – *Tangzi* im Südosten außerhalb der Stadtmauer, nach der Lokalmonographie *(Qinding) Shengjing tongzhi* (1715), j. 1, S. 12b-13a.

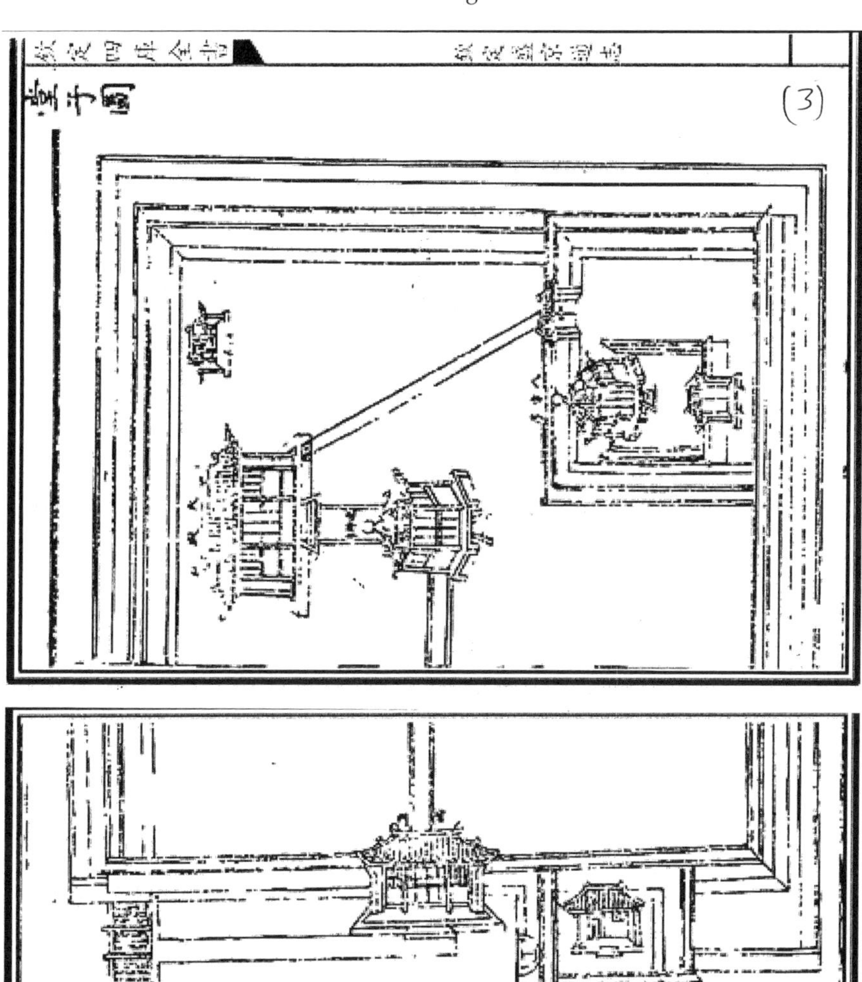

(3.) *Tangzi* in der Hauptstadt *Mukden*, Grundrißplan des Tempels, nach der Lokalmonographie *(Qinding) Shengjing tongzhi* (1715), Version *Siku quanshu*, j. 1, S. 11b-12a.

(4.) *Tangzi* in der Hauptstadt *Mukden*, Ruinen aus der Zeit um 1905, aus NAITÔ (1935), Abb. 54, 53; oben: Haupthalle *Jishen dian*, Rundpavillon *Huandian*, unten: Eingangshalle und Rundpavillon mit Steinsockel.

(5.) *Tangzi* in der Hauptstadt *Mukden*, Ruinen aus der Zeit um 1905, aus NAITÔ (1935), Abb. 51, 52;
oben: nördliche Außenmauer,
Mitte: Haupteingangshalle,
unten: heutiges Straßenschild „Tangzi-Straße", Phot. M. GIMM (2001).

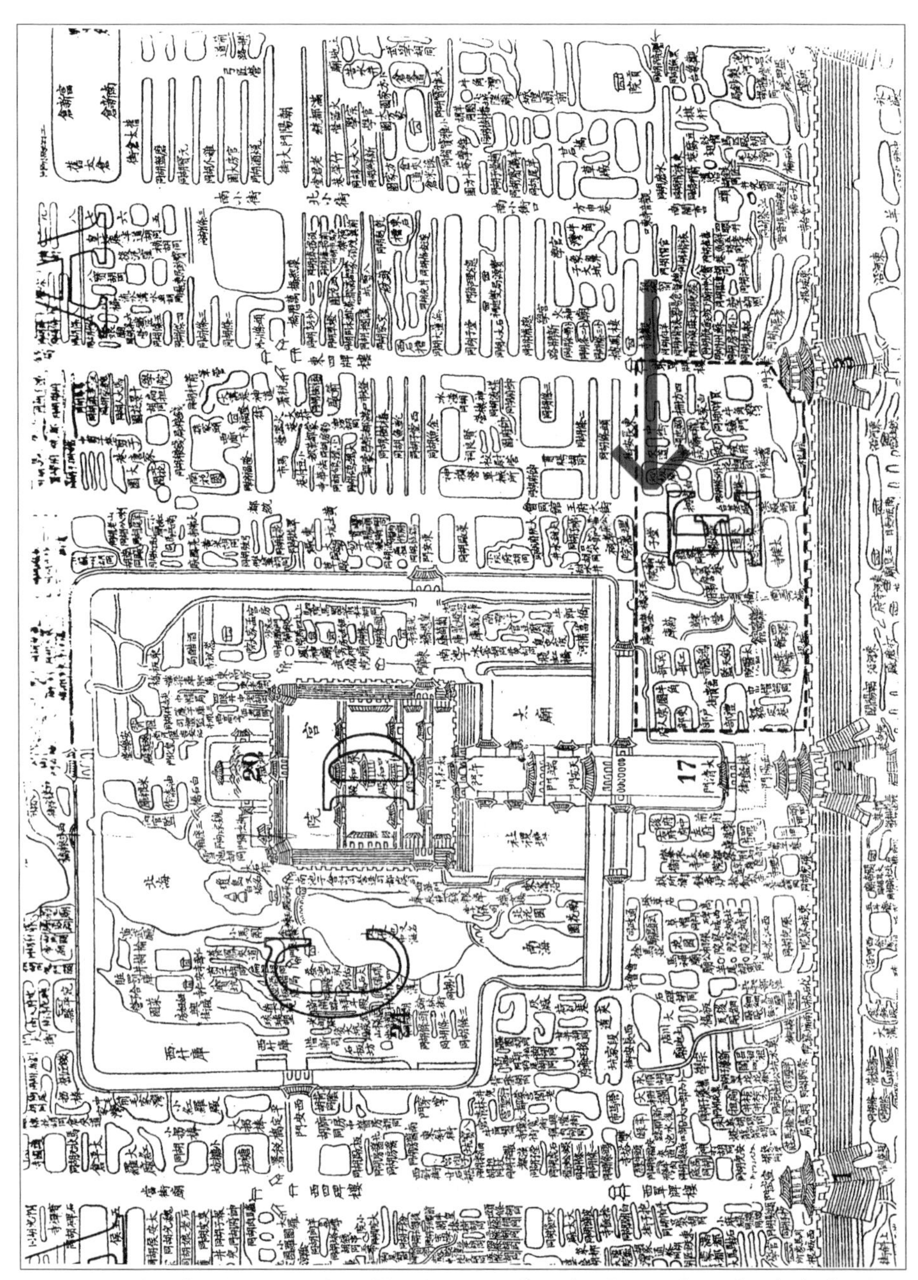

(6.) *Tangzi* in der Hauptstadt *Beijing* (I), Lageplan des Tempels südöstlich der Palastmauer (später Gesandtschaftsviertel) um 1900, nach einem chinesischen Innenstadtplan *Jingcheng neiwai shou shan quantu* 京城內外首善全圖, aus: *In und um Peking während der Kriegswirren* (1902), Beilage: Plan von Peking.

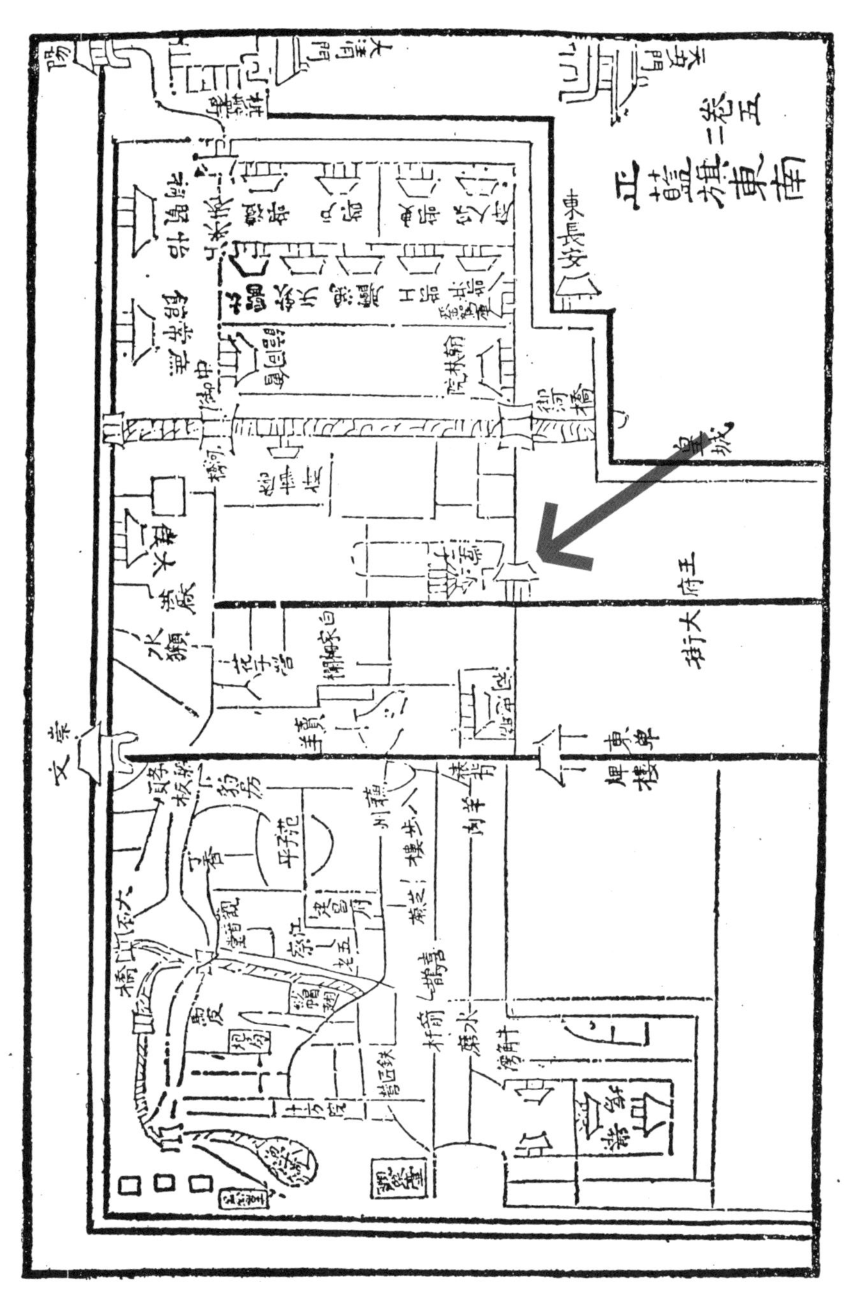

(7.) *Tangzi* in der Hauptstadt *Beijing* (I) , Lageplan des Tempels innerhalb des Garnisonsgebietes des Einfachen blauen Banners (*zhenglan qi*正藍旗), aus *Chenhuan shilüe* (1788), Kartenteil, o. Pag., S. 6.

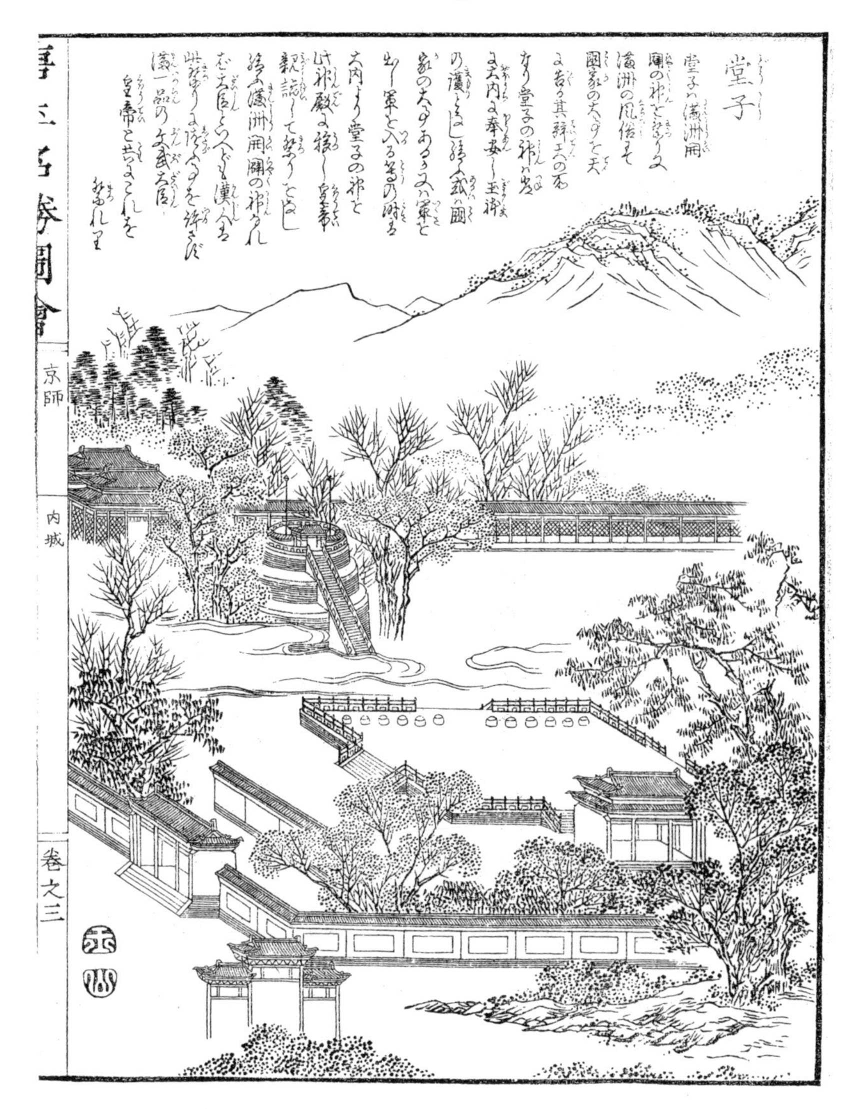

(8.) *Tangzi* in der Hauptstadt *Beijing* (I), etwas idealisierte Darstellung des *Tangzi* aus der Zeit um 1800, aus dem japanischen Abbildungswerk *Tôdô meishô zue* (1804, 1805); Heft 3, S. 20a. Erkennbar sind die an den richtigen Stellen lokalisierten Eingangs hallen, die Haupthalle *Jishen dian*, der unrichtig als mehrstöckiger Rundtempel mit Treppenaufgang dargestellte *Huandian* sowie die an falscher Stelle positionierten Steinsockel der Schamanenstangen.

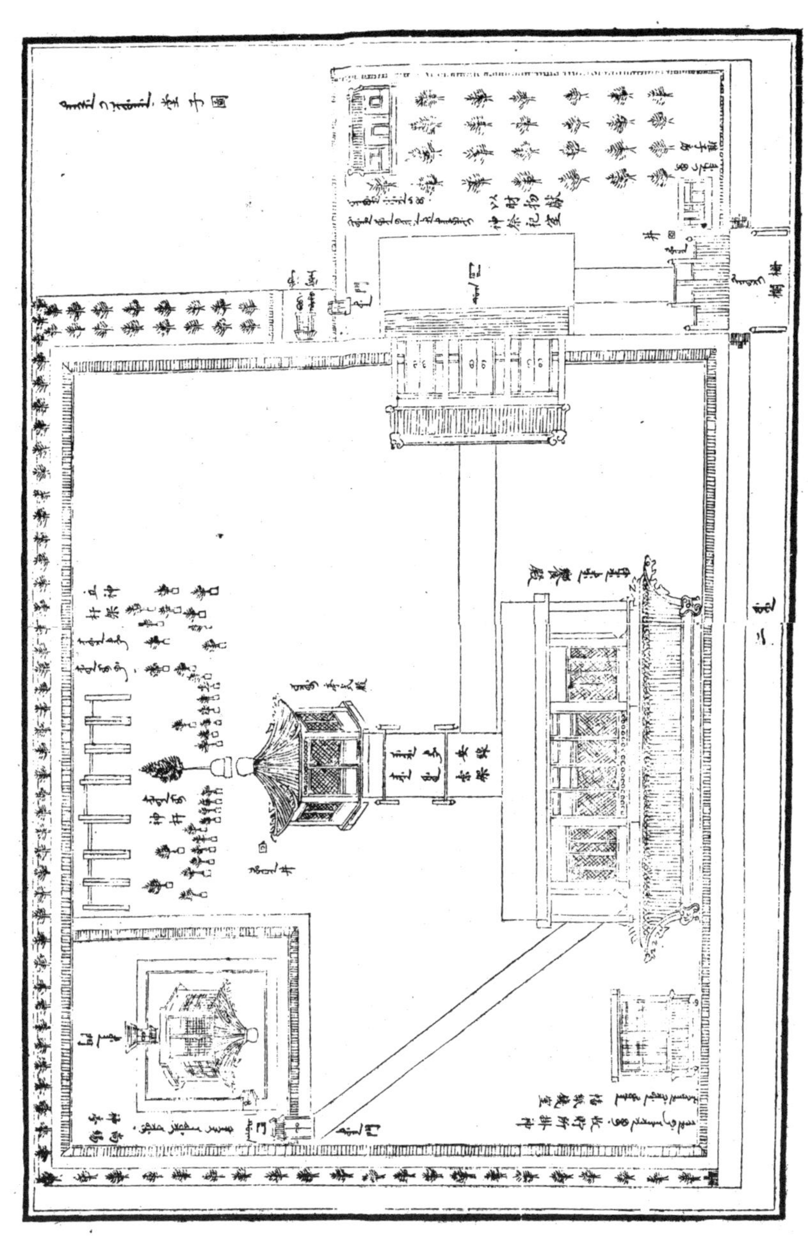

(9.) *Tangzi* in der Hauptstadt *Beijing* (I), Grundrißplan des Geländes mit den verschiedenen Kultstätten, nach dem Kaiserlichen Ritenbuch *Manzhou jishen jitian dianli*, manjurische Version von 1747, hier nach der kombinierten chines.-manjur. Version in *Chongding Manzhou jishen jitian dianli* (MZJS2), Heft 3, S. 2a-b.

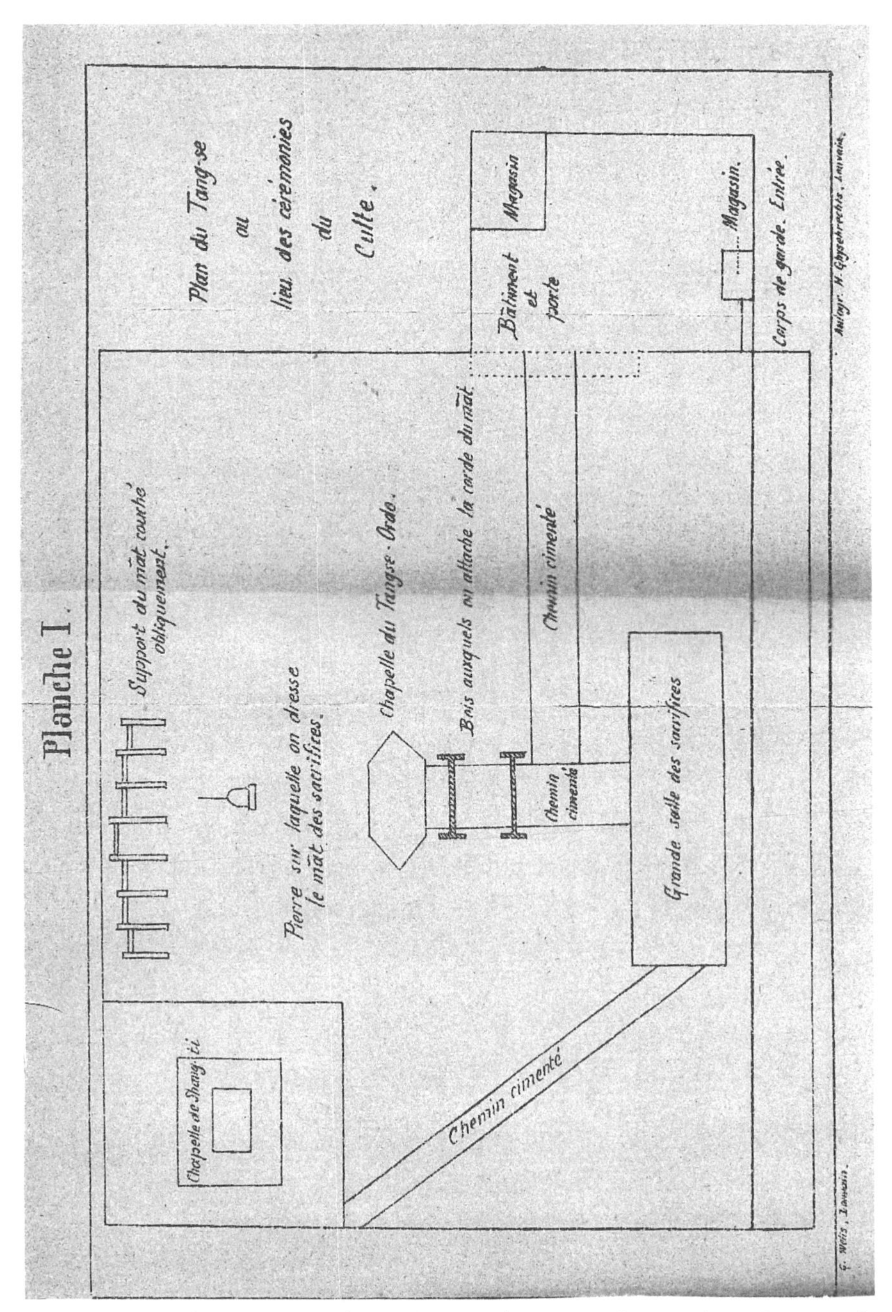

(10.) *Tangzi* in der Hauptstadt *Beijing* (I), französische Nachzeichnung des obigen Grundrißplans, aus Ch. de Harlez, *La religion nationale des Tartares orientaux* (1887), Anhang.

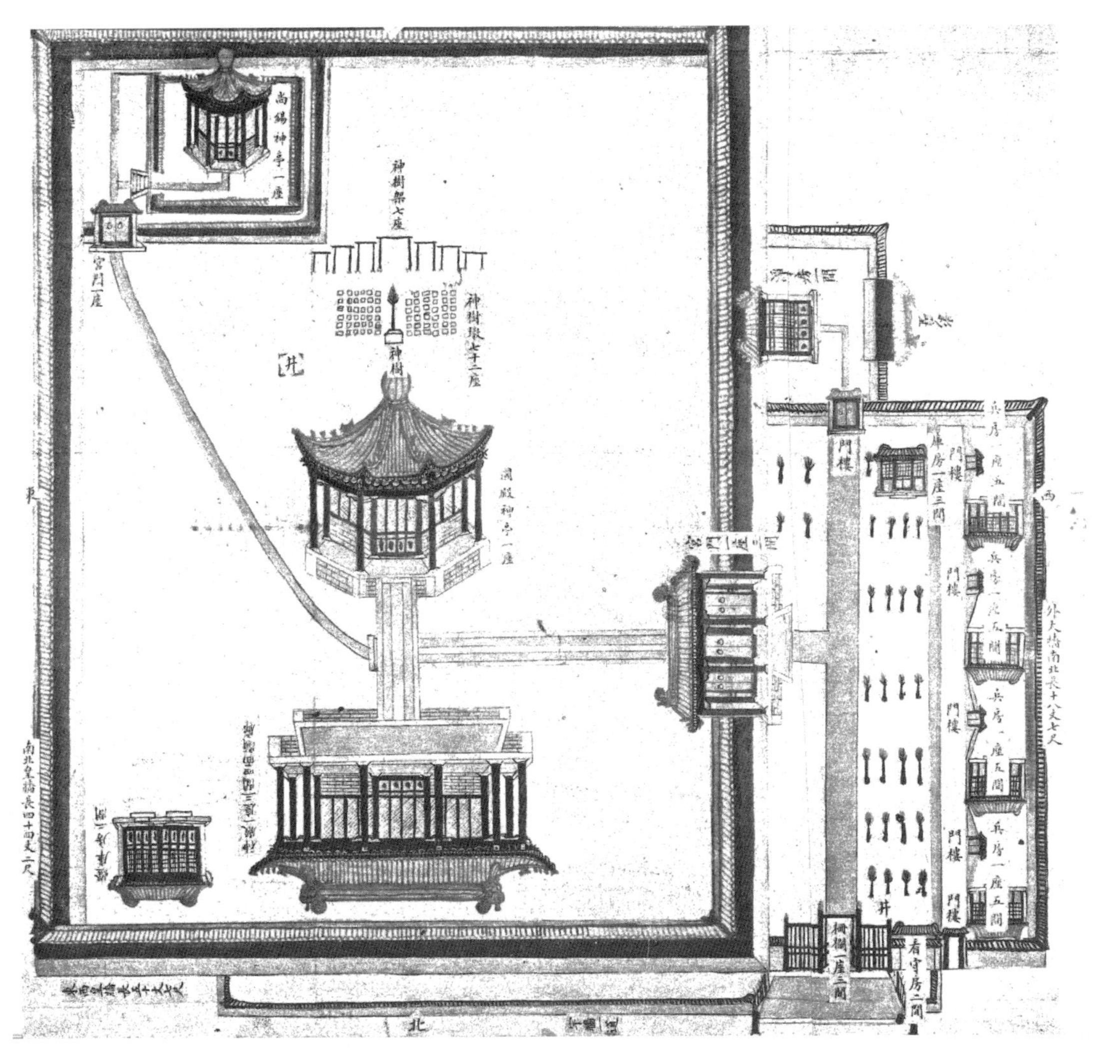

(11.) *Tangzi* in der Hauptstadt *Beijing* (I), undatierter Grundrißplan mit den unter QIANLONG erbauten Erweiterungen, um 1900, Karte aus der Sammlung des Staatsrates, *Junji chu* 軍機處, nach *Gu gong zhoukan*, Nr. 242 (1933), S. 4.

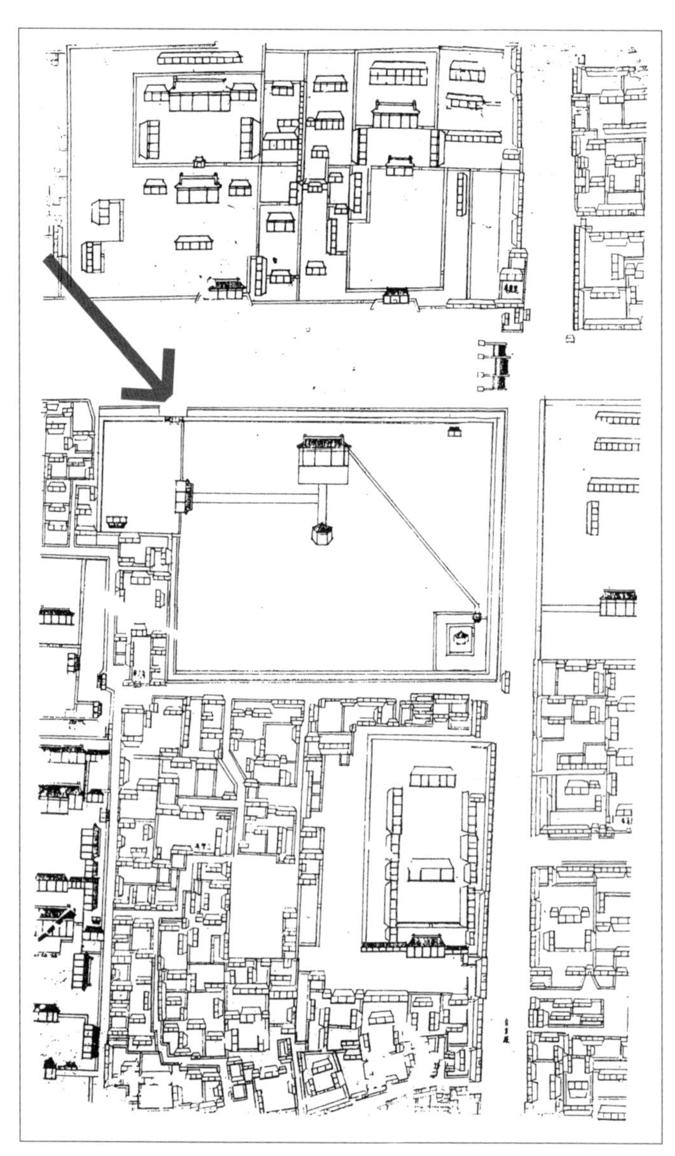

(12.) *Tangzi* in der Hauptstadt *Beijing* (I), Teil des Stadtplans von *Beijing* um 1750, aus dem Qianlong-Atlas der Zeit um 1750, Karte 10, Blatt 4 (Ausschnitt), Nachdruck *Jiamo Qianlong jingcheng quantu* (1995).

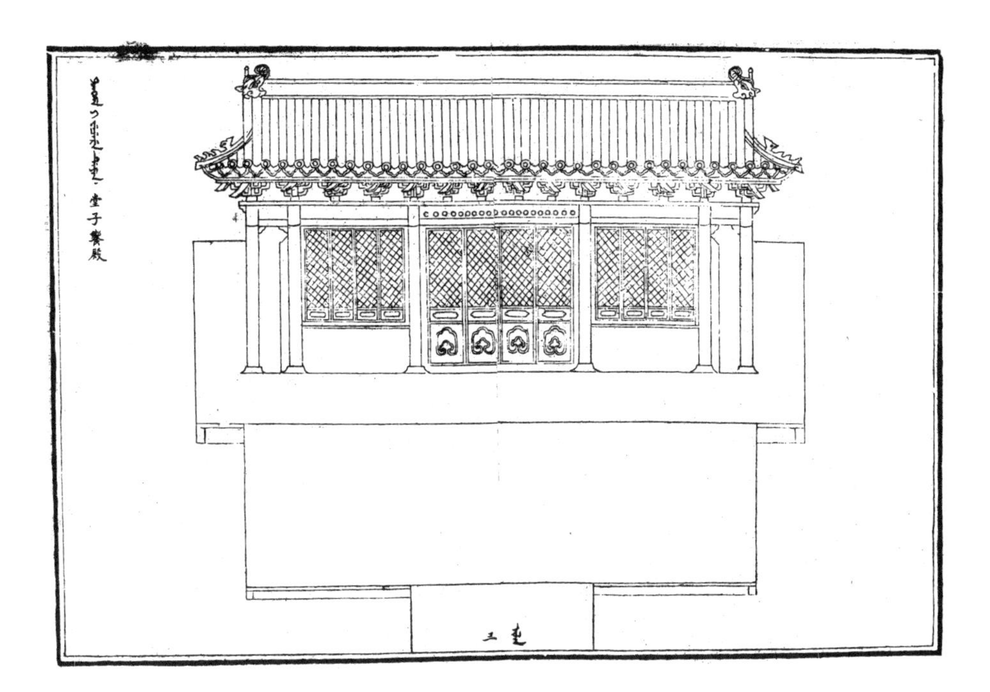

(13.) *Tangzi* in der Hauptstadt *Beijing* (I), Eingangsfront des Haupttempels (1) *Jishen dian,* nach dem Kaiserlichen Ritenbuch *Manzhou jishen jitian dianli,* manjurische Version von 1747, Heft 3, S. 3a-b.

(14.) *Tangzi* in der Hauptstadt *Beijing* (I), Innenausstattung des Haupttempels (1.) *Jishen dian,* nach dem Kaiserlichen Ritenbuch *Manzhou jishen jitian dianli,* manjurische Version von 1747, Heft 3, S. 4a-b.

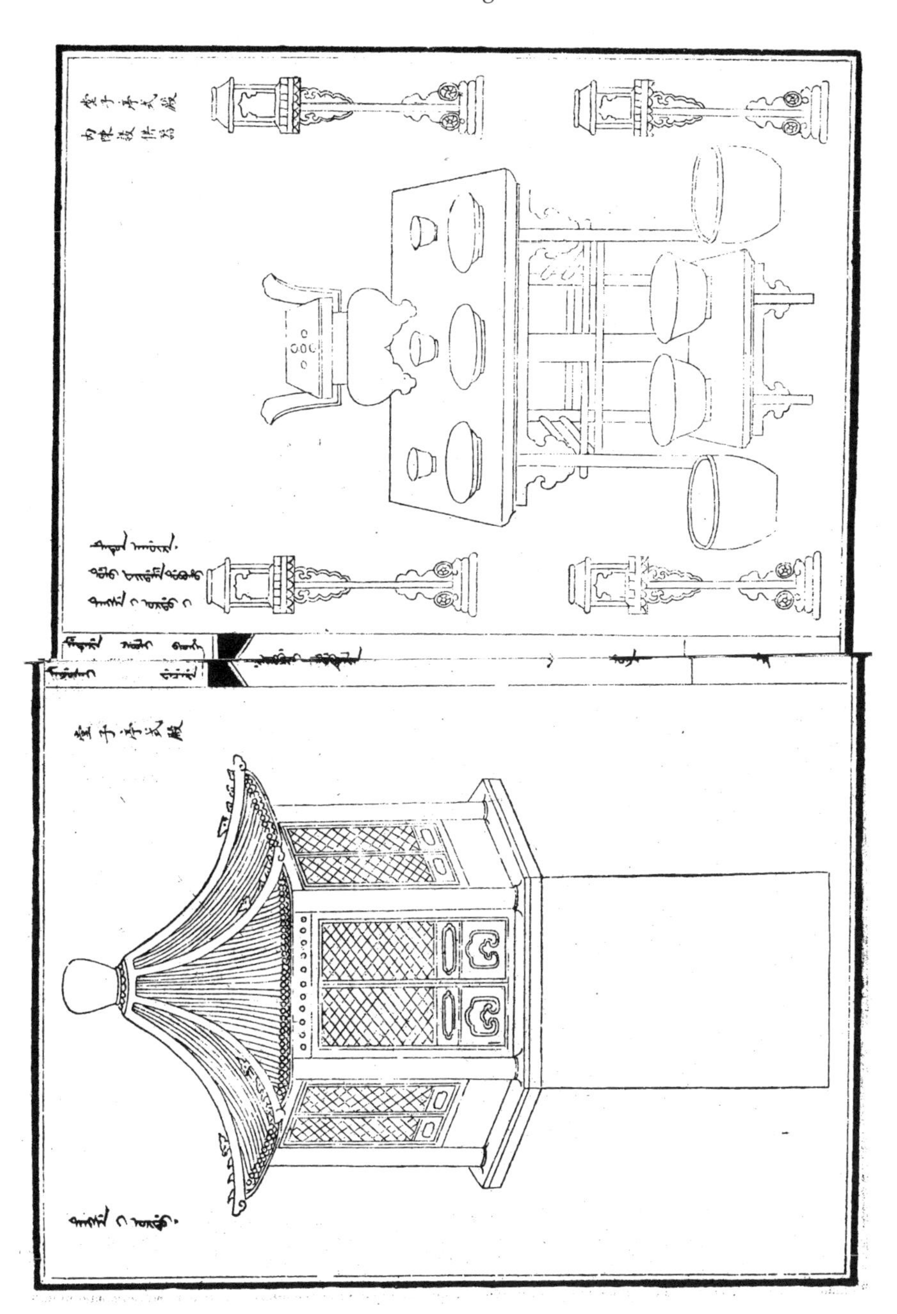

(15.) *Tangzi* in der Hauptstadt *Beijing* (I), Ansicht und Innenausstattung des Rundtempels (2.) *Huandian*, nach dem Kaiserlichen Ritenbuch *Manzhou jishen jitian dianli*, manjurische Version von 1747, Heft 3, S. 5a-b.

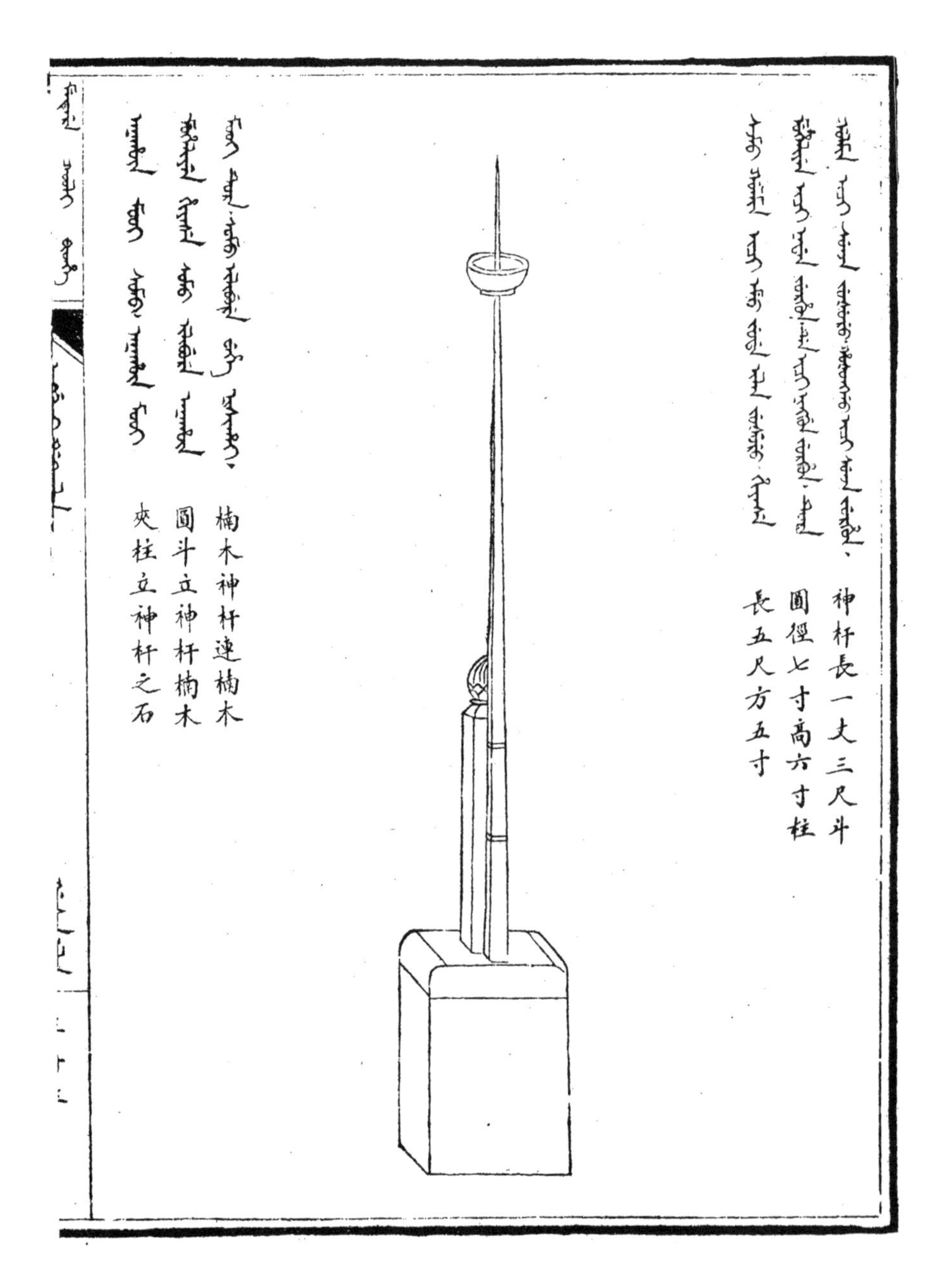

(16.) *Tangzi* in der Hauptstadt *Beijing* (I), Schamanenstange (*shen'gan*) auf steinernem Sockel; oben: Opferschale, nach dem Kaiserlichen Ritualbuch *Manzhou jishen jitian dianli*, manjurische Version von 1747, Heft 3, S. 33b.

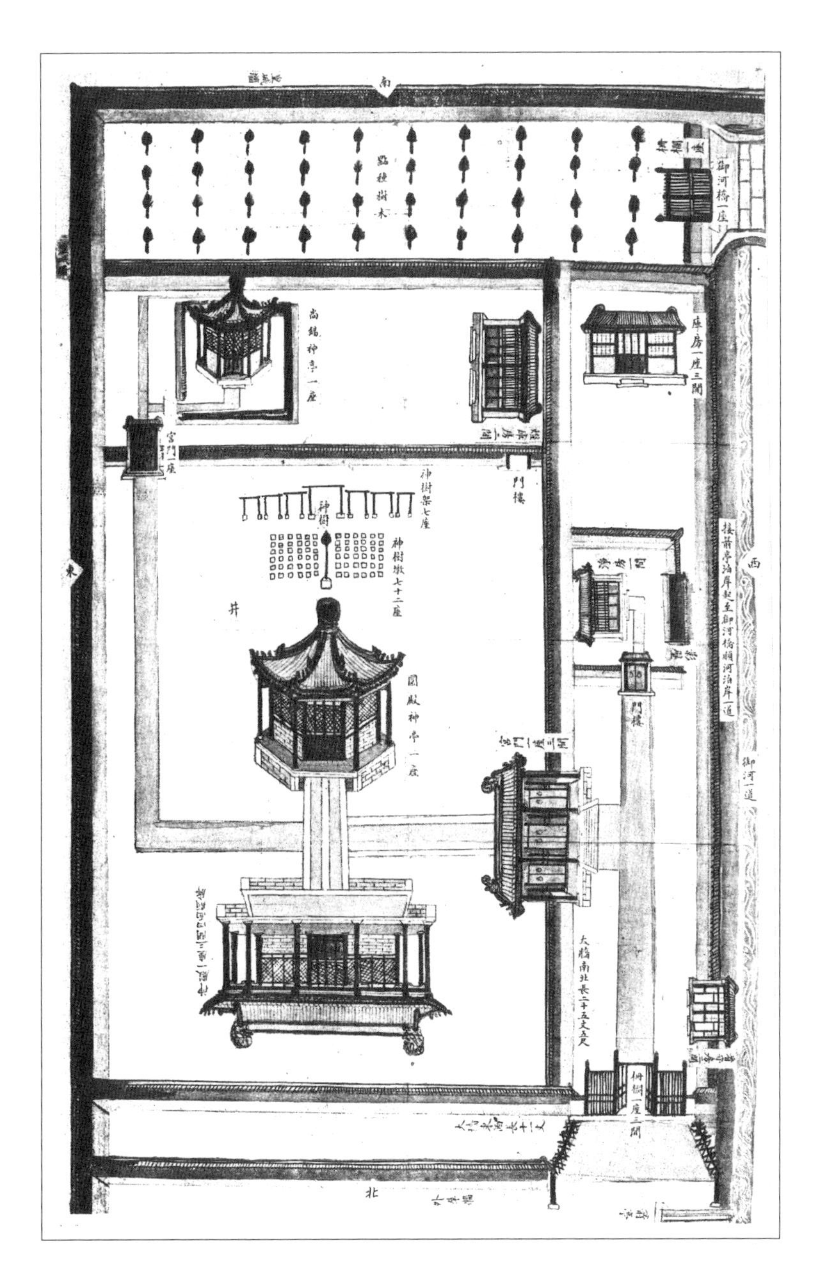

(17.) Neuer *Tangzi* in der Hauptstadt *Beijing* (II), undatierter Grundrißplan, um 1920,
aus der Sammlung des Staatsrats, *Junji chu* 軍機處, nach *Gugong zhoukan*, Nr. 244 (1933), S. 4.

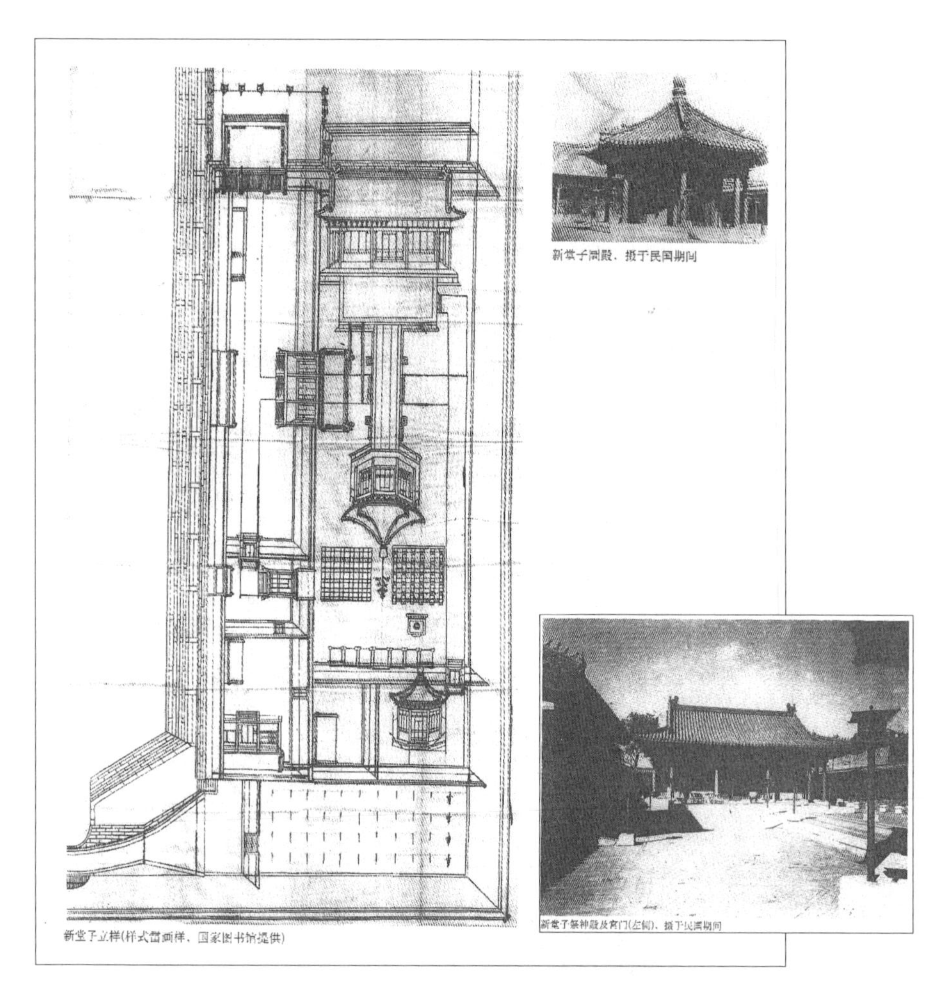

(18.) Neuer *Tangzi* in der Hauptstadt *Beijing* (II), zwei der wenigen erhaltenen Photos, Haupthalle *Jishen dian* und Rundhalle *Huandian* mit Lageplan, aus *Shiqu de jianzhu*, Beijing (2002), S. 32-33.

北京の堂子 大門

北京の堂子 拝天圓殿

北京の堂子 祭神殿

北京の堂子 石座

(19.) Neuer *Tangzi* in der Hauptstadt *Beijing* (II), weitere alte Photos,
Eingang,
Rundhalle *Huandian*,
Haupthalle *Jishen dian*,
Steinsockel für die Opferstangen (Mitte: erhöhter Stein für den Kaiser),
aus MURATA (1944), S. 308-309 (49-50).

(20.) Neuer *Tangzi* in der Hauptstadt *Beijing* (II), Eingangstor geöffnet, dahinter Schattenmauer mit kaiserlichem Drachenzierrat, aus dem japanischen Sammelwerk *Sekai bunkashi taikei* 世界文化史大系, Tokyo: Kadokawa, Bd. 18 (1960), S. 85, Abb. 125.

(21.) Holzschnitt mit Darstellung eines schamanistischen Rituals zur Krankengenesung, *wufu jishen* 五福祭神, in einem Haus des Wanggiya-Klans, 1845.
Vordergrund: Behälter für die Opfergaben; linke Seite: oben Geisterbrett des Hauses, darunter Schalen für Getränkeopfer, davor geopfertes Schwein. Rechte Seite: Musikinstrumente und Ausrüstung, Geisterpfeil, Schellenstab. Hintergrund: Schamanenküche mit zwei Kochstellen. Rechts außerhalb: Schamanenstange.
Zu diesem Anwesen des Wanggiya-Klans mit Übersetzung des Textes siehe van Hecken und Grootaers, S. 380-382; *Langqian jiwen sibi*, S. 97.
Aus *Hongxue yinyuan tuji*, Originaldruck, Slg. 3 *xia*, Heft 6, ohne Paginierung, drittletztes Bild.

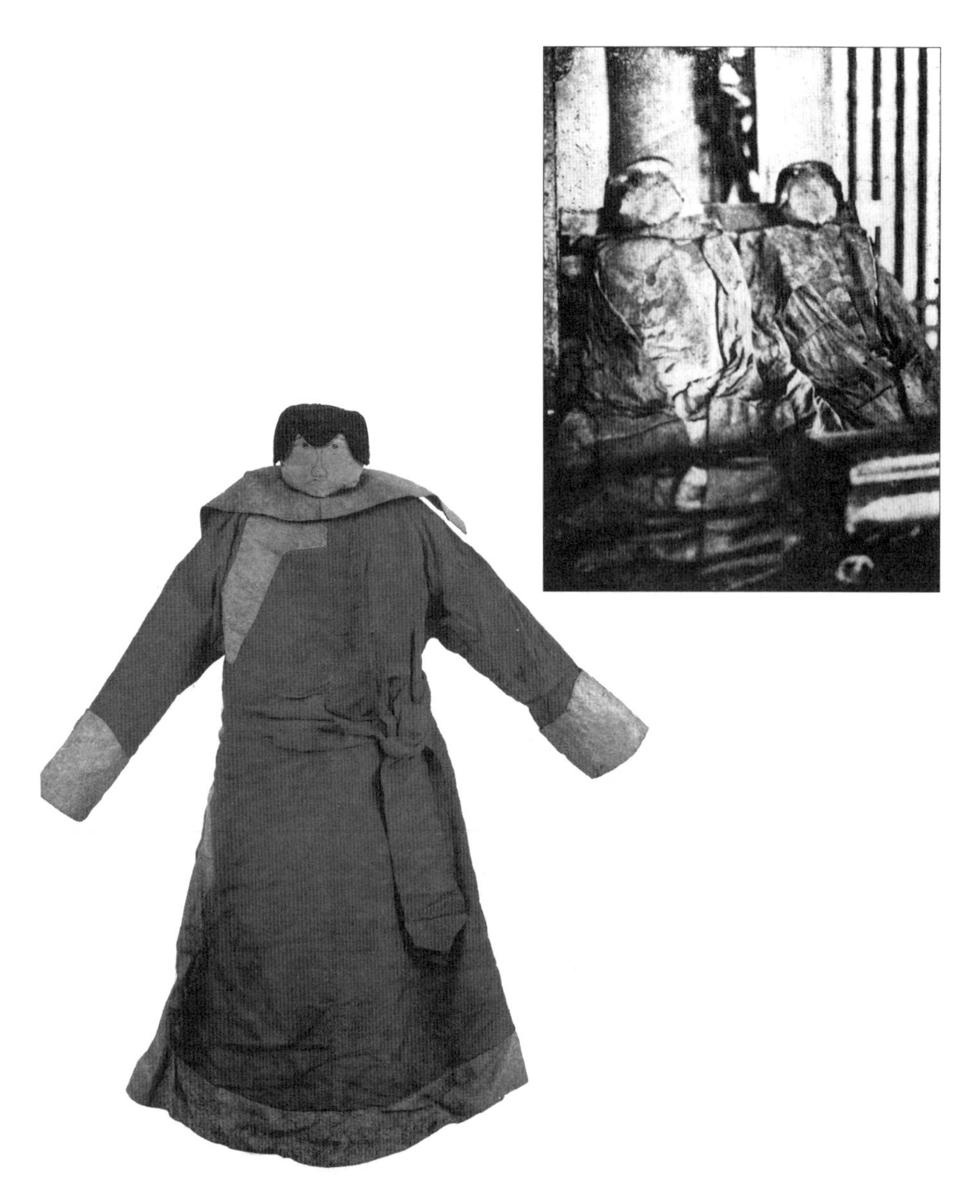

(22.) Schamanistische Kultpuppen aus dem Bestand des *Kunning gong*-Palastes 坤寧宮 in *Beijing*,
oben: männliche und weibliche Puppe, um 1830, aus *Gugong zhoukan*, Nr. 242 (1933),
unten: weibliche Kultpuppe nach heutigem Zustand, Größe 1,33 m, aus: *Zijin cheng* 紫禁成 Forbidden City, Nr. 126, Beijing (2002), S. 043.

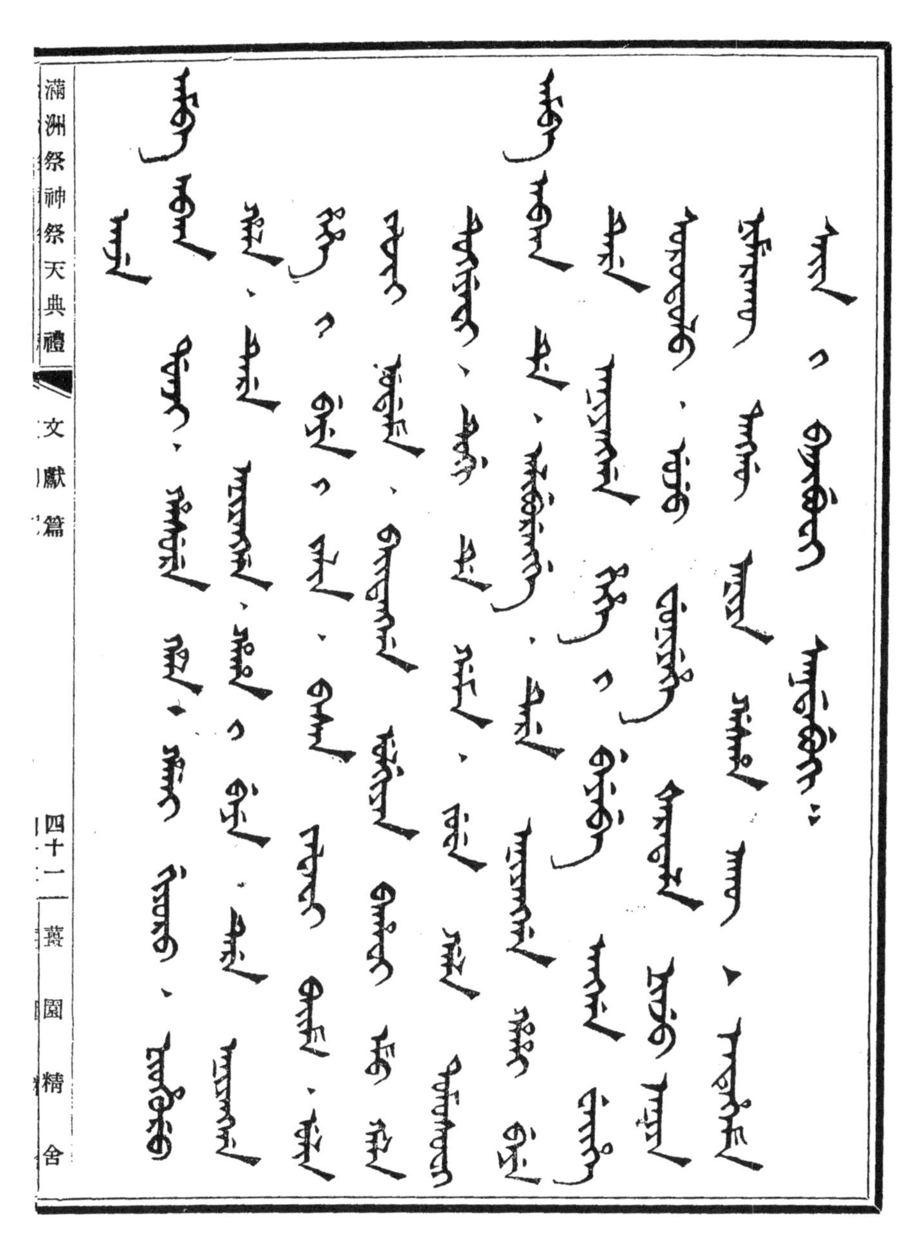

滿洲祭神祭天典禮

文獻篇

四十一

(23.) Schamanengebet an den Himmelsherrn, *Abkai han,* aus dem Ritualkodex des Niohuru / Niuhulu 鈕祜祿-Klans, *Manzhou jitian jishen dianli* 滿洲祭天祭神典禮 von 1801, MZJS2, Heft 1, S. 41a.

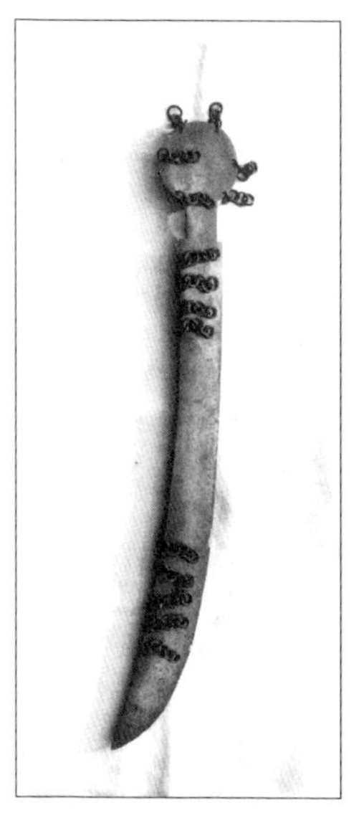

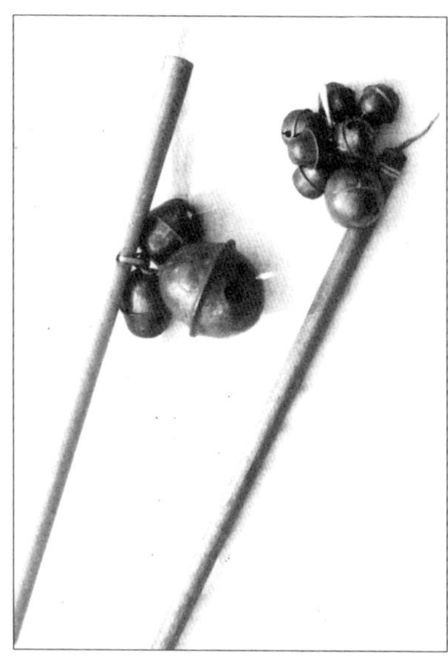

(24.) Utensilien der Hofschamanen aus dem Kaiserlichen Palast, *Gugong*, von *Mukden*, links oben: Geisterschwert, *shendao / halmari*, Eisen, Länge 74,7 cm, Breite 6,5 bis 10,2 cm; mittig oben: Stabglocken, *shenling / honggon*, Kupfer, Holz, Länge 97,5 cm, je 3 oder 8 Glöckchen; rechts oben: Schamanenkrone, *guan / yekse*, Eisen; links unten: Rahmentrommel, *shougu / imcin*, Holz, Leder, Eisen, Durchmesser 56 cm; rechts unten: auf der Rückseite Seidenfädenbespannung; Hüftgürtelschellen, *yaoling / amba siša*, Eisen, 35 Schellen, Breite 19,5 cm.
Phot. M. Gimm, 1983; siehe auch G. Stary u.a., *On the Tracks of Manchu Culture 1644-1994*, Wiesbaden: Harrassowitz (1995), S. 61.

(25.) Personen des kaiserlichen Schamanismus,
Oben: Die letzte Schamanin (geb. ca. 1879) des Hofkultes im Palast *Kunning gong, Beijing,* aus der Zeit um 1930, aus SCHANG TSCHENG-TSU, Abb. 10, S. 71.
Unten: Der letzte Eunuch des *Qing*-Palastes, SUN YAOTING 孫耀廷 (1901-1996), Phot. M. GIMM, 1983.

(26.) Eine frühe europäische Abbildungen eines Tungusen in Schamanenkostüm, „Ein Tungusischer Schamann am Argun Fluss vorwärts“, aus JOHANN GOTTLIEB GEORGI (1729-1802), *Beschreibung aller Nationen des Russischen Reichs,* Bd. 3 (1777), S. 375, Anhang, 62.

(27.) Schamanin eines manjurischen Stammes aus der Gegend von *Liaoyang* mit Spitzstock und Schamanentrommel, unten: Schamanenkrone mit Vogelfigur und Schellen. Phot. WALTER FUCHS.

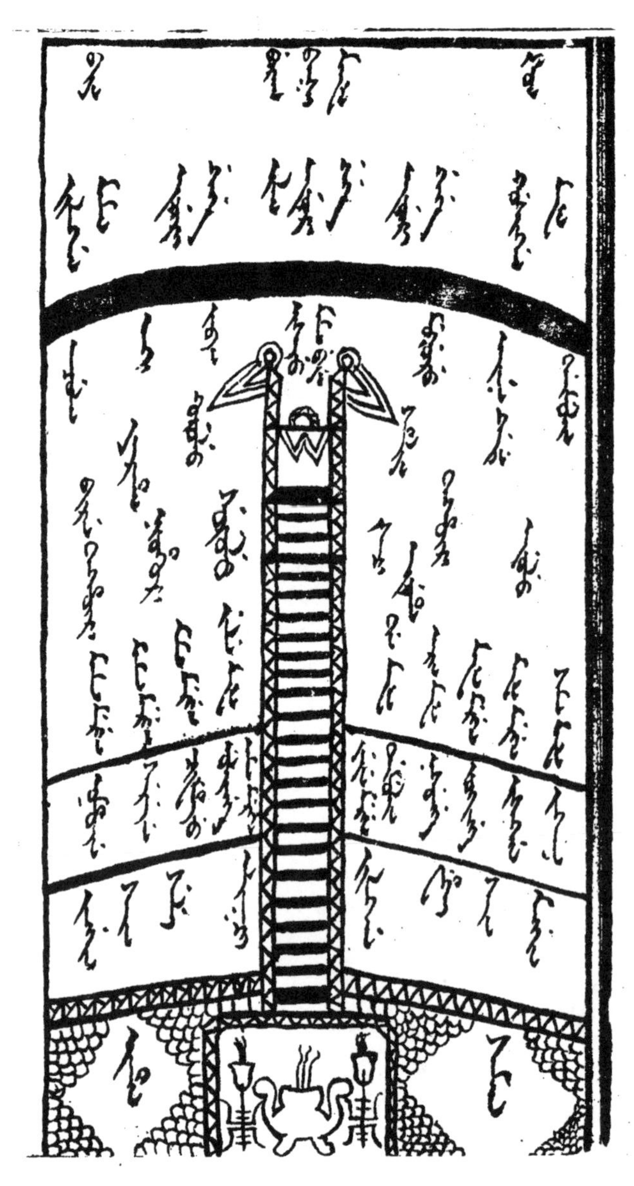

(28.) „Schamanenleiter" aus dem Volksschamanismus der *Xibe* / *Sibe*-Minorität, Prov. *Xinjiang*, manjurisches Original mit chinesischer Umschrift, unten Mitte: Opferplatz, rechts unten: Schamane, links unten: Opfertier (Rind); Mitte: Schamanenleiter; rechts und links Namen lokaler Geister, unter diesen: (1) *Jilanggi mama,* (2) *Enduri gege,* (3) *Burkan baksi mafa,* (4) *Gosingga mafa,* (5) *Biren tashôri,* (6) *Isanju mama beye,* (7) *Mama mergen,* (8) *Da mafa,* (9) *Ari mafa,* (10) *Saman mafa,* (11) *Daimulin*; aus Tong Keli, S. 291. Nächste Seite: chinesische Übersetzung.

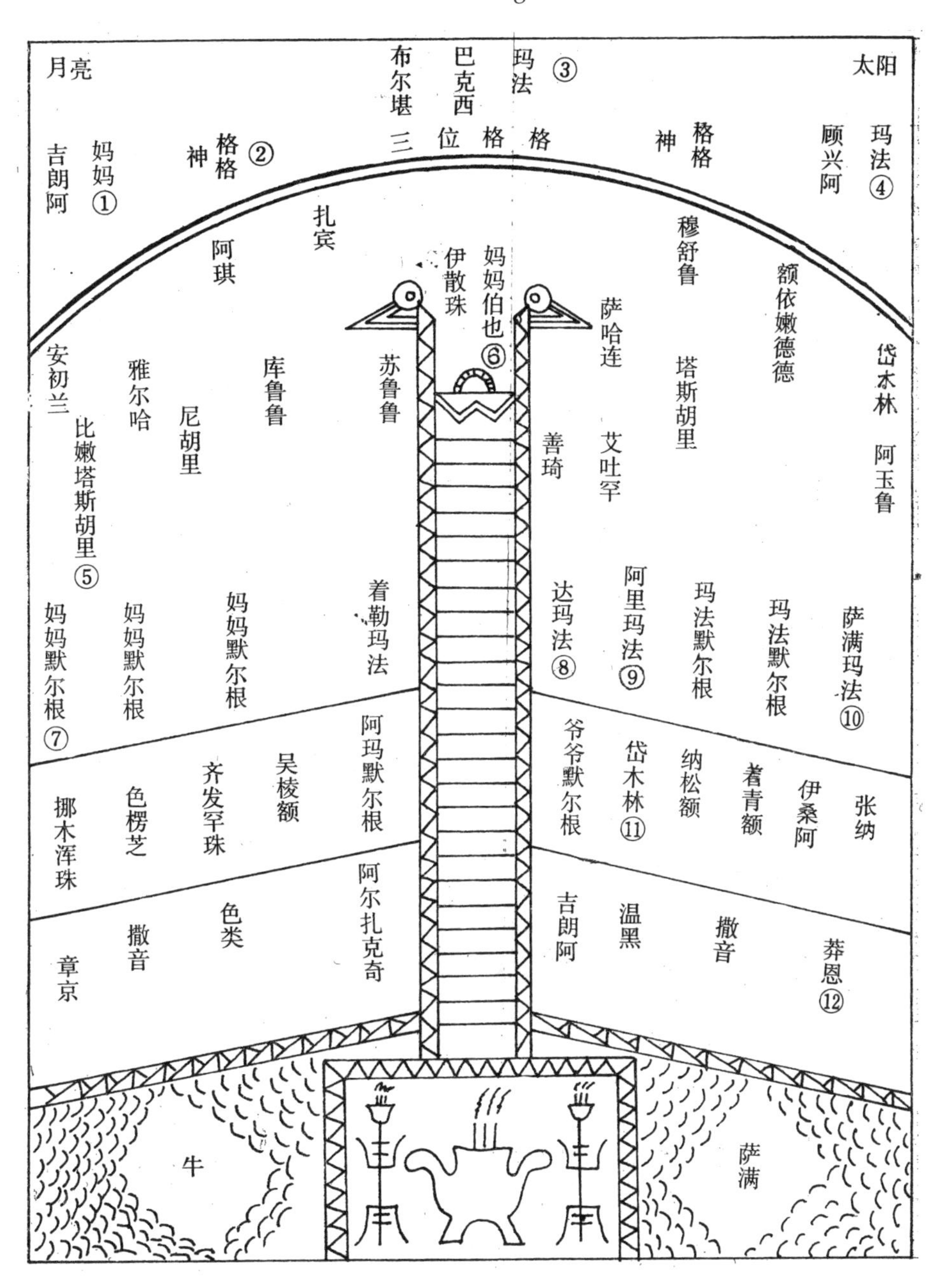

月亮
太阳
布尔堪
巴克西
玛法 ③
三位格格
吉朗阿
妈妈 ①
格格神 ②
格格神
顾兴阿
玛法 ④
扎宾
阿琪
伊散珠
妈妈伯也 ⑥
穆舒鲁
额依嫩德德
萨哈连
安初兰
雅尔哈
库鲁鲁
苏鲁鲁
塔斯胡里
岱木林
比嫩塔斯胡里 ⑤
尼胡里
善琦
艾吐罕
阿玉鲁
妈妈默尔根 ⑦
妈妈默尔根
妈妈默尔根
着勒玛法
达玛法 ⑧
阿里玛法 ⑨
玛法默尔根
玛法默尔根
萨满玛法 ⑩
挪木浑珠
色楞芝
齐发罕珠
吴棱额
阿玛默尔根
爷爷默尔根
岱木林 ⑪
纳松额
耆青额
伊桑阿
张纳
章京
撤音
色类
阿尔扎克奇
吉朗阿
温黑
撤音
莽恩 ⑫
牛
萨满

(29.) Relikte der Zeremonialküche am Mausoleum *Xiaoling* 孝陵 des Kaisers SHUNZHI innerhalb der Östlichen Kaisergrabanlagen *Dongling* 東陵, Halle *Long'en dian* 隆恩殿 / *Baili be ujelere deyen, Beijing,* Phot. M. GIMM (2003).

(30.) Die Palasthalle *Kunning gong* 坤寧宮 / *Kun ning gung* der ‚Verbotenen Stadt', oben: Außenansicht, aus *Gugong*, Beijing (2011), S. 84; unten: Innenraum, Teil der Schamanenausstattung mit verhüllter Fensterfront zur Durchführung des nächtlichen Kults, *xiji* 夕祭, aus der Zeit um 1922; aus *Guangying bainian, Gugong bowuyuan jiushi huadan diancang lao zhaopian teji* 光影百年 故宮博物院九十華誕典藏老照片特集, *Beijing*: Gugong (2015), S. 36.

Index:
Termini, historische Personen, Sachbereiche

Der folgende Index erfaßt nur die wichtigsten Stichwörter und Einträge, die – bei mehrsprachigen – meist nach der chinesischen oder europäisch-sprachigen Lesung geordnet sind. Ein ausführlicheres Verzeichnis kann beim Verfasser angefordert werden.

Abka-i enduri .... s. Himmelsgeist
Abka-i juse 148
Achteck 111, 125
AGÔI, AGUI 89, 92
Ahnengeister 47, 49, 53, 142
Ahôn-i niyansi 148
Aisin gurun 12, 107
Aixin, Aisin 12, 107
Aixin jueluo, Aisin gioro 14, 76, 88, 130,146
AIXIN JUELUO YINGSHENG 164
AKINA 99
AKUTA 45
Amaga aisin 15
AMAWANG 18
AMIN 114
AMIOT, J. J. M. 40, 82, 95
Amur 11
Ancun ayara 148
Animismus 43
Astronomisches Amt .... s. *Qintian jian*
Ausstattung .... Teil 2.4
AVVAKUM 46

Baiman janggin 148
bajiao gu 70-71
Banner, *baqi* 25
BARROW, J. 25
BASTIAN, A. 60
beideng ji 102, 139
Beijing .... 19-21, 36 u.ö.
Beijing Tangzi .... 116-120, Teil 4.
beile 144
beise 144
BELL, J. 135
BENOIST, M. 21
bian'e .... s. Eingangstafeln
BIČURIN, JA. 40, 73, 77, 96, 98, 140
Bigan-i mafa .... s. *Murigan*
Bishu shanzhuang .... s. Jehol
Bodhisattva .... s. Buddha
Bogenschießen 27
bolgomi targa .... 140, Umschlagbild
BOARD, G. 36
BREITENBAUCH, G. A. 145
Brevis relatio 37
BUDDHA80, 100, 124, 135 136, 143, ... 149, 150
Buddhabaden .... s. *yufo*
Buga 147
Buhô enduri 156
BUJANTAI 105
BUKURI YONGCHUN 76, 80
Bulhôri omo 80, 130
Burkan 52

Chahar 16
CHANG QING 157
Changbai shan 56, 80, 130
Changchun 120-121

CHEN SHIGUAN ... 90
Chenghuang miao ... 107
Chinarezeption ... 22, 30, Teil 1.2
Chinesische Volksreligion ... 42
CHINGGIS KHAN ... 16, 21, 22, 45
CISHENG ... 81
CIXI ... 101
CONRADY, A. ... 120
Coohai janggin ... 149
COSTA, G. DA ... 99
COUPLET, PH. ... 16
CUYENG ... 110

Da cing. ... s. *Qing*
Da Jin, Dai jin ... s. *Jin*
Da Qing tongli ... 90
Da Shun ... 18
DAHAI ... 15
Dai cing, Daicing ... s. *Qing*
Damen ... 131
Dämonen ... 49
DANTE ALIGHIERI ... 47
DAOGUANG ... 134
Daoma ... 137
DARCA ... 110
DENG ZILONG ... 75, 155
Dergi hecen ... Teil 3.6.(6.)
Ditan ... 33, 113
Divination ... 43
DOERFER, G. ... 54
DONGGO ... 12
Dongjing ling ... 110
Dongling ... 98
DORÉ, H. ... 96
DORGON ... 17, 18, 19, 116
Drogen ... 62
Duizi fang ... 131

Einfangen der Seele ... 61
Eingangstafeln ... 32, 112
Ekstase ... 57, 59-62
ELIADE, M. ... 40, 56
Elster ... 50, 80, 129, 156, Teil 4.2.1.(6.)
Endu monggolo ... 149
enduri ... 48-49
Enduri senggu ... 149
Erdaltar ... 33
Erde ... 47
ERDENI ... 14
Erhe enduri ... 156
Eroberung Chinas ... 17-25
Eunuchen ... 101, 166

FAN ... 79
FANCA ... 129
Fangshi ... 42
Fanshi qianshi ... 127
Faßtrommel ... 71
FAVIER, A. ... 118
fayangga ... 51, 52
Fe ala ... 105, Teil 3.5.(1.)
fe manju ... 55
FEKULEN ... 80, 130
fengshui ... 36
FINDEISEN, H. ... 48, 60
Fisun ... 149
Fo ... s. Buddha
fodo, fodoho ... 48
Fodo mama ... 149
Fodo omosi mama ... 149
fodo wecembi ... 130
fogong, fomu ... 79
Foli fodo ... 149
FONTANEY, J. DE ... 20
Fucuhi, ... s. Buddha
FULIN, SHUNZHI ... 17, 22, 23, 115, 116, 129, 134, 138
FUMAN ... 76
Fusa ... s. Buddha

GABELENTZ, H. C. v. d. ... 84
GABET, J. ... 87
GAGAI ... 14
GALDAN ... 138
gaocheng li ... 137-138

Gebete und Riten ....59, 93, 160, 162, Teil 4.5.2, 243
Geheimhaltung......................... Teil 3.2
Geister .... 47, 48, 63, 142, Teil 4.4, Teil 4.4.4
Geisterbrett 52
Geisterbüro 85, 141, 165
Geisterlanze 67
Geisterregion 60
Geisterschnüre ... s. Schamanenschnüre
Geisterschwert................................. 66
Gemiao sitang shuwen 157
Gesänge .... 163, Teil 4.5.3
Geschichte *Qing*-Dynastie....... Teil 1.1
GIOCANGGA 76
Gioro 14, 88, 162
Glücksgebetsopfer 130, 153
GOBIEN, CH. LE................. s. LE GOBIEN
GOETHE 73
GONG, Prinz 102
Gongmen 127
GRAMMONT, J. DE 29
GREBENSCIKOV, A. V. 44, 96, 161
GROOT, J. J. M. DE 34, 35, 96
GRUBE, W. 98
Gu-i songkon 150
GUAN YU 150
Guandi 125, 136
GUANGXU 86, 134
Guanshiyin pusa.................... s. Buddha
Gugong 21
Guwan-i mafa 150

Hades... 47
HAENISCH, E. 14
Hailuo 138
Haixi 12
HAPPEL, E. W. 73
HARLEZ, CH.-J. DE......35, 38, 40, 96, 134
Harmonieverhalten....................31, 32
HARVA, U.. 40
Hasure 162
HEGEL, G. W. 40
Heraustreten der Seele....................69
HERDER, J. G. 29
HERMANNS, M 40
Hese toktobuha Manjusai wecere metere kooli bithe................s. Ritenkompendium
Hetu ala.........11, 106, Teil 3.5.(2.), 221
Hilfsgeister 62
Himmel 47
Himmelsgeist 35, 47, 134, 146-148
Himmelskult ....33-39, 99, 126, 140, Teil 1.3
Himmelsleiter.................................130
Himmelstempel 34-38, 140
Hofverwaltungsamt 85, 165
HONG TAIJI.........15, 28, 32, 35, 99, 111-114, 133
Hôturi jalafun toloro bithe 157
Hôturi mama 150
Hou Jin .... s. *Jin*
Hôwaliyasun 31,32
Huajiao..138
Huandian 125, 228, 235
Huangchao liqi tushi 90
HUBRECHT, A. 84
HUC, E. R. 87
Hüftglocken 68-69
HULTKRANTZ, Å. 40
Hunhe..11
HÜTTNER, J. C.................... 25, 135, 170
Hutu 49

IDES, Y. 46, 95
Ilmun han...7
Initiation 58
Institutionalisierung................ Teil 3.4

Jaifan................................Teil 3.5.(3.)
Jakobsleiter 67
Je irehu 150
Jehol 112, 113
Jenseitsreisen..............................61, 62
Jiameng xuan congzhu 161

Jian ... 124
Jianzhou ... 12, 14, 15
Jidao ... 138
jima shen ... s. Pferdegeist
Jin ... 12, 15, 106, 107
Jingshi ... 132
JIRGALANG ... 17
Jishen dian ... 124, 228, 234
Jishen fang ... 131
Jisi quanshu wuren yuannian quanlu jitian ... 157
JOHNSTON, R. ... 84
Jorgon junggi ... 150-151
Jueluo ... s. *gioro*
Jürchen, Jušen ... 12, 13, 16, 54, 72
Juru juktehen ... 151

Kaiserlicher Schamanismus ... Teil 3
KANGXI ... 17, 22, 28, 29, 30, 31, 105, 135, 138
Kanjur ... 90
KARA ... 15
Katun ... 144
Katun noyan ... 151
Khan, Qan ... 12
Khitan ... 34
KIM KYŎNGSŎN ... 83
KIRCHER, A. ... 73
KLAPROTH, J. ... 95, 134
KONFUZIUS, KONGZI ... 31, 146
koutou ... 134
KÔRCAN ... 15
Korea ... 13, 15, 16, 110
Kosmologie ... Teil 2.2
Krähen ... 130
Krankenheilung ... 63, 64, 99
KROTKOV, N. ... 41, 161
Kulthandlungen ... 132, Teil 4.3
Kultpersonal ... 165
Kultpuppen ... s. Puppen
Kunning gong ... 80, 81, 97, 98, 132, 135, 139, 147, 156, 164, 167, Teil 3.4.2, 251

LAI BAO ... 90
LAIMBECKHOVEN, G. X. ... 25
Lama shuo ... 90
LANGE, L. ... 135
LANGLÈS, L. M. ... 95
Laute ... 170
LE COMTE, L. ... 26
LE GOBIEN, CH. ... 29
LEIBNIZ, G. F. ... 26, 30
LEKDEHUN ... 164
LI CHENGLIANG ... 139
LI ZICHENG ... 18
Liao, Qitan ... 11, 34
Liaohe ... 11
Liaoyang ... Teil 3.5.(5.)
Libu ... s. Ritenministerium
ligan daji ... 136
LIγDAN ... 16
LISZT, F. ... 171
LIU BINGZHONG ... 26
LIU XUECHENG ... 113
Lülü chengyi houbian ... 161

MA SHIFU ... 158
MACARTNEY ... 25
Mafa ... 144
MAGALHÃES, G. DE ... 100
Majia shi jisi liyi qingce ... 157-158
mama ... 144
Manju, Manzhou ... 11, 16, 30, 34 u.ö.
manjurambi niyamniyambi ... 28
manjurische Akkulturation ... 29-30
manjurische Gebräuche ... 27
manjurische Sprache und Schrift ... 15, 28, 87
Manjusa-i wecere jukten-i nirugan gisun-i bithe ... 158
Manjusai wecere metere kooli bithe ... Ritenkompendium
Manzhouguo ... 120
Manzhou jidian ... 91
Manzhou jishen jitian dianli ... 91, 132, s. Ritenkompendium

Manzhou jisi tiaoli 91
Manzhou jisi quanshu 157
Manzhou jitian jishen dianli 158
Manzhou shipu shiyang tu 158
MARCO POLO 13
MARTINI, M. 13, 19, 22, 23, 24, 73
mashen miao 97
Medizin .... s. Krankenheilung
MENG JINFU 44
Messerleiter .... s. Schwerterleiter
Metembi 147
miao 75, 104, 105, 114
MING DUN 158
Ming .... 14 u.ö.
Mingtang 75
MÖNGKE TEMÜR 13, 76, 129
Monggo weceku 151
Mongolen .... 11, 72 u.ö.
Morin-i enduri 151
Mukden .... Teil 3.5.(7.), 222-225
MURHACI 110
Muri muriha 151-152
Murigan 152
MURR, C. G. v. 95
Musik 32, 67, 82, 161, 164, 168, 169
Musikinstrumente .... 67, 140, 168, 169, Teil 2.5, Teil 4.7, 244

Nachschlagewerke 81
Nadan daihôn 152
Nadan weihuri 152
NAITÔ KONAN 119
NALAN CHANG'AN 86
NALAN CHANGJUN 28
Nantang 23
Narhôn hiyancu 152
Naturgeister 50
neiwu fu .... s. Hofverwaltungsamt
NEUMANN, K. F. 61
NIEUHOF, NEUHOF, J. 19
NIKAN WAILAN 106
Ningshou gong 102, 103
Niohon taiji 153
Nirugan weceku 153
Nišan saman-i bithe 44
Niyansi enduri 153
Nomaden 103
noyan 144
NURHACI 12, 13, 17, 21, 29, 33, 76, 78, 105-108, 113, 114, 129, 139, 155
Nüzhen .... s. *Jürchen*

Oberwelt 47
Obszönität 79
offizielles Schrifttum 82, 83
Omosi mama 153-154
Opfer .... 133, 141, Teil 4.3.6
Opferspeisen 59, 101 128
Opferstange .... s. Schamanenstange
Opfertiere 39, 141
ORTAI 90

PANKRATOV, B. I. 89
Paraphernalien .... Teil 2.4
Personal .... Teil 4.6.2
PETROV .... s. AVVAKUM
Pferdegeistkult .... 97, 98, 137, 156, Teil 3.4.3
pipa 170
Pocken 23
PUJIA 145, 167, 171
PUJIE 171
Puppen 79-81, 242
PUREN 120
Pusa .... s. Buddha
PUYI 17, 84, 120, 145, 167, 171

QIANLONG 22, 27, 38, 82, 86, 87, 90, 92, 115, 123, 138
Qing 16, 20
Qingning gong 100, 116
Qintian jian 22
Qiufu .... s. Glücksgebetsopfer
QUBILAI 26

RADLOFF, W. 40, 57, 60, 88

Regenbittkult 43, 63, 131
Reisepalast......................... s. *xinggong*
RICCI, M. 73
Rijiang Liji jieyi 90
Riten- und Opferverwaltung 85
Ritenkompendium ....Teil 3.3
Ritenministerium 85, 165
ROSSOCHIN, I. K. 83
Rückrufen der Seele 64
RUDNEV, A. 161
Ruzhen .... s. *Jürchen*

Šakyamuni ....s. Buddha
sama, saman ....s. Schamane
Saman somo-i jakade jalbarire bithe .. 158
Šangsi enduri 154
Sanli yishu 90
Sanjiazi 45, 56
Sanxian 170
Sarhô .... Teil 3.5.(4.), 221
SCHALL V. BELL, J. A. 14, 22, 23, 129
Schamane ....44-45, 54, 94, Teil 2.3, 245-247
Schamanenausbildung 57-70
Schamanenbeutel 101
Schamanengehilfe 58
Schamanenkleidung 65
Schamanenkrankheit 57
Schamanenkult 53
Schamanenleiter ..... s. Schwerterleiter
Schamanenmütze 66
Schamanenpersonal ....Teil 4.6.2.
Schamanenschnüre 53, 126
Schamanenstangen.... 48, 53, 102, 114-116, 125, 127, Teil 4.2.1.(6.), 236, 239
Schamanentexte .... s. Texte
Schamanentrommel 69-71
Schamanenutensilien 43, 244
Schamanenverwaltung .... 85, 165, Teil 4.6.1
Schamanenvorhang 67
Schamanisierung 63
Schamanismus ....Teil 2, Teil 3
Schellen 69
Schlagholz 69
SCHMIDT, W. 40
SCHOPENHAUER, A. 146
SCHOTT, W. 74, 77, 95, 140, 142
SCHRÖDER, D. 59
Schwerterleiter 66-67, 248-249
Seele 51-52
SEMLER, J. S. 94
Senggu enduri 154
SHAN SHIYUAN 78
Shangdi 35
Shangshen dian 126
Shenfang .... s. Geisterbüro
shen'gan .... s. Schamanenstange
Shengjing fu 82
Shentang 116
Shenyang .... s. *Mukden*
SHIROKOGOROFF, S. M. .. 40, 55, 93, 142
SHIROKOGOROVA, E. N. 164
SHIZONG 34
SHIZU 17, 80
SHUNZHI .... s. FULIN
Sibe, Xibe 41
Siku quanshu 91
SIN CH'UNGIL 106
Sinisierung ....Teil 1.2
siren futa .... s. Schamanenschnüre
Siren-i niyansi 154
Sishi kongming 158
somo, solo .... s. Schamanenstange
Spießlaute 170
Stammessage 80
STARY, G. .... 144 u.ö.
STÖTZNER, W. 65
Südosten 36, 37, 39, 117
SUN YAOTING 101, 168, 245
Sure mama 154-155
ŠURHACI 110

Taichang si 85
taiji 144
taijian .... s. Eunuchen

Taimiao 76, 108, 113
TAIZU 15
TAKSI 12, 14, 76
Tangzi ......38-39, 98, 106, 107, 110, 111, 113-115, 121, Teil 3.1.2, Teil 3.4.1, Teil 3.5, Teil 3.6, Teil 4
Tangzi außerhalb von *Beijing* ... Teil 3.5
Tangzi in *Beijing* .... Teil 3.6, Teil 4, 226-240
Tanz... .... 59, 163, Teil 4.5.3
Targabun tolo ehe sain juwan ilmun han-i bithe 159
Tartarei 11
Texte .... Teil 4.5
Tianming 107
Tianshen 35, 147
Tiantan 35, 113, 121
tianzi 31
tiaoshen 59
Tiere, Tiergeister 39, 50
TONG, TONGJIA 14
TONGZHI 134
Torschilder .... s. Eingangstafeln
Totenerweckung 6
Totengeister 49
Totenreich 47
Trance .... s. Ekstase
Trommel .... s. Schamanentrommel
Tumen 13
Tungusen, Völker u. Sprachen ...... 37, 41, 43, 72 u.ö.
Tuwa enduri 156

Uduben beise 155
Unsittlichkeit 79
Unterwelt 47
Usin-i enduri 155
uyun 58

Verbotene Stadt 21
VOLKOVA, M. P. 44
VOLTAIRE 83
Vorhersagen 63

Wali mama, Wanli mama 81, 139, 155-156
wanli suo .... s. Schamanenschnüre
Wanggiya, Wanyan 148
WANGJI BAOQING 160
weceku 49-50
Wecere metere kooli bithe 159
Weide 48, 130
Weidenzweigkult 130
Weltenbaum, Weltachse 47
Weltordnung 46
Westen 52
WILLIAMS, S. W. 83, 117
WILLIAMSON, A. 36
WITSEN, N. 46
WU SANGUI 18
Wuismus 42
wushi 42

XIANFENG 134
Xiaoling 98, 250
Xibe .... s. *Sibe*
Xinbin .... s. *Fe ala*
Xinggong 109
Xingjing .... s. *Hetu ala*
XINGZONG 14

Yayue 32
Yanluo dawang .... s. *Ilmun han*
Yehe bade ilari hala-i samšame wecere kooli bithe 159
Yenden .... s. *Hetu ala*
YI MINHWAN 108
YIGENG 86
Yijing 36
YINGSHEN ... s. AIXING JUELUO YINGSHEN
YINLU 89, 90
YINSI 99
YINZUO 99
Yongling 77, 105
YONGZHENG 22, 138
YU MINZHONG 89, 92
YUAN SHIKAI 32

yuandan li 133-134
Yudi, Yuhuang 107, 108
yueji 137
yueqin 171
yufo 125, 135
YUNLU .... s. YINLU

ZACHAROV, I. 84
ZAITAO 145
Zauberspiegel 67
zhaijie............................ s. *bolgomi targa*
Zhangyi si 164
ZHAO LI 44
zheng 171
zhengtao dashi 137-138
ZHI SUN 158
ZHU YOUJIAN 18
Zhuli liezhuan 159-160
ZHUPOGUANG 160